中国社会科学院学部委员专题文集
ZHONGGUOSHEHUIKEXUEYUAN XUEBUWEIYUAN ZHUANTI WENJI

科技与人文论集

李惠国◎著

中国社会科学出版社

前 言

哲学社会科学是人们认识世界、改造世界的重要工具，是推动历史发展和社会进步的重要力量。哲学社会科学的研究能力和成果是综合国力的重要组成部分。在全面建设小康社会、开创中国特色社会主义事业新局面、实现中华民族伟大复兴的历史进程中，哲学社会科学具有不可替代的作用。繁荣发展哲学社会科学事关党和国家事业发展的全局，对建设和形成有中国特色、中国风格、中国气派的哲学社会科学事业，具有重大的现实意义和深远的历史意义。

中国社会科学院在贯彻落实党中央《关于进一步繁荣发展哲学社会科学的意见》的进程中，根据党中央关于把中国社会科学院建设成为马克思主义的坚强阵地、中国哲学社会科学最高殿堂、党中央和国务院重要的思想库和智囊团的职能定位，努力推进学术研究制度、科研管理体制的改革和创新，2006 年建立的中国社会科学院学部即是践行“三个定位”、改革创新的产物。

中国社会科学院学部是一项学术制度，是在中国社会科学院党组领导下依据《中国社会科学院学部章程》运行的高端学术组织，常设领导机构为学部主席团，设立文哲、历史、经济、国际研究、社会政法、马克思主义研究学部。学部委员是中国社会科学院的最高学术称号，为终生荣誉。2010 年中国社会科学院学部主席团主持进行了学部委员增选、荣誉学部委员增补，现有学部委员 57 名（含已故）、荣誉学部委员 133 名（含已故），均为中国社会科学院学养深厚、贡献突出、成就卓著的学者。编辑出版《中国社会科学院学部委员专题文集》，即是从一个侧面展示这些学者治学之道的重要举措。

《中国社会科学院学部委员专题文集》（下称《专题文集》），是中国

社会科学院学部主席团主持编辑的学术论著汇集，作者均为中国社会科学院学部委员、荣誉学部委员，内容集中反映学部委员、荣誉学部委员在相关学科、专业方向中的专题性研究成果。《专题文集》体现了著作者在科学研究实践中长期关注的某一专业方向或研究主题，历时动态地展现了著作者在这一专题中不断深化的研究路径和学术心得，从中不难体味治学道路之铢积寸累、循序渐进、与时俱进、未有穷期的孜孜以求，感知学问有道之修养理论、注重实证、坚持真理、服务社会的学者责任。

2011年，中国社会科学院启动了哲学社会科学创新工程，中国社会科学院学部作为实施创新工程的重要学术平台，需要在聚集高端人才、发挥精英才智、推出优质成果、引领学术风尚等方面起到强化创新意识、激发创新动力、推进创新实践的作用。因此，中国社会科学院学部主席团编辑出版这套《专题文集》，不仅在于展示“过去”，更重要的是面对现实和展望未来。

这套《专题文集》列为中国社会科学院创新工程学术出版资助项目，体现了中国社会科学院对学部工作的高度重视和对这套《专题文集》给予的学术评价。在这套《专题文集》付梓之际，我们感谢各位学部委员、荣誉学部委员对《专题文集》征集给予的支持，感谢学部工作局及相关同志为此所做的组织协调工作，特别要感谢中国社会科学出版社为这套《专题文集》的面世做出的努力。

《中国社会科学院学部委员专题文集》编辑委员会

2012年8月

自　序

收入本文集的大部分文章是21世纪这15年我所写的关于科学技术与人文社会科学相互结合方面的论述。这些文章都与我这十余年来从事的工作相关联。2000年10月，我从中国社会科学院文献信息中心领导岗位卸任，身心轻松了许多。没有了行政事务缠绕，但还要承担院里交办的一些工作和其他工作。这一年，中国社会科学院承担了中国社会科学第十个五年发展规划研究的任务，组成了中国社会科学“十・五”发展规划研究课题组，由我担任课题组组长，完成了《关于我国人文社会科学“十・五”发展规划的基本设想》和《关于“十・五”期间我国社会主义精神文明建设的几点建议》的研究报告。2002年，院科研局局长黄浩涛和我共同主持“学风建设研究”课题组，完成了《加强我院学风建设的调研报告》，并起草了《中国社会科学院关于加强学风建设的决定》。2003—2004年，我受聘参加国家中长期科学和技术发展规划（2006—2020）战略研究工作，担任第19专题组常务副组长。2004—2005年，按照中央书记处和国务院领导的指示，中国科协主持研究和制定《全民科学素质行动计划纲要》，我被聘为专家组成员，参加研究和制定工作。2004年，担任中国社会科学院“关于《国家中长期科学和技术发展规划战略研究》的咨询意见”报告总体小组组长，主持起草了中国社会科学院的咨询总报告。2005年起，与汝信同志共同主持中央领导同志交办的全国社科基金重大课题和中国社会科学院重大课题《中国传统文化中的科学思想、方法和价值取向研究》。2002—2008年曾任中国社会科学院学术委员会和学术咨询委员会委员。2004年，我国著名易学哲学家朱伯昆教授与韩国、日本著名易学哲学家共同发起并成立国际易学联合会，我应邀参加国际易学联合会并被选举为副理事长和法人代表，与副理事长兼秘书长丘亮辉共同协助

理事长朱伯昆教授主持国际易学联合会的工作，直至2013年。2003年，著名理论家郑必坚教授与时任中国科学院院长的路甬祥院士共同发起建立中国科学与人文论坛，由中国科学院研究生院主办，高等教育出版社协办。我被邀请担任中国科学与人文论坛副理事长，协助理事长郑必坚工作，至2015年。从国家战略角度思考科学与人文，从科学与人文角度思考国家战略，这是郑必坚为论坛提出的战略目标。十年间，至2014年共举办了160余场报告会，还有专题研讨会。2010年，郑必坚教授发起成立国家创新与发展战略研究会，郑必坚任理事长，我担任副理事长。2011年，国家创新与发展战略研究会与美国布鲁金斯学会共同在华盛顿主办了“第二届中美清洁能源务实合作战略论坛——未来十年中美关系”研讨会，我任中方专家委员会成员。2009—2010年我与中国科学院研究生院的李伯聪教授和中国科协的丘亮辉研究员等参加了上海虹桥综合交通运输枢纽工程研究课题组，进行工程理念的研究，探索将工程哲学的理论研究与工程的实践活动结合起来的途径。我选入此文集的大部分文章就是在这样一些工作背景中完成的。关于科技与人文结合的纯学理探讨，从20世纪80年代初期开始我就写了些文章和做了不少演讲，现在这些道理已成共识，所以我没有把它们收入文集。我想现在我们需要的是将科技与人文结合的理念体现在具体的工作行动中了。

目 录

创新趋动与创新文化

科技与人文的发展趋势

中国古代科技文化

工程与哲学

追思故人

创新趋动与创新文化

关于增强自主创新能力、建设创新型国家的几点思考

党的十六届五中全会，是我们党在抓住机遇、加快发展的关键时期召开的一次具有重大意义的历史性会议。会议审议通过的《中共中央关于制定国民经济和社会发展第十一个五年规划的建议》，明确了我国下一个五年经济社会发展的指导方针、奋斗目标、主要任务和重大举措。它还从实现经济社会发展国家战略目标的高度，对今后我国科学和技术发展明确提出和规定了方向、目标、任务和指导方针。

《中共中央关于制定国民经济和社会发展第十一个五年规划的建议》（以下简称《建议》）指出，必须提高自主创新能力，实现长期持续发展要依靠科技进步，把增强自主创新能力作为科学技术发展的战略基点和调整产业结构、转变增长方式的中心环节，并确定了我国科学技术发展的16字方针，即“自主创新、重点跨越、支撑发展、引领未来”。温家宝总理在全会上做的《关于制定国民经济和社会发展第十一个五年规划建议的说明》（以下简称《建议的说明》）中进一步强调：“要把增强自主创新能力作为国家战略，致力于建设创新型国家。”这是党中央和国务院对我国科学技术今后发展做出的重大战略抉择。这一重大战略抉择，是从21世纪是科技创新主导发展的时代特点出发，应对世界竞争的新态势做出的；同时，也是为了实现全面建设小康社会的宏伟目标，满足经济社会发展的最为迫切的现实要求做出的。我们要深刻理解和全面把握这一重大战略抉择的深远意义及其内涵和要求，进而把它贯彻落实在我们各部门和单位正在研究制定的“十一五”规划中。本文仅就其中的几个问题谈一点粗浅的认识。

一 新世纪是科技创新主导发展的时代

新世纪伊始，人类社会正在经历着一场全球性的科学技术革命。

21 世纪的头 20 年，纳米科学和纳米技术、生命科学和生物技术、信息科学和信息技术以及认知科学将迅猛发展，这四大领域交互作用并有机融合，将推动整个科技领域的革命性变革。这是新世纪的一次新的科技革命。这场新的科技革命，不仅推动着人类整体认识能力的飞跃，对客观世界的认识在深度和广度上有更大的进展，而且使社会生产力的发展跃进到一个崭新的质的阶段，使 21 世纪先进生产力发展具有新的特征。

每一时代的经济社会发展状况，是由这一时代的社会生产力所决定的，认识和把握 21 世纪先进生产力的新特征，是解决当代发展问题的理论前提。

科学技术的飞速发展和向经济社会的全面渗透，使生产力发展呈现出新特点。生产力不仅表现为物质形态，还表现为非物质形态，而且非物质形态的生产力迅速发展，越来越显示出巨大作用。现代生产力质的飞跃不仅表现在生产力的主观因素上，而且表现在生产力的客观因素上；不仅表现在生产力的“硬件”因素上，而且表现在生产力的“软件”因素上。社会生产力的要素结构和作用方式发生了巨大变化，劳动者的智力因素和生产工具的“软件”因素在生产力系统中的地位日益突出。提高劳动者的素质，促进人的全面发展，已经成为提高社会生产力水平的基本途径。

传统工业社会的生产力以资源和能源的大量消耗为特征，以破坏环境为代价，是以利润为导向的，体现为没有出路的“黑色结局”；现代生态社会的生产力以科技创新为动力，以人与自然的和谐为特征，是以人性化为导向的，体现为生机盎然的绿色前景。高度重视绿色技术、绿色产业和绿色产品，大力发展循环经济，这正是发展先进生产力的需要。

当代先进生产力日益突显智能化特点、国际化规模和人性化发展方向，科技和人文融合于先进生产力的发展中。当代先进生产力不但是表现出高科技特点的生产力，而且是表现出“新人文”特点的生产力。在发展生产力时，我们不但必须高度重视其高科技的方面，而且必须高度重视其

“新人文”的方面。在当代，创造产品及服务的高附加值，不仅要增加科技含量，而且要增加文化含量。

这次新的科技革命将引发和推动一场广泛而深刻的产业革命。正像信息科学和信息技术推动信息产业的飞速发展一样，生命科学和生物技术在21世纪头20年，必将形成与信息产业相媲美的、生机勃勃的生物技术产业。如今，纳米科学方兴未艾，纳米技术展示出广阔的开发应用前景。21世纪的多技术融合，将以纳米水平上的材料统一和技术整合为基础，将引发材料领域和制造领域的革命性变革。可以预期，21世纪上半叶，新的产业群势将崛起，并将推动全部产业的技术进步。

这次新的产业革命影响广阔而深远，将形成一种崭新的经济形态，这将是资源和能源节约型的绿色的经济形态。新的科技革命是引领人类文明进步的主导力量，使人类社会从工业文明向生态文明过渡。

新的科技革命的深入发展，越来越充分地表明，新的世纪将是科技创新主导经济社会发展的时代。遵循新的科技革命和产业革命发展方向，依据21世纪先进生产力发展的要求，实施可持续发展的新的增长方式，正在成为国际社会的共同选择，而新的科技革命将不断为实施可持续发展的增长方式提供新的技术手段和开辟新的途径。

在21世纪，科学技术不仅是经济社会持续发展的动力，还是人类开拓未来的强大力量。经济竞争、综合国力竞争的焦点越来越聚焦于科学技术的竞争，竞争力取决于利用科技进步成果的速度、规模、范围和效果。全面提高国家竞争力，必须最充分地发挥科学技术的关键性、决定性作用。科学技术是决定综合国力的最重要的因素，而自主创新能力已成为国家竞争力的核心和决定性因素。因此，大力发展科学技术、增强科技创新能力已成为世界各主要国家的首要战略目标。

新世纪科技革命为我们提供了难得的机遇，抓住这一机遇，可实现科学技术的跨越式发展。我国是工业文明的后进者，应抓住新的科技革命提供的机遇，成为生态文明的赶超者。

新世纪的科技革命也提出了严峻的挑战，围绕资源、市场、技术、人才的竞争将更加激烈。这一切竞争又集中于科学技术和人才的竞争，其实质是自主创新能力的竞争。谁的发明创造多，谁掌握的专利多，谁就掌握了竞争

的主动权，就将是胜利者。当今，在全球 R&D 投入中，美国、欧盟、日本等发达国家或地区占 86%。在国际贸易支出方面，高收入国家获得全球技术转让和许可证收入的 98%。占全球人口 15% 的富国拥有世界上几乎所有的技术创新成果。一些经济技术强国和大的跨国公司实施技术标准和专利垄断战略，以赢得高额利润，并在国际贸易中限制、打压甚至制裁发展中国家。在数字时代，如果发展中国家不努力增强自主创新能力，数字鸿沟将继续扩大，经济竞争中受制于人的被动局面就不可能扭转。如果我们不大力发展科学技术，不着力自主创新，不努力增强自主创新能力，我们就将始终处于被动的地位。因此，党和政府决定把增强自主创新能力作为科学技术发展的战略基点，把增强自主创新能力作为国家战略，致力于建设创新型国家。这是应对时代挑战，关系国家兴盛的最为重大的问题。

二 增强自主创新能力是转变增长方式的中心环节

新中国成立以来，特别是改革开放以来，我国的科学技术事业飞速发展，取得了举世瞩目的骄人业绩，有力地促进了经济和社会的发展。科技进步对经济增长的贡献率不断提高。改革开放以来，我国的经济发展平均以每年 9% 左右的速度高速增长。根据国家统计局初步统计，2005 年国内生产总值将超过 15 万亿元。近年来，我们在经济增长质量方面也取得了成效，在经济增长方式转变方面也做出了很大努力。但是，粗放型经济增长方式尚未实现根本性的转变，经济是在高投入（资金、土地、能源和材料）、高成本、高污染和低效益的状况下运行的。我国经济增长的技术含量和资源利用效率还很低。我国经济增长是投资拉动型的增长。在 1978 年至 2003 年的 25 年中，中国经济增长最主要的是靠资本的快速积累。根据国务院发展研究中心的测算，1978 年至 2003 年，国内生产总值的年增长率为 9.4%，资本平均增长速度为 9.9%，对经济增长的贡献率达到 63.2%，导致 GDP 年平均增长近 6 个百分点。[①] 2003 年我国创造了 1.4 万

---

① 王梦奎主编：《中国中长期发展的重要问题（2006—2020）》，中国发展出版社 2005 年版，第 52 页。

亿美元的GDP，但为此消耗了约50亿吨各类资源。[①] 2003年，我国GDP约占世界的4%，但主要资源消耗占世界的比值却很高，石油为7.4%，原煤为31%，钢铁为27%，氧化铝为25%，水泥为40%。我国用水总量与美国相当，但GDP仅为美国的1/8；消耗每吨标准煤实现的GDP仅为世界平均水平的30%。[②] 中国经济每创造1美元，消耗的能源是美国的4.3倍，德国和法国的7.7倍，日本的11.5倍。我国的劳动生产率也很低，依据国际劳工组织2003年8月31日的报道，2002年，美国的劳动生产率为60728美元，欧洲国家平均为43034美元，中国劳动生产率较高的长江三角洲地区为9500美元，只是美国的15.6%，欧洲的22.1%。[③] 尤其是我国的制造业效率低，全行业人均劳动生产率仅为美国的1/25、德国的1/20；主要用能产品的能耗比发达国家高出25%—90%。[④] 中国的经济发展也付出了高昂的环境代价。据有关部门统计，我国社会终端产品仅占原材料总投入的20%—30%，大量原材料和能源变成了“三废”，污染了环境。2003年我国工业废水排放达212亿吨，工业废气排放量达198906亿立方米，工业固体废物产生量10亿吨。我国单位国内生产总值的二氧化碳和二氧化硫的排放为世界平均水平的8倍，有三分之一城市的空气污染严重，酸雨面积已占国土面积的三分之一。我国流经城市的河流的90%河段受到污染。[⑤] 这种粗放型的经济增长，除了有体制、机制、政策和发展阶段等方面的原因外，很重要的因素是我国工业整体的科技水平尚待提高。

20世纪90年代以来，我国高技术产业发展迅速，1995—2001年，其工业总产值平均递增20%，到2001年，产值达到12263亿元，仅低于美国和日本，在世界排第三位。它占全部制造业总产值的比重已接近10%，

① 路甬祥、郑必坚主编：《和平崛起》，高等教育出版社2005年版，第6页。

② 王梦奎主编：《中国中长期发展的重要问题（2006—2020）》，中国发展出版社2005年版，第98页。

③ 路甬祥、郑必坚主编：《世纪机遇》，高等教育出版社2004年版，第173页。

④ 王梦奎主编：《中国中长期发展的重要问题（2006—2020）》，中国发展出版社2005年版，第291页。

⑤ 解振华：《构建资源节约型和环境友好型社会的基本战略》（2005年4月28日在《中国科学与人文论坛》上的演讲）。

使产业结构得到明显改善。高新技术产品已成为拉动我国外贸出口、优化外贸结构的主导力量。2002 年其出口额已达 679 亿美元，占出口总额的 20.8% 。[1] 但是，我国高新技术产业仍处于世界高技术产业的下游阶段，主要依赖劳动力成本低和组装加工业的发展，产品也主要是以低档为主，技术含量偏低，附加值不高。从本质上说，中国相当多的高技术企业并不是真正意义上的高技术企业，而是高技术产业中的劳动力密集型环节。在高技术产业所固有的超额利润中，中国企业所得甚少。在产品出口中，外贸企业或者外商投资企业占整个高新技术产品出口总量的 80% 以上(2004 年统计)。这表明我国高新技术产业对国外技术的依赖性很强，自主开发创新明显不足，核心技术基本来源于国外。

经济增长方式的转变，要依赖科技进步，通过提高自主创新能力，作为手段来实现。

尽管我国科学技术取得了长足发展，但与世界科技发达国家相比还有很大差距。我国科技投入较低。2004 年 R&D 经费支出总额约为 108 亿美元，占当年 GDP 的 1.03% 左右，但投入总量处于世界较低水平，仅相当于美国 1999 年 R&D 经费的 4.4% 。我国从事 R&D 活动的人员的年人均研发经费按国际汇率计算，是同期意大利的 3.03% 、德国的 4.54% 、美国的 4.76% 。国内技术供给不足，2004 年，我国大中城市工业企业技术引进经费支出是购买国内技术支出的 9.3 倍，是消化吸收经费支出的 13.5 倍，表明我国技术进步仍主要依靠引进国外的先进技术。[2] 根据 2004 年世界经济论坛的全球竞争力排名，我国仍属于“非核心创新经济”，指数排名不仅落后于 25 个“核心创新经济体”，而且落后于许多发展中国家。创新能力不足，满足不了转变经济增长方式的科技需求。

因此，为了实现经济增长方式的彻底转变，《建议》特别强调指出，把经济社会发展切实转入全面协调可持续发展的轨道，必须提高自主创新的能力。实现长时期持续发展要依靠科技进步，要深入实施科教兴国战

---

① 技术预测与国家关键技术选择研究组：《中国技术前瞻报告 2003》，科学技术文献出版社 2004 年版，第 39 页。

② 中国科学院：《2003 高技术发展报告》，科学出版社 2003 年版，第 4 页。

略，把增强自主创新能力作为调整产业结构、转变增长方式的中心环节。

三 增强自主创新能力

《建议》提出，“大力提高原始创新能力、集成创新能力和引进消化吸收再创新能力”。这三种创新能力是紧密联系、相互促进、相辅相成的。

创新，源于对技术和经济发展关系的探讨，其含义是技术创新，后来逐步演化为指科学技术中的创造性活动，进而又把它扩展到社会生活各个领域的创造性活动。我们通常所说的科技创新，特指与科学技术发展相关的全部创造性活动，包括科学知识的生产、新技术和新产品的研发、技术成果的引进与本土化、成果推广等。科技创新包含着一种特殊的精神气质，凸显了洞察力和独创性的交会，是新观念和新方法的融合，这些活动与人的需要相关联，应以人的全面发展和社会的持续进步为目的。

20 世纪 90 年代以来，科技创新突飞猛进，呈现出许多新的趋势：创新方式从原来注重单项突破的线性模式，转向更为注重多学科交叉融合的非线性模式；创新组织从以往相对分割的组织形态，转向国家或地区范围内的多机构协同的创新体系；创新活动越来越趋于全球化，科技资源的配置和整合扩展到世界范围；创新过程和目标与社会的人文伦理价值观和生态环境保护的关联日益密切，等等。

走科技强国之路，要求大力强化我国的科技自主创新能力。我国对外开放的经验证明，真正关系国家重大利益的战略高技术、关键技术、核心技术，是买不到、引不进也换不来的。中华民族的伟大复兴，必须依靠自主创新，走科技强国之路。

经过半个多世纪的建设，我国形成了相对完整的科技体系和产业体系，具有实行跨越发展的良好基础。要紧紧抓住当今科技革命的战略机遇，在关系国计民生和国家安全的关键领域和若干前沿，大力加强自主创新能力，掌握具有自主知识产权的核心技术，占领对国家发展至关重要的科技与产业发展制高点。自主创新，应该是我国中长期科技发展的战略目标。实施自主创新战略，既是中华民族自立自强的历史要求，也是应对世界激烈的科技竞争的现实要求。中国是有十几亿人口的社会主义大国，只

有立足于科技创新，民族的尊严和国家的富强，才有可靠的基础和保障。

世界上没有任何一个国家能够完全满足自己的经济社会发展的全部的技术需求。在科技全球化时代，我们应合理配置和充分利用国内、国际两方面的科技资源，尽可能地充分利用国外先进技术，并进行再创新，以弥补我国技术的不足。引进科技成果要有充分的调查和论证，注意听取专家的咨询意见，克服地方和企业盲目引进、重复引进、利用效率不高等弊端。要从体制和管理方面寻找失误的原因和改进对策。高效率地引进吸收国外科技成果的能力，是一个国家科技实力的重要标志。

自主创新和引进吸收相辅相成。引进吸收，是充分利用别人的成果，以人之长，补己所短，为自己的科技发展赢得一个高起点；自主创新，往往又需要必要的引进吸收，从而实现更高层次的集成创新。同时，自主创新能力的提高，不仅可以促进更高层次的技术引进，而且可以加速引进技术的消化吸收和本土化。这是现代科技发展的基本特点之一。自主创新战略和引进模仿战略，世界各大国历史上都是两手并用，区别在于根据一定时期的国情，在一定时期，在一定领域，各有侧重。灵活地运用这两种战略，使之有机结合、相互促进，是科技发展进步现实可靠的途径。

现在有人把创新局限地理解为就是一切依靠自己来搞发明和专利，其实，综合集成创新和技术成果的引进消化吸收本土化、成果推广等都是不可或缺的创新形式。当今，创新过程已普遍国际化了，真正的挑战是使技术商业化，这就意味着越来越需要融合各国的技术，形成全球价值链。数码相机、笔记本电脑乃至汽车、飞机，哪个不是一个知识产权供应商组成的联合国？

我国目前对外技术依存度指标高达50%，有些地区和行业更高。在这些地区、行业和领域仍然要将引进技术的消化、吸收、本土化、改进与自主开发很好地结合起来，从引进技术为主逐步过渡到自主创新为主。

当代科技发展有两种形式：一是突破，二是融合。突破是线性的，即以研究开发的新一代科技成果取代原有的一代科技成果；融合是组合多种科技成果发展成为新的科技成果，科技融合是非线性的，综合集成许多原有不同领域的科技，进而研发出新工艺和新产品，形成新产业。科技融合是以市场主导研究与发展，科技突破是从实验室开始的，科技融合则是从

对市场的了解开始的。

21世纪，是不同领域科技创造性融合的时代，要实施产业技术系统开发战略。产业技术系统开发战略，以提升产业竞争力和开拓新市场为目标，集中各方面的研发力量，加强技术创新集群的研发，注重共性技术、关键技术、主导技术、关联技术的研究，关注它们之间的相互联系与相互促进；还要实现技术创新成果的扩散。要形成产业战略技术联盟，不仅是在开发项目方面形成相互依赖的网络，而且可以扩大到制造、营销和集成技术开发方面的技术联盟。

增强自主创新能力，特别是原始创新，不可能全面铺开，要突出重点，有所为，有所不为。现代科技的领域非常广泛，发展迅速，竞争激烈，人力物力投入巨大，而且具有高风险性。任何国家，任何时候都不可能占领全部科学技术的制高点。

有所为，就是要树立民族自信心，树立勇攀世界科技高峰的雄心壮志，在规划选择的重点目标和重点领域实现重大突破。这些目标和领域应是经济社会发展紧迫需要、能够大幅度提升创新能力、大幅度增强综合国力、具有优势基础以及别人封锁的核心技术。要根据经济社会发展的需求和科技发展趋势，具体分析确定能够通过自主创新实现突破和跨越的重点领域和项目。

在关系国家安危的军事科技领域，必须全力以赴，否则就难免长久地受制于人。要善于扬长避短、以长护短，避免因军事领域的竞争过分地耗费国力。冷战时期，苏联与美国全面进行军备竞赛和军事扩张，导致国民经济畸形发展，民怨沸腾，留下了深刻的历史教训。

在关系国计民生和国家安全的战略高技术、核心技术和关键技术领域及若干基础科学前沿领域，在那些别人要千方百计封锁我们的技术上，我们必须要有所为，而且要大有所为，要全力以赴，全面增强我国的自主创新能力。

有所不为，并不等于无所作为，而是强调要审时度势，量力而行。当条件成熟和需求时机到来时，某些方面的有所不为就可能变成“有所为”，也可能是“大有作为”。“有所为”和“有所不为”是辩证关系，不是对立关系，在一定条件下有可能相互转换。

在实践中，妥善处理“有所为”和“有所不为”并非易事。这是因为在逐渐实现的市场经济的体制和机制下，中央的决策思想、统管全局的举措已经今非昔比，决策的多元、分散化的趋势在发展，而宏观调控的机制尚不充分、不完善。只能要求尽力保证在国家统管的范围内处理好两者的关系；对于其他方面只能加强指导，对决策者来说，把握战略全局的决策能力十分重要。各部门、行业、地区和单位都要从国家全局和长远利益出发，不盲目效仿别人，也不盲目攀比。一定要从自己的现实发展状况、发展水平、发展阶段和发展需要出发，认真分析哪些领域和项目以自主创新最为有利、条件最为成熟；哪些领域和项目在一定时期以引进最为有利，同时抓好本土化、消化吸收再创新的工作。不问现实条件、可能和需要，盲目跟风，争抢项目，是我国的一大顽症。

基础研究是综合国力的重要组成部分。基础研究的实力和水平，决定一国的原始创新能力，决定一国的整体科学水平，进而影响国力兴衰。在基础研究领域我们一定要有所为。要充分认识基础研究的探索性、长期性和不确定性的特点。既要重视有选择的定向基础研究，又要鼓励和扶持自由探索。有些研究一时没有突出表现，但有可能为后来的突破铺垫基础，或为其他科技创新开辟道路。

基础研究是创新突破的重要前提。当代科技发展所呈现的科学理论引领技术和生产的新特征，赋予基础研究的原始创新更为重要的战略意义。要统筹规划，大力加强事关科技原创能力的基础研究和事关现代化全局的战略高技术研究，大力推进产业关键技术的应用开发和规模产业化。重视并处理好基础研究和应用开发的关系，关系到科技发展战略的成效和前景。

四 企业是技术创新的主体

《建议》将不断增强企业创新能力列为深入实施科教兴国战略的主要任务。我们必须明确，企业是技术创新的主体，必须采取切实有效的措施，加强和提高企业的技术创新能力。

我们的科技发展与经济建设相脱离、科技与经济发展两张皮的现象，

一直长期存在。尽管从20世纪80年代起，党和政府就一再强调要解决这一问题，但至今仍未得到很好解决。因为技术进步、技术创新的动力是来源于市场的竞争。在计划经济体制下，产品是通过分配计划而生产。由于计划经济是短缺经济，很多产品要通过走后门才能分配到手，因此，企业根本不需要下功夫去搞技术创新。而科研是国家下达给科研院所和高等学校的任务，他们的科研成果经过上级主管部门验收，变成成果展览会上的展品就算完成了任务。科技发展与经济发展两张皮的现象，是计划经济遗留的产物。我国实行市场经济改革以来，这种计划经济下形成的科研体制和机制，并没有从根本上进行彻底改革。国家的科研任务和科研经费仍是通过课题的形式，给了高等学校和科研机构。2002年，我国的政府财政科技拨款为668亿元人民币，其中只有53亿元给了企业，企业仅占7.7%。而我国又尚未建立健全科技多元投入的体制，因此，企业没有力量搞技术创新。企业为了适应市场竞争，主要是通过购买设备来引进技术，我国的财政拨款制度中，购买设备的费用中根本不包含吸收消化和再创新的费用，买酱油的钱又不许去买醋。原有的产业部门的研究院所在推向市场的科研体制改革之下，基本改变了性质或不复存在。因此，产业技术研究受到了严重的忽视，这样就形成了一个怪现象：一方面，大学的科研经费大幅度增长，以至于大量教师把揽课题当成了主业，无心去搞教学，大学完成的“科研成果”大幅度增加（且不说质量怎样）；另一方面，企业的技术引进形成了“引进—落后—再引进—再落后”的怪圈。

从20世纪80年代起，我们就开始强调要重视企业的技术创新，企业要有技术进步的压力、动力和实力，但至今是企业有市场竞争的压力，但缺少动力，更不具备实力。

彻底解决科技与经济发展相脱节的问题，从根本上说，就是要在理论上真正认识到技术创新是企业的事情，要在理论、机制和政策上真正保证和实现企业是技术创新的主体地位，使企业真正具备技术创新的压力、动力和实力。

研究技术创新的经济学家强调了新产品、新工艺、新组织形式或新生产形式等因素的重要性，认为新产业的兴起，均来源于发明、创新和企业家活动的复杂的相互作用。这些因素构成了创新的“技术体系”。最早提

出技术创新概念的经济学家熊彼特就认为，经济增长的最重要的动力和最根本的机制在于企业的创新活动。他把企业家看成创新活动的主体，把创新看作企业家实行对生产要素的新组合。他把创新促进经济增长的过程，分为创新、模仿、适应三个阶段。每个阶段企业都是主体。20世纪技术进步和经济发展的历史，也表明企业是创新活动的主体。

只有彻底解决了企业作为技术创新主体的地位问题，才能真正提高我国的自主创新能力。因此，温家宝总理在《建议的说明》中，明确指出，提高自主创新能力，必须着力抓好五方面的问题：一是要加快建立以企业为主体、市场为导向、产学研相结合的技术创新体系；二是要改善技术创新的市场环境，加快发展创业风险投资，加强技术咨询、技术转让等中介服务；三是要实行支持自主创新的财税、金融和政府采购等政策，完善自主创新的激励机制；四是要利用好全球科技资源，继续引进国外先进技术，积极参与国际科技交流与合作；五是要加强知识产权保护，建立健全知识产权保护体系，加大保护知识产权的执法力度。《建议》还提出，要支持有条件的企业“走出去”，按照国际通行的规则到境外投资，鼓励境外工程承包和劳务输出，扩大互利合作和共同开发。

我们要认真研究和落实这些重大举措。

我们要切实研究解决加强企业技术创新实力问题。国际经验表明，要高度重视并办好企业的研究开发实验室，加强经济活动和科学研究之间的反馈回路。还要高度重视企业技术人才队伍的建设。近年来，企业技术骨干流失现象严重，工程师的社会地位下降，待遇低。大学毕业的本科生、研究生都不愿到企业去工作，就是去了企业，也都是愿意搞管理，不愿去技术岗位工作。国家对科技人员的考核、评价、奖励的指标体系导向也存在问题，偏重于发表多少文章和著作，而不是看其实际的技术能力和贡献。

增强自主创新能力，需要充分发挥政府的主导作用和市场的基础作用，并使这两个机制的作用有机结合起来。

政府的主导作用，体现为制定科技规划、制定政策、实施投入、创造有利条件和提供服务，以及通过教育培养科技人才。国家科技规划应该重点关注的，是那些有明显的社会效益和重大国家利益，而市场机制不能有

效发挥作用的重点领域和项目，即基础科学研究、公益性研究和战略高技术。这其中的有些项目并不一定是最高技术水平。政府一般不应介入产品研制层面。

市场的需求和竞争，是推动技术创新的强大动力。发挥市场的基础作用，关键在于使企业成为技术创新的主体。政府应积极发挥作用，创造条件，推进企业提高技术创新的动力、能力和实力。要严格保护知识产权，营造公平竞争的环境，提供必要的金融支持，积极引导民间资本的投入，大力扶持民营科技企业。

政府要更新观念、转变职能，要将国家要做的事情进行明确的定位，走出“因为重要，所以政府要自己干”的传统思路。凡是企业能够做到的事，要放手让企业去干。国家科技政策与产业政策、投资政策、贸易政策、消费政策要密切配合，更有效地促进科技创新。要高度重视中小企业的技术进步，加强对它们的技术服务，并为其创造有利于技术创新的环境。

还应建立大学教师、科研机构研究人员与企业工程师的交流互动机制。国外发达国家，包括一些发展中国家，企业的工程师的待遇通常高于大学教师，所以大学毕业生都愿先到企业去当工程师，待到四五十岁后，事业有成并有了经验和丰富的积蓄后，就愿意去大学教书。这样，大学的教授一般都具有丰富的实践经验。目前，我国高校评聘教师的制度，杜绝了大学与企业的人员交流，大学的教师普遍缺乏企业的实践经验，往往是从课本到课本、从理论到理论，对人才的培养也不利，导致了大学重理论教学轻实践教学、重课堂教育轻企业实习。

五　大力加强创新文化建设

科技创新，需要科技工作者的洞察力、独创性和创造激情，需要能保证知识生产高效运行的社会组织，有赖于一系列独特的价值观念支撑和有效的制度机制保障——正是这些观念和制度，构成了使科技工作者的群体创造力得以源源不断地发挥的创新文化基础。

一个民族的科技创新能力，在一定意义上取决于其创新文化的活力。

我们要从战略高度充分认识到，创新文化建设是造就一支宏大的、高水平的科技队伍的重要措施，是新世纪构建和弘扬中华民族文化的重要组成部分，是建设创新型国家的基本保障。

文化，主要指社会所特有和嗣承的观念模式、价值模式、行为模式和制度模式，既包括价值观、态度、信念、行为规范和人们普遍持有的见解等，也包括与之相适应的社会体制和制度。文化规定并潜移默化地影响着人的基本素质和心理性格的形成，对人类的社会性活动有着深刻和内在的影响。

科学技术作为人的创造能力的社会表现，是人类文化的重要组成部分。科学技术的发展对整个人类文化的内容、结构、形式以及发展方向都有着重大而深刻的影响；同时，科学发展和技术创新也须臾离不开相应的文化支撑，离不开良好的社会文化氛围。

创新文化，是与科技创新活动相关的文化形态，集中反映在关于创新的一般观念和相关的制度设置这两个层面上。

在观念层面上，科学研究需要科学精神，其核心价值表现为求真务实、诚实公正、怀疑批判、协作开放；技术创新呼唤企业家精神，其核心价值表现为崇尚竞争、打破常规、敢冒风险、追求卓越；在全社会范围内，创新文化的核心价值表现为变革意识、超越精神、宽容失败、人文关怀。

在制度层面上，首先涉及科学共同体内部的评价、荣誉、奖励、竞争、成果共享等各项规则，同时也包括整个社会范围内相关于不同科技创新活动的各种管理体制、协调机制和制度安排。制度构成了创新行为的最重要的环境选择和保障机制，它调节着创新资源的配置，导引着创新主体的价值取向，规定着相应的评估标准和激励方式，通过持续不断的作用，逐步形成科技工作者的行为模式。

价值观念是创新文化的核心，制度建设是创新文化的保证。

近年来，我国科技创新快速发展，体制改革成效显著，科技投入不断增强，科技产出明显上升，推动了社会生产力的进步。但与此同时，我国科技的产出效率不高，重大的创新成果较为匮乏，原始性创新难以涌现，科技大师屈指可数。其原因除受制于投入、条件和人才上的硬约束外，传

统文化中的消极因素、计划经济的思维定式、管理机制中的弊端、教育体制中的缺陷，严重阻碍了我国科技工作者创新意识的培育和创造力的发挥，也是重要的制约因素。这主要表现为：

其一是以创新为主导的价值观尚未成为普遍风尚。由于传统文化某些因素的影响和近百年来对实现现代化的迫切愿望，功利化、工具化的科技观占据了主导地位。在社会层面上，要求科技投入立竿见影的思想倾向较为严重，缺乏对科技发展规律的全面认识；在管理层面上，行政化管理的理念较为突出，忽视科学共同体自我组织、自我监督、自我完善的机制建设；在科研工作者的个体层面上，热爱知识、追求真理还没有成为普遍动机，挑战权威、创新求变还没有成为内在的职业理念，探索未知、理性批判还没有成为深层的心理品格。因循守旧、小富即安、胸无大志的现象还比较普遍，缺乏实现跨越式发展的胆识和魄力，缺乏做出原始性科学创新、做世界一流技术创新与集成的信心和勇气。无论是社会或个人，都比较缺乏科技创新的风险意识和宽容态度。

其二是传统文化中的消极因素影响行为模式。“官本位”的管理构架替代了知识生产的内在结构，权利、荣誉、利益三位一体，强化了部分科技工作者以追求短期利益为目标的经济人行为模式。“家族”利益和“行会”观念，使人际关系中的亲疏原则压倒了学术标准，使同行评议制度变质变味；论资排辈依然严重，优秀人才难以脱颖而出；本位主义的思想倾向，使近亲繁殖现象严重，团队间、机构间彼此封闭、相互封锁，人才与知识流动凝滞，学科交叉难以进行。

其三是科研管理制度存在严重缺陷。我国目前的科研管理中，在聘用、职称、评估、奖励、资源分配等环节，还没有形成以创新价值观为基础的、协调合理的制度安排。以数量为核心的评价指标体系，助长了一些人的短期行为和浮躁心态；计划经济体制下形成的部门利益至上、条块分割、分散重复、面面照顾的现象，在科研管理和运行机制中尚未根除。

其四是有利于创造力的思维品格尚未形成。我国传统的教育体制和方法不利于创新意识和科学精神的培养。在教育理念上，重尊崇师长，轻独立创造；在教育内容上，重理论“体系”，轻实践经验；在教育方法上，重知识灌输，轻能力培养；在教育标准上，重趋同一致，轻标新立异；在

教育体制上，重批量培养，轻个性风格。这一切使受教育者在日后的科研活动中，缺乏创新所需要的深厚的知识结构和综合抽象能力，缺乏对实践需求的感悟能力，缺乏应有的理性批判精神，缺乏发现问题、大胆构造假说的创新意识，缺乏合作创新的思维广度和宽容态度。

上述各种不利于科技创新的文化现象，其产生有着复杂的历史和认识根源。首先，我国传统文化向现代文化的创造性转换尚未完成，其中有利于或潜在地有利于未来科技创新的因素未能得以深入发掘和汲取，而消极的思维模式和处事原则仍然在起作用，近代科学所代表的思想、精神、价值、方法和制度尚未得到普及。其次，在我国长期实行的计划经济体制，使得科技人员的竞争动力和能力不强，自主创新精神和创业勇气不足，风险意识和产业化意识薄弱。最后，改革开放以来社会经济文化转型，在社会的价值标准和个人的价值取向上发生着巨大的变化，出现了以市场标准作为唯一的标准、以经济利益作为唯一的利益的现象，也诱发了部分科技工作者的急功近利的心态。

创新文化建设，旨在科技界营造竞争、协作、符合科技发展的内在规律、体现创新时代特征的文化氛围，充分发挥创新主体主动性，最大限度地激发创新激情和潜力；在全社会培育创新意识，倡导创新精神，完善创新机制，形成宽松、自由、和谐、对创新友好的社会文化氛围。

创新文化建设的核心是构建和倡导创新文化的价值体系。这是一项长期、艰巨、复杂的社会工程。创新文化的建设，必须首先加强对创新活动自身的规律性的认识，加深对创新活动的本质特征的理解；尤其是要把握创新活动所体现的精神理念和价值追求，并且在全社会范围内，凝练和提倡具有中华文化特色的创新价值观念体系。具体内容包括：

树立以人为本的科技进步观。树立以人为本的科技进步观，就是要确立人才资源是第一资源的思想，最大限度地激发广大科技人才和全社会劳动者的聪明智慧和创新潜能；就是要树立通过科技进步，实现生产力发展的“绿色”性质，促进经济社会全面协调可持续发展的观念；就是要明确科技进步的成果应普惠于全体人民，最终实现人的全面发展。

提倡理性的批判精神，树立开放协作的竞争观。批判精神是科学理性的核心要素，竞争观念是创新活动的内在动力。批判和竞争，构成创新活

动的精神动力机制。要在科技工作者中以及全社会积极倡导理性批判精神，既要充分尊重权威，又要敢于挑战权威，激发创新活力。在科研团队中，营造自由讨论的民主氛围，倡导合作基础上的竞争，培育开放协作意识，加强学科间的交流与合作。

树立正确的风险意识，扭转“速胜论”的价值取向。科技创新是高风险的事业。历史告诉我们，在成千上万献身科学理想的科研人员中，真正能有重大发现的只是凤毛麟角；而经验研究表明，在技术创新活动中，从新的设想到新产品的开发，再到走向市场，成功率只有2%—3%。要正确对待创新中的失败，给予失败者必要的宽容和鼓励。无论是从发展战略、制度管理，还是科学家职业追求的角度，都要尊重科技发展的自身规律，摒弃急功近利、急于求成的“速胜论”倾向。

凝聚文化特色，振奋民族精神。中国古代优秀的文化传统是创新的重要文化资源。对它们进行深入地发掘和系统地整理，对于21世纪中国和世界科学技术发展依然具有重要的价值。要通过创造性的历史转换，充分汲取中华文明的精华，继承并发展华夏民族的独特智慧，将其中的积极因素转化为创新文化建设的宝贵财富。要总结新中国成立以来科技发展的经验，弘扬“两弹一星”和“载人航天”精神，在我国科技工作者中和全社会，倡导和培育报效国家的爱国情怀、自立自强的民族自信心，激发追求卓越、勇攀高峰的创造热情。

创新文化建设的关键是培育有利于激发创新活力的制度文化。与创新相适应的价值观念，是通过一系列制度安排来培育和传承的。科技体制改革和国家创新体系的建设，应体现创新文化的价值观，以充分激发科技工作者的创造热情和培育创新能力为旨归，进而服务于从跟踪模仿到自主创新的国家科技发展目标。制度文化建设的重点是：

营造适合创新的制度环境。要创造有利于创新的法律、行政与金融环境，进一步完善与创新相关的知识产权、风险投资、成果转化等制度，保障各种创新资源的优化配置和充分利用。要加强政府行政主管部门对于科技创新的宏观调控能力，适时出台相关政策，鼓励和规范各种创新主体的创新活动。要建立国家层面常设的科技决策、咨询、评估、监督机构，加快科技机构的转制并完善相关配套政策，强化企业研发能力。政府行政主

管部门的作用应从繁杂、具体的事务管理中解脱出来，转变为营造创新环境、理顺创新机制、组织重大创新项目的实施。

确立多元互动的创新机制。要通过完善国家创新体系的建设，把政府、高校、科研机构、企业等不同创新要素，协调在一个服务于国家目标的有机互动的战略协同结构中。通过确立共同愿景，明确创新目标，加强研究与产品开发的联系，促进国防和民用技术及产品的相互转化，加大扶持中小企业创新能力的力度，使国家目标和市场机制相结合，调动创新主体的积极性和主动性，促进创新，促进成果的开发转化。

建立有利于创新的评价体系。针对科技界中存在的浮躁、急功近利等不良倾向，要改革现有的评价、激励、荣誉等一系列制度，切实解决科研中急于求成的短期行为，构建多元化的科技奖励体系。要尊重科技创新的内在规律，把发挥科技工作者的聪明才智和创新潜力作为政策和管理的首要目标，使科技评价不仅关注直接的、近期的、显性的价值，还要关注间接的、长远的、隐性的价值。要改变单一的数量指标体系的评价标准，完善以同行承认为基础的评价方式和公开公正的评价程序。

创新文化建设的基础是创新团队的组织规范的确立和文化风格的形成。创新团队是创新活动的主力，也是形成创新文化的中坚。创新文化的培养，需要不同类型的创新团队的典范作用来推动。在发达国家创新文化的形成和发展过程中，那些人才辈出、成就斐然的著名团队，如卡文迪什实验室、贝尔实验室、哥本哈根学派、微软公司等，都产生过重要的影响。组织文化建设的任务主要有以下几点：

形成布局合理的人才结构。要重视培养和选拔具有创新意识、全局观念、具备卓越学术鉴赏力的科研团队领军人物。创新团队要形成合理的人才结构，包括专业知识结构、职称和年龄结构、固定人员与兼职流动人员结构、科研人员与辅助人员结构等。要健全管理规章制度，为创新型人才营造自由探索的空间，形成有利于创新人才长期稳定地发挥创造才能的环境。

确立协调合理的激励机制。科研活动的激励机制主要包括待遇、职称、奖励和荣誉等。在这些资源的分配中，应更多地着眼于从业者的能力，将能力和成果结合起来，而不完全依据已有的成果、学历与资历；应

改变重数量、轻质量的标准，改变用行政评估指标取代同行承认的做法，改变将待遇、职称与奖励、荣誉完全挂钩的做法；注意精神激励和物质激励的协调与平衡；严格限制人为扩大的“马太效应”。在合作研究中，建立激励资源分配的规范。

建设开放流动的工作平台。当代科学的发展具有学科间交叉、综合、互动的趋势，新的学科、新的领域层出不穷。这些新兴的学科领域往往是创新的前沿阵地，竞争最为激烈，也最有可能带动经济和社会发展。学科发展要求建立更加开放的科学文化环境，努力减少或消除各种不必要的行政壁垒，摒弃各自为政、互相封闭的管理构架，形成共享、开放、流动的创新平台。

完善科研道德约束机制。学术道德问题是当前我国科技界的突出问题，种种学术违规行为和腐败现象既损害了科学共同体的社会公信，也大大侵蚀了科学研究赖以生存的基础。要杜绝科研中的不正当行为，全面提高整体的科研管理水平，以公开、公平、公正为原则，在管理中尽量减少人为因素的干扰，加强对科研过程的监督。

通过创新文化建设和科学普及工作的长期努力，使创新意识真正融入中华民族的优秀传统中，大幅度提高全民科学文化素质，形成有利于科技创新的良好文化氛围，努力使亿万群众充分分享科技进步的福祉，并获得新的发展机会，从而使我国进入创新型国家的行列。

（原载《中国社会科学院学术咨询委员会集刊 2005 年》第 2 辑，社会科学文献出版社 2006 年版）

21 世纪的创新文化建设

《国家中长期科学和技术发展规划纲要（2006—2020）》明确提出，把增强自主创新能力作为国家战略，推进我国经济增长从资源依赖型向创新驱动型转变，致力于建设创新型国家的宏伟战略目标。为此，必须大力发展创新文化，为科技创新提供良好的社会环境和文化氛围。2006 年 1 月 9 日，胡锦涛总书记在全国科学技术大会上的讲话中，把“发展创新文化，努力培育全社会的创新精神”作为扎实完成建设创新型国家的重大战略任务之一，他指出：“一个国家的文化，同科技创新有着相互促进、相互激荡的密切关系。创新文化孕育创新事业，创新事业激励创新文化。……要在全社会培育创新意识，倡导创新精神，完善创新机制，大力提倡敢为人先、敢冒风险的精神，大力倡导敢于创新、勇于竞争和宽容失败的精神，努力营造鼓励科技人员创新、支持科技人员实现创新的有利条件。”① 建设创新型国家，不仅需要大幅度提升自主创新能力，也需要公民科学素质的不断提高，需要一个广泛而坚实的社会文化基础。因此，这不但要求在公众中传播科学知识、技能，展现科学精神和方法，更重要的是在全社会培育崇尚科学、崇尚创新的文化根基。

我们要从战略高度充分认识到创新文化建设的意义，创新文化建设是实施增强自主创新能力的国家战略、建设创新型国家的重要内容和基本保证。创新文化建设是提高公民人文素养和科学素养的重要途径。创新文化建设是造就一支宏大的、高水平的科技队伍的重要措施。创新文化建设是

① 胡锦涛：《坚持走中国特色自主创新道路，为建设创新型国家而努力奋斗——在全国科学技术大会上的讲话》（2006 年 1 月 9 日），《人民日报》2006 年 1 月 10 日。

构建我国科技发展的制度文化的基础。创新文化建设是新世纪构建和弘扬中华民族文化的重要组成部分。

一 创新文化的历史发展

文化与科学技术的交融与互动已成为当今人类文明进步的显著特点。科学技术已构成当今人类文化的重要组成部分。科学技术的发展对整个人类文化有重大而深刻的影响。同时，科学发展和技术创新须臾离不开良好的社会文化氛围和文化的支撑。正如美国科学史家贝纳德·柯亨曾经深刻地指出的那样，“科学家的思想是受到他的文化所约束，他的思想特征是由他的文化环境铸造而成的”①。文化是影响创造性科学技术研究活动的最深刻的因素，是科学家创造力最广泛、最持久的内在源泉。

（一）近代科学技术发展与文化的互动

历史是一种文化用以说明人类社会过去的适当的精神形式，它想使过去复原而同时又企图通过描述恢复了本来面貌的事件，唤醒人们的历史意识。从历史事件中，也即从历史的本质内容中，启迪人们找出能解决目前的和未来的问题的办法和途径。从创新文化的视角考察近代科学技术的历史，对当代的创新文化建设是不无裨益的。

关于科技与文化的关系的学理研究，马克斯·韦伯在其《基督教新教伦理与资本主义精神》一书中谈到，新教教义（加尔文教派教义），确立并支持了一些人们世俗行为的伦理准则，如理性、勤奋、诚实、严肃认真、节省时间和金钱等。这些价值观造就了新型实业家，他们致力于按一定方式生活和工作，促进了经济的发展、资本主义的兴盛。由此，罗伯特·默顿进一步认为，新教教义与现代科学的兴起之间有着直接的联系。著名英国科学技术史家亚·沃尔夫指出，现世主义、理性主义、自然主义表征的“古典主义”，亦即亚里士多德时代雅典人处于鼎盛期的精神，随着文艺复兴的出现，它们才逐渐被恢复。科学在 17 世纪所取得的惊人进

① 《爱因斯坦文集》第 1 卷，商务印书馆 1976 年版，第 626 页。

步，极大地有助于证明这些观念是合理的，激励它们也同科学、技术和哲学以外的问题发生联系。18 世纪的精神领袖们正是这样做的。他们尽力使自己的时代成为彻头彻尾的“理性时代”。现世主义、理性主义、自然主义成为 18 世纪的时代精神，有力地促进了科学技术的发展。[①]

从近现代世界科学技术发展的历史经验来看，科学技术的发展与社会文化传统具有深刻的关联。近现代科学的出现，源于欧洲文化内部的巨大转折，之后，世界科学技术中心的每一次形成，以及由此而导致的新的经济中心的形成，无不伴随着文化变革。欧洲文化传统之外的其他民族，在接受、发展科学技术的同时，也都伴随重大的有时甚至是剧烈的文化变革。

近代科学主要源于古希腊传统的科学思想，通过欧洲文艺复兴运动和启蒙运动，获得了长足的发展。14—16 世纪，始于意大利的欧洲文艺复兴运动，在观念上直接对中世纪以来的思想文化禁锢具有巨大的突破和解放作用。它在倡导回复历史传统的同时实现了推进人类文明的进步。这是一个发现“人”和“自然”的时期，“人”的发现、人性的高扬是对“神性统治”的反叛，“自然”的发现、对自然规律的探索是对“上帝万能”的否定。前者是在人文领域中发动的思想解放运动；后者是在科学领域中发动的科学革命运动，二者互动交融、相互支持、互相配合、互相激荡，极大地推动了社会历史的进程。直至现今，这种多元、互动和开放的整体文化氛围以及人文主义价值观，仍渗透在政治、科技、法制等方面，对世界具有巨大的文化影响。

随后，英国、法国、德国科学技术的发展，是与欧洲的启蒙运动相伴随的。科学理性和人文精神在启蒙运动时期得以高扬和广泛传播，使得从文艺复兴开始的反对宗教神学统治的斗争取得了彻底的胜利，为科学的发展营造了良好的思想文化氛围。

美国科技和经济的发展也是文化与创新互动的结果。美国是个移民国家，这决定了其文化的包容性，并且又变成了文化促进创新的重要条件。开放性的移民文化为各种文化观念的撞击创造了条件；人们在竞争、迁徙

① 亚·沃尔夫：《十八世纪科学、技术和哲学史》，商务印书馆 1997 年版，第 10—11 页。

中形成的实用主义思想观念，导致了更加重视策略、看重效果的行为模式。因此，以市场机制促进科技成果的产业化，探索管理机制的创新，在美国都得到鼓励。20 世纪初，许多技术发明并不是发生在美国，却在美国以最快的速度实现了产业化，带动了美国经济迅速发展。美国较早实现了规模化生产和科学管理，高生产率和便宜的商品是美国经济崛起于世界的有力武器。美国企业还较早地将研究开发机构纳入企业，并且成为企业的核心部门，解决了科研和生产的对接问题。在美国，"大科学"和开放式研究机构的形成，使科技与经济、政治、社会、文化更密切地联系在一起。风险投资在美国得到了最快的发展，成功地实现了金融、投资和科技成果、人才的有效结合。

近代科学技术在其数百年的历史发展进程中，通过一代又一代科学家艰苦卓绝的工作，逐步形成了科学研究所特有的思维方式、精神气质、价值取向和相应的制度安排。这种特有的文化传统，不仅保证了科学本身迅猛发展，而且对整个人类文化的进步产生了广泛而深刻的影响。

在科学共同体内部，逐步形成并确立了普遍遵循注重实验、崇尚理性、缜密严谨的思维方式，共同崇尚揭示自然奥秘的好奇心、挑战权威的怀疑态度、热爱真理的献身精神，广泛认同公有主义、普遍主义、无私利性等价值观念。在数百年的发展过程中，科学作为一种社会建制和相应的制度文化，也经历了一个形成与发展的过程。从早期的科学社团、工业实验室，到科学院、教学与研究相结合的大学和大型国家实验室的发展，科学研究逐步确立并完善了自己的社会建制，并在评价、荣誉、奖励、竞争、成果共享的学术制度上，形成了一整套行之有效的安排。这些观念和制度形成的社会文化氛围，不断激发着科学家的创造热情，影响着科学家心理特质的形成，塑造着科学家的人格魅力，规定着科学家的行为准则，构成了支撑科学技术进步的文化根基。

进入 20 世纪，科技与经济社会发展的关系日益紧密。在市场需求的强大推动下，科学研究和技术创新更加密切结合，科技成果转化为现实生产力的进程不断加速。特别是 20 世纪 80 年代以来，高技术及其产业化的迅猛发展，以"硅谷模式"为代表的大学、国立研究机构、企业以及金融机构相协调的互动机制，更凸显了创新活动中的开放、竞争、合作、风险

的意识和进取、创业、追求卓越的精神，并形成了具有新的目标取向与评价标准的研发体制和机制，扩大和丰富了创新文化的内涵。

（二）当代创新文化发展的新特征

20世纪90年代以来，科技创新突飞猛进，创新的许多领域、创新的方式和创新的原因都在发生深刻的变化，呈现出许多新的趋势：创新方式从原来注重单项突破的线性模式，转向更为注重多学科交叉融合的非线性模式；创新组织从以往相对分割的组织形态，转向国家或地区范围内的多机构协同的创新体系；创新活动越来越趋于全球化，科技资源的配置和整合扩展到世界范围；创新过程和目标与社会的人文伦理价值观的关联日益密切，等等。

相应地，当今创新文化的演进也表现出新的特征：

在创新思维模式上，具有更大的发散性和更强的兼容性：不仅体现为创新思维中的学科交叉，也体现在创新文化建设中要兼有全球化倾向和地域化特色，既有高远的全球视野，强调不同文化背景下的沟通与合作，也提倡高度的民族文化自觉，注重充分利用本土的知识资源和文化养料。

在创新组织文化上，具有更大的开放性和更强的激励性：既强调科技人员的自主流动、自由探索、思想砥砺、尊重个体的创造性，为不断涌现的各种新思想提供发展的机会和条件，也保持相对宽松环境中的竞争压力，通过各种评价、激励、荣誉、利益杠杆加以引导，以期最大限度地焕发出创新的积极性。

在科技创新管理上，重视创新主体的多元化和互动性：充分利用各种政策工具，理顺机制，强调不同创新主体在创新网络中的共生和协同，激发创新活力，协调创新机制，形成创新合力，共享创新成果。

在社会文化氛围上，体现科学精神与人文精神的高度融合：既强调科技创新对于发展经济、增强核心竞争力等国家目标的关键作用，激发整个社会的创新意识和激情；也强调科技创新对人类尊严的坚守，强调科技创新必须有利于人、社会、自然的和谐和可持续发展。

（三）创新文化建设是国际上普遍重视的时代课题

在 20 世纪四五十年代，研究文化问题和重视文化的作用，曾是社会科学研究的热点。后来，这方面的兴趣降低了。从 20 世纪 90 年代以来，文化研究又活跃起来，并具有崭新的视角。越来越多的学者、新闻工作者、政治家和实际从事发展工作的人，正在把注意力集中到文化中的价值观和态度在促进或阻碍进步和发展方面所起的作用。探讨文化与政治、经济、科技、社会发展之间的联系，研究者一致认为文化价值观和态度是人类进步和发展中的一个重要的而过去却被忽视的因素。从亚历克西斯·德·托克维尔以来一系列学者对于文化的重要性及文化价值观与发展之间的联系问题作了许多有益的研究工作。现在，研究者们正接近于试图明确提出一个新的以文化为中心的发展范式，或人类进步范式。他们尽量把理论研究与实际发展进程的探讨结合起来，力图将文化价值观和态度的变革纳入国家的发展政策、安排和规划之中，提出切实可行的措施，以便倡导促进发展的文化价值观和态度。为此，他们提出，要在研究文化的人与制定、管理发展规划和政策的人之间建立密切的专业联系，力争使有关的决策者和管理者了解，什么样的文化应反映在政策和规划的设计和执行之中。

新世纪是科技创新主导发展的时代，自主创新能力已成为国家竞争力的核心和决定性因素，增强科技创新能力已成为世界各主要国家的首要国家战略目标，21 世纪的创新，是在全球科技经济文化互动中的创新。因此，创新文化建设是时代发展的迫切要求。进入 21 世纪，各国政府在从事科学技术发展战略研究和制订规划时，充分注意到文化价值观对科技创新的作用，都高度重视创新文化的建设。

联合国教科文组织 1999 年世界科学大会宣言表述了与科技进步紧密相连的文化价值观念。它着重强调了下述三点：第一，从事科学研究和利用从中所获的知识，目的应当始终是为人类谋幸福，其中包括减少贫困，尊重人的尊严和权利，保护全球环境；并充分考虑我们对当代人和子孙后代所担负的责任。第二，所有科学家都应坚持高的道德标准，也应根据国际人权文件规定的有关准则为科学工作制定道德准则。科学家的社会责任

要求科学家坚持高标准的科学尊严和质量控制，与人共享自己的知识、与公众进行交流和教育年轻一代。政治领导者应当尊重科学家在以上各方面采取的行动。科学课程应当包括科学伦理，以及科学的历史、哲学和文化影响等内容。第三，平等地参与科学工作，不仅是人类发展的社会需要和伦理需要，也是在全球范围内充分发挥科学界的潜力和使科学进步满足人类需求的需要。

美国科学院、工程院和医学研究院的一份报告指出，科学研究是一项社会性的事业，其目标是追求真理，但这种追求不是孤立的、与世隔绝的，而是在社会历史环境中进行的，这个环境为科学研究提供了价值导向，并为科学家的工作确定了最终意义。

美国科技之所以能够长期引领世界潮流，与其创新文化建设的关系密不可分。尤其是在高新技术领域，创新文化更是起到了不可替代的作用。美国东部的128号公路是其高新技术的发祥地，然而高新技术尤其是以信息技术和生物技术为主导的高新技术却是在西部的硅谷地区发展起来并形成了特有的发展模式。而硅谷之所以能成为高新技术的“栖息地”就在于那里独特的创新文化建设。近年来，关于创新文化建设的研究正在蓬勃展开。

《欧盟第六个科研计划框架（2003—2008）》强调，应鼓励在科学和社会以及与社会创新意识之间建立和谐的关系。要特别关注将对欧洲竞争力有重大影响的技术创新和具有高度创新能力的企业方面，要充分考虑伦理原则、广泛的文化因素的作用。框架在强调向知识社会过渡的多种动力和途径问题时指出，要注意新的文化特性的出现，欧洲一体化与文化多样性的形成和影响，以及欧洲和世界的社会和文化的对话。

印度政府制定的《2003年科学技术政策》十分重视科学技术发展与文化的互动。印度人力资源发展及科学与海洋发展部部长乔西在解释该政策时说，他们的科技政策系于他们坚定的信念：科学技术要成长起来，它就必须是绿色的，必须是道德的，必须有人文的方面，反映巨大的多样性和多重性。特别需要指出，该政策有如下几个方面值得我们关注：第一，认为建立在普遍协调、尊重一切创造和综合与整体方法的原则基础上的印度传统文化，可能提供对于未来科学进步的有价值的信息；第二，今天的

科技发展也有深刻的伦理、法律和社会含义，社会对这些方面要密切关注；第三，要促进从事科学技术、人文社会科学以及其他学术工作的人们加强互动，以便达到相互加强、产生附加值和影响；第四，利用现代科学技术的全部潜力来保护、保全、评价、更新、尊重和利用印度悠久的文化历程所产生的广泛的知识。

韩国在其《韩国科技发展规划——2025 年构想》中提出，不成熟的政治、经济和社会信念阻碍创新科技的发展，因此需要提供一个“对创新友好”的环境，创造知识，促进创新，通过全国性创新运动创造国家科技文化。

二 创新文化的内涵

（一）文化及其观念和制度的形态

广义的文化，是指一定时期某个社会或社会群体的全部生活方式的总和，包括器物形态的文化、制度形态的文化和观念形态的文化三个层次。我们这里讨论的文化，特指观念形态的文化和制度形态的文化。由此，我们将文化作如下的界定，文化主要指社会所特有和嗣承的观念模式、价值模式、行为模式和制度模式，既包括价值观、态度、信念、行为规范和人们普遍持有的见解等，也包括与之相适应的社会体制和制度。文化规定并潜移默化地影响着人的基本素质和心理性格的形成，对人类的社会性活动有着深刻和内在的影响。

观念形态的文化包括价值观、思想、态度、信念、行为规范和人们普遍持有的见解等。文化的核心是由观念和价值体系构成的。这种观念和价值体系是通过学习过程在这一社会和某个群体的人群的嗣承中代代相传的，这一社会和群体中的每一个人都自觉或不自觉地遵循着世代相传下来的被模式化了的思想、价值和行为规则。文化对经济、社会、政治乃至家庭和个人都有着深刻的、无法规避的影响。

制度形态的文化是指一定的社会或社会群体所具有的组织形式、体制、制度、规则、法规或法律等。“文化是制度之母。”就是说观念形态的文化决定了制度形态的文化，它为社会和社会群体的体制建设、制度、法

规、法律的形成和制定提供思想理论和价值观的基础；同时它又通过体制建设和各项制度、法规和法律的制定和执行，引导着人们的价值取向，规范人们的行为，以保障文化价值观在社会和社会群体中得以维系和传承。

科学技术作为人的创造能力的社会表现，是人类文化的重要组成部分。科学在其历史发展中形成的思维方式、价值取向、行为规范和传统，体现着科学作为社会现象的文化内涵，是科学实现其社会文化职能的最重要的形式。

人类社会发展的历史证明：科学不仅改变了世界，也改变了人类本身。在科学漫长的历史发展中，特别是在近四百年来自然科学的发展中形成的科学精神、优良传统、认知方式、行为规范和价值取向，其中包含着科学态度、科学方法、科学作风诸因素，是作为文化形态的科学的最重要的组成部分，并深深地影响了人类近代文化和社会的发展，表现为科学作为推动社会进步的巨大革命力量。科学作为一种文化形态提高着人的认识能力，影响着人的价值取向，形成了一系列先进的行为规范，对人类精神生活产生了决定性影响。科学作为精神生产方式，其发展对整个人类文化的内容、结构、形式及发展方向有着日益巨大而深刻的影响。同时，科学发展和技术创新也须臾离不开相应的文化支撑，离不开良好的社会文化氛围。

科学技术作为一种社会事业，已形成庞大而复杂的社会建制，并有其独特的体制、运行机制、管理制度和法规。因此，科学技术作为一种独特的制度文化形态，已成为当今制度文化的重要组成部分。

（二）科技创新

创新源于对技术和经济发展关系的探讨，其含义是技术创新，后来逐步演化为科学技术中的创造性活动，进而又把它扩展到社会生活各个领域的创造性活动。本书论及的创新，即科技创新，特指与科学技术发展相关的全部创造性活动，包括科学知识的生产、新技术和新产品的研发、技术成果的引进与本土化、成果推广等。从文化的视角来看，科技创新包含着一种特殊的精神气质，凸显了洞察力和独创性的交会，是新观念和新方法的融合，这些活动与人的需要相关联，应以人的全面发展和社会的持续进

步为目的。

创新正在发生深刻的变化。当今，创新的许多领域、创新的方式和创新的原因都在发生深刻的变化。21 世纪的创新，是在全球科技经济文化互动中的创新。

科技创新活动，一般来说可以分为两大类，即科学研究和技术创新。二者紧密联系相互促进，除了基础科学研究领域，二者相互交织在一起。总体来说，基础研究以研究机构和大学为主体，技术创新以企业为主体，因为技术创新的直接目的是开发新产品、满足市场需求。在经济学中，熊彼特在阐述技术创新时，认为技术创新还包括市场创新和组织创新。他还明确地把创新与发明区别开来。他认为："只要发明还没有得到实际上的应用，那么在经济上就是不起作用的。而实行任何改善并使之有效，这同它的发明是一个完全不同的任务，而且这个任务要求具有完全不同的才能……作为企业家的使命而要付诸实现的创新，也根本不一定必然是任何一种的发明。"①

（三）创新文化

创新文化，是与科技创新活动相关的文化形态，是社会共有的关于创新的观念和制度的设置。它反映了社会的创新能力和对创新的态度，这种态度体现了一种价值取向，映现了社会是否对新思想、变革、风险成败抱容许、欢迎乃至积极鼓励的态度。激发创造力是创新文化建设的目的，制度是创新活动得以持续进行和广泛开展的保证，价值观念是创新文化的核心。

创新文化，集中反映在关于创新的一般观念和相关的制度设置这两个层面上。

作为观念形态的创新文化，包括能够促进和有利于科技进步和创新活动的相关的价值取向、思想、态度、信念、行为规范和人们普遍持有的见解等。其中最重要的是科学精神和企业家精神，它们集中反映了人们对科技进步和创新活动所持有的价值取向、思想、态度和信念，以及由此形成

① 熊彼特：《经济发展理论》，商务印书馆 1991 年版，第 98 页。

的人们应该共同遵循的道德准则和行为规范，如科学共同体内部的科学道德准则和行为规范，科技成果应用于社会所应遵循的科技伦理，和科学家的社会责任等。创新文化的价值观之所以重要，是因为它们形成人们进行科技创新活动所遵循的原则。

制度形态的创新文化，包括科技创新活动作为一种社会事业和社会建制，其本身所具有的体制、运行机制、管理制度、法律、法规和政策等，以及国家和社会对科学技术和创新活动给予支持、进行管理的一系列的相关的体制、协调机制、管理制度、法律、法规和政策等。前者诸如在科学共同体内部的评价、荣誉、奖励、竞争、成果共享等各项制度和规则，后者如国家的科学技术政策、规划、科技投入等。制度构成了创新行为的最重要的环境选择和保障机制，它调节着创新资源的配置，导引着创新主体的价值取向，规定着相应的评估标准和激励方式，通过持续不断的作用，逐步形成科技工作者的行为模式，并影响着全社会对科技创新活动的态度和看法。

发展现代创新文化，来补充、丰富和发展传统文化，是实现中华文明伟大复兴的重要内容之一。世界上没有一种文化是不需要发展变革的。无论是从历史来讲还是从现实来讲，没有文化的发展更新，就没有民族本身的发展进化。传统既有积极的一方面，又有消极的一方面，不能把它绝对化。只有发展传统才能维护传统，努力发掘科学技术的文化内涵，充分发挥科学技术的文化功能，发展创新文化，才能更有利地保护和发扬中华民族的优秀文化传统。人类社会发展的历史，特别是20世纪的历史证明，科学技术不仅是人类改变自然环境和社会环境的手段，而且是完善人类自身的手段，科学技术的持续进步和不断创新，对于经济繁荣和社会的稳定与发展，具有根本性的意义，也只有用科学改造了的社会才能更好地容纳科学，为科学技术的发展创造良好的条件和土壤；只有社会广大公众普遍了解科学，提高全民族的科学文化素养，科学技术才能发挥应有的作用。提高各级领导干部和全民族的科学文化素养，在全社会培育创新意识是我国社会主义精神文明建设的重要任务之一。国家的昌盛与未来取决于创新文化的发展状况和全社会对创新活动的支持，一个国家和民族只有高度重视创新和追求创新，提倡科学精神和企业家精神的自觉意识，才能自立于

世界民族之林。时代要求我们把创新文化的价值观融入我们民族的基本价值观，并升华为民族意识。只有使创新文化深深扎根于我们国家的社会文化土壤之中，才能加速科技进步，增强国家的创新能力，建设创新型国家。

（四）创新文化的观念形态——科学精神和企业家精神

文化的核心是由观念和价值体系构成的。如前所述，科学精神和企业家精神，它们集中反映了人们对科技进步和创新活动所持有的价值取向、思想、态度和信念，我们这里就着重谈谈科学精神和企业家精神。

在观念层面上，科学研究需要科学精神，技术创新呼唤企业家精神。在全社会范围内，不仅要弘扬科学精神，倡导企业家精神，而且还要培育国民共有的创新文化价值观。

（1）科学精神，是在科学漫长的历史发展中，逐步积累形成的优良传统、认知方式、态度作风、行为规范和价值取向的凝结。其核心价值表现为求真务实、诚实公正、怀疑批判、协作开放，即所谓的诚实性、公正性、怀疑性、协作性、开放性。

求真务实是科学实证精神的表现。科学基于观察和实验，一切科学的认识都是建立在大量的观察和实验所获得的事实的基础之上的。对科学来说，任何正确的思想，都必定有检验它的方式。科学的实证精神就是注重实践反对空谈的务实精神。它认为科学认识来源于实践，实践是检验科学认识真理性的标准和推动人类认识发展的动力。经过实验验证的科学理论以定律或定理的形式加以表述，具有严谨的逻辑性和精确的定量化特征。明晰性和严密性是科学思维的显著特点。科学要求各种观念能被定量且能以极度精确性加以检验。精密性是获得知识的可靠性的保证，没有精密性是达不到科学知识的可靠性的。定性分析和定量分析相结合是一种科学的认识方法。因此，求真务实还包含着精细严谨的科学作风。弄虚作假，粗枝大叶，是与科学精神格格不入的。

诚实公正是由科学认识活动的客观性、普遍性和探索性决定的。科学认识的主要任务就是发现客观事物之间的联系和规律，规律具有普遍性的形式。在科学认识中是排除任何个人的、主观的感情因素的，它消除了一

切个别的、个体的、独一无二的东西，只保留具有普遍性的一般的东西。探索真理的道路是崎岖曲折的，充满失败的风险。社会实践是不断向前发展的。客观世界处于不断发展和变化的状态之中。因此，任何科学都不是处于静态之中，而是处于动态变化中。任何时代任何人的认识都有其局限性。排除个人的主观好恶、成败得失，以实践检验为唯一的客观标准。

怀疑批判是科学的革命精神和自由精神。科学进步的起点是问题。问题的提出就是对已有知识的怀疑和挑战。批判地、怀疑地考察乃是科学所使用的方法。科学活动中，一切实质性的质疑都是允许的，并且值得鼓励。科学发展中，最基本的原理和结论都可能遇到挑战。盛行的假说必须正视观察和实验的考验。自我质疑和自我纠错乃是科学方法的最显著的特性。科学的革命精神，要求敢于发现在错综复杂的矛盾中出现的种种新机遇，表现出不随习俗的思想和行动。

科学是一种自由探索，各个学派在真理面前一律平等，要求对不同意见采取宽容态度。科学只有通过不同观点的自由争论才能向前发展。近代自然科学开始于向宗教权威的挑战，科学从不迷信权威，并敢于向权威挑战。科学真理也从不借助于权威而让人去信仰。科学认为，凡是压制细研深察和认真讨论的地方，真理就会被掩盖。科学的革命精神还要求人们深刻地意识到自身的局限性和偏爱癖性，要求人们有这样的胸怀和诚意，即当有了新的证据或新论据时，就要彻底而公开地改变自己的原有观点。在科学研究中，人人都有阐述和坚持自己观点和意见的权利。

开放协作科学的开放精神表现在两个方面。一方面，科学无国界，科学知识是各个历史时期各个国家和民族智慧的共同结晶，科学是全人类的共同财富。科学的开放精神要求人们要善于相互尊重和善于学习别人的智慧。科学是在交流中发展的，要创造良好的科学国际交流环境。另一方面，科学是不断发展的开放体系。它不承认终极真理。科学始终向那些经受了严格标准的证据检验的新的思想开放。科学不断以新的方式来看待事物，通过改变旧模式来发现新模式。虚心接受新思想是科学的优良传统。科学精神与保守、偏狭、故步自封是格格不入的。

协作精神也体现为两个方面。一方面，科学认识不是封闭的体系，而是不断发展完善的开放体系。科学不间断地、无止境地发展，表现为任何

一代科学家都是在继承前人成果的基础上开始自己的研究的，同时，又以自己的研究为补充、深化和发展前人的认识做出贡献。另一方面，科学团队中各成员之间要相互协作紧密配合。在当今的“大科学”时代，更需要不同的科学团队、不同的学科和不同的领域之间的协作。

这几个方面不是互相孤立发生作用的，它们作为一个整体对人的精神生活发生影响。它的内容随科学的发展不断丰富。科学精神作为文化因素不断推动着社会文化的发展和更新。弘扬科学精神对促进社会精神文化建设有着十分深远的意义。

（2）企业家精神由于技术创新的直接目的是开发新产品，满足市场需求，要取得经济效益，最终是一种市场行为；而且技术创新还包括市场创新和企业的组织创新；技术创新的主体是企业，技术创新的主要驱动力量是企业和企业家，所以，技术创新呼唤企业家精神。企业家精神，其核心价值表现为崇尚竞争、勇于变革、敢冒风险、追求卓越。

①崇尚竞争

在成熟的市场经济条件下，公平竞争是技术创新的动力源泉。生产率是竞争力的基础，它取决于企业所生产出的产品和服务的价值。当今，企业家要树立新的“生产率范式”，即企业要采取最好的方法，集合最优秀的人才，利用最好的技术来尽可能不断提高生产率水平。要充分认识到竞争优势的基础在于知识、睿智和创新。摒弃一切不正当竞争手段，树立知识产权意识。

②勇于变革

当今世界科技日新月异，市场变幻莫测。勇于变革，增强企业的应变能力，打破常规，敢于突破原有的秩序，企业才能兴盛不衰。技术创新、产品创新、组织创新、市场创新，是一个多因素互动的复杂的社会过程，熊彼特称之为“创造性毁灭过程”，需要企业家具有变革的胆识、勇气、决心、毅力、耐心和信心。

③敢冒风险

技术创新具有不确定性和高风险性。高技术时代也是高风险时代。研究表明，一个开发新产品的设想，从研究开始到投入生产，最后到在市场上取得一定的市场占有率，其成功率只有2%—3%。但是，在当今这个科技创新主导发展的时代，技术创新是企业谋生存求发展之道，要么生存，

要么衰亡，不敢冒风险去走创新之路，才是企业面临的最大危险。风险精神与盲目冲动冒险蛮干完全是两码事。

④追求卓越

质量是产品信誉的基本保障。传统的追求高质量的美德，是德国经济成功的一个重要因素。英国政府在19世纪因为害怕德国产品伪劣假冒，曾要求德国生产商打上“德国制造”字样。颇具戏剧意味的是，如今“德国制造”在许多领域，在全球享有高品质的声誉。德国产品这种值得信赖的高质量靠的是什么？靠的就是追求卓越的工作态度，一丝不苟地对每一细节的高度重视。细节决定质量。这是一种价值观的体系，承担要生产一流质量产品的义务，要提供良好售后服务的义务，要创新的义务。在德国，这种价值观和工作态度在学徒培训中就进行灌输和培育。

企业家精神作为一种文化价值观，不仅要在企业领导阶层中倡导和培育，而且要在企业的全体员工中倡导和培育。

科学精神和企业家精神是创新文化价值观的集中体现，要在全社会培育创新文化，就要通过各种形式大力宣传、倡导、弘扬和培育科学精神和企业家精神，逐步使全体国民树立这样一些社会共有的创新文化价值观，即崇尚理性、尊重知识、勇于竞争、鼓励创新、宽容失败。

三　创新文化建设是应对时代挑战的战略任务

当代全球科技创新的新趋势，国际经济竞争的新态势，全面建设小康社会的新任务，建设创新型国家的战略目标，对我国的科技创新提出了新的更高的要求。党和国家已决定把增强自主创新能力作为科学技术发展的战略基点，把增强自主创新能力作为国家战略，因而创新文化的建设就成为更为紧迫的战略任务。我们要看到，现在还有一些文化因素不利于甚至还阻碍着科技创新活动的开展。

（一）阻碍我国科技创新的文化表现

近年来，我国科技创新快速发展，体制改革成效显著，科技投入不断增强，科技产出明显上升，推动了社会生产力的进步。但与此同时，我国

的科技发展受制于创新能力低下、竞争乏力的困境，我国科技的产出效率不高，重大的创新成果较为匮乏，原始性创新难以涌现，科技大师屈指可数。其原因除受制于投入、条件和人才上的硬约束外，传统文化中的某些消极因素、计划经济的思维定式、管理机制中的弊端、教育体制中的缺陷，严重阻碍了我国科技工作者创新意识的培育和创造力的发挥，也是重要的制约因素。这些因素大致有下述几个方面。

（1）以创新为主导的价值观尚未成为普遍风尚

由于传统文化某些因素的影响和近百年来对实现现代化的迫切愿望，功利化、工具化的科技观占据了主导地位。在社会层面上，要求科技投入立竿见影的“速胜论”思想倾向较为严重，缺乏对科技发展规律的全面认识；在管理层面上，行政化管理的理念较为突出，忽视科学共同体自我组织、自我监督、自我完善的机制建设；在科研工作者的个体层面上，热爱知识、追求真理还没有成为普遍动机，挑战权威、创新求变还没有成为内在的职业理念，探索未知、理性批判还没有成为深层的心理品格。因循守旧、小富即安、胸无大志的现象还比较普遍，缺乏实现跨越式发展的胆识和魄力，缺乏做出原始性科学创新、做世界一流技术创新与集成的信心和勇气。无论是社会或个人，都比较缺乏科技创新的风险意识和宽容态度。

（2）传统文化中的消极因素影响行为模式

“官本位”的管理构架替代了知识生产的内在结构，权利、荣誉、利益三位一体，强化了部分科技工作者以追求短期利益为目标的经济人行为模式。“家族”利益和“行会”观念，使人际关系中的亲疏原则压倒了学术标准，把以知识生产为目的的师生、团队、学派等蜕变为垄断科技资源分配的利益集团，使同行评议制度变质变味；人为夸大的“马太效应”，把以同行承认为基础的科学权威，与行政权威、社会权威混同起来，论资排辈依然严重，优秀人才难以脱颖而出；本位主义的思想倾向，使近亲繁殖现象严重，团队间、机构间彼此封闭、相互封锁，人才与知识流动凝滞，学科交叉难以进行。上述现象尽管尚不普遍，但影响恶劣，败坏了科技界的声誉，阻碍了科技创新活动的广泛深入开展。

（3）科研管理制度存在严重缺陷

我国目前的科研管理中，在聘用、职称、评估、奖励、资源分配等环

节，还没有形成以创新价值观为基础的、协调合理的制度安排。以数量为核心的评价指标体系，助长了一些人的短期行为和浮躁心态；单一的、行政主导的奖励制度，使奖励成为个人、部门、地区的逐利工具，偏离了学术奖励本来的激励机制；科技资源配置上的平均主义、计划经济体制下形成的部门利益至上、条块分割、分散重复、只重公平、忽视绩效的现象，在科研管理和运行机制中尚未根除。有一些制度安排是不符合甚至违背科技创新活动的客观规律的，不仅浪费了人们的宝贵时间，消耗了人们的大量精力，并且束缚乃至压抑了人们的积极性和创造激情。解决和纠正当前科技界和学术界的一些不端行为和不正之风，一方面，要加强人们的自律，确立正确的价值观；另一方面，要从科研管理制度上去寻找原因，改革不合理的制度安排。

（4）有利于创造力的思维品格尚未普遍形成

我国传统的教育体制和方法不利于创新意识和科学精神的培养。在教育理念上，重尊崇师长，轻独立创造；在教育内容上，重理论“体系”，轻实践经验；在教育方法上，重知识灌输，轻能力培养；在教育标准上，重趋同一致，轻标新立异；在教育体制上，重批量培养，轻个性风格。这一切使受教育者在日后的科研活动中，缺乏创新所需要的深厚的知识结构和综合抽象能力，缺乏对实践需求的感悟能力，缺乏应有的理性批判精神，缺乏发现问题、大胆构造假说的创新意识，缺乏合作创新的思维广度和宽容态度。

上述各种不利于科技创新的文化现象，其产生有着复杂的历史和认识根源。

首先，我国传统文化向现代文化的创造性转换尚未完成，其中有利于或潜在地有利于未来科技创新的因素未能得以深入发掘和汲取，而一些消极的思维模式和处事原则仍然在起作用，近代科学所代表的思想、精神、价值、方法和制度尚未得到普及。

其次，在我国长期实行的计划经济体制，使得科技人员的竞争动力和能力不强，自主创新精神和创业勇气不足，风险意识和产业化意识薄弱。相应的科研体制、风险共担机制以及社会激励机制等不完善，而一旦面临社会体制转型下的竞争，面临国际科技和市场的剧烈的竞争态势，这些就

会既表现为竞争中的落后，也表现为不同程度的急功近利和浮躁心理。

再次，改革开放以来社会经济文化转型，在社会的价值标准和个人的价值取向上发生着巨大的变化，出现了以市场标准作为唯一的标准、以经济利益作为唯一的利益的现象，也诱发了部分科技工作者的急功近利的心态。

最后，对于创新文化的认识也有待端正。一方面，要提高对于创新文化重要性的认识，改变目前创新文化仍然仅为少数人所关注的状况，充分认识创新是一个民族兴旺发达的标志，是一个民族的灵魂，必须为科技创新创造一个良好的社会文化环境，动员个人、学校、科研团队乃至政府领导共同致力于创新文化的建设；另一方面，又要充分认识文化建设的长期性，杜绝那种对科技创新和文化建设规律缺乏常识，迫于形势压力，采用计划经济的手段，对创新进行过分设计、对文化建设急于求成的做法。欲速则不达。主管部门目光短浅、过分实用主义和功利主义的措施，客观上会起到人为地排除科技创新的可能性，或者实质上降低了创新发生的自然概率的效果。科技创新是一种复杂的自组织过程，它与创新文化的影响之间不存在线性的一一对应关系。我们只有通过相应的观念提倡、制度完善、自我约束的机制健全、学科建设来达到创新文化氛围的营造，寄希望于长程的效应。

体制、规则、传统、信仰、习俗、价值观等都是文化中的重要因素。在科技发展所处的社会系统中，这些文化因素作为一种起支配作用的“慢变量”，常常以环境、背景等形式产生影响，从而表现出与政治、经济、军事等“快变量”非常不同的作用规律。创新文化建设的目标，就是要通过改良和创建一种新的文化传统，来创生一种对科技创新起积极作用的文化氛围，显然，它需要长期的努力才有可能取得根本的成效。

（二）创新文化建设的主要任务

创新文化建设的指导思想应是：服务于全面提高我国的科技创新能力，服务于全面建设小康社会，服务于人的全面发展，为新世纪的民族精神和思想文化注入创新的“基因”，为中华民族的伟大复兴奠定坚实的人力资源基础，建设一个充满自信、生机和创造力的创新型社会和创新型

国家。

创新文化建设，旨在在科技界营造竞争、协作、符合科技发展的内在规律、体现创新时代特征的文化氛围，充分发挥创新主体主动性，最大限度地激发创新激情和潜力；在全社会培育创新意识，倡导创新精神，完善创新机制，形成宽松、自由、和谐、对创新友好的社会文化氛围。

创新文化建设的方针原则应是：借鉴科技发达国家创新文化建设的成功经验，充分发掘并汲取我国传统文化中有利于创新的文化资源，凝练并弘扬具有中国特色、符合科技发展内在规律的创新价值观念。

改革现有的创新管理、评价、激励、荣誉、资源分配等一系列制度，建立和完善各级各类创新教育、培训、传承和教化机制，形成一整套有利于创新的制度安排和设计。

以科技创新团队的文化建设为突破口，重点打造能够与当今国际科技前沿接轨、率先走向世界的创新团队，并充分发挥辐射效应，造就符合时代要求的人才梯队结构。

创新文化建设的主要任务应是下述一些内容。

（1）构建和倡导创新文化的价值体系

创新文化建设的核心是构建和倡导创新文化的价值体系。这是一项长期、艰巨、复杂的社会工程。创新文化的建设，必须首先加强对创新活动自身的规律性的认识，加深对创新活动的本质特征的理解；尤其是要把握创新活动所体现的精神理念和价值追求，并且在全社会范围内，凝练和提倡具有中华文化特色的创新价值观念体系。我们主要从两个方面入手。

凝聚文化特色，振奋民族精神。中国古代优秀的文化传统是21世纪创新文化建设的重要文化资源，对它们进行深入的发掘和系统的整理，对于21世纪中国和世界科学技术发展具有重要的价值。要通过创造性的历史转换，充分汲取中华文明的精华，继承并发展华夏民族的独特智慧，将其中的积极因素转化为创新文化建设的宝贵财富。

中华文化源远流长，博大精深。科学技术始终是其中的重要组成部分。在历史上，中国曾经是许多重大科技发现和发明的发祥地，在数学、天文学以及农学、医学、建筑学、冶金学、博物学等许多学科都取得过杰出成就。在技术上则有闻名中外的“四大发明”。这些科技成就的取得与

中华文化独特的传统、认识论、方法论和价值取向是分不开的，也与从汉唐至宋元时期中华文明对世界上其他各民族和国家的文明具有的一种比较开放的心态、广阔的胸怀和强大的吸纳力是分不开的。对它们进行深入的发掘和系统的整理，对于 21 世纪中国和世界科学技术发展依然具有相当的价值。譬如作为中华传统文化之源的《周易》蕴含了中华民族那个历史时代的最高智慧和理论认识的全部成果。中华民族在其后的历史发展中不断地从中吸取思想智慧以应对世事的变化。以探究和阐释事物的变化为宗旨的《周易》，应对当今世界科技和经济的大变革时代，更有其重大的现实意义。当今世界，政治的风、技术的浪、经济的潮、信息的流，滚滚而来，汹涌澎湃，人类社会正经历一场迅速、广泛而深刻的变革。当今时代的基本特点是，世界上的一切事物都在飞速变化，所有的事物，在概念上和结构上都是以不确切和不定型为特征。适时和应变，已经成为每个国家和民族乃至个人生存发展的关键。审时度势，及时做出方向、目标的选择，战略和策略的调整，选择何种价值观和思维方式作为行动的准则，关系到国家和民族的存在和世界的安危。而《周易》所蕴含的“天行健，君子以自强不息”的伟大精神；“地势坤，君子以厚德载物”的崇高品格；“顺乎天而应乎人”，“革故鼎新”的变革思想；“君子以思患而预防之”的忧患意识；“文明以健，中正而应”，等等，不正是当今我们所需要的伟大智慧吗？

16—18 世纪在中国生活的欧洲传教士们就开始注意到中国传统文化中的科学技术有其独特的传统。意大利人利玛窦在 1584 年的一封信中讲到，中国人有自己的一套认识自然和解释自然的知识体系，其发达程度并不次于西方。18 世纪一些欧洲启蒙运动的思想家莱布尼茨、孟德斯鸠、伏尔泰、休谟、狄德罗等也注意到中国科学技术的独特传统。著名科学家和科技史专家李约瑟出版的《中国的科学与文化》，使人们知道中国古代的科学和技术，在将人类的自然知识应用于实用目的方面较之西方更为有效。李约瑟认为，不同的古代文明中都有可称之为科学的知识传统，它对近代科学的形成具有不可忽视的作用。李约瑟对中国科学和技术史的研究，不但有助于理解中国科学技术传统的价值，而且有助于加深对中国近代科学技术发展道路的认识。他非常崇尚中国传统文化中的有机自然观，认为未

来的科学革命，会在一种有机自然观的基础上产生。美国物理学家卡普拉把现代物理学与中国传统科学思想作了比较，认为二者在好多地方相似。作为“复杂科学”创始人之一的普利高津指出，中国文化“具有一种远非消极的整体和谐，这种整体和谐是由各种对抗过程间的复杂平衡造成的”。哈肯说，他创立协同学是受中医等东方思维的启发，认为协同学和中国古代思想在整体性观念上有深刻的联系。

世界著名数学家中国科学院院士吴文俊的研究表明，中国的古代数学和西方的数学走的是完全不同的道路，有不同的思想方法，是两个完全不同的系统。他认为，从内容来讲，西方的数学，就是证明定理。而中国的古代数学，主要内容是解方程。代表性的作品，西方就是《几何原本》，中国是《九章算术》。整个数学的体系，西方的数学其核心是推理论证，而中国数学的体系是一种为解决问题着重具体计算的一种算法的体系，与西方数学的演绎体系完全不一样。西方数学体系的目标是推理论证，我们古代数学的目标是解决各式各样的具体问题。西方数学的特色是公理化，我们古代数学的特色可以叫作机械化。我们为了解决各式各样的问题，引进各式各样的算法，我们古代的数学可以说是一种算法的数学。在这种意义上，中国的古代数学是一种算法的数学，也就是一种计算机的数学。当我们进入计算机时代，这种计算机数学或者是算法的数学，刚巧符合我们时代的要求、符合时代的精神。所以从这个意义上来讲，我们最古老的数学也是计算机时代最适合、最现代化的数学。中国古代和西方两种不同类型的数学，走的是不同的道路，有不同的体系，这两种不同的体系都有它非常成功之处，各有各的优点。现在，我们当然要兼容两家之长，要优势互补。①

这些中国古代传统文化中蕴含的伟大的古老智慧，我们去研究它，绝不只是为了说明中华民族历史上多么辉煌，我们研究它们，是为了深入发掘它的伟大价值对于当代的意义，并给以现代的科学阐释，从而继承和弘扬它，以发展21世纪中国的创新文化，增强民族的文化自觉，即形成一

① 吴文俊：《计算机时代的东方数学》，见路甬祥、郑必坚主编《世纪机遇——中国科学与人文论坛演讲录》第1辑，高等教育出版社2004年版，第183—194页。

种民族文化自觉的意识、民族文化自尊的态度、民族文化自强的精神，激发广大人民的创新热情和培育广大人民的创新能力。古老的智慧，只有赋予它以现代的内容与形态，才会被广大人民群众所掌握，才会变成推动社会进步的伟大物质力量。

近现代科学技术主要源于古希腊传统的数理科学，采取的是一条与中国传统科学技术不完全相同的进路。明末以来，近代科学在西方取得了长足的进步，然而中国却没能跟上世界科技发展的步伐，近代科学在中国的传播和发展，经历了艰难曲折。其原因，既有封建王朝的自大心理、僵化思想、封闭心态和锁国政策，也有文化传统上的抵触和冲突。鸦片战争特别是辛亥革命以来，中国的志士仁人为了救亡图存，寻求现代化道路，以开放的眼光审视世界，在变革社会的同时不断消除文化屏障，推动了成建制引进西方近现代科学技术的进程，使得近代科学的知识、方法和精神在中国得以传播。这一进程，一方面使这种引进先天地具有急功近利和实用化的倾向；另一方面，也必然地提出了变革中国传统文化的历史要求。总结这一历史阶段的经验和教训对于当代的创新文化建设也是有裨益的。

我们更要系统地总结新中国成立以来科技发展的经验，弘扬“两弹一星”和“载人航天”精神，在我国科技工作者中和全社会，倡导和培育报效国家的爱国情怀、自立自强的民族自信心，激发追求卓越、勇攀高峰的创造热情。

新中国成立以来，党和政府高度重视科学技术的发展，提出了“向科学进军”的伟大号召。广大科学技术工作者和全国人民一起，以极大的爱国主义热情、集体主义的态度以及无私奉献的精神，投身于发展新中国的科学技术事业中。经过半个多世纪的艰苦努力，取得了一批以“两弹一星”和“载人航天”为代表的令世人瞩目的成就，建立了较为完整的科学技术体系，也初步形成了与这一体系相适应的文化形态，其中所蕴含的爱国主义、集体主义、奉献和顽强拼搏精神以及民族自信，是老一辈科学家所留下的宝贵精神财富，也奠定了我国创新文化建设的基石。

近年来，随着我国经济体制改革的深化和市场经济体系的初步建立，随着全面建设小康社会发展目标的提出，随着国际科学技术发展的最新趋势，随着全球化进程和国际竞争的加剧，这些因素都对我国的科技创新提

出了新的更高的要求，同时也要求我国的科技体制做出相应的改革，并建立与之相适应的创新文化形态。

借鉴和汲取国际经验建设21世纪具有中国特色的创新文化，还必须充分借鉴和吸收世界各国创新文化发展中的经验和有益成果。每个国家和民族都有自己独特的文化传统和伟大的智慧。多元文化的共存和并茂，各种文化的相互尊重、相互交流、相互学习、相互融合，是创造一个美好和谐世界的前提和基础。我们弘扬中华传统文化的伟大智慧，同时要虚心学习各个国家和民族的伟大智慧。我想起乔治·萧伯纳的一句话："我们发现了一个秘密，那就是世界上没有什么伟人。我们还发现另一个秘密，那就是，世界上没有什么伟大的民族，也没有什么伟大的国家。"我想他要表达的是，世界上每个人都是平等的，世界上每个国家和民族都是平等的。所有的民族都是伟大的民族，所有的国家都是伟大的国家。历史上，古代埃及、希腊和巴比伦，中世纪的阿拉伯文明都对人类文化和科学技术的发展做出了贡献，从欧洲文艺复兴时代以来，意大利、英国、法国、德国、俄国（包括苏联）、美国和日本的科学技术发展都是在与文化变革的交互作用下进行的。每个国家的科学技术进步和文化的创新都各有其特点，但都对人类所共有的创新文化的发展做出了贡献。我们要系统研究各国的经验，博采各国所长。我们既要看到一种国际性的创新文化的核心内容正在出现，它跨越各种传统文化的界限，将为越来越多的人所共有；同时还要看到每个国家独特的文化传统、价值观、思想和行为模式将构成创新文化的各自独特的方面。正是各国文化传统的独特方面，决定了其独特的创新文化，它将成为别国难以模仿的创新优势和竞争优势的重要源泉，进而将能促进其形成重要的专业化优势。我国可以充分发挥优秀的中华传统文化赋予我们的独特文化优势，不断创新我国的产品和服务。优秀的中华传统文化是我国确立创新优势和竞争优势的重要源泉，对此，我们必须要有充分和足够的认识，我们要树立高度的民族文化自觉。

（2）培育有利于激发创新活力的制度文化

创新文化建设的关键，是培育有利于激发创新活力的制度文化。与创新相适应的价值观念，是通过一系列制度安排来培育和传承的。科技体制改革和国家创新体系的建设，应体现创新文化的价值观，以充分激发科技

工作者的创造热情和培育创新能力为旨归，进而服务于从跟踪模仿到自主创新的国家科技发展目标。制度文化建设的重点是：

营造适合创新的制度环境。要创造有利于创新的法律、行政与金融环境，进一步完善与创新相关的知识产权、风险投资、成果转化等制度，保障各种创新资源的优化配置和充分利用。要加强政府行政主管部门对于科技创新的宏观调控能力，适时出台相关政策，鼓励和规范各种创新主体的创新活动。要建立国家层面常设的科技决策、咨询、评估、监督机构，加快科技机构的转制并完善相关配套政策，强化企业研发能力。政府行政主管部门的作用应从繁杂、具体的事务管理中解脱出来，转变为营造创新环境、理顺创新机制、组织重大创新项目的实施。

确立多元互动的创新机制。要通过完善国家创新体系的建设，把政府、高校、科研机构、企业等不同创新要素，协调在一个服务于国家目标的有机互动的战略协同结构中。通过确立共同愿景，明确创新目标，加强研究与产品开发的联系，促进国防和民用技术及产品的相互转化，加大扶持中小企业创新能力的力度，使国家目标和市场机制相结合，调动创新主体的积极性和主动性，促进创新，促进成果的开发转化。

建立有利于创新的评价体系。针对科技界中存在的浮躁、急功近利等不良倾向，要改革现有的评价、激励、荣誉等一系列制度，切实解决科研中急于求成的短期行为，构建多元化的科技奖励体系。要尊重科技创新的内在规律，把发挥科技工作者的聪明才智和创新潜力作为政策和管理的首要目标，使科技评价不仅关注直接的、近期的、显性的价值，还要关注间接的、长远的、隐性的价值。要改变单一的数量指标体系的评价标准，完善以同行承认为基础的评价方式和公开公正的评价程序。

（3）确立创新机构的组织规范和文化风格

创新文化建设的基础，是创新团队的组织规范的确立和文化风格的形成。创新团队是创新活动的主力，也是形成创新文化的中坚。创新文化的培养，需要不同类型的创新团队的典范作用来推动。在发达国家创新文化的形成和发展过程中，那些人才辈出、成就斐然的著名团队，如卡文迪什实验室、贝尔实验室、哥本哈根学派、微软公司等，都产生过重要的影响。组织文化建设的任务主要有以下几点：

形成布局合理的人才结构。要重视培养和选拔具有创新意识、全局观念、具备卓越学术鉴赏力的科研团队领军人物。创新团队要形成合理的人才结构，包括专业知识结构、职称和年龄结构、固定人员与兼职流动人员结构、科研人员与辅助人员结构等。要健全管理规章制度，为创新型人才营造自由探索的空间，形成有利于创新型人才长期稳定地发挥创造才能的环境。

确立协调合理的激励机制。科研活动的激励机制主要包括待遇、职称、奖励和荣誉等。在这些资源的分配中，应更多地着眼于从业者的能力，将能力和成果结合起来，而不完全依据已有的成果、学历与资历；应改变重数量、轻质量的标准，改变用行政评估指标取代同行承认的做法，改变将待遇、职称与奖励、荣誉完全挂钩的做法；注意精神激励和物质激励的协调与平衡；严格限制人为扩大的“马太效应”。在合作研究中，建立激励资源分配的规范。

建设开放流动的工作平台。当代科学的发展具有学科间交叉、综合、互动的趋势，新的学科、新的领域层出不穷。这些新兴的学科领域往往是创新的前沿阵地，竞争最为激烈，也最有可能带动经济和社会发展。学科发展要求建立更加开放的科学文化环境，努力减少或消除各种不必要的行政壁垒，摒弃各自为政、互相封闭的管理构架，形成共享、开放、流动的创新平台。

完善科研道德约束机制。学术道德问题是当前我国科技界的突出问题，种种学术违规行为和腐败现象既损害了科学共同体的社会公信，也大大侵蚀了科学研究赖以生存的基础。要杜绝科研中的不正当行为，全面提高整体的科研管理水平，以公开、公平、公正为原则，在管理中尽量减少人为因素的干扰，加强对科研过程的监督。

（4）推进科技教育改革，夯实国民科学素质基础

国内外经验均表明，国民接受正规科学教育的年限长短与国民的科学素质水平存在着正相关关系。延长受正规教育年限，改进教学质量，是提高我国公众科学素质水平的基础性工程。

当前我国的学校科技教育，需要在教育思想、教育目的、课程内容、教学方法、管理评价、师资培养等方面进行深刻的改革，学习和借鉴国外

的成功经验，尽快完成由应试教育向素质教育的转变。

科学普及工作在创新文化建设上具有极其重要的作用。科技创新与科学普及是科技进步的两个基本体现，是科学技术工作的一体两翼。创新文化建设是科学普及工作的重要内容，科学普及是传播和弘扬创新文化的重要渠道。

发展创新文化，还要加强自然科学与人文社会科学工作者的紧密合作，促进自然科学与人文社会科学的相互渗透和结合，增强科学精神与现代人文理念的融会贯通。通过创新文化建设和科学普及工作的长期努力，使创新意识真正融入中华民族的优秀传统中，大幅度提高全民科学文化素质，形成有利于科技创新的良好文化氛围，为我国科技的长期持续发展提供强有力支撑，努力使亿万群众充分分享科技进步的福祉，并获得新的发展机会。

参考文献

1. ［英］亚·沃尔夫：《十八世纪科学、技术和哲学史》（上、下册），商务印书馆 1997 年版。

2. ［美］爱德华·麦克诺尔·伯恩斯、菲利普·李·拉尔夫等：《世界文明史》（1—4 卷），商务印书馆 1987 年版。

3. ［英］斯蒂芬·F. 梅森：《自然科学史》，上海人民出版社 1977 年版。

4. ［美］熊彼特：《经济发展理论》，商务印书馆 1991 年版。

5. ［英］G. 多西等主编：《技术进步与经济理论》，经济科学出版社 1992 年版。

6. 李惠国、吴元梁主编：《高科技时代的社会发展》，中共中央党校出版社 1996 年版。

7. 路甬祥、郑必坚主编：《世纪机遇——“中国科学与人文论坛”演讲录》第 1 辑，高等教育出版社 2004 年版。

8. ［美］塞缪尔·亨廷顿劳伦斯·哈里森主编：《文化的重要作用——价值观如何影响人类进步》，新华出版社 2002 年版。

9. ［英］李约瑟：《中国科学技术史》（第 1 卷），科学出版社 1975 年版。

10. ［美］总统科学技术政策办公室：《改变 21 世纪的科学与技术——致国会的报告》，科学技术文献出版社 1999 年版。

11. ［美］科学、工程与公共政策委员会：《怎样当一名科学家——科学研究中的负责行为》，北京理工大学出版社 2004 年版。

12. OECD, *National Innovation System*, 1997.

13. Alan Watson, *The Germans Who Are They Now*? New Material for Second Revised Edition, Copyright 1995.

14. Creating an Innovativ Europe January 2006. EUR2205 EUROPEAN commission.

15. 李惠国、胡新和、胡志强等:《创新文化研究报告》(向国家中长期科学和技术发展规划战略研究领导小组提交的咨询报告 2004 年)。

(原载《中国社会科学院学术咨询委员会集刊 2007 年》第 3 辑，社会科学文献出版社 2007 年版)

迎接生态文明新时代

党的十八大报告提出，大力推进生态文明建设，努力走向社会主义生态文明新时代。为此，要把生态文明建设放在突出地位，融入经济建设、政治建设、文化建设、社会建设各方面和全过程，努力建设美丽中国，实现中华民族永续发展。这是在总结国内外经验、审视人类社会历史发展及分析当今世界大势的基础而实现的一个重大的理论创新。它表明生态文明不仅是社会主义建设的五个重要方面之一（这五个方面要融为一体），而且生态文明还是人类社会发展的新时代。走向人类文明新时代和推进社会主义现代化、实现中华民族伟大复兴是一个统一的历史进程。党的十八大报告可以说是一篇动员中华民族迎接生态文明新时代的宣言书。今天，我仅就迎接生态文明新时代谈几点认识。

当今世界处在人类文明转变的历史关节点上

2008 年爆发的国际金融危机，表明在这以前的全球经济增长模式已经无法维持全球经济的持续增长，这次金融危机的爆发实质上是对此前全球经济增长模式的一次强制性的调整，但其调整的成本却是极其高昂的，导致了全球经济的一次重大衰退。2008 年爆发的国际金融危机造成的沉重恶果，终于迫使人们形成一个基本共识，那就是：既有的经济发展方式、既有的产业结构、既有的经济结构已经难以为继了，必须彻底转变。从全球经济发展的整体角度出发，必须对先前全球经济的增长模式进行一次根本性的调整。后金融危机时期，整个世界正在发生着一系列极其深刻的变化，进入了世界经济结构调整期。这是一个相对来说较为漫长而痛苦的过程，如何实现强制性的调整？如何使全球经济重新回到再增长的良性循环

之中？

世界上没有看不到希望的苦难，也没有不令人担忧的繁荣。学者和政治家的智慧和使命就在于让人们在苦难中看到希望、在繁荣中看到令人忧虑的问题。

历史经验表明，重大的经济危机时期，往往催生重大科技创新，往往也是技术和产业革命酝酿的关键时期，而重大科技成果也往往推动世界经济走向复苏与繁荣。无论电力和内燃机的广泛应用，还是信息技术的蓬勃发展，都是在世界经济面临新一轮周期性调整时期酝酿的。正是科技上的重大突破和创新，推动经济结构的重大调整，提供新的增长引擎，使经济重新恢复平衡并提升到更高的水平。20 世纪 30 年代大萧条前后问世的科学发现，成为日后以电子、航空航天和核能为标志的技术和产业革命的基础。20 世纪 90 年代兴起的互联网信息技术革命，也造就了世界经济新一轮繁荣。

科学技术的进步是经济持久增长的动力。德国经济学家格哈特·门施（G. Mensch）在《技术的僵局》一书中，利用现代统计方法，通过对 112 项重要的技术创新考察发现，重大基础性创新的高峰均接近于经济萧条期，技术创新的周期与经济繁荣周期成“逆相关”，由此认为经济萧条是激励创新高潮的重要推动力，技术创新又将是经济发展新高潮的基础。

后危机时期正是技术创新和产业转型孕育期

当今世界正处于新科技革命的前夜，新技术革命和产业革命初显端倪。一些重要科技领域显现发生革命性突破的先兆。

这场新的科技革命和产业革命将以绿色、智能和可持续为特征。

能源科学和新能源技术、纳米科学和纳米技术、生命科学和生物技术、信息科学和信息技术以及认知科学将迅猛发展，这五大领域交互作用并有机融合，将推动整个科技领域的革命性变革。这是新世纪的一次新的科技革命。这场新的科技革命，不仅推动着人类整体认识能力的飞跃，对客观世界的认识在深度和广度上有更大的进展，而且使社会生产力的发展跃进到一个崭新的质的阶段，使 21 世纪先进生产力发展具有新的特征。

这次新的科技革命将引发和推动一场广泛而深刻的产业革命。能源科技的飞跃发展，催生出一大批新的能源产业；正像信息科学和信息技术推动信息产业的飞速发展一样，生命科学和生物技术在21世纪头20年，必将形成与信息产业相媲美的、生机勃勃的生物技术产业。如今，纳米科学方兴未艾，纳米技术展示出广阔的开发应用前景。21世纪的多技术融合，将以纳米水平上的材料统一和技术整合为基础，将引发材料领域和制造领域的革命性变革。可以预期，21世纪上半叶，新的产业群势将崛起，并将推动全部产业的技术进步。

一种建立在互联网和新材料、新能源相结合基础上的新产业革命即将来临，它以"数字经济""绿色经济"和先进制造业为核心，这三大领域正是新一轮科技革命和产业革命的基石，将使全球技术要素和市场要素配置方式发生革命性变化。新科技革命将依赖现代化进程和国际竞争的强大需求拉动，也必将与新兴产业发展更加密切融合、互相促进。

在"数字经济"领域，下一代移动通信、云计算、物联网、多网融合技术值得关注。

移动通信领域现在的前沿是LTE（Long Term Evolution）技术，即在3G之后继续演进的技术。它可进一步大幅度提高无线互联网的接入速度。

近年来兴起的云计算，可让用户共享互联网上的信息处理和储存能力。全球云计算领域中，北美和欧洲处于领先地位。

在物联网领域，美国、欧洲、日本和中国起步不相上下，由于物联网尚处于初见端倪的阶段，世界各国还没有分出绝对高低。欧洲非常重视物联网的发展，2009年欧盟发布了《物联网——欧洲行动计划》，提出要采取措施确保欧洲在建构新型互联网的过程中起主导作用。

在"绿色经济"领域，正在掀起一场能源革命。发展可再生能源、核能使用以及采用碳捕捉与储存技术（CCS），节能和提高能源利用效率，"可燃冰"的新能源开采和利用，其所蕴藏的能量达105亿吨，超过地球上已探明的煤、石油、天然气能量贮存量的总和。智能电网的突破口是新能源技术和先进节能减排技术。新能源技术主要集中在高安全性核能和可再生能源技术。自2011年3月日本福岛核电站事故以来，安全性较高的受控核聚变技术成为核能研发的重中之重。2007年10月，中国与欧盟、

印度、日本、韩国、俄罗斯、美国等合作的“人造太阳”项目（国际热核聚变实验堆）在法国启动。如果这一项目获得成功，受控核聚变得以实现，那么人类将获得安全、清洁、低廉、取之不尽的能源，核电安全危机乃至能源危机将有可能成为历史。

可再生能源的优点是清洁、安全、储量丰富，基本可以满足需要，目前的不足是成本高昂。德国政府 2012 年表示在 2022 年前关闭所有核电厂。德国不仅能够负担发展可再生能源的高昂成本，而且通过产业化和技术的发展可大大降低成本。据德国风能协会发布的研究结果，该国陆地上全力发展风力发电可以满足全国电力需求的 65%。

在节能减排领域，智能能源技术广受推崇。它是近年来兴起的利用传感技术、计算机和通信技术等合理安排能源生产、输送和使用等环节的新技术，利用它可大大减少能源消耗、提高能源使用效率。在智能能源技术中，智能电网技术已获初步进展。据国际能源署预测，广泛使用智能电网技术每年节约的能源相当于全世界每年原油产量的约 10%。2011 年年底，欧盟委员会公布了“欧盟 2050 能源路线图”，决定将率先部署智能电网技术，以充分利用风能和太阳能。

在先进制造业领域，电动汽车是研发重点。可以预见，未来依靠燃烧石油、煤炭、天然气直接提供动力的机会越来越少，电能将成为最直接应用的主要能源，电动汽车成为新能源应用的关键环节。

目前，制约电动汽车的瓶颈是储电系统，即电池的储存量小、成本高，使得电动汽车一次充电后行驶里程与内燃机汽车相比还有较大差距，较高的成本也使电动汽车推广困难。要实现电动汽车的大规模产业化，必须加强对高性能低成本的储电系统研发，以及电动机、速度控制、传动、行驶、转向、制动等系统研发。

电动汽车的这些技术取得突破后，可以应用到其他产业中。比如，欧盟把机器人作为未来重大技术及产业之一，研发机器人时就可以使用很多电动汽车的技术。有鉴于此，世界各国加大了电动汽车的研发力度和国际合作，日本、德国、美国和我国等在这一领域都取得了较大进展。2011 年 11 月 17 日，欧盟、美国和日本一致同意加快推动电动汽车国际标准的制定和应用，促进全球电动汽车相关技术标准和规范的协调一致。

技术创新的产业化发展成为新产业革命的主要特征。技术创新具有深度科学化、高度复合化和迅速产业化的趋势。技术创新的产业化发展，形成了一系列的知识产业。

新的科技革命和正在兴起的新的产业革命是引领人类文明进步的主导力量，将形成一种崭新的经济形态，这将是资源和能源节约型的绿色的经济形态，使人类社会正在从工业文明向生态文明过渡。2008 年爆发的金融危机及其诱发的一系列的问题，必将加速人类社会从工业文明向生态文明的过渡。从历史的长期进程看，后金融危机时期是人类社会从工业文明向生态文明过渡的历史转折点。

21 世纪上半叶，人类社会的发展将从工业文明时代向生态文明的新时代过渡。

开启生态文明的新时代

人类社会的演变、进化过程，既是一个人类应对自然环境的挑战和冲突的过程，也是一个处理人类社会内部的矛盾、冲突的过程。在这个过程中，人类要想掌握主动权、争取生存和发展，就必须认识和顺应自然界的发展规律，把握和顺应社会历史的发展规律。人类社会文明，在时间上是动态的、连续的，是一个有其起源、成长、衰落进而向新文明过渡的历史过程；在空间上是分立的、多元的，是一个由不同地区、不同国家、不同民族形成的多种文明形态共生、共存，进而相互影响、相互渗透、相互作用而形成的一个统一整体。

人类社会的发展，经历了原始文明、农耕文明、工业文明，现在开始向生态文明过渡。作为一个时代，自然意味着在人类发展史上占据一定的历史过程和历史地位，因而它不可能是某种单一的历史过程，它必然充满着复杂性、多样性，存在着多方面的本质规定性。因此我们这里的论述绝不意味着否定、排斥从政治、经济、生产关系等角度对社会文明史的各时代的不同内容、本质、特征的更多揭示和把握。另外，这种划分是就人类社会发展总的历程来说的，世界的各大洲、各个国家和民族进入各时代的具体时间是存在很大差异的，各个国家和民族的每个文明时代的科学特

征、技术特征、产业特征、经济特征、社会特征、政治特征和文化特征等也有很大不同。

文明演变、进化的动力是人类社会物质生产方式的变革，而物质生产方式的变革是由社会生产力的发展推动的。社会生产力和生产方式的发展状况、性质、规模决定着人类与自然的关系。原始文明和农耕文明时代，人类依赖和敬畏自然；工业文明时代，人类妄图征服自然；生态文明时代，人类将与自然和谐共生。工业文明时代，人类社会经历了几次科学技术革命和产业革命，对自然规律的了解和利用达到了空前的程度和规模，极大地发展了社会生产力，工业文明是人类运用科学技术控制和利用自然资源取得空前胜利的时代，创造了辉煌灿烂的人类文明，但是同时对人类赖以生存的自然环境造成了极大的破坏，甚至威胁到人类社会的生存和发展。人类社会发展的生态文明新时代，就是要在继承工业文明时代的全部优秀成果的基础上，重新认识和调整人类与自然的关系，达到人类与自然的协调发展与共生。新的科技革命和产业革命，将使生态文明时代的生产力具有崭新的性质和特征。

生态文明时代先进社会生产力的新特征及每一时代的经济社会发展状况，是由这一时代的社会生产力所决定的，认识和把握生态文明时代先进社会生产力的新特征，是解决生态文明时代发展问题的理论前提。

科学技术的飞速发展和向经济社会的全面渗透，正在使社会生产力发展呈现出新特点。生产力不仅表现为物质形态，还表现为非物质形态，而且非物质形态的生产力迅速发展，越来越显示出巨大作用。

现代生产力质的飞跃不仅表现在生产力的主观因素上，而且表现在生产力的客观因素上；不仅表现在生产力的“硬件”因素上，而且表现在生产力的“软件”因素上。

社会生产力的要素结构和作用方式发生了巨大变化，劳动者的智力因素和生产工具的“软件”因素在生产力系统中的地位日益突出。提高劳动者的素质，促进人的全面发展，已经成为提高社会生产力水平的基本途径。

传统工业社会的生产力以资源和能源的大量消耗为特征，以破坏环境为代价，是利润导向的，体现为没有出路的“黑色结局”；现代生态社会

的生产力以科技创新为动力，以人与自然的和谐为特征，是以人性化为导向的，体现为生机盎然的绿色前景。高度重视绿色技术、绿色产业和绿色产品，大力发展循环经济，这正是发展先进生产力的需要。

生态文明时代先进生产力日益凸显智能化特点、国际化规模和人性化发展方向，科技和人文融合于先进生产力的发展中，是能源和资源高度集约化和可再生型的生产力。

先进生产力不但是表现出高科技特点的生产力，而且是表现出“新人文”特点的生产力。在发展生产力时，我们不但必须高度重视其高科技的方面，而且必须高度重视其“新人文”的方面。在当代，创造产品及服务的高附加值，不仅要增加科技含量，而且要增加文化含量。

依据生态文明时代先进生产力发展的要求，实施可持续发展的新的发展方式，正在成为国际社会的共同选择，而新的科技革命、产业革命将不断为实施可持续发展的增长方式提供新的技术手段和开辟新的途径。大量的低碳投资、创新措施和注重生态效率的商业模式，将形成新的经济增长点，提供大量新的就业机会，刺激经济发展方式的转变，保持世界经济的长远可持续发展。“绿色创新”“低碳技术”“低碳发展”“低碳生产方式”“低碳生活方式”“低碳消费模式”“低碳城市”“低碳社会”及相应的新政策应运而生。从今往后，一切经济社会活动将具有全新的特质，那就是全面智能化、绿色低碳化、资源节约化和高度人性化。这种大变革的结果，必将为逐步迈向生态文明走出一条新路。

生态文明时代的生产方式的变革正在改变着社会结构和人们的工作方式、交往方式及生活方式，虚拟现实、虚拟社会正在变为社会的现实。全面智能化、绿色低碳化、资源节约化、高度人性化将作为新时代经济社会活动的最为重要的理念，引导其发展方向。确立人与自然和谐的新理念，树立新的生态文明观，以环境伦理和生态伦理规范人们的行为，逐步形成新的绿色的生活方式和消费模式，已经成为人类社会发展的迫切需要。

后金融危机时期已开始进入生活方式变革期。国际金融危机无疑对当代资本主义的生活方式造成巨大冲击，颠覆了人们以往的生活方式和消费观念。一时间，“低成本生活”成为不分穷富都趋之若鹜的生活方式和经济模式，以省钱和实用为原则的理性消费正悄然取代消费至上的价值观，

民众被迫开始改变其过度消费的习惯。追求绿色消费、绿色生活方式将成为时尚。

在这一从工业文明向生态文明过渡的转变时期，世界各主要大国纷纷制定面向未来的国家战略，既应对当务之急，又立足长远，加紧战略布局。主动求变、突出“变革”，以适应新的与不断变化的国际环境，并且强调捕捉“战机”。突出经济社会结构调整、科技创新、资源环境维护与应对气候变化。抓紧谋划国家创新与发展战略。

如何认识当今的变化？适时和应变，已经成为每个国家和民族、企业乃至个人生存发展的关键。审时度势，及时做出方向、目标的选择，战略和策略的调整，以什么样的价值观作为行动的准则，应对世事的变化，关系到国家和民族、企业的生存发展和世界的安危。

科技创新是大国博弈文明转型时期的战略制高点

2008 年以来，世界各国在克艰渡难的同时，不约而同推出科技创新计划，抢占战略制高点，不只为摆脱危机，更为实现更高水平的增长和为未来发展奠定基础。美国于 2009 年和 2011 年两次发布“美国创新战略”，提出将研发投入提高到占 GDP 3% 这一历史最高水平，力图在新能源、无线网络、先进车辆、医疗卫生信息技术、基础科学和航天等领域取得突破；提出科技创新的主攻方向，包括节能环保、智慧地球、大数据、重振制造业等。欧盟提出智慧增长、包容增长、可持续增长，支持卓越科学研究，保障产业创新领导力，保持在绿色技术领域的世界领先地位。德国一方面竭力维持其在重型机械、高端制造等领域的世界领先地位，另一方面大力发展风能、生物能等可再生能源和各类节能环保技术，明确提出 2020 年绿色能源将占其能源总需求的 35%。英国制定了《建设英国未来——新产业、新工作》计划，提出在主导 21 世纪的产业革命中，英国需要确保科技水平在世界名列前茅，英国从高新科技特别是生物制药、绿色能源等方面，加强产业竞争的优势，发展知识密集型产业。日本提出要建成世界第一的环保节能国家，重点开发能源、环境技术和老龄化相关科技，并在太阳能发电、蓄电池、燃料电池、绿色家电等低碳技术相关产业市场上确

保所占份额第一。俄罗斯大力发展纳米技术及核能技术，努力保持在航天领域的强国地位，力争在金融危机下为俄经济注入新的活力，促进经济由资源型向创新型转变。印度明确提出科技立国的方针。

2009 年欧盟推出《物联网——欧洲行动计划》，2010 年公布了指引欧盟发展的“欧洲 2020 战略”，提出了未来 10 年的发展重点和具体目标，即三大发展重点，五大要实现的具体目标，七大框架计划。三大发展重点是：实现以发展知识经济为主的智能增长、实现以发展绿色经济为主的可持续增长、实现以提高就业和消除贫困为主的全面增长。五大要实现的具体目标是：使 20—64 岁的劳动人口就业率达到 75%；增加研发投入，把研发经费在欧盟国内生产总值中所占的比重从目前的 1.9% 提高到 3%；将温室气体排放量在 1990 年的基础上削减 20%，提高可再生能源在欧盟总能源消耗中的比例，使之占到 20%；把未能完成基本教育的人数控制在 10% 以下，将 30—34 岁年轻人获得高等教育文凭的比例从 31% 提高至 40%；将生活在贫困线以下的人数从 8000 万降到 2000 万。七项框架计划是：实施智能增长的计划有三个，分别是面向创新的“创新型联盟”计划、面向教育的“流动的青年”计划和面向数字社会的“欧洲数字化议程”；实施可持续增长的计划有两个，分别是面向气候、能源和交通的“能效欧洲”计划和面向提高竞争力的“全球化时代的工作政策”计划；实施全面增长的计划有两个，分别是面向提高就业和技能的“新技能和就业议程”、面向消除贫困的“欧洲消除贫困平台”计划。2011 年年底又发布“2050 能源路线图”。

后金融危机时代，科技创新不仅是经济社会持续发展的动力，还是人类开拓未来的强大力量。创新能力已成为国家竞争力的核心和决定性因素。因此，增强科技创新能力已成为世界各主要国家的首要国家战略目标。

中国面临严峻挑战和问题

后金融危机时代的严峻挑战，围绕资源、市场、技术、人才的竞争将更加激烈。这一切竞争的实质是创新能力的竞争。谁的发明创造多，谁掌

握的专利多，谁就掌握了竞争的主动权，就将是胜利者。

当今，全球 R&D 投入中，美国、欧盟、日本等发达国家占 86%。在国际贸易支出方面，高收入国家获得全球技术转让和许可证收入的 98%。占全球 15% 的富国人口拥有世界上几乎所有的技术创新成果。一些经济技术强国和大的跨国公司实施技术标准和专利垄断战略，以赢得高额利润，并在国际贸易中限制、打压甚至制裁发展中国家。在数字时代，如果发展中国家不努力增强创新能力，数字鸿沟将继续扩大，经济竞争中受制于人的被动局面就不可能扭转。如果我们不着力于科技创新，不努力增强创新能力，我们就将始终处于被动的地位。因此，把增强自主创新能力作为科学技术发展的战略基点，把增强自主创新能力作为国家战略，致力于建设创新型国家，这是应对时代挑战、关系国家兴盛的最为重大的问题。要把增强创新能力作为国家战略，贯穿到现代化建设各个方面。

改革开放三十几年来，我国经济社会发展取得了举世瞩目的成就，我国的 GDP 总量已位居世界第二。但是我们丝毫不能有骄傲自满、盲目乐观情绪。我们时刻清醒认识我们面临的严峻问题，端正心态，善处自己。我国的 GDP 有数量，而质量不高，人均则很低。我国经济高度依赖国际市场，外贸依存度从改革开放之初的 9.7% 上升到目前的 60%，远高于世界平均水平。中国企业自主创新能力不足，缺乏核心技术和自主知识产权，更多依赖廉价劳动力的比较优势和资源、能源的大量投入来赚取国际产业链低端的微薄利润。中国有“四重四轻”，即重国际市场、轻国内需求，重低成本优势、轻创新能力，重物质投入、轻资源环境，重物质财富增长、轻社会福利水平提高。

面对当前的严峻形势，中国必须转变经济发展方式。必须把全部力量放在转变经济发展方式上。节能减排和环境保护的压力也逼迫我们不得不这么做。哥本哈根全球气候大会上，我们已向世界承诺，到 2020 年中国碳排放要比 2005 年减少 40%—50%。只有七年时间了，实现这样的目标绝不是轻而易举之事。我国粗放型经济增长方式尚未实现根本性的转变，经济是在高投入（资金、土地、能源和材料）、高成本、高污染和低效益的状况下运行的。我国经济增长的技术含量和资源利用效率还很低。中国的经济发展也付出了高昂的环境代价。据有关部门统计，我国社会终端产

品仅占原材料总投入的20%—30%，大量原材料和能源变成了“三废”，污染了环境。我国经济增长仍是投资拉动型的增长。我国的劳动生产率也很低，虽然我国已是制造业大国，但制造业效率尤低，主要用能产品的能耗比发达国家高出25%—90%。

目前我国的国家科技投入体系还不成熟，研发比例占GDP的比重远远低于发达国家。数据显示，研发强度低于1%，技术研发处于使用技术阶段；研发强度在1%—2%，技术研发处于技术改进阶段；研发强度超过2%，技术研发才进入技术创新的阶段，进入创新型国家行列。

尽管我国的宽带用户数已经是全球第一，但宽带人均普及率不到10%，远未达到发达国家30%—40%的水平，而且仍处于“低速宽带”阶段。平均网速不到全球一半，但我国宽带价格却远远高于经合组织各先进国家水平。

近年来，我国战略性新兴产业发展较快，地方和部门的积极性很高，但一哄而上、盲目投资、重复建设的现象不断出现，现如光伏、风电等已出现产能过剩的局面。

面对生态文明新时代，我们不仅要看到在科技、经济发展等硬件方面的差距，更要看到在经济社会生活管理和人的文明素养等软件方面存在的差距。调查、分析研究这些软件方面存在的问题和差距，提出可行的有效解决方案，是人文社会科学面临的时代课题。

美丽中国需要心灵美、行为美的人来塑造

迎接生态文明新时代，迫切要求提高国民的文明素养。培养国民树立新的生态文明观，以环境伦理和生态伦理规范人们的行为，是一项重大、紧迫、长期坚持不懈的任务。建议我国制定《提高国民文明素养行动规划》，制定提高国民文明素养行动路线图。近年来，国人在世界各地从事公务、经济、文化、旅游、求学等活动的越来越多。一些国人的某些行为在境外颇受诟病。伴随经济上富裕起来，讲排场、奢靡、浪费等不良社会风气在蔓延，这与建设资源节约和环境友好型社会是背道而驰的。在实现中华文明伟大复兴的进程中，中国正以“和平的大国”“市场的大国”

“文明的大国”“负责任的大国”的形象出现在世界的舞台上。我们每个人的言行都关系国家的形象。提高自身的素质是每个国民维护国家形象的责任和义务。我们要培育健康的国民心态，要有广阔的包容胸怀，自强而不自大，谦虚而不自卑，自爱而不欺外，坚持原则而不失灵活。有了这种健康良好的国民心态，就不会只喜欢夸大自己的成就和优点，不喜欢提及自己的缺点和不足；就不会只喜欢听人家的赞扬，不喜欢人家的批评和逆耳之言。我们的国民不仅要有美丽的心灵，还要有美丽的行为、优雅的举止，具有较好的科学与人文素质。美丽中国，不仅是山清水秀，而且是人更美。

心灵美是要通过行为美体现出来的，美丽的心灵不是靠单纯的说教就能培养成的，它需要在日常生活和实践活动中逐渐养成一个一个的美好行为来塑造的。我国的宣传教育的一个不足是，抽象的理论说教多，缺乏具体的行为规范要求。为此，我们建议我国制定《提高国民文明素养行动规划》，制定提高国民文明素养行动路线图。这应当是一个至少 20 年的规划，文明素养要对幼儿园、小学、中学、大学和社会成人培训教育特别是各级干部教育都做出具体规划，路线图要明确每年的工作重点。各行业和社区都制订相应的具体规定。要从改变不良行为和习惯抓起，先易后难，同时制定相应的法规和行为准则。要持之以恒地加强社会的精细管理，改变长期形成的口号式的和运动式的社会管理模式。这是一项全民行动。制定《提高国民文明素养行动规划》，制定提高国民文明素养行动路线图，要社会各界广泛参与、经过全民讨论，制定过程本身就是一个宣传、教育、动员的过程。

［在太湖文化论坛第二届（杭州）年会（2013 年 5 月 18—19 日）《加强国际合作建设生态文明》会议上的演讲］

以科学发展观为指导形成资源节约型和环境友好型的新的生活方式

党的十六届三中全会明确提出了“坚持以人为本，树立全面、协调、可持续发展观，促进经济社会和人的全面发展”；党的十六届四中全会又把“树立和落实科学发展观”列为党的主要执政经验和执政能力之一。科学发展观是我们党根据马克思主义的基本原理，总结了国内外在发展问题上的经验教训，吸收了人类文明进步的新成果，揭示了经济社会发展的客观规律，从新世纪新阶段我国发展全局出发提出的重大战略思想，是我们党对中国特色社会主义发展理论的新贡献。我们党的科学发展观有一个历史形成的过程。

一 马克思、恩格斯对社会发展的理论探讨

我们党提出的科学发展观是与马克思主义的理论发展一脉相承的。马克思主义经典作家对人类社会发展和人类生活形式的理论思考和科学分析，是我们党提出科学发展观的理论出发点。马克思和恩格斯在创立马克思主义学说时，在发展问题上做出了杰出的理论贡献。其基本要点可以概括为以下几个方面。

（1）揭示了发展的实质是社会生产力的发展。社会生产力的发展是人类社会一切发展的基础。马克思指出“随着新生产力的获得，人们改变自己的生产方式，随着生产方式即谋生方式的改变，人们也就会改变自己的一切社会关系”。①

① 马克思：《哲学的贫困》，《马克思恩格斯选集》第1卷，人民出版社1995年版，第142页。

（2）以人的发展为尺度，提出社会发展三形态理论。马克思说："人的依赖关系（起初完全是自然发生的），是最初的社会形态，在这种形态下，人的生产能力只是在狭窄的范围内和孤立的地点上发展着。以物的依赖性为基础的人的独立性，是第二大形态，在这种形态下，才形成普遍的社会物质变换，全面的关系，多方面的需求以及全面的能力的体系。建立在个人全面发展和他们共同的社会生产能力成为他们的社会财富这一基础上的自由个性，是第三个阶段。第二个阶段为第三个阶段创造条件。"①

（3）阐明社会主义与资本主义有着根本不同的发展目的。资本主义的发展目的是无限制地追求利润，"资本家为着直接的利润去进行生产"，使生产过程非人性化；而未来的新社会是"以每个人的全面而自由的发展为基本原则的社会形式"。基于对资本主义社会内在矛盾的科学分析，马克思指出，"真正的解决办法在于消灭资本主义生产方式"，建立社会主义的新型制度。只有这样，才能促进社会生产力的巨大发展，并把这种无穷无尽的生产能力"自觉地用来为大众造福"，使劳动由谋生的手段变成生活的第一需要。

（4）高度重视科学技术在发展中的作用。认为科学技术是谋求发展的强大手段，发展科学技术是加速发展的最重要的途径。马克思指出"生产力的发展来源于智力劳动，特别是自然科学的发展"②，科学"既是财富的产物，又是财富的生产者"，"固定资本的发展表明，一般社会知识，已经在多么大的程度上变成了直接的生产力，从而社会生活过程的条件本身在多么大的程度上受到一般智力的控制并按着这种智力得到改造。"③ 我们要把这种无穷无尽的生产能力"自觉地用来为大众造福"，使劳动由谋生手段变成乐生的第一要素。

（5）揭露了资本主义工业发展造成的污染后果。恩格斯在《英国工人阶级状况》《论住宅问题》和《乌培河谷来信》等著作中，在揭露资本主义发展造成的工人苦难生活状况时，也暴露了当时工业发展造成了"污染

---

① 《马克思恩格斯全集》46卷上，人民出版社1979年第1版，第104页。

② 马克思：《资本论》第3卷，《马克思恩格斯全集》第25卷，人民出版社第1版，第97页。

③ 马克思：《经济学手稿（1857—1858年）》《马克思恩格斯全集》第46卷下，第34—35页，第219—220页，人民出版社1980年第1版。

的空气和含有毒素的水”在工厂附近和市郊蔓延的可怕状况，及这种污染如何损害了工人的健康，使工人生活状况日益恶化。并警示人们不能容忍这种损害和剥夺工人生存条件的发展，改变工人阶级的非人生活状况，“真正的解决办法在于消灭资本主义生产方式”。

（6）认识到人和自然界的一致。恩格斯指出：“我们不要过分陶醉于我们对自然界的胜利，对于每一次这样的胜利，自然界都报复了我们。每一次胜利在第一步都确实取得了我们预期的结果。但是在第二步和第三步却有了完全不同的、出乎预料的影响，常常把第一个结果又取消了。”“我们一天天地学会更加正确地理解自然规律，学会认识我们对自然界的惯常的行程的干预所引起的比较近和比较远的影响……而且也认识到自身和自然界的一致。”①

马克思和恩格斯在19世纪讲的这些话，我们在21世纪读起来，感到是那么亲切，他们为未来社会的发展奠定了理论基础、指明了方向。

由于当时他们的主要任务是批判旧世界，引导工人阶级进行推翻资产阶级的革命，所以他们对未来新社会发展面临怎样的任务、要采取怎样的措施，并未作具体的探讨。因为任务本身，只有在解决它的物质条件已经存在或者至少是在生成过程中的时候，才会产生。恩格斯还特别强调，“共产主义社会中的人们自己会决定，是否应该为此采取某种措施，在什么时候，用什么办法，以及究竟是什么样的措施。我不认为自己有向他们提出这方面的建议和劝导的使命。那些人无论如何也不会比我和您笨”。②

二　三代中央领导集体的理论和实践探索

马克思主义认为，一切重大理论认识成果，都是由于产生这些认识的那个时代的需要而形成的，所有这些认识都是以本国过去的整个发展为基础的。

---

① 恩格斯：《自然辩证法》，人民出版社1984年版，第311、305页。

② 恩格斯：《致卡尔·考茨基》（1881年2月1日），《马克思恩格斯全集》第35卷，人民出版社1971年版，第145—146页。

新中国成立以后，发展就成为我们迫切需要进行理论和实践探索的主要任务。我们选择了社会主义发展道路，但并未照搬苏联模式，而是从我国基本国情出发，积极探索中国社会主义发展的独特模式。1953 年，我们党提出国家工业化的任务，制定并开始执行“第一个五年计划”；党的八大在全面分析国内形势和国际环境的基础上，明确指出我国社会的主要矛盾，是人民对于经济文化迅速发展的需要同当前经济文化不能满足人民需要的状况之间的矛盾，强调要集中力量发展社会生产力，实现国家工业化；先后提出的以农业为基础，工业为主导，按照农、轻、重的顺序安排国民经济的发展，注意调动一切积极因素，集中力量办大事，等等，都是对符合我国国情的发展道路的初步探索，充分体现了我们党对中国独特社会主义发展道路的探索。这些重大判断和指导思想是正确的，符合实际情况的，对实践的发展起到了积极作用。

1958 年提出的总路线、大跃进和人民公社化运动，主观意愿是好的，但严重脱离了国情，违背了社会发展的客观规律，提出了根本无法实现的发展目标。指导思想的失误，在实践上造成了严重的后果。十年“文化大革命”，“以阶级斗争为纲”的错误指导思想占据了主导地位，使国民经济濒临崩溃的边缘。就是在这样的年代，中国共产党人也未停止中国发展道路的探索，在 1974 年召开的四届人大会议上，周恩来同志在政府工作报告中重申了三届人大提出的实现四个现代化的伟大目标。1975 年邓小平同志主持进行了全面整顿，使中国人民又看到了希望。

“伟大的阶级，正如伟大的民族一样，无论从哪方面学习都不如从自己所犯错误的后果中学习来得快。”① 1978 年，党的十一届三中全会深刻总结了过去 20 多年的经验教训，果断地把党和国家的工作重点由“以阶级斗争为纲”转移到社会主义现代化建设上来，做出了实行改革开放的重大决策。以邓小平同志为核心的党的第二代领导集体，深刻认识和准确把握“和平与发展”这一时代主题，强调社会主义的根本任务是发展社会生产力，“发展才是硬道理”，制定了社会主义初级阶段的“一个中心、两

① 恩格斯：《英国工人阶级状况》，《马克思恩格斯选集》第 4 卷，人民出版社 1995 年版，第 432 页。

个基本点”的基本路线和一系列重大方针政策，明确提出走自己的路，建设有中国特色的社会主义，提出并实施现代化建设“三步走”的发展战略。邓小平特别强调在发展中，要物质文明建设和精神文明建设并重，两手都要硬。我们一定要走共同富裕的社会主义发展道路，共同富裕并不是远期发展目标，而是发展过程中任何时候都要注意的，一定要时时刻刻注意防止和消除两极分化。这是对我国现代化建设规律认识的一次飞跃，有力地推动了我国改革和现代化建设事业的发展。

以江泽民同志为核心的第三代党的领导集体提出“三个代表”重要思想，强调发展是党执政兴国的第一要务，坚持用发展的办法解决前进中的问题，明确提出在发展社会主义市场经济条件下正确处理现代化建设中的一系列重大关系，提出并实施科教兴国战略、可持续发展战略、西部大开发战略等重大战略，进一步丰富了社会主义现代化建设的理论和实践。

党的十六大在全面分析国内形势和国际环境的基础上，明确提出了我国 21 世纪头 20 年全面建设小康社会的奋斗目标和任务，强调必须走出一条科技含量高、经济效益好、资源消耗低、环境污染少、人力资源优势得到充分发挥的新型工业化道路。

以胡锦涛为总书记的党中央在邓小平理论和“三个代表”重要思想指引下，按照党的十六大精神，根据新的形势和任务，特别是抗击非典的重要启示，明确提出了科学发展观，把坚持以人为本和经济社会全面、协调、可持续发展统一起来，并强调按照“五个统筹”的要求推进改革和发展。

由此可见，我们党的科学发展观有一个探索形成的过程。科学发展观是我们党几代领导集体在理论和实践方面探索我国经济和社会发展的结晶。

三 科学发展观的理论贡献

发展问题是人类社会历史进程中始终面临的一个普遍的永恒的课题。每一时代对发展的理论思考，都是历史的产物，它在不同时代具有不同的形式，具有不同的内容。发展问题归根结底要涉及不同阶级和各种利益集

团的根本利益。不同的阶级和利益集团，虽然在同一时代会遇到相同的发展问题，但在回答为什么要发展、怎样发展这些重大问题上，都会从维护各自的利益出发，做出各自的回答。科学发展观是发展理论的核心，它深刻揭示了发展的本质、目的、价值标准、内涵和要求，确立了发展模式、发展道路和发展战略。发展观是一个具体的历史的范畴，没有一个适应一切时代和一切国家的发展观。

以胡锦涛为总书记的党中央，所提出的科学发展观是对我国社会主义建设规律的新认识，它对中国特色社会主义发展理论的新贡献，可以概括如下：

（1）第一次明确使用和阐释了科学发展观概念，并将科学发展观提升为涉及我国新世纪新阶段发展全局的重大战略指导思想，明确主张要把科学发展观贯穿于发展的整个过程和各个方面，推进各项事业更快更好地发展。

（2）明确提出了在发展过程中要坚持以人为本，并对以人为本做出了马克思主义的解释，认为以人为本就是要把实现好、维护好、发展好最广大人民群众的根本利益，作为我们推进改革开放和现代化建设的出发点和落脚点，要通过发展，不断满足人民群众日益增长的物质文化需要，切实保障人民群众的经济、政治、文化权益，实现人的全面发展，让发展成果惠及全体人民。

（3）系统完整地提出和阐释了全面、协调、可持续发展及其内涵，并就如何实现这种发展提出了五个统筹，即要统筹城乡发展、统筹区域发展、统筹经济社会发展、统筹人与自然和谐发展、统筹国内发展和对外开放。

（4）提出了社会建设的概念和建设和谐社会的目标，丰富了发展观的全面发展的内容，即在原有的经济建设、政治建设、文化建设的基础上又提出了社会建设的内容。提出要适应我国社会的深刻变化，把和谐社会建设摆在重要位置，注重激发社会活力，促进社会公平和正义，增强全社会的法律意识和诚信意识，维护社会安定团结。

（5）提出了建立有利于科学发展观贯彻执行的体制机制、评价体系和指导方针、政策措施，即提出推动建立五个统筹的有效体制机制，建立符

合发展观要求的经济社会发展综合评价体系，体现增长数量、增长速度和内存质量的统一，经济效益、社会效益和生态效益的统一，经济发展、社会发展和人的全面发展的统一；在指导方针、政策措施上注重加强薄弱环节。

（6）把贯彻和落实科学发展观与党的建设联系起来，认为提高党的执政能力，首先要提高党领导发展的能力，把坚持以人为本、全面协调可持续发展的科学发展观，更好地推动经济社会发展，作为提高党领导发展能力的重要方面。

（7）提出要把树立和落实科学发展观与树立正确的政绩观、科学的思想方法、发扬优良的工作作风结合起来，认为科学发展观引导着正确的政绩观的树立，正确的政绩观又保证着科学发展观的落实；认为树立和落实科学发展观，必须坚持大兴求真务实之风、发扬优良的工作作风。

还要强调指出，我们的科学发展观不是追求所谓理论完美的、理想化的、普适的发展观，而是总结我国在发展问题上的经验教训，针对我国在发展过程中已经遇到的特别是现在面临和将来可能出现的重大问题的。我们的科学发展观是符合我国国情的，在实践上是切实可行的，完全可以做得到的。我们的科学发展观是不能离开我们所选择的社会主义制度的，它是建设中国特色社会主义的发展观。正因为如此，科学发展观才能成为我们制定发展战略和政策的指导，成为我们全面建设小康社会和实现现代化的根本指针。

科学发展观既然是对我国社会主义现代化建设的科学认识，就需要我们以科学的态度认识它，以科学的态度落实它。科学发展观绝不是穷尽一切认识的终极真理，它是需要随着实践的发展而不断丰富和发展的相对真理。它要求我们根据它的基本原则和基本方法，结合不断变化着的实际，根据各地区和各部门的具体情况，探索解决新问题的途径和办法。

四　形成资源节约型和环境友好型的新的生活方式

在以科学发展观为指导、构建和谐社会的过程中，我们面临一系列新的课题。多年来，我国在快速发展的同时，也积累了不少深层次的矛盾和

问题。在经济发展上，经济增长方式落后、经济效益低下、经济结构不合理、经营方式粗放，造成经济整体素质不高、经济竞争力不强，经济发展与生态环境、自然资源的矛盾加剧。在社会发展上，突出的问题是城乡差距、地区差距、居民收入差距持续扩大，就业和社会保障压力增加，教育、卫生、文化等社会发展事业滞后。而且，经济和社会发展不协调，人与自然关系紧张。这些问题都具有高度复杂性、综合性、艰巨性和长期性，需要综合集成利用自然科学与人文社会科学的知识，组织社会各个方面的力量联合起来攻坚克难。我在这里提出另外一个方面的重要问题，即寻求和形成资源节约型和环境友好型的新的生活方式。

21 世纪中国的经济社会发展，面临着极为严峻的资源和环境的挑战。建设资源节约型和环境友好型的社会，是树立和落实科学发展观的重大战略决策。为此，我们必须彻底转变生产方式和经济增长方式，同时还要形成一种资源节约型和环境友好型的新的生活方式和消费模式。我们的一切工程建设应满足新的生活方式的需要，确立新的消费观，形成新的生活理念。所有的社会建设必须与新的生活方式相匹配。彻底转变生产方式和经济增长方式。

人的需求的无限性与资源的有限性之间的矛盾，是人类社会的永恒矛盾。当今，这一矛盾以极其尖锐的形式表现出来。因此，节约资源，实现资源的永续利用，就成为科学发展观的重要组成部分。寻求新的生活方式和新的消费模式，不仅是 21 世纪的世界性趋势，而且也是我国今后发展需长期注意的重点问题。我国的资源、环境和人口状况，决定了这个问题对于我们尤为迫切。

我国是一个资源蕴藏和生产的大国，但由于我们有 13 亿人口，所以人均资源的占有量就非常有限。仅以能源为例，我国人均能源可采储量远低于世界平均水平。2000 年，人均石油可采储量只有 4.7 吨，只为世界平均值的 20.1%；人均天然气可采储量为 1262 立方米，为世界平均值的 5.1%；煤炭是我国的最主要的化石能源，人均可采储量也只有 140 吨，为世界平均值的 86.2%。我国现在是世界能源生产和消费大国，2002 年，我国一次能源的产量为 13.87 亿吨标准煤，居世界第三位；我国一次能源消费量为 14.8 亿吨标准煤，居世界第二位。但人均能源消费量只有每人

每年 1.14 吨标准煤。而世界平均值为每人每年 2.1 吨，美国为每人每年 11.7 吨标准煤，OECD 国家为每人每年 6.8 吨标准煤。可见，目前我国人均能源消费还处于相当低的水平。到 2020 年，我国将实现全面建设小康社会的目标，GDP 将比 2000 年翻两番，一次能源需求量将在 29 亿吨左右，将是 2000 年的 2 倍。2020 年我国人均能源消费将为每人每年 2.0 吨标准煤，才刚刚接近 2000 年世界的平均值，比 2000 年美国的消费水平还低 5.5 倍，比 2000 年 OECD 国家的消费水平还低 3.5 倍。2020 年，我国石油的消费需求量将为 4.0 亿—4.5 亿吨，国内可供数量只能达到 1.8 亿—2.0 亿吨。届时，石油对外依存度将超过 55%，石油供应的安全问题将更为凸显出来。因此，从能源供给上看，我们根本不能追求西方国家现在的生活方式和消费模式。

从环境容量上来看，我国以煤炭为主的能源结构（我国煤炭占一次能源消费的 66%），造成严重的大气污染。目前，我国二氧化碳的排放量占世界第二位，二氧化硫的排放量占世界第一。酸雨区已占全国面积的 30% 左右，水体污染物的排放量已大大超过水体的承载能力。全国 7 大江河水系的 741 个监测断面中，仅有 29.1% 断面水质符合Ⅲ以上水质标准，30% 断面水质为Ⅳ、Ⅴ水质标准，人体不能直接接触。我国城市生活垃圾清运量为 1.36 亿吨/年，而且以 7%—10% 的年增长率增加。每年产生工业固体废物 9.5 亿吨，其中危险废物 1000 万吨，固体废物的堆放量累计已达 60 亿吨。当前，我国在区域和流域范围（特别是长江和珠江三角洲、环渤海地区）已经出现大气、水体、土壤污染互相作用的格局。对生态系统、食品安全、人体健康都构成了日益严重的威胁，每年由环境污染造成的经济损失占全国 GDP 的 3%—8%。到 2020 年，我国要实现 GDP 翻两番，年增长率要保持在 7.2%，届时，人口、经济发展对环境的影响（资源消耗、污染排放等）将是现在的 4—5 倍。如保持现有的环境质量，就必须使单位 GDP 的环境影响降低到目前的 1/4，资源生产率（单位资源消耗的经济产出）就必须提高 4—5 倍。如果要求在实现经济发展目标的同时环境质量要比现在明显地改善，则平均 GDP 的环境影响要减少到现在的 1/10，资源生产率必须提高 8—10 倍。由此可见，改变生产方式和经济增长方式，改变生活方式和消费模式，建设资源节约型和环境友好型社

会，是刻不容缓的当务之急和十分艰巨的历史任务。

寻求和确立资源节约型和环境友好型的生活方式和消费模式，既是一个多学科参与的、长期探索的综合性研究课题，也是一个需要全社会动员和全民参与的长期历史过程。海涅曾经说过，思想走在行动之前，就像闪电在雷鸣之前一样。我们首先要以科学发展观为指导，树立21世纪新的生态价值观，以促进人与自然的和谐、可持续发展作为我们生活和行为的准则，重新审视和检讨我们过去的生活方式和消费模式。我们还要牢固树立国情意识，办一切事情都要首先考虑我国的人口、资源、环境的状况可能不可能和允许不允许，国情意识要深入人心。从新的生态价值观和国情意识出发，寻求和倡导可持续发展的生活方式和科学的合理的消费模式。寻求资源节约型和环境友好型的生活方式和消费模式，要逐步成为全社会人人高度自觉的行动。同时，政府要采取政策手段遏制讲排场、比阔气的各种奢侈之风。比如，鼓励公共交通优先发展的政策，出台限制使用排量的豪华轿车的税收政策，制定鼓励节能建筑的政策，限制建造占地多的豪华别墅等。

寻求和确立资源节约型和环境友好型的生活方式和消费模式，与刺激消费增长、扩大内需并不相矛盾。因为，消费本身是多方面的，适度的物质消费和多方面的精神文化消费，要很好地结合起来。形成和确立资源节约型和环境友好型的生活方式和消费模式的过程，本身就是一个刺激消费增长和扩大内需的过程。如中国每年新增建筑30亿平方米（目前均以高层建筑为多），新的建筑以及旧建筑的改造等按照节能建筑要求进行，这本身就为节能建筑业发展形成了巨大市场。我们说在大城市应以发展公共交通为主的限制轿车的发展，并不等于限制汽车业的发展，因为市区以外和广大农村还有广阔的汽车市场需求尚待开拓。限制石油能源的消耗，可刺激太阳能、氢能汽车的发展。寻求和确立资源节约型和环境友好型的生活方式和消费模式，绝不是让我们回到过去的所谓“新三年、旧三年，缝缝补补又三年”的那种节衣缩食的“贫困型”生活方式中去。我们是在全面建设小康型社会，在达到家庭财产普遍增加、人民过上更富足的生活这一新目标之下，实现生活方式和消费模式的转变的。在新的价值观和科学发展观的指导下，人们对待生活的态度将发生改变，不单纯追求物质的

获得和享受，更加注意生活质量，注重丰富的精神文化生活，注重健康、舒适、便利、安全、享受自然和愉悦。物质生活的简约化和精神生活的丰富多样化应成为社会时尚。

（2004 年 10 月在《学习科学发展观研讨会》上的报告）

与《人民政协报》记者谢颖谈 生态文明的哲学思考

编者按

在城镇化过程中注重生态文明建设是当前的热点问题，并越来越得到人们的普遍认可。人类社会的发展正在从工业文明时代向生态文明的新时代过渡，开启生态文明的历史新篇章。作为一种新的文明形态，生态文明绝不仅是人们通常所想到的自然生态保护，而是囊括了人类社会生活的各个方面。从这一点来看，有必要对生态文明的文明形式和理念进行学术层面的探讨。如何理解文明演变背景中的生态文明？如何应对新的思维和理念？为此，记者采访了中国社会科学院荣誉学部委员、科技哲学（自然辩证法）专家李惠国先生。

城镇化与生态文明建设

问：在我国城镇化过程中，生态文明建设具有重要地位，您对此有何看法？

答：生态文明建设是贯穿于城镇化的全过程的，从这个角度来说，千万不能把城镇化简单理解为造城运动。生态文明是一个广义的概念，无论对于城市还是农村，其自然环境和生活是多样化的，用简单的“造城”思维无法解决问题，否则会给自然生态和历史文化生态造成严重破坏。根据有关部门的数据，在城镇化过程中，我们每万平方米拆除建筑所产生的建

筑垃圾是7000吨—12000吨，每万平方米建筑施工产生的垃圾为500吨—600吨。目前，建筑产生的垃圾约占城市垃圾总量的30%—40%，对环境产生严重影响。在古城镇的过度商业开发下，很多古镇居民退出原居所，形成外来移民的商业街，作为文化活的载体的人离开了，古城镇的文化历史生态受到严重破坏。要加强生态文明建设，我们的城镇化规划必须遵循社会、经济、自然、历史、文化相结合，着眼长远，达到人与自然的和谐、现代与历史的和谐，以及社会生活各方面的和谐。

问：生态文明建设对我国的重要意义在哪里？

答：改革开放30多年来，我国经济社会发展取得了举世瞩目的成就，我国的GDP总量已位居世界第二。可是我们面临的形势非常严峻，我国的GDP有数量，但质量却不高，人均则很低。我国粗放型经济增长方式尚未实现根本性的转变，经济是在高投入（资金、土地、能源和材料）、高成本、高污染和低效益的状况下运行的。我国经济增长的技术含量和资源利用效率还很低，经济发展付出了高昂的环境代价。如果在GDP中扣除生态退化与环境污染造成的经济损失，中国经济增长速度仅有5%左右。环保部的绿色GDP核算结果也表明，从2004年到2009年，环境污染的代价已从5118亿元提高到9701亿元，显示中国经济发展的环境污染代价持续上升。

目前，新的科技革命和正在兴起的新的产业革命是引领人类文明进步的主导力量，将形成一种崭新的经济形态，这将是资源和能源节约型的绿色的经济形态，使人类社会正在从工业文明向生态文明过渡。2008年引发的金融危机及其诱发的一系列问题，必将加速人类社会从工业文明向生态文明的过渡。从历史的长程看，后金融危机时期是人类社会从工业文明向生态文明过渡的历史转折点。

对文明进化的理性分析

问：您刚才提到由工业文明向生态文明的过渡，事实上人类文明的发展经历了漫长的历史时期，怎样理解这种文明的演变？

答：人类社会的演变、进化过程，既是一个人类应对自然环境的挑战

和冲突的过程，也是一个处理人类社会内部的矛盾、冲突的过程。在这个过程中，人类要想掌握主动权、争取生存和发展，就必须认识和顺应自然界的发展规律，把握和顺应社会历史的发展规律。人类社会的文明，在时间上是动态的、连续的，是一个有其起源、成长、衰落进而向新文明过渡的历史过程；在空间上是分立的、多元的，是一个由不同地区、不同国家、不同民族形成的多种文明形态共生、共存，进而相互影响、相互渗透、相互作用而形成的一个统一整体。

人类社会的发展，经历了原始文明、农耕文明、工业文明，现在开始向生态文明过渡。作为一个时代，自然意味着在人类发展史上占据一定的历史过程和历史地位，因而它不可能是某种单一的历史过程，它必然充满着复杂性、多样性，存在着多方面的本质规定性。因此我们这里所谈论的绝不意味着否定、排斥从政治、经济、生产关系等角度对社会文明史的各时代的不同内容、本质、特征的更多揭示和把握。不过，这种划分是就人类社会发展总的历程来说的，世界的各大洲、各个国家和民族进入各时代的具体时间是存在很大差异的，各个国家和民族的每个文明时代的科学特征、技术特征、产业特征、经济特征、社会特征、政治特征和文化特征等也有很大不同。

问：在这种背景下，怎样认识和把握生态文明？

答：文明演变、进化的动力是人类社会物质生产方式的变革，而物质生产方式的变革是由社会生产力的发展推动的。社会生产力和生产方式的发展状况、性质、规模决定着人类与自然的关系。原始文明和农耕文明时代，人类依赖和敬畏自然；工业文明时代，人类妄图征服自然；生态文明时代，人类将与自然和谐共生。工业文明时代，人类社会经历了几次科学技术革命和产业革命，对自然规律的了解和利用达到了空前的程度和规模，极大地发展了社会生产力，工业文明是人类运用科学技术控制和利用自然资源取得空前胜利的时代，创造了辉煌灿烂的人类文明，但是同时对人类赖以生存的自然环境造成了极大的破坏，甚至威胁到人类社会的生存和发展。人类社会发展的生态文明新时代，就是要在继承工业文明时代的全部优秀成果的基础上，重新认识和调整人类与自然的关系，达到人类与自然的协调发展与共生。新的科技革命和产业革命，将使生态文明时代的

生产力具有崭新的性质和特征。

这里面值得注意的是，生态文明绝不是对工业文明的简单否定，更不能否定科学技术的发展，是在片面追逐经济利润的理念引导下对科学技术的滥用导致了生态的破坏，但生态建设依然要靠发展先进的科技手段，关键在于要破除旧的发展理念、树立新的发展理念和新思维。爱因斯坦有句名言，“不要用造成这个基本问题的同样的思维去解决这个问题”。尤其在中国来说，更具有特殊性，因为我们的工业化进程还没有完成，科学理性和科学思维方法还没有在国民中完全树立起来，所以更加不能否定科学理性和科学的分析思维方法。在当今知识综合的时代，综合观念、综合研究方法、综合评价原则正在成为人们的普遍意识，从而形成新的思维方式，这种综合正是科学分析基础上的综合。

注重新的理念研究

问：对生态文明的研究现在已成为哲学研究的一个重要方面，并且有了生态哲学的相关思考，您怎么看？

答：德国有一位哲学家说过：思想先于行动，就像闪电先于雷鸣到来一样。哲学家的历史使命就是以其敏锐的思想洞察力，深刻地揭示时代的伟大课题，并力求以理论的形式进行概括和回答。一种哲学思想是否先进，是否能为广大公众理解和接受，就要看它在多大程度上概括和回答当今时代的伟大课题。我们迎接新的生态文明时代，思想要先行，理论研究要走在前面，进而把新的理念、新的生态价值观及其思维方式进行宣传普及，这有一个大众化的过程。

生态文明的新思维并不是一下子凭空出现的，对生态问题的系统理论思考，实际上从20世纪下半叶已经开始。现代人对生态文明的系统思考可以追溯到20世纪六七十年代，1962年出版的《寂静的春天》引发了公众对于环境问题的注意，接着罗马俱乐部发表了《增长的极限》……世界上没有看不到希望的苦难，也没有不令人担忧的繁荣。学者的智慧和使命就在于让人们在苦难中看到希望，在繁荣中看到令人忧虑的问题。新的理念总是从对人类历史发展中出现的问题进行思考而得来，生态文明便是现

实促使人们思考的结果。当今世界正处在人类社会从工业文明向生态文明过渡的转折时代，生态文明时代的新的发展观、价值观和思维方式还需有一个历史发展的过程，逐步成熟完善起来。

问：那么生态文明的新思维对我们的学术研究提出了怎样的要求？或者说，主要关注哪些问题？

答：从哲学层面上来说，我们需要深入研究生态文明的时代特征。首先是生产力的新特征。生态文明时代先进社会生产力具有一系列新特征。每一时代的经济社会发展状况，是由这一时代的社会生产力所决定的，认识和把握生态文明时代先进社会生产力的新特征，是解决生态文明时代发展问题的理论前提。

其次是生产和生活方式以及价值观、理念的形成。生态文明时代的生产方式的变革正在改变着社会结构和人们的工作方式、交往方式及生活方式，虚拟现实、虚拟社会正在变为社会的现实。全面智能化、绿色低碳化、资源节约化、高度人性化将作为新时代经济社会活动的最为重要的理念，引导其发展方向。确立人与自然和谐的新理念，树立新的生态文明观，以环境伦理和生态伦理规范人们的行为，逐步形成新的绿色的生活方式和消费模式，已经成为人类社会发展的迫切需要。

面对生态文明新时代，我们不仅要看到在科技、经济发展等硬件方面的差距，更要看到在经济社会生活管理和人的文明素养等软件方面存在的差距。调查、分析研究这些软件方面存在的问题和差距，提出可行的有效解决方案，是自然科学与人文社会科学面临的时代课题。生态文明建设必须从三个方面同步相互配合进行，即生态时代的器物文明建设、制度文明建设和观念习俗建设。

问：您能对此简单阐释一下吗？

答：以观念习俗为例，我们迎接生态文明新时代，迫切要求提高国民的文明素养。培养国民树立新的生态文明价值观，提高保护生态环境的自觉性和责任感，以环境伦理和生态伦理规范人们的行为，是一项重大、紧迫、长期坚持不懈的任务。美丽中国需要由心灵美、行为美的人来塑造。应该承认我国国民的文明素养、环保意识与生态文明新时代的要求，与建设美丽中国的要求，与一些国家的某些方面相比，还有较大的差距。在实

现中华文明伟大复兴的进程中，中国正以“文明的大国”“负责任的大国”的形象出现在世界的舞台上。我们每个人的言行都关系国家的形象。提高自身的素质是每个国民维护国家形象的责任和义务。我们要培植健康的国民心态，要有广阔的包容胸怀，自强而不自大，谦虚而不自卑，自爱而不欺外，坚持原则而不失灵活。有了这种健康良好的国民心态，就不会只喜欢夸大自己的成就和优点，不喜欢提及自己的缺点和不足；就不会只喜欢听人家的赞扬，不喜欢人家的批评和逆耳之言。境外对国人行为的某些诟病，我们应引为借鉴，并虚心学习世界各国人民的长处。我们的国民不仅要有美丽的心灵，还要有美丽的行为、优雅的举止、具有较好的科学与人文素质。美丽中国，不仅是山清水秀，而且是人更美。

（原载《人民政协报》，2013 年 6 月 3 日学术家园 1 版，原标题为《迎接生态文明的新时代——中国社会科学院荣誉学部委员李惠国谈生态文明的哲学思考》，该报记者谢颖）

21世纪：科技革命与人类未来的喜与忧

新世纪伊始，人类社会正在经历着一场全球性的科学技术革命。

21世纪的头20年，纳米科学和纳米技术、生命科学和生物技术、信息科学和信息技术以及认知科学将迅猛发展，这四大领域交互作用并有机融合，将推动整个科技领域的革命性变革。这是新世纪的一次新的科技革命。这场新的科技革命，不仅推动着人类整体认识能力的飞跃，对客观世界的认识在深度和广度上有更大的进展，而且使社会生产力的发展跃进到一个崭新的质的阶段，使21世纪先进生产力发展具有新的特征。

一　21世纪先进生产力的新特征

每一时代的经济社会发展状况，是由这一时代的社会生产力所决定的，认识和把握21世纪先进生产力的新特征，是解决当代发展问题的理论前提。

科学技术的飞速发展和向经济社会的全面渗透，使生产力发展呈现出新特点。生产力不仅表现为物质形态，还表现为非物质形态，而且非物质形态的生产力迅速发展，越来越显示出巨大作用。现代生产力质的飞跃不仅表现在生产力的主观因素上，而且表现在生产力的客观因素上；不仅表现在生产力的“硬件”因素上，而且表现在生产力的“软件”因素上。社会生产力的要素结构和作用方式发生了巨大变化，劳动者的智力因素和生产工具的“软件”因素在生产力系统中的地位日益突出。提高劳动者的素质，促进人的全面发展，已经成为提高社会生产力水平的基本途径。

传统工业社会的生产力以资源和能源的大量消耗为特征，以破坏环境为代价，是利润导向的，体现为没有出路的“黑色结局”；现代生态社会的生产力以科技创新为动力，以人与自然的和谐为特征，是人性化为导向的，体现为生机盎然的绿色前景。高度重视绿色技术、绿色产业和绿色产

品，大力发展循环经济，这正是发展先进生产力的需要。

当代先进生产力日益凸显智能化特点、国际化规模和人性化发展方向，科技和人文融合于先进生产力的发展中。当代先进生产力不但是表现出高科技特点的生产力，而且是表现出“新人文”特点的生产力。在发展生产力时，我们不但必须高度重视其高科技的方面，而且必须高度重视其“新人文”的方面。在当代，创造产品及服务的高附加值，不仅要增加科技含量，而且要增加文化含量。

二　新的产业革命

这次新的科技革命将引发和推动一场广泛而深刻的产业革命。正像信息科学和信息技术推动信息产业的飞速发展一样，生命科学和生物技术在 21 世纪头 20 年，必将形成与信息产业相媲美的、生机勃勃的生物技术产业。如今，纳米科学方兴未艾，纳米技术展示出广阔的开发应用前景。21 世纪的多技术融合，将以纳米水平上的材料统一和技术整合为基础，将引发材料领域和制造领域的革命性变革。可以预期，21 世纪上半叶，新的产业群势将崛起，并将推动全部产业的技术进步。

三　从工业文明向生态文明过渡

这次新的产业革命影响广阔而深远，将形成一种崭新的经济形态，这将是资源和能源节约型的绿色的经济形态。新的科技革命是引领人类文明进步的主导力量，使人类社会从工业文明向生态文明过渡。

新的科技革命的深入发展，越来越充分地表明，新的世纪将是科技创新主导经济社会发展的时代。遵循新的科技革命和产业革命发展方向，依据 21 世纪先进生产力发展的要求，实施可持续发展的新的增长方式，正在成为国际社会的共同选择，而新的科技革命将不断为实施可持续发展的增长方式提供新的技术手段和开辟新的途径。

在 21 世纪，科学技术不仅是经济社会持续发展的动力，还是人类开拓未来的强大力量。经济竞争、综合国力竞争的焦点越来越聚焦于科学技术的竞争，竞争力取决于利用科技进步成果的速度、规模、范围和效果。

全面提高国家竞争力，必须最充分地发挥科学技术的关键性、决定性作用。科学技术是决定综合国力的最重要的因素，而自主创新能力已成为国家竞争力的核心和决定性因素。因此，大力发展科学技术、增强科技创新能力已成为世界各主要国家的首要国家战略目标。

21 世纪科技革命为我们提供了难得的机遇，抓住这一机遇，可实现科学技术的跨越式发展。我国是工业文明的后进者，应抓住新的科技革命提供的机遇，成为生态文明的赶超者。

21 世纪的科技革命也提出了严峻的挑战，如果高科技成果利用不当，如果各个国家和地区发展不平衡加剧，不能和谐发展，也会给人类社会的发展带来灾难性的后果。

四　数字鸿沟问题

科技革命的深入发展，竞争将更加激烈。竞争又集中于科学技术和人才的竞争，其实质是自主创新能力的竞争。谁的发明创造多，谁掌握的专利多，谁就掌握了竞争的主动权，就将是胜利者。当今，全球 R&D 投入中，美国、欧盟、日本等发达国家占 86%。在国际贸易支出方面，高收入国家获得全球技术转让和许可证收入的 98%。占全球 15% 的富国人口拥有世界上几乎所有的技术创新成果。一些经济技术强国和大的跨国公司实施技术标准和专利垄断战略，以赢得高额利润，并在国际贸易中限制、打压甚至制裁发展中国家。在数字时代，如果发展中国家不努力增强自主创新能力，数字鸿沟将继续扩大，经济竞争中受制于人的被动局面就不可能扭转，就将始终处于被动的地位。世界上的贫富差距将进一步加剧，经济与文化的差异结合，将使世界动荡不安。

五　信息安全问题

计算机病毒、黑客入侵、个人隐私被侵害、国家信息安全、计算机网络犯罪等，已经成为社会的公害，而且道高一尺、魔高一丈，手段越来越高，令人防不胜防，造成的损失巨大。

六 生命伦理问题

克隆技术等带来的一系列社会伦理问题需要人们去面对，基因技术可能产生的新物种、新病毒会威胁人类和地球上现有的一切物种的存在。生命技术可以变为战争的毁灭性武器。

七 核扩散问题

当前伊朗核问题、朝鲜核问题已经闹得世界沸沸扬扬，如果核武器小型化技术扩散，恐怖分子就可以拿人类当人质。

60 多年前，当人类开始向分裂原子核进军的时候，爱因斯坦就讲过，手段的完善和目标的混乱，似乎是我们这时代的特征。科学方法带给人类哪些希望和忧虑呢？我不认为这是提问题的正确方法。这个工具在人的手中会产生出些什么，完全取决于人类所向往的目标的性质。只要存在着这些目标，科学方法就提供了实现这些目标的手段。可是它不能提供这些目标本身。如果我们真诚地并且热情地期望安全、幸福和一切人们的才能的自由发展，我们并不缺少去接近这种状态的手段。①

这些问题的解决，需要人文社会科学与自然科学技术科学的紧密结合，需要现代人文理念与科学精神的交会融合，需要呼唤人类的良知，确立人类所向往的美好目标，需要构建和谐社会和和谐世界。

八 创建顺应高科技发展的教育

世界上没有无希望的苦难，也没有无忧虑的繁荣。改革开放给我们带来了希望，今天我们发展得很快，成就举世瞩目；但是应当看到，在这繁荣的后边存在着令人忧虑而且迫切需要解决的一些问题。我国的高科技发展确实很快，高科技产业发展也很快，高科技产品的出口逐渐增加。由于这几年科学技术的投入大幅度增加，因此，科技论文的数量大增，专利的

① 《爱因斯坦文集》（第一卷），商务印书馆 1976 年版，第 397 页。

数量也大增，为高科技培养人才的大学也发展得很快。但是，仔细分析，在高技术迅猛发展的时候，我国高技术产业大多处在世界高技术产业发展的下游阶段，基本上属于劳动密集型的、技术含量低的领域。专利数量猛增，但是仔细分析，专利里真正有分量的、影响非常大的专利很少，专利比重当中，食品、饮料、中成药占了相当大的部分，被采用的也比较少。最主要的核心技术的专利，基本还是依靠国外的。现在咱们国家的论文、刊物大量的出现，但是有分量的、能够在国际上被引用的、有影响的，真正有科学创建的论文并不是很多。大学生猛增，但是教学质量下降，好多毕业生的业务水平和能力不能令人满意。

这些年我们都在强调高技术时代就是高竞争时代，最终是人才竞争的时代，但是我们的人才培养十分不理想。高技术时代主要靠人力资本。19世纪，德国崛起之初的一段时间，德国的产品输入到英国，英国说德国是假冒伪劣产品的发源地，因此进入英国的产品必须标上“德国制造”的字样，所以当时“德国制造”在英国成为低劣产品的标识。但是经过一个世纪，德国抓教育，一方面是抓高等学校的教育，培养创新型人才；另一方面高度注重专业技术教育，而这两个教育最重要的特点是注重严谨、严格、精细的作风的培养。我在德国学习的时候，去西门子公司参观，该公司的一位负责人说过：20 世纪“德国制造”这个标志，从假冒伪劣产品的代名词，今天已变为世界一流产品的质量保证和信誉的标志，就是靠严格的职业教育，高素质的劳动力，科技创新。20 世纪 60 年代初，我在北大物理系学习时，实验课的要求是非常严格的，学生也特别重视实验，常常晚上 7 点钟进实验室，到第二天凌晨两三点钟出来。而现在我们的学生大多都不重视实验课，做实验很不认真，做不出准确结果，就编造数据，赶快编完数据，符合要求，就出来了，就这样弄虚作假。我们缺乏严格的技术工人的培训教育，对职业技术教育的发展重视不够，所以形成了当前的局面。我觉得应当借鉴德国的经验，狠抓职业技术教育。

现在教育的弊端在哪儿呢？教育部“211 工程”，几年一评比，评比论文的数量等，搞了一套数量指标。什么是研究型大学？这些评比就造成了大家造假。高投入，建漂亮的大楼，以高薪高待遇去北京请院士来挂个名，为追求达到数字指标，不惜弄虚作假，而没有真正把力量放在抓教育质量的提高上，这是一个很大的问题。各个大学都按教育部制定的统一指

标体系办学，必然是各个大学都没有自己的特色，千校一面。大学校长们就是有自己的办学理念，也束手无策。我们要有新的思维，办大学的关键、高技术人才的培养，要有新的思维，要给大学以办学的自主权，不要搞那么多评比，让每个大学办出自己的特点。学校要根据自己的情况，根据社会的需求来决定培养目标。最近中国科学与人文论坛邀请了香港理工大学校长潘宗光来做演讲，他从 1991 年出任香港理工大学校长，至今任了 16 年，把香港理工大学变成了香港地区规模最大、影响力最大、社会需求量最大、声誉最好的学校。这个学校完全是根据香港地区经济社会发展的需要来培养人才，绝不攀比。至于这个学校在世界的排名、发表多少论文，这些指标都不要，从香港地区实际出发，培养的学生能够真正成为社会需要的人才，这才是最重要的。我们的教育要使得学生有理想，实现办学目标的多元化。现在往往由于媒体的渲染或者是各种评比、相互攀比的影响，大家都往一个目标上努力，实际上社会需要的是各种各样的人才。这个问题也需要我们认真研究。

还有一个需要我们研究的问题，就是课题制。这些年我们国家的科技投入大幅度增加，这是一个不争的事实。科研条件大大改善，这是好现象。但是，与高投入相比，高质量的科研成果的数量却很少。课题一年新立的项目特别多，而到结题的时候，质量高的却很少。大量重复性的课题，成果也是低水平的重复。世界人文社会科学的发展有过这样的经验教训，第二次世界大战后人文社会科学有大的发展，大家寄予了很大期望，到 20 世纪 80 年代投入很多了，但是高水平的研究成果并不多，后来英国、美国都掀起了一个运动，人们质疑人文社会科学到底有没有用。当时纳税人也提出质疑，说给你们那么多钱，你们没有搞出什么有用的成果。所以，后来科研经费投入大大下降。于是科学家组成了一个工作小组，把 20 年来的人文社会科学成果仔细筛选了一下，列出了很多成果。到 90 年代以后，经过各种各样的梳理，人文社会科学才进一步得到较大的社会支持。如果我们再这样发展下去，大量搞课题制，大家争课题，课题在低水平下重复，相互保密、争夺的情况下，出不了高质量的成果，随着纳税人的意识增强，若干年以后，纳税人就会质问科研工作者。但是问题不在于科学研究人员，现在科研人员的许多时间和精力为课题制所累，科研人员忙于申请课题、应付各种各阶段检查、填报各种报表和经费报销，以及赶

进度，精力不能集中于创造性的思维活动中，潜心研究不被干扰的时间很少，丧失了创造性的热情。有的人戏谑科研人员已成为课题制的“奴隶”。重数量轻质量的现象仍较普遍，考核科研能力和水平时，过于看重获得课题的数量，而忽视对成果质量的严格审定。科研人员也很无奈，问题在于政策，所以我们现在要认认真真地研究教育政策、科技政策、科技管理、教育管理当中存在的问题，是解决问题的时候了。如果这个问题不解决，想要建成高科技的强国、有自主创新能力的强国，按照到2020年中长期的规划，建设创新型国家，就是一句空话。我完全没有否定课题制的意思，实行课题制是必要的，但也要给研究人员以自由探索的空间，不能一概以课题制管理，课题制要不断改进。当前，学术界论资排辈现象、唯名校出身论和唯高学历论的现象较为普遍。特别是中青年研究人员面临的各种压力太大，很少有机会参与并承担很多重要的科研工作，使他们迅速地成长起来。科学技术史表明，三四十岁的中青年是科技创新第一线的主力军，那些杰出的科学家和发明家的主要成就，都是他们在中青年的时期做出的。应当让那些有能力的中青年凭实力竞争获得并承担重要的科研课题和项目，要打破课题申请和评定工作中论资排辈，“名家”挂名牵头的现象。课题制的设立初衷是好的，而且取得了很大成绩，应进一步完善和继续推行。但在执行中出现了过多、过滥、过烦琐，大量低水平重复的现象。近年来，课题经费大幅增长，立项课题成千上万，但优秀成果实属罕见。要鼓励和创造条件，使科研人员勇于自由探索，特别是基础科学，更需要自由探索，不要一律都以课题制进行管理。现在已有条件提高科研人员的工资水平，要借鉴国外课题管理的经验，课题经费不能用于申请人的工资补贴。应设立研究假期，使科研人员有不断充实新知识的机会。要采取切实有效的措施克服浮躁、急于求成、弄虚作假的不良风气。为广大科研人员特别是中青年人才的成长创造良好的氛围和制度环境是新的形势下科研体制改革面临的新任务和新课题。

（原载中国科学技术协会学会学术部编《新观点新学说学术沙龙文集（5） 高科技的未来——正面与负面影响》，中国科学技术出版社2007年版）

科学技术与国家战略

在21世纪，科学技术不仅是经济社会持续发展的动力，还是人类开拓未来的强大力量。竞争力取决于利用科技进步成果的速度、规模、范围和效果。全面提高国家竞争力，必须最充分地发挥科学技术的关键性、决定性作用。在这一科技创新主导发展的时代，科技创新将进一步成为经济和社会发展的主导力量，当今世界各国综合国力竞争的核心，是知识创新、技术创新和高新技术产业化，因此，我国把增强自主创新能力作为科学技术发展的战略基点和调整产业结构、转变增长方式的中心环节。这直接关系到我国在新世纪中的国际地位和竞争力，关系到我国社会主义现代化建设的进程，关系到祖国的繁荣富强和中华民族的伟大复兴。科学技术是决定综合国力的最重要的因素，在经济、社会、政治、外交、军事方面起着关键的作用。科学技术是当今国际关系多元结构体系中的一个十分重要的因素，今天，把国家对外政策、防务政策、国际关系体系及其固有的结构、功能、发展过程同科学技术割裂开来是不可能的。

一

从国家战略的高度考察科学技术的发展，要着重探讨和研究下面几个问题。

（一）科学与和平是21世纪的时代课题

德国的伟大诗人亨利希·海涅曾经说过，每一个时代都有它的伟大课题，解决了它就把人类向前推进一步。我以为，科学家肩负着时代的使命，就是要以其敏锐的思想洞察力，深刻地揭示和把握时代的伟大课题，

集中其全部智慧寻求解决问题的途径并创造解决问题的手段，运用科学的抽象综合能力形成反映时代精神和要求的新观念和思维方式。科技进步与和平的关系问题就是20世纪末和21世纪人类所面临的重大而迫切的课题之一。

科学技术革命和人类的进步息息相关。科学技术的飞跃发展像一把双刃剑，一方面为创造人类的幸福提供了无限能力；另一方面也使人类掌握了毁灭地球上一切生命的能力。新的科技革命的深入发展提供了把每个人的智慧和才能转变为创造和发展能力的手段，如果人类把科技进步的成果全都致力于和平发展，21世纪将是一个美好的时代，人类将迎来一个充满希望的春天，我们面前什么都会有。如果人类把科技进步创造的前所未有的威力运用于战争。21世纪将是一个最坏的时代、一个愚蠢的时代，一场核灾难带来的将是笼罩整个地球的令人绝望的核冬天，地球上一切比较高级的生命形式都将灭绝，整个生物圈将只剩下一些蠕虫和小草。因此，把科技进步与争取和平发展相联系，反对军备竞赛，阻止核战争，就是争取人类生存的斗争。

争取和平是当前人类所面临的一系列全球性问题的核心问题。不仅核战争将使人类社会发展过程终止，而且军备竞赛将引起当代各种全球性问题的尖锐化。维护和平不仅是全球性问题的核心，而且也是解决各种全球性问题的前提条件。因为全球性问题的解决必须依靠充分的国际合作，没有和平环境哪里会有真诚的国际合作？

为了有效地保证科技进步、促进和平发展，人类必须以新的观念和新的思维方式指导自己的行为。爱因斯坦针对20世纪50年代的冷战曾经说过：原子弹放出的威力已经改变了一切，就是没有改变人类的思维方式。

如果人类想在原子能时代过上繁荣的生活，或退一步说仅仅想在这样的时代还能生存下去，那么现在普遍采取的那些思维方式和行为方式就必须尽快地改变。从人类的前途和命运的角度出发，从综合解决全球性问题角度考虑，“国家安全”和“防务”概念要补充以新的内容。现时代对安全威胁的增大与其说是国家间的关系，不妨说是人与自然的关系。今天“安全”所包含的意义要比保卫自己不受敌人袭击大得多，它包含着保护整个生存环境和整个人类文明系统的意义。“守土有责”是一个公民爱国

主义的表现，维护环境的自觉意识，“爱土有责”也是一个公民爱国主义的表现。人类社会的整体观和对地球命运的责任感是国际主义应当包含的新内容。

在科学技术日益成为推动社会发展的最强大推动力的今天，科学家不仅肩负着探索未知世界，为人类提供新知识和手段的任务；而且肩负着保障科技成果运用于和平目的，防止它被滥用的伟大使命。把科学作为推动人类社会进步的一种力量，确定科技进步的人道主义方向，不仅是科学家的社会责任，而且提出了深入探讨科技进步的社会哲学、世界观和道德伦理的新课题，这些课题的解决需要自然科学和人文社会科学的共同努力。我们不仅把科学作为改造社会的手段，而且也作为完善人类的手段，通过全世界科学家和各国人民的共同努力，把人类文明提高到一个崭新的阶段。

（二）把握21世纪先进生产力发展的新特征

每一时代的经济社会发展状况，是由这一时代的社会生产力所决定的，认识和把握当代先进生产力的新特征，是解决当代发展问题的理论前提。

科学技术的飞速发展和向经济社会的全面渗透，使当代生产力发展呈现出新特点。生产力不仅表现为物质形态，还表现为非物质形态，而且非物质形态的生产力迅速发展，越来越显示出巨大作用。现代生产力质的飞跃不仅表现在生产力的主观因素上，而且表现在生产力的客观因素上；不仅表现在生产力的“硬件”因素上，而且表现在生产力的“软件”因素上。社会生产力的要素结构和作用方式发生了巨大变化，劳动者的智力因素和生产工具的“软件”因素在生产力系统中的地位日益突出。提高劳动者的素质，促进人的全面发展，已经成为提高社会生产力水平的基本途径。

传统工业社会的生产力以资源和能源的大量消耗为特征，以破坏环境为代价，是利润导向的，体现为没有出路的“黑色结局”；现代生态社会的生产力以科技创新为动力，以人与自然的和谐为特征，是人性化为导向的，体现为生机盎然的绿色前景。高度重视绿色技术、绿色产业和绿色产

品，大力发展循环经济，是我们科技发展的重要任务。

当代先进生产力日益凸显智能化特点、国际化规模和人性化发展方向，科技和人文融合于先进生产力的发展中。当代先进生产力不但是表现出高科技特点的生产力，而且是表现出“新人文”特点的生产力。在发展生产力时，我们不但必须高度重视其高科技的方面，而且必须高度重视其“新人文”的方面。在当代，创造产品及服务的高附加值，不仅要增加科技含量，而且要增加文化含量。

中华民族优秀的传统文化，是我国重要的无形的经济资源，在提高产品和服务的文化含量中，注重弘扬民族文化，创造出具有独特风格和特色的高文化含量的产品和服务，不仅可以增加我国产品和服务的国际市场竞争力，而且可以扩大中华民族文化的世界影响力和吸引力。我国科技界和人文社科界要携手合作，努力提高产品和服务的科技含量和人文含量，共创高附加值，提高我国的国际竞争力。

（三）积极迎接新世纪科技革命的挑战

新世纪科技革命为我们提供了难得的机遇，抓住这一机遇，可实现科学技术的跨越式发展。

21 世纪的头 20 年，纳米科学和纳米技术、生命科学和生物技术、信息科学和信息技术以及认知科学将迅猛发展，这四大领域交互作用并有机融合，将推动整个科技领域的革命性变革。这是新世纪的一次新的科技革命。

这次新的科技革命将引发和推动一场广泛而深刻的产业革命。正像信息科学和信息技术推动信息产业的飞速发展一样，生命科学和生物技术在 21 世纪头 20 年，必将形成与信息产业相媲美的、生机勃勃的生物技术产业。如今，纳米科学方兴未艾，纳米技术展示出广阔的开发应用前景。21 世纪的多技术融合，将以纳米水平上的材料统一和技术整合为基础，将引发材料领域和制造领域的革命性变革。可以预期，21 世纪上半叶，新的产业群势将崛起，并将推动全部产业的技术进步。

这次新的产业革命影响广阔而深远，将形成一种崭新的经济形态，这将是资源和能源节约型的绿色的经济形态。新的科技革命是引领人类文明

的主导力量，使人类从工业文明向生态文明过渡。我国是工业文明的后进者，应抓住新的科技革命提供的机遇，成为生态文明的赶超者。

应充分认识和紧紧把握新世纪的科技革命为我们提供的机遇和挑战，高度重视并切实加强基础研究，把基础研究和前沿高技术研究作为国家的战略主攻方向，提升国家科技创新能力，掌握新世纪科技革命的主动权。实施国家基础研究创新战略，不仅是实现跨越发展的需要，而且从目前我国的基础研究能力和国家经济实力来看，也是完全可以办得到的。

（四）科学技术与文化发展战略

当今世界，综合国力的竞争愈演愈烈。国家的政治、文化和社会管理等方面的软实力，与科技、经济和军事等方面的硬实力的紧密结合，构成了综合国力。科学技术是硬实力的重要组成部分，科学技术中的文化因素与人文社会科学一起构成软实力的最重要的组成部分。文化作为综合国力的重要组成部分，在当今世界的综合国力竞争中的地位和作用越来越突出。

科学技术在人类文化进步中占有重要地位，科学技术的发展对整个人类文化的内容、结构、形式以及发展方向都有着重大影响，科学技术与人文社会科学一同携手共建当代人类文明。

自然科学和人文社会科学是人类认识世界、变革世界和完善自身的强大力量。自然科学与人文社会科学在满足人们的精神文化需求，提高人们的科学素养、人文素养和思想道德水平方面的作用越来越大。科学技术与人文社会科学的发展正在不断揭示宇宙和生命的奥秘、人类社会发展的规律和前景，促进人们形成自然—人—社会的完整世界图景和科学的人生观、价值观；它们共同关注着人类的命运和前途，为解决人类社会发展的各种问题提供知识、理论、手段和方法论基础，是人类社会发展的无尽资源。自然科学和人文社会科学提高了人们观察、认识、分析和处理各种问题的能力，进而提高人们参与公共事务管理的能力，促进了人的全面发展。

重视发挥科学技术的教育功能和社会文化功能，普及科学技术知识和技能，弘扬科学精神，倡导科学方法，提高全民族的科学素质。

加强创新文化建设。“创新是一个民族进步的灵魂，是一个国家兴旺发达的不竭动力。”应借鉴国外经验，深入发掘中华文化传统独特的认识论、方法论和价值观对于当代创新文化建设的积极意义，克服传统文化中的消极因素，系统总结新中国发展科学事业的经验，构建并倡导有中国特色的创新文化价值体系，振奋民族精神，激发创新活力，建设创新型社会。

21 世纪，是中华民族伟大复兴的世纪。一个兴盛的民族和强大的国家，应该有发达的科学技术，更应该有创新的理论思维。为中国特色社会主义现代化建设提供系统的理论基础、智力支持和技术支撑，是党和国家赋予自然科学界和人文社会科学科学界的光荣而艰巨的历史使命。

我们必须从中华民族伟大复兴的战略高度出发，高度重视自然科学与人文社会科学的结合及科学精神与人文精神的融会贯通。

（五）科学技术与国家安全和公共安全

国家安全、公共安全和社会稳定，是发展得以顺利进行的基本保障。科学技术与国家安全和公共安全休戚相关，必须大力加强这些领域的科学技术研究工作。

虽然和平与发展仍然是当今时代的主题，但是世界并不太平，局部战争从未间断。境外的敌对势力、国际恐怖活动和“台独”等各种分裂势力不断向国家安全挑战。建立巩固的国防，是我国现代化建设的战略任务，是维护国家统一和安全及全面建设小康社会的重要保障。发展国防科技，是我国科技发展的长期战略任务。以信息技术为核心的高技术的迅猛发展，导致当今世界的一场新军事变革，武器装备、军事思想、战略战术、战争形态、军队建制等都发生了巨大而深远的变化。

在公共安全领域，目前的形势相当严峻。据统计，我国每年因公共安全问题造成 20 万人死亡和数百万人伤残，经济损失约 6000 亿元人民币。除传统安全外，高技术引发的经济安全、信息安全、生物安全凸显，防恐反恐、突发事件等非传统安全问题也日益突出。建立完善的公共安全保障体系，对科学技术发展提出了迫切需求。开展公共安全领域的科技研究，也是不容忽视的重要任务。

（六）科学技术政策的国际视野

科学技术国际化已成为当今重要的发展趋势，国际规模的科技竞争与合作不仅是世界经济发展的重要内容，而且是当代国际关系体系的重要组成部分。新的国际科技合作分工体系进一步形成，并已深深影响到国家和企业的研究与开发的速度、规模、方向和效率。各国政府和各大企业集团面对这一新的发展趋势必须做出新的战略抉择。

在科学技术国际化的发展进程中，政府可以发挥巨大的诱导、推动、扶植和保护作用。各国政府在制定其政策时，必须充分考虑其政策的国际性。当今，科技政策进入了国际性调整的阶段，这种国际性的调整不仅涉及科技政策的各个方面，而且由于科学技术已在国家的外交、国防、经济、社会、文化等各个领域占据了核心地位，因此，科技政策的调整也是与这些领域密切相关的。

全球化既然是历史发展的客观进程，那么，有关全球化的理论认识就应该成为我们观察、思考和解决经济、科技、政治、文化、社会、军事和外交等问题的方法论原则。

全球化作为方法论原则，不仅要树立强烈的国际化意识，具有国际广度的思考魄力、判断能力和综合能力，而且还包含着正确认识和处理好共处性、互补性、公平性、有限性、独立性的关系。

全球化认识的方法论要与增强决策集团的判断能力、决策能力以及能成功地处理内外因素之间的互动、做出迅速灵活反应的组织能力紧密结合起来。

二

制定科技政策要深入探讨和处理好以下几个问题。

（一）自主创新和引进吸收

走科技强国之路，要求大力强化我国的科技创新能力。尤其在战略高技术、关键技术、核心技术方面，我们难以指望别人，别人也不会给我

们，必须也只能依靠自主创新。经过半个多世纪的建设，我国已形成了相对完整的科技体系和产业体系，有了可望跨越发展的基础。实施自主创新战略，既是中华民族要自立自强的历史要求，也是国际环境压力和激烈的科技竞争的现实要求。中国是有十几亿人口的社会主义大国，只有立足于自主创新，才能立于不败之地。

从世界各国来看，有两种基本的科技发展战略，一是自主创新战略，二是引进模仿战略。实际上，世界各大国都是两手并用，区别在于根据一定的国情，在一定时期、在一定领域，各有侧重。在引进模仿的基础上充分消化吸收，进而创新，也具有普遍性和重要意义。

我国科技的整体水平还不能充分满足经济社会发展的需要。在科技全球化时代，我国应尽可能地充分利用国外先进技术，以弥补我国不足，并进行再创新，这是实施跨越式发展战略的重要组成部分。要分析哪些领域和项目以自主创新为主最有利，条件最为成熟；哪些技术在一定时期以引进最有利，并且有利于本土化的跨越发展。至于引进中的问题，如盲目引进、重复引进、利用效率不高、吸收创新不足等，并不是引进吸收战略本身的问题，需要从体制方面寻找原因。自主创新和引进模仿是相辅相成的，要根据实际情况灵活运用。引进和吸收国外科技成果的能力，也是一个国家科技实力的重要标志。

（二）有所为和有所不为

制定科技发展规划，就是要突出重点，有所为，有所不为。现代科技的领域非常广泛，发展迅速，竞争激烈，人力物力投入巨大，而且具有高风险性。任何国家，都不可能把有限的力量投入所有领域，更不可能占领所有科技领域的制高点。要根据我国的实际需要、实际能力和优势劣势，做出最有利的重点选择。在目前和今后的一段时期，有所为、有所不为，不是权宜之计，而是一项需要长期坚持的方针。

有所为，就是在能够大幅度增强综合国力的重点目标和重点发展领域实现重点突破。这些领域是指经济社会发展紧迫需要的、能够带动科技全局发展的、具有明显优势的和别人实行封锁的核心技术领域。要分析经济社会发展的需求和科技发展趋势，具体分析哪些领域和项目能通过自主创

新来解决，哪些在一定时期需要通过引进来解决。在项目的选择上，既要看到当代国际科技发展趋势，又不要盲目跟从别人的选择。

有所不为，不是完全不作为或放弃，而是指在一定时间内，某个领域或者项目还不具备成熟条件，或者国家和社会的需求还没有充分显示，暂时还难以成为发展的重点选择。但这并不意味着它们没有潜在的发展可能性。因此，“有所不为”应看作积累准备、创造条件和等待时机。当条件成熟和需求时机到来，有所不为就可能变成“有所为”，也可能是“大有作为”。从长期和整体的科技发展来看，“有所不为”是“有所为”的必要的准备阶段。“有所为”和“有所不为”是辩证关系，不是绝对的取舍关系，在一定条件下有可能相互转换，二者共同构成了一个既有大步跨越和重大突破，也有循序渐进和积累准备的历史进程。

在实践中，做出“有所为”和“有所不为”的选择是有相当难度的，一是因为在选择重点时，认识上往往难以统一；二是涉及部门利益问题。一个常见的现象是，都想当有作为的“主角”，不愿当“配角”。因此，在制订规划时，各部门都要以大局为重，要有广阔的视野、长远的眼光和全局的观念，以国家和人民的利益为最高利益。不论是“主角”还是“配角”，在整体布局中都是重要的，有时在“配角”的位置上也可能做出比“主角”还大的贡献。对决策者来说，把握战略全局的决策能力和决策魄力，是十分重要的。

（三）基础研究和应用开发

基础研究与应用开发的关系问题，学术界已讨论多年，在理论认识上已有共识。现在的问题是，在市场经济条件下，具体运作上还存在着问题。急功近利、短期行为、单一的利润导向，是当前问题的症结所在。机制不健全，多元化的投入机制尚未形成，成果接续机制不完备，体制性障碍尚未消除。这些因素势必造成基础研究投入不足，基础研究与应用开发脱节，原始性创新严重不足。

基础研究的实力和水平，决定国家原始性创新的能力，决定国家整体科学的能力，进而决定综合国力和国家兴衰。在当前市场经济体制还不完善、市场经济还不发达、基础研究尚未得到社会重视的情况下，国家应充

分发挥在基础研究领域的主导作用，加大基础研究的国家投入，通过政策引导建立多元化的投入机制，消除多种多样的体制性障碍，密切基础研究与应用研究的联系。

要充分认识基础研究的探索性、长期性和不确定性的特点，在项目安排上鼓励和扶持自由探索。

当前基础研究人才流失严重，要创造有利条件，稳定和加强基础研究人才队伍。

（四）政府主导和市场机制

科技进步，需要充分发挥政府的主导作用和市场的基础作用，并使这两个机制的作用有机结合起来。在我国目前市场发育还不成熟、企业尚未成为技术创新的主体的情况下，政府的主导作用尤为重要。

政府的主导作用，体现为制订科技规划、制定政策、实施投入、创造有利条件和提供服务，以及通过教育培养科技人才。国家科技规划应该重点关注的，是那些有明显的社会效益和重大国家利益，而市场机制不能有效发挥作用的重点领域和项目，即基础科学研究、公益性研究和战略高技术。这其中的有些项目并不一定是最高技术水平。政府一般不应介入产品研制层面。

发挥社会主义制度优越性，集中力量办大事，是我国科技发展的一条成功经验。在今天的市场经济条件下，仍然要高度重视利用这一成功经验。要通过规划凝练出类似于“两弹一星”的标志国家科技水平和整体实力的重大项目，以大幅度增强综合国力。

市场的需求和竞争，是推动技术创新的强大动力。发挥市场的基础作用，关键在于使企业成为技术创新的主体。企业要真正成为技术创新的主体，必须具有技术创新的动力、能力和实力。在这方面，政府应积极发挥作用，创造条件，推进企业提高技术创新的动力、能力和实力。要严格保护知识产权，营造公平竞争的环境，提供必要的金融支持，积极引导民间资本的投入，大力扶持民营科技企业。

政府要更新观念、转变职能，要将国家要做的事情进行明确的定位，走出“因为重要，所以政府要自己干”的传统思路。凡是企业能够做到的

事，要放手让企业去干。国家科技政策与产业政策、投资政策、贸易政策、消费政策要密切配合，更有效地促进科技进步。

要把科技创新与区域的协调发展结合起来。要深入探讨科技创新的新特点，科技创新资源如何在区域之间进行优化配置与整合，及配置与整合的组织形式等。科技创新资源要向西部地区倾斜，要以科技进步和创新带动我国西部地区的经济社会发展。要把西部边疆的科技经济和社会发展，提高到国家安全战略的高度加以认识。要靠科技创新改造传统产业，振兴东北老工业基地。我们的科技创新也必须与我们国家的产业结构调整，转变增长方式，实现经济社会的可持续发展，缩小区域发展的不平衡紧密联系起来。

（2007 年 11 月在《高科技发展与当代国际关系第三届全国学术研讨会》上的讲话）

进一步解放思想　发展科学技术第一生产力

一

三十年前的1978年，是历史上极不寻常的一年。这一年，召开了党的十一届三中全会，开启了我国改革开放的历史新时期。这一年，还召开了全国科学大会，迎来科学的春天。从1978年科学大会和党的十一届三中全会到现在，这30年，是中国近百年来社会生产力和科学技术发展最快和最好的时期。这个结果是怎么得来的？最主要的就是人的解放，人的解放最主要是思想的解放。在长达十年的“文化大革命”中，人们的思想被禁锢在“以阶级斗争为纲”的错误思想路线下，整天只能手摇“红宝书”，搞革命大批判，空喊革命口号，极“左”路线把抓生产、钻研科学技术斥之为“唯生产力论”“以生产压革命”。致使人民群众的生产积极性受到极大压抑，国民经济濒临崩溃边缘，科学技术事业遭受严重摧残。人们被强迫干他们所不愿意干的事情。1978年，党的十一届三中全会把人们的思想从“以阶级斗争为纲”的错误路线禁锢中解放出来，把全党工作的着重点和全国人民的注意力转移到社会主义现代化建设上来。人民群众长期被压抑的建设现代化国家的积极性像火山爆发一样迸发出来。当年春天召开的科学大会，是解除广大知识分子精神压力，动员知识分子和全国人民向科学技术进军的大会。实质上科学大会是一次解放科技生产力和发展科技生产力的动员大会，昭示和呼唤着一个解放和发展社会生产力的改革开放新时期。邓小平同志在开幕式的讲话中坚定明确地指出，“四人帮”肆意摧残科学事业、迫害知识分子的那种情景，一去不复返了，在我们面前展现了光明灿烂的前景。他庄严宣布，广大知识分子是工人阶级的一部

分，摘掉了长期以来强加给知识分子的“资产阶级知识分子”的帽子。他还指出，科学技术是生产力，科学技术作为生产力，越来越显示出巨大的作用。四个现代化，关键是科学技术的现代化。我当时坐在会场上听着这样的讲话，心潮澎湃，热血沸腾。我作为大会秘书处的工作人员，参加了六个部门的分组讨论会，代表们讨论邓小平讲话时，发言之踊跃，气氛之热烈，人们心情之激动，我还从未见过，每每回忆起来，心情总是很激动。

二

怎样使广大人民群众从“以阶级斗争为纲”的思想禁锢中解脱出来，排除极“左”路线的干扰破坏，努力发展生产力，发展科学技术，邓小平同志从 1975 年协助周恩来总理主持全面工作时就开始这样做了。可以说，这是改革开放的前奏和序曲。后来，由于“批邓和反击右倾翻案风”运动而被迫停止。小平同志 1975 年主持全面工作的时候，他亲自抓的三件大事给我留下最深刻的记忆。我记得，1975 年 3 月，邓小平同志在全国省级主管工业的书记会议上指出，把国民经济搞上去，实现四个现代化，这是大局，全党要多讲。不敢抓生产，说什么“抓革命保险，抓生产危险”这是大错特错的。这次会议出台了中央 9 号文件，解决铁路运输问题。5 月下旬，邓小平同志在一次讨论全国钢铁工业座谈会文件的国务院会议上讲，搞社会主义建设，不能不搞生产，不能不搞科学技术，我们强调劳动生产率，强调科学技术，不能算作“唯生产力论”。不久中央下达了 13 号文件，抓钢铁生产。之后，我参加了中央派的工作组，在鞍钢工作了三个月。我感受到广大工人和科技人员贯彻 13 号文件积极抓生产的热情和干劲。8—9 月，邓小平同志亲自抓中国科学院的《科学院工作汇报提纲》的起草工作。记得，9 月下旬，时在国务院政治研究室工作的于光远同志向我们布置任务，他说，在讨论《科学院工作汇报提纲》过程中遇到两个理论问题要深入研究：一是哲学不能代替自然科学；另一个是科学技术是生产力。邓小平同志赞同这两个观点，并让我们尽快搞出马恩列斯和毛主席论述这两个问题的语录，还让我们进一步深入研究，以后能够写出文章

来。听到这样的传达，我们心里特别高兴。这样，我就怀着极大的热情开始了科学是生产力这一问题的研究。无论是在“四人帮”掀起的批邓高潮中还是在唐山地震期间，我都坚持研究，就这样我完成了《自然科学转变为直接生产力的原理》这一文章的初稿。粉碎“四人帮”后，1977 年 6 月在《光明日报》上发表了。

邓小平同志说，“革命是解放生产力，改革也是解放生产力”。回顾三十年改革开放的历程，实质上就是不断解放和发展社会生产力，解放和发展科技生产力的历程。三十年来，我们国家的改革开放和科技发展互相促进，交相辉映，科技体制的改革和科学技术的发展，构成了改革开放伟大事业的重要组成部分。在三十年改革开放的历程中，我们党始终一贯地把解放思想与解放生产力紧紧连在一起，把解放生产力作为解放思想的出发点和落脚点。三十年的历史，就是解放思想与解放生产力紧紧联系，并且互为作用的历史，通过不断地解放思想，逐步冲破各种旧的思想、习惯势力和条条框框的束缚，改革开放才能够不断深入发展，取得成功。国际科技合作与交流也是我国对外开放政策的重要组成部分。继 1978 年的科学大会和十一届三中全会之后，党中央和国务院相继推出一系列政策措施，改革科技体制，推动科学技术的发展。科技战线越来越活跃起来。

三

1985 年，召开了全国科技工作会议，提出改革科技体制。同时，颁布了《中共中央关于科学技术体制改革的决定》。邓小平同志作了《改革科技体制是为了解放生产力》的讲话。他指出：在方针问题、认识问题解决之后，还要解决体制问题。经济体制，科技体制，这两方面的改革都是为了解放生产力。新的经济体制，应该是有利于技术进步的体制。新的科技体制，应该是有利于经济发展的体制。改革经济体制，最重要的、我最关心的，是人才。改革科技体制，我最关心的，还是人才。要创造一种环境，使拔尖人才能够脱颖而出。改革就是要创造这种环境。为大家创造条件。有了干扰，就排除它一下。发现有什么东西束缚了大家，帮助大家想点办法，解放出来。

1987 年，党的第十三次全国代表大会把发展科学技术放到我国经济发展战略的首要位置。

1988 年，邓小平同志在同捷克斯洛伐克总统胡萨克谈话时根据科技革命的新特点，提出“科学技术是第一生产力”的论断。

1993 年颁布了《中华人民共和国科学技术进步法》。

1995 年，召开了全国科技大会，实施科教兴国战略。同年，颁布了《中共中央国务院关于加速科学技术进步的决定》，指出科技体制改革是一场解放科技生产力的广泛而深刻的革命。要建立适应社会主义市场经济体制和科技自身发展规律的新型科技体制。

1999 年，召开了全国技术创新大会，提出进一步实施科教兴国战略，建设国家知识创新体系，加速科技成果向现实生产力转化。会议提出，科技创新越来越成为当今社会生产力解放和发展的重要基础与标志，越来越决定着一个国家、一个民族的发展进程。如果不能创新，一个民族就难以兴盛，难以屹立于世界民族之林。

2006 年，召开了全国科技大会，发布《国家中长期科学和技术发展规划纲要》，提出建设创新型国家。

总之，十一届三中全会以来，党中央、国务院制定了一系列科技工作的方针政策和措施。我国积极、全面地推进科技体制改革，全方位、多渠道开展国际科技合作与交流，在改革开放中形成了新时期科技发展的战略部署，科技工作发生了历史性的变化。科技体制正在向适应社会主义市场经济体制和科技自身发展规律的新体制转变，科技与经济结合的新机制正在形成。科技工作的战略重点已转向国民经济建设，为促进经济和社会发展、增强综合国力、提高人民生活水平做出了突出贡献。取得了大批高水平的科技成果，科技队伍不断壮大，科技实力显著增强。这三十年，是我国科学技术事业发展的最好最快的时期，是广大科学技术工作者最开心、工作热情最高涨的时期，是科学技术战线最活跃的时期。

四

邓小平同志有一篇讲话，题目叫作《改革开放使中国真正活跃起来》。

他在这里面就明确讲："中国真正活跃起来，集中力量做人民所希望的事情，还是在1978年党的十一届三中全会以后。"让人民自己干自己所希望干的事情。我们搞科学技术的人，我们真正的兴趣、全部的责任和社会使命就是发展科学技术，工人要把活干好，农民要把地种好。但是过去把这个搞乱了，在以阶级斗争为纲的年代，一个接一个的运动，人们不能够真正集中力量干自己所希望干的事情。因此从十一届三中全会以后，一些党的重大正确政策的制定，都是与解放人、解放思想紧密相连。凡是我们取得进步，飞速发展，都与这个问题相联系。凡是束缚我们发挥积极性的，都是因为很多制度、很多规定、很多管理的条条框框束缚人的思想，束缚人的积极性的发挥。

所以我觉得纪念科学的春天和党的十一届三中全会，总结30年来的历史经验，归根结底要集中到一点，就是我们要继续解放思想，解放社会生产力和科技生产力。我们制度改革也好，管理体制的改革也好，就看它能不能够把束缚人的积极性的那些因素去掉，充分调动人的积极性。解放思想的最终标准，就是要看它是否有利于社会生产力的发展，是否有利于科学技术的发展。我觉得凡是活跃的时候、活跃的地方、活跃的单位，这个问题就处理得比较好。凡是不活跃的时候、不活跃的地方、不活跃的单位和部门，总是没有把这个问题处理好。小平同志讲真正集中力量做人民所希望做的事情，人民所希望做的事情是什么？就是发展社会生产力，发展科学技术，最后使大家生活得到很大的改善，国家富强。这是我们纪念党的十一届三中全会、科学界纪念科学大会得到的最重要启示，就是我们的各种管理制度、管理体制要真正考虑到要解放人的思想，使人的积极性充分调动起来，使得全体中国人民集中力量做人民所希望做的事情，最终的标准就是看科学技术发展了没有、社会生产力发展了没有、人民的生活改善了没有。小平同志抓人的思想解放，抓社会生产力，抓科学技术，这三者是高度地、紧密地统一在一起的。总结我们这30年的经验，一条最基本的经验就是，我们的政策，我们的管理制度、管理体制好不好，是不是符合实际，就看能不能真正调动人民的积极性，能不能真正使人民集中力量做人民所希望做的事情。凡是人民不愿意干的事，那绝对是违背规律的事情，凡是不能调动全体群众积极性去干的事，是不得人心的事，绝对

不会有利于社会的发展。我们现在要进一步解放思想，沿着什么方向，标准是什么？就是要把握住邓小平同志讲的“归根到底要看生产力是否发展，人民收入是否增加，这是压倒一切的标准”。

新历史条件下的思想解放，中心课题仍应是解放生产力，也就是要在三十年发展成就的基础上，以科学发展观为指导，实现生产力的新解放，发展社会生产力，发展科学技术这个第一生产力，由此推动经济社会更高水平和更广大规模的发展和进步。在21世纪前期，我们解放思想、解放生产力，就是要进一步解放思想，破解一切仍然束缚生产力发展的，尤其是束缚我们民族创造力的思想、体制、机制、办法。进一步激发我们民族的创新活力和创业活力，使我们的各种类型的企业和事业进一步活跃起来，充满生命力，使中国的大地到处生机勃勃，春意盎然。当前，在体制、机制以及思想观念等方面还存在许多阻碍科技创新、科技与经济结合的不利因素；许多企业还缺乏依靠科技创新和科技进步的内在动力；科技成果转化率和科技进步贡献率较低；旧体制下形成的科技系统结构不合理、机构重复设置、力量分散的状况依然存在；全社会多元化的科技投入体系还未真正形成。这些前进中的困难和问题，严重地制约着科技创新、科技与经济的发展，必须予以高度重视，认真加以解决。科技体制改革尚未成功，同志仍需努力。这些也正是我们科学学需要着力研究的课题。路漫漫其修远兮，吾将上下而求索。

（本文是2008年9月28日中国科学学与科技政策研究会在京举行的科学学界纪念改革开放三十周年座谈会上的发言，原载《科学学研究》2008年第6期）

迎接知识经济的挑战

19 世纪德国的伟大诗人和思想家海涅曾经说过，每一个时代都有它的重大课题，解决了它就把人类社会向前推进一步。在人类即将迈入 21 世纪的时候，世界各国的政治家、社会活动家、企业界人士和学者们都在思考和探索这样的问题：21 世纪人类面临着的最重大的课题是什么？他们依据各自不同的经验和学识，从不同的侧面和不同的视角对这一问题做了各种各样的阐述。近几年来，世界上出版了不少这方面的著作，召开了不少会议，一些著名人物发表了不少演讲和文章。对 21 世纪的社会经济发展做出各种预测，众说纷纭，莫衷一是，但都有一个共同的结论：一个新的纪元将从信息革命开始，21 世纪将是人类进入信息社会的新纪元，经济、社会、政治、文化乃至人们的生活方式和思维方式将发生一系列的根本变革。

时下，“知识经济”成为人们关注的热点。我们的总书记江泽民同志《在庆祝北京大学建校一百周年大会上的讲话》中指出“当今世界，科学技术突飞猛进，知识经济已见端倪，国力竞争日趋激烈”。说明，迎接知识经济时代的挑战，已成为当今时代的重大课题。

我们肩负的历史责任和社会使命，要求我们要以敏锐的政治触角和深邃的洞察力去捕捉我们 21 世纪面临的课题。我们要在繁忙的工作中时刻感受时代之风云，不断增强我们对时代的感受力和判断力，要时刻感受时代的风、技术的浪、经济的潮、信息的流，并从中确定我们所处的位置、肩负的任务和前进的目标，以便及时决策，发起冲击。我们以什么样的态势迎接新世纪知识经济的挑战；面对信息革命和知识经济的发展，我们要树立哪些新的观念？我只谈几点粗浅的看法，以期引起大家议论，并敬请各位补充、修正和批评。

一 以开创之势迎接新世纪的挑战

以什么样的态势迎接21世纪的挑战？这是值得我们认真思考的问题。历史的经验值得借鉴。回顾一百年前，迎接20世纪时，当时中国的一批知识分子是如何提出问题的，是不无启发的。1895年，康有为和梁启超等联络了在京应试的举人1300余人议论天下大事，康有为两夜一天草拟了一万数千言的条陈，这就是有名的《公车上书》。这篇充满爱国激情的上书，有一个基本观点，就是以“开创之势”而不是以“守成之势”去迎接竞争时代的挑战。他说：“窃以为今之为治，当以开创之势治天下，不当以守成之势治天下；当以列国并立之势治天下，不当以一统垂裳之势治天下。盖开创则百度更新，守成则率由旧章；列国并立则争雄角智，一统垂裳则拱手无为。”面对列国并立激烈竞争的20世纪，必须以开创和竞争的态势去迎接时代的挑战，这就是19世纪末一批知识分子提出的基本看法。在这篇文章中，他还提出了一些独到的见解，令人深思。他讲：“凡一统之世，必以农立国，可靖民心；并争之势，必以商立国，可侔敌利，易之则困敝矣。”“且夫古之灭国以兵，人皆知之；今之灭国以商，人皆忽之。”他还特别强调教育的重要性，他提出教育强国的观点，他讲：“才智之民多则国强，才智之士少则国弱。”他认为应改革科举制度，遍开书院，分立学堂，大力提倡西方的科学技术知识和经济贸易知识，培养各类实用人才。他的这些思想在当时的中国起着振聋发聩的作用，即使是在今天也是发人深思的。他的“今之灭国以商”的预见，不正是20世纪末“后冷战时期”由军事冷战转为经济热战的现实吗？

世纪之交，高科技的发展，使我们进入了一个世界市场变化和扩大的速度比以往任何时代都快的时代，我们正在经历着经济全球化和区域化同时加速发展的根本性变革，经济热战愈演愈烈，世界所有国家都被卷进单一的世界规模的共同市场的旋涡，各个国家为了各自的利益结成经济集团，战争的武器是价廉物美的商品，战争的目标是占领世界市场，提高市场占有率并开拓新市场。这场经济竞争的特点是，由过去那种追赶式的竞争转变为角斗式的竞争。追赶式的竞争就像马拉松赛跑，人人都可跑完全

程，而无被逐出赛场无生意可做之虞。角斗式竞争是一种非胜即败的竞争，就像拳击和摔跤比赛，败者就被淘汰出局失去比赛资格。在国际市场的激烈竞争中瞬息万变是一大特点，当今环球市场的特点就是变化，在当今大变革时期，在概念上和结构上都是以不确切和不定型为特征的。这种变化就其性质、范围、规模和速度来讲都是令人惊讶的，不断出现许多错综复杂难以预见的因素。面对这样错综复杂的激烈竞争，必须以开创之势而绝不能以守成之势治理国家和企业。面对当今的形势是无旧章可循的，守成就意味着坐以待毙。

二　21 世纪将是知识经济大发展的时代

自 20 世纪 70 年代中期以来由于高科技的飞速发展，特别是由于信息和通信技术的革命，世界经济正在发生着日益深刻的历史性变革，它集中表现为经济活动中知识密集度的提高、经济行为的全球化和网络在线经济的形成。经济合作与发展组织（OECD）各国的经济发展越来越建筑在知识和信息的基础上。知识已经成为提高生产率和实现经济长期增长的关键因素。这预示着人类社会的发展将由工业经济时代向知识经济时代的过渡，21 世纪将是知识经济蓬勃发展的世纪。

1996 年经济合作与发展组织出版了《以知识为基础的经济》一书，该书选录自该组织的《1996 年科学、技术和产业展望》报告。该书第一次以正式文件形式详细阐述了“以知识为基础的经济”（以下简称“知识经济”）的含义和趋势。它把“知识经济”（即“以知识为基础的经济”）定义为“直接依据知识和信息的生产、分配和使用”的经济，知识已经成为提高生产率和实现经济增长的驱动器。生产率和经济的增长取决于技术进步和知识积累的速度。经济的知识密集化或高技术化已经成为世界经济发展的必然趋势。

知识经济的崛起已经表现为下述方面：高技术产业和知识密集型服务部门迅速发展，OECD 主要成员国国内生产总值（GDP）的 50% 以上现在已是以知识为基础的。投资正在流向高技术商品和服务，尤其是信息和通信技术方面。在研究与发展、劳动力培训、计算机软件和专门技术等方面

的无形投资也越来越重要。就业结构正在发生重大变化。高技术和以科学为基础的部门的工作岗位在增多，在服务部门中知识性工作岗位也在迅速增加，低技术行业就业在减少。软件产业和网络经济的发展十分迅猛。在知识经济的发展中，知识和信息越来越成为最重要的经济资源，基本经济资源不仅是资本、自然资源和劳动。知识作为最重要的核心经济资源，资本、自然资源和劳动将以知识资源为核心加以重新配置。

知识经济的发展，对发展中国家来说是机遇也是挑战。世界银行《1998 年世界发展报告》指出，经济发展是一个资本积累的过程，但更是一个知识积累的过程。知识积累的迅速增长、获取知识可能性的提高以及知识广泛的传播，对发展中国家来说，既是机遇又是挑战。如果发展中国家尽可能有效地利用知识积累的增长，就可以增加财富，改善福利，甚至实现超越；如果它们不能利用这一资源，就会更加落后，而且其自然资源和劳动力成本低的优势，在知识经济中也将变得更加不重要。发展中国家应努力获得可得到的全球知识，但各国必须拥有自己的研究与开发的能力，才能从全球知识库中追踪、评估和选择满足自己需要的内容。掌握知识和技能的人是知识经济时代的核心，因此，改善教育和培训是非常重要的。

三　信息是现代生产力结构的重要因素

信息是现代社会生产力的崭新而重要的因素，对当代社会生产力的发展具有决定性的意义，对经济的发展是至关重要的。

可以把现代生产力作如下的分析。作为生产力主观因素的人，由于知识和信息作用的增长，人力资源结构发生了重大变化，而且对劳动者的素质提出了更高的要求。现代社会生产力的客观因素可划分为两个部分：一部分是生产力的客观对象性因素，即生产设备、能源、原材料等；另一部分是生产力的客观非对象性因素，即信息，这是现代社会生产力的崭新因素。信息作为现代生产力结构的客观的非对象性因素，对生产力的发展越来越具有决定性的意义，对经济的发展是至关重要的。

作为上述观点的重要论据，就是软件技术在现代生产力发展中的重要

性日益增强。20 世纪 90 年代以来，软件日益确立其在计算机信息产业中的主导地位，当今软件技术革新高速增长，软件产业迅速发展，软件市场日益扩大，竞争加剧。1992 年，欧洲软件市场容量已达 520 亿欧洲货币单位，从业人员逾 50 万。90 年代初，世界软件产值已达 1200 亿美元（其中美国占 70%），到 2000 年可达 1 万亿美元。当今软件的生产远远不能满足飞速增长的社会需求，到 2000 年，欧洲和日本都将缺少 100 万软件人才，除了不断扩大软件从业人员外，提高软件生产率、发展软件科学技术已是跨世纪的重大课题。计算机信息处理技术的发展极大地提高了社会劳动生产率。美国每年用计算机完成的工作量相当于 4 万亿人一年的工作量。信息技术的发展对形成经济的现代结构和经济增长的现代类型具有头等重要的意义。经济增长现代类型的一大特征是由硬增长转向软增长和巧增长。信息的社会作用就在于其增值价值，信息社会实际上是信息价值越来越高的社会。世纪之交，将是信息价值最高，一次产业、二次产业都将通过广泛利用信息技术，依靠信息“旧貌变新颜”，恢复其生命力。在信息技术的推动下，现代的各种类型的产业都向着高效率和高增值的方向发展。信息技术革命已成为主宰现代社会的力量。今后我们面临的是利用信息的力量展开的信息“战争”。

四 发展网络的能力是衡量国家实力的重要标志

当今，一个国家的竞争实力是由硬实力和软实力综合形成的。在信息时代，提高竞争实力，在一定意义上讲，就是提高掌握、传播和利用信息的能力。当今，发展网络的能力已成为衡量一个国家和企业硬实力和软实力的重要标志，网络已成为当今世界经济的生命线。发展网络技术，加快全新的信息网络建设已成为世纪之交的最迫切的课题。因此，信息高速公路的建设已成为世界各国重要的跨世纪工程。我们要牢牢树立网络是生命线的观念。目前全球互联网的用户已超过 7000 万（1996 年），增长速度极快。估计 2001 年入网计算机 1.1 亿台，网络用户 3 亿。目前西方发达国家上网人数已达人口总数的 10% 左右，且每年以 30% 的速度增加。亚洲 300 万人上网，每月上网用户以 5% 的速度增长。中国上网人数目前为

10 万—15 万，2001 年，传输速度比目前快 100—1000 倍，第二代互联网络即将问世。企业要建 Home Page（在线的“虚拟企业”），这是树立企业形象，扩大企业的影响力、提高和增强竞争力的有力手段。据美国权威资料统计，在互联网上建 Home Page 的企业平均利润比未建前上升 11%。欧洲的企业索引“欧洲页面”包括 15 万家企业在内的数据库，企业按 600 种产品和服务分类，每栏各以国家分列，包括 3200 条细目，可用五种文字提取，大大有助于向各企业联系。

高速信息网络的建设可以带动一系列技术和产业的发展，并将根本改变社会和经济及生活方式，它是提高 21 世纪竞争力的强大手段，对社会和经济发展有着不可估量的意义，因此，各国以巨资投入它的建设。美国预计的总投资为 4000 亿美元，欧洲计划在 10 年内投资 9000 亿法郎。

既然网络已成为当今世界经济的生命线，不禁使我想起了莎士比亚戏剧《哈姆莱特》中的一段台词：“生存还是毁灭，这是一个值得考虑的问题。”

五　文化是市场发展的强大动力

技术信息和经济信息对于生产和经济发展的意义已被我国公众所理解并日益受到重视。这里我要特别讲一讲一般的文化信息对于生产和经济发展的重要性，以期引起社会的普遍重视。我们正在迎来的信息时代，是一个世界各种文化交融的多元文化并茂的时代，人们对文化和精神上的追求越来越大，品位越来越高，人们对文化的追求，各种文化信息所创造的经济需求，是生产和经济发展的强大的刺激因素。当今，各种产业（第一、第二、第三产业）和产品都日趋具有高度的文化性质，各种产业日趋成为具有高度文化性质的产业，这是信息时代的重要趋势之一。通过文化信息的力量不断扩大对生产和经济的新需求，人们的消费性质不断发生着变化。如果从消费需求和性质方面对战后世界经济发展作一划分，大体经历了三个阶段，即产品的数量化阶段、质量化阶段和文化化阶段。信息技术的迅猛发展已把产业和经济的发展推进到了文化化阶段。各种产业的发展与文化将融为一体。

当今，文化已成为推动市场发展和市场革新的强大动力。谁不认识到这一点并给予足够的重视，谁就将在激烈的市场竞争中丧失优势甚至失败。“消费个性化”“感性消费”“舒适消费”、追求产品的“美观可视性”等新的消费趋势无不与文化信息紧密相关。文化及文化信息在竞争市场占有率，对推动市场革新和创造新市场方面都起着越来越大的作用，各种工业产品不仅朝着高质量耐用方向发展，而且越来越追求样式美观，商品艺术化，提高商品的文化含量已成为普遍的发展趋势。提高商品和服务的文化含量，讲究消费美学已成为扩大市场占有率的重要途径。与满足人们的文化需求紧密相关的录音录像机、高保真音像设备、电子游戏机和多媒体计算机等的制造已经发展为庞大的产业部门，创造着不断扩大的新市场。文化需求是推动市场革新的强大动力。文化消费在消费结构中的比重不断上升，在一些发达国家 80 年代就已达到或接近 40%，而我国文化消费在消费结构中的比重尚比较低，1995 年城镇居民家庭只为 8.8%，农村居民为 7.7%。随着我国的经济发展，我国文化消费的市场潜力是巨大的，拓展有益于人们身心健康的文化消费市场，不仅是培植我国新的经济增长点的重要途径，也是加强精神文明建设的重要方面，努力提高我国各类商品和服务中的文化含量，注重相关系列商品的美学整体协调性，是创造高附加值产品的重要途径之一。中华民族优秀古老的传统文化，是我国重要的无形的实力资源，在提高商品和服务的文化含量中，注重弘扬民族文化，创造出具有我国独特风格和特色的商品和服务，不仅可以增强我国的国际市场竞争力，而且可以扩大中华民族文化的世界影响力和吸引力。

确立文化是市场发展的强大动力的新观念，注重掌握文化信息，捕捉消费文化化的趋势，对于企业来说，将成为制定长期战略，影响今后发展的关键。

在迎接新世纪到来之际，面对信息革命的强大潮流和知识经济的发展，是以开创之势积极进取还是消极被动地死守陈规旧章？历史的经验和教训告诉我们：畏缩徘徊死守、陈规旧章，势将“坐昧先机之兆，必殆后至之诛”。展望 21 世纪，我们既不持悲观主义态度，也不持盲目乐观主义态度，悲观主义是早熟，盲目乐观主义是幼稚。我们要以辩证唯物主义的态度和观点去认识 21 世纪，迎接信息时代的挑战。深入研究信息技术革

命的发展趋势，认识信息时代经济和社会发展的特点，形成新的观念，制定新的战略，运用新的模式，采用新的方法和新的规则，积极投入世界新的大竞争中去拼搏并争取胜利。我们应当坚信，命运给予我们的不是失望的苦酒，而是充满希望的机会之杯。要充分发扬中华民族的聪明才智，以我们的诚实劳动和创造性的工作，使机会之杯装满甘甜的美酒。

（原载中国社会科学院研究生院、中国科学院研究生院编《知识经济与国家创新体系》，经济管理出版社 1998 年版）

高科技时代

第二次世界大战以来，最重要的社会现象之一，就是科学革命和技术革命融为一体，开始了一个统一的科学技术革命的历程。进入 20 世纪 70 年代以来，战后开始的科学技术革命发展到一个崭新的阶段，即进入高科技时代。

一 高科技时代到来的社会经济背景

第二次世界大战以后，各个主要工业发达国家都经历了长达 25 年之久的高速经济增长时期。但好景不长，20 世纪 70 年代后，这种高速增长的势头减弱下来，以致出现了停滞现象。与此同时，也出现了历史上曾经有过的反技术态度。

（一）经济高速增长和停滞的原因

经济高速增长的主要原因有三个。第一个原因，战前和战争中积累了一大批新技术，成为战后经济高速增长的技术源泉和技术推动力。战后的经济增长主要是建立在战前和战争中积累的新技术的基础之上。战前和战争当中积累的新技术，由于战前经济大萧条和战争的影响，没有在经济上得到广泛的应用。战后这些新技术获得了迅速的运用。

这些新技术，第一是发动机和汽车技术。1914 年左右，福特汽车生产线就搞出来了，这样就可以大规模地廉价地进行生产。任何一种新技术的发展都必须和一定的经济条件相匹配，才能取得良好的社会效益。汽车技术出现以后，本来可以大规模地运用于各个方面，但是由于紧接着开始了长达十几年的经济大萧条，这样汽车的普及率并不是很高的，战前最高的

汽车普及率，连美国也不到30%；战争中需要大量运送军队、炮火和物资，因而发展了公路，也发展了汽车；战后便迅速地转向民用，20世纪60年代末汽车普及率已相当高。1965年，美国拥有一辆汽车的家庭已近80%，此后的10年里，一个家庭有两部汽车的已达30%。战后整个社会生活的发展与汽车和高速公路的发展密切地结合在一起，在主要发达国家由于汽车的普及推广，高速公路发展了，而铁路衰落下来了。战后汽车工业发展非常快，如1945年在美国登记的汽车数量为2500万辆，到1955年就达5200万辆，到1965年达7500万辆，到1975年则超过1亿，汽车制造业养育了美国1/6的人口，在整个消费构成中，1973年每1美元中消费在汽车上的是20美分，在整个国民消费中用于购买汽车的费用占了1/5，而且汽车的发展消耗了20%以上的钢铁工业产品，50%以上的石油加工产品，2/3的橡胶工业产品。汽车的发展改变了人类的生活方式，所以整个战后的社会是安装在汽车轮子上面的。这就导致了城市中心的衰落，汽车引起了市郊化。以美国为例，1950年到1970年市郊人口由3600万增加到7600万，20年中郊区人口增长111%；与此同时，中心城市人口开始下降，1950年到1970年，美国中心城市人口从4300万仅仅增加到6400万，远远低于郊区人口增长数量。现在美国中心城市，如纽约中产阶级和稍稍有钱的人都生活在郊区，这就使得公路开支大大增加。1945年时美国整个公路开支是17亿美元，到1970年则增加到210亿美元，建筑公路的费用大致占国民生产总值的20%，公路建设的结果还导致整个商业向超级市场发展，而超级市场又都建在郊区，人们购物都坐汽车。汽车的发展还导致大规模的流动人口和旅游业的发展。

第二是电视技术。电视技术也是第二次世界大战后开发起来的，实际上电视技术在30年代已经成型，技术问题已解决，而第二次世界大战后电视却商品化了。美国1947年有电视20万台，1950年为750万台，从1946—1960年拥有电视的户数由零增到90%，1960年时黑白电视饱和，开始向彩色电视发展，1962年美国有彩电50万台，1950—1970年则达500万—600万台，1973年彩电销售量为1000万台。美国平均每年广播业花销的费用达150亿美元，平均每人70美元。电视技术的出现改变了人们的生活方式和交往形式，当今美国人平均每人每天在电视机前度过6小

时。这样，读书的时间就减少了。读书的时间与看电视的时间在美国是1:4，在法国是1:3。这就整个地改变了文化传播的方式，改变了人们获得信息的方式，由于电视机的发展使得社会交往减少了。过去人们是吃完晚饭后，出去串串门，或到公共场所玩一玩，互相交流一下，而现在是从吃晚饭起就坐在电视机前，一直到睡觉。这就大大改变了人们的生活方式、交往方式和信息传递方式。大量收看电视也带来了一系列问题，如对青少年教育造成不良影响，儿童开始对交谈和思考逐渐生疏，成了电视机的附属品。

第三是航空工业。第二次世界大战后，民航事业得到了空前的发展，主要是战争中航空技术获得了突飞猛进的发展。战时由于争夺制空权的需要，人们纷纷向航空技术进行投资，整个第二次世界大战中美国政府花费850亿美元去发展航空技术，这样战争中航空工业就创造了100万人的就业位置，第二次世界大战期间美国生产了297000架飞机。第二次世界大战后军用航空技术迅速向民航转移，这就发展了飞机制造业和航空事业，民航成为最引人注目的一项事业。美国1945—1962年客机飞行的里程增长了37倍，创造了新的就业机会，而且航空事业的发展改变了人们对地球的认识。这么大一个地球，24小时之内，人可以从一个角落达到另一个角落，整个地球的距离在航空事业发展下变成了一天的距离，而且发展了洲际交通。美国20世纪70年代个人旅行占民航的40%，航空业的发展扩大了人们的视野。民用航空的发展带动了国际旅游业的发展。现在个人旅游的，不单单是有钱的人，而且有收入并不高的一些人和大学生。现在外国有些人基本上是赚点钱，不买东西，积攒起来，到国外去转一转，用完后，明年再攒，这就推动了旅游的发展，结果是旅游业一方面向豪华的五星级高级旅社发展，同时大学生、退休工人、收入低的人需要便宜的公寓式旅馆。

上述的发展都离不开基础工业。因此，钢铁工业、石油、重化工等基础工业在战后也得到了飞速的发展。战后钢铁工业的发展主要依赖于氧气顶吹技术。20世纪30年代奥地利两兄弟就已开始研究氧气顶吹技术，只是由于战争使这项技术推延了。战后，氧气顶吹技术取得了专利，整个钢铁工业都把平炉转为氧气顶吹转炉。日本在第二次世界大战中遭到严重破

坏，钢铁业成为一片废墟，战后，它要振兴钢铁工业，派二百多位专家到世界各地去考察什么是钢铁工业的最新技术，结果看中了氧气顶吹技术，确定用转炉发展钢铁工业，使它的钢铁工业获得了最新技术，迅速地发展起来。我们新中国成立后钢铁工业上的是苏联的平炉，后来才开始上转炉。钢铁、重化工的发展离不开能源，战后能源由煤转向石油和天然气。1946 年煤还占支配地位，到 70 年代，石油、天然气大大超过了煤的使用。1970 年石油和天然气比煤所产生的能量高出 4 倍，战后 25 年石油增长 3 倍、天然气增长 5 倍，整个能源结构发生了彻底的改变，就是由以煤为主转向以石油天然气为主。以美国为例，1970 年美国整个能源结构中石油占 40%，天然气占 33%，煤仅占 19%。战后 25 年中石油产品翻了三番。

战后发展经济所采用的技术都是战前和战争中积累起来的，这些技术大部分都是以消耗能源、原材料为主的，叫高能耗技术。战争中与战争有关的生产和研究，为战后经济的发展留下了宝贵的遗产，就是这一大批新技术推动了战后 25 年经济的高速增长。

第二个原因，廉价的能源供应。战后采用的新技术是高能耗技术，它是以廉价的能源供应为先决条件的，主要是石油。石油与煤不同，煤越向深层开发，投资越大，每掘进 1 公尺巷道要花很多钱，而且运输也不便。战后能源结构由煤为主向石油为主转化，石油只要把整个油区确定下来后，打口油井，石油就自喷了，石油的全部投资就在于勘探、钻井，只要井打出来，就可以赚大钱，一旦开发则非常便宜，这就为战后新技术提供了廉价的能源，它正好又和高能耗技术结合在一起。1950—1973 年全世界石油消费的年增长率为 7%。1951—1969 年，世界石油的真实价格下跌了 61%。

战后廉价的能源供应，与在中东（其中包括沙特阿拉伯、伊拉克、科威特、伊朗）和其他国家（如委内瑞拉和尼日利亚）发现了大量的石油有关，它们大量地在世界市场上出售石油。1950 年，世界石油总消费量为 39 亿桶，1973 年则达到 204 亿桶。世界人均石油消费量，1950 年为 1.56 桶，1973 年则达到 5.26 桶。20 世纪 50 年代至 70 年代，石油已经成为推动世界经济发展的主要能源。

第三个原因，整个社会价值观念在战后最初 25 年间有利于新技术开

发，有利于以战前和战争中积累起来的新技术发展经济的这种经济增长模式。战后整个社会的价值观念普遍认为发展新技术、采用新技术，使经济高速增长，就可以普遍地提高大家的生活水平。人们认为新技术一定会带来幸福，因此在国会辩论中，一项新的技术开发方案或新的经济法案会顺利地获得通过。因为整个社会对经济增长、技术的发展普遍持乐观态度。所以这种社会价值观念、廉价的能源和战争中积累的新技术宝库三者结合在一起，就造成了战后25年经济的高速增长。这种高速增长使整个国民收入获得大幅度增长。我们从美、英、日、法、西德五个主要发达国家的人均收入变化看，1850年时，这五国的人均收入为235美元，1950年则为861美元，1973年达到4606美元。以1926年美元不变价格计算，20世纪50年代前一百年间人均收入增长3.66倍，从1950年到1973年这短短的23年中人均收入增长5.35倍。再一个变化是从整个国民收入看，中产阶级人数增多，美国中产阶级50年代占人口总数的20%，1970年约占50%，从整个收入构成看由过去的两头大、中间小变成了两头小、中间大，即中产阶级占人口的一半。与此同时，人的寿命普遍延长，美国男人平均由64岁上升到69岁，女人由68岁上升到75岁。由于新技术的发展，西欧、北美形成了流动的社会，每年大约有1/4的家庭迁居，每三年大致就有一年的时间不在家，到处去转一转。这种战后的高度经济增长到1973年达到顶点。1973年中东战争爆发，出现了能源危机，石油价格大幅度上涨，于是资本主义经济在世界范围内出现了不景气、萧条的情况，进入70年代，经济的这种高速增长便停滞了。

资本主义经济停滞的主要原因也可以从上面三个方面分析。一是从技术源泉看，战前和战争中所积累的新技术到20世纪60年代已全部开发完，这个时候如果没有新的重大的技术突破，整个经济的增长将会失掉技术的源泉和技术推动力。二是能源廉价供应的优势到70年代开始丧失了，能源危机、石油价格上涨，就使战后建筑在高能耗技术之上的经济增长受到极大的影响。三是整个社会价值观念发生重大变化，对新技术开发、经济增长的乐观态度变为保留、怀疑甚至反对的态度。

（二）反技术态度的出现

1974—1975 年经济萧条高峰时出现了反技术的态度。此时的反技术态度和历史上的不同。从历史上看，蒸汽机出现后，每项重大技术突破都出现反技术的态度，那时工人捣毁机器，认为机器出现后导致大规模失业，砸了工人的饭碗，就把怨气集中在新技术上，发生了捣毁机器的运动。当时的反技术态度主要是表现为对失业的关注。战后反技术态度与战前不同，除了对失业的关注外，更多的是对资源、能源、环境问题的关注。当然，失业一直是一个大的问题，但战后经济高速增长造成庞大的生产能力，能使社会救济、社会福利增加，有了失业救济金、保险金，因此现在失业一般说来不意味着死亡，靠救济金仍可勉强维持最低的生活水平，战后的失业已和死亡分离开来。战后高能耗技术和经济高速增长的模式造成一个很大的问题就是对环境的破坏，在工业发达地区出现了酸雨，造成人的疾病、森林的死亡、水质的破坏。人类生存环境遭到破坏就不仅是那些失业的人的生存问题，而是对整个人类生存造成威胁。所以，这时反技术的态度更多集中表现在对环境的关注上。经济的高速增长和对资源的巨大浪费，地球有没有这种承受能力，这种承受能力一是指自然的净化环境能力，二是指有一天地球资源被开发完了。石油资源全部开采完了，怎么办？对环境破坏和对资源惊人的消耗的这种技术发展给人类带来的是福还是祸？从长远观点上提出怀疑，这种高速增长能不能持久发展？而且还带来许多弊病，所以有人提出经济零增长的模式。这种新的反技术态度认为新技术可能会导致重要资源的枯竭，使大地丧失了承受生产所带来的污染能力，并认为如继续发展，我们在过去两个世纪中所取得的技术成就将受到资源和环境的限制，所以整个社会价值观念就不再利于高速经济发展的模式，不利于新技术开发。具体则表现在一些国家大选和国会辩论中，一个新的技术开发方案、经济方案很难在选民和国会中获得通过。而且这种对环境的保护和关心变成了一种政治态度，出现了以环境保护为主要纲领的绿党。绿党发展很快，如联邦德国绿党所获的选票越来越多。

反技术态度直接影响了世界市场。60 年代核能技术已经成熟，完全可以应用于发电，很多大企业看到核能可以生产最廉价的能源，便大规模生

产核电站设备，恰恰在这个时候出现了环境保护浪潮，集中地表现对人类生存环境的关注，不仅反对原子弹、氢弹，而且反对原子能技术的广泛利用。不少人认为，大型核电站一出事故，便造成大规模的污染，威胁人类的生活，核废物也不好处理，甚至会对子孙造成影响，因此反核运动成为世界性的运动，致使全世界生产的核电站设备卖不出去，大幅度降价。实际上现代核技术已经发展到安全可靠、没有问题的程度，由于整个社会价值观念的改变，人们对环境的关注超过了一切，结果核电站设备卖不出去。核电站如果再继续运行10—20年不发生问题的话，人们的观念又将发生转变。实际上核能从解决能源的长远观点来看是合算的。现在反核势力很强，是世界性运动，我们从国际关系上看，也不能不予以关注，对这种庞大的社会力量，我们在调整同世界各种组织关系时要加以注意。这是整个战后技术发展造成的局面。那么，这种反技术的态度从认识论上看它的错误在哪儿？发展新技术总是好的，关键是如何利用。反技术态度的错误就在于没有认识到科学技术本质上是推动历史前进的革命力量；没有把科学技术与对科学技术的滥用区别开来；没有看到科学技术的发展可以给人类提供强大的技术手段来消除由于滥用科技成果而造成的危害；没有区别技术发展是分阶段的，也是经历了从量变到质变的过程；没有认识到新技术、未来的新技术与原有技术、传统技术的区别。所以解决人们对技术的看法，清除这种反技术的态度就是要人们认识到未来的新技术和传统的技术、原来的技术有本质的区别，要看到新技术和传统技术之间质的变化。

二　科学技术革命新阶段的主要标志

20世纪70年代以来，一系列重大的新技术获得了突破性进展，最主要的是以微电子学、计算机信息技术为核心的高科技群迅猛发展并得到广泛的应用。这标志着战后开始的科学技术革命进入了一个崭新阶段，并由此引发了一场新的产业革命。下列六大高科技群的蓬勃发展是科学技术革命进入新阶段的主要标志。

（一）微电子学、计算机信息技术

这一高科技群包括微电子学、光电子学、计算机和现代通信技术。

1945 年世界上出现第一台电子管计算机以后，计算机经历了从电子管到半导体、到集成电路再到大规模和超大规模集成电路几个时代。20 世纪 70 年代开始，在计算机发展历史上出现了一个重大突破，出现了微型机。微机的出现，标志计算机技术进入大规模的普及推广应用阶段，在计算机二十多年的发展历史中，它的性能不断提高，成本不断下降。微机出现后，计算机的性能提高了 100 万倍，价格降低了 10000 倍，计算机的发展，每隔八年，出现四个十的变化，即运算速度提高 10 倍，集成度提高 10 倍，体积缩小 10 倍，价格降低 10 倍。由于微机体积小，运算快，成本低，价格低，使用、维修、操作很方便，这就决定了计算机技术有广泛的应用前景，可以说世界上还没有一种技术像计算机技术这样发展得这么快、应用这样广泛。计算机出现后，从它的应用、推广上看经历了四个阶段：第一阶段，1945—1955 年计算机主要运用于军事和重大科技项目；第二阶段，1955—1980 年运用于企业管理和政府机构；第三阶段，1970—1990 年运用于社会各行各业和各门社会科学；第四阶段，1975—2000 年计算机进入家庭。现在计算机的研究正集中于人工智能的研究，第五代计算机是人工智能机，与此机联系的是机器人的发展，计算机将来会导致生产设备、生产过程以及产品的智能化。

现在，全世界计算机的年产量已达 4000 万台，年产值近 4000 亿美元，全世界已拥有 2 亿台计算机。计算机的广泛应用产生了巨大的经济效益和社会效益，例如当今美国每年用计算机完成的工作量相当于 4000 亿人一年的工作量。进入 20 世纪 90 年代，世界各国竞相开始实施“信息高速公路”计划。这一计划将计算机技术、通信技术、多媒体技术和现代信息网络技术融为一体，把计算机、电视和电话等功能结合在一起，实现影视图像、声音、文字、数据和图表等各种信息双向和多向传递。“信息高速公路”将把每一个企业、大学、科研机构、行政事业单位、医院、图书馆、娱乐设施和所有家庭连接起来。人们无论在什么地方、什么时间都可以获得全世界的各种信息。届时人们的工作方式、学习方式、生活方式，

甚至会议方式和购物方式都会发生根本的改变。“信息高速公路”的建设可以带动一系列技术和产业的发展，它是提高21世纪竞争力的强大手段。前面我们分析了战后开始的25年高速经济增长是由汽车业和高速公路的发展带动的，可以说那是驾着汽车在高速公路上迅跑的经济。它给社会和经济发展带来了革命性的变化，那么，也可以毫不夸张地说，未来的经济发展将由“信息高速公路”的建设所带动。如果说架在汽车轮子上的经济，其发展速度是机械运动速度，以每小时100—200公里的速度向前发展，那么今后由“信息高速公路”带动的经济，其发展速度将是电子和光子的运动速度，每秒10万—30万公里。我们用这种比喻是想说明未来的经济发展要比本世纪快得多。由于“信息高速公路”对经济和社会发展有着不可估量的意义，因此各国竞相以巨额投资用于加快“信息高速公路”的建设。美国预计的总投资为4000亿美元，欧洲“信息高速公路”在10年内预计投资9000亿法郎。

（二）生物技术

生物技术亦称生物工程，主要包括基因工程和蛋白质工程，还有仿生技术。

1973年世界上第一次在实验室里对遗传基因、脱氧核糖核酸进行剪裁、嫁接、重组。把不同的生物遗传基因嫁接在一起，产生一个新的遗传因子，这是遗传工程上的巨大突破，标志着一个新时代的开始，即人工制造新的生命形式的时代。基因工程与传统的生物技术相融合形成了威力强大的现代生物技术。现代生物技术运用于农业，农业会出现一场深刻的革命，将会开辟一条生物技术的农业道路。在此之前的几十年，农业发展走的是一条农业机械化道路即能源农业的道路，北美、西欧、澳大利亚等就是以大规模消耗能源，在单位土地面积上投入更多的机械、更多的化肥、农药，来提高单位面积产量。这条道路有两个问题：一是对发展中国家来说，投入这么多的机械、化肥、农药，有个经济承受能力问题，很多国家负担不起。二是能源农业导致环境污染、资源破坏、水源污染、土壤结构破坏。因此，能源农业对解决第三世界国家粮食问题成效不大。第二次世界大战后，人口爆炸，造成粮食危机是一个

很大的问题，据预测到公元2000年世界人口将达到63亿，而85%分布在第三世界，第三世界出生率惊人，特别是非洲。而经济发达国家人口出生率很低，甚至呈负增长，人口出现相对减少的趋势，20世纪80年代以来才有回升的趋势。人口对发展中国家压力大。1970—2000年世界粮食生产只能提高90%，而可耕地面积最多只能增加4%，在此情况下如何解决第三世界庞大的人口压力一直是个大问题。对我国来说，这个问题相当严重，我国目前耕地面积约1亿公顷，仅占国土面积的10%，我国人均耕地只有1.5亩，甚至比印度人均耕地还少，印度人均3.7亩，美国人均12.7亩。我国耕地少，可是我国每年各种非农业占用耕地很多，1957—1980年就占用了5亿亩，平均每年减少2200万亩，再加上水土流失严重，每年我国流入江河的泥沙量是50多亿吨，这种水土流失造成氮、磷、钾肥的损失相当于4000多万吨化肥。所以农业问题，特别是粮食问题对第三世界是很严重的。解决这个问题的出路何在？只靠农业机械化的能源农业是不行的。现在遗传工程上的巨大突破，为农业带来了一个很广阔前景。这样人类有可能摆脱传统的能源农业的道路，而走一条生物技术的农业道路，这条道路是在实验室里利用遗传工程的最新成就，获得一些作物和畜牧业的新品种。这条生物技术的农业道路有可能解决地球上的粮食问题。遗传工程的巨大突破，意味着农业生产上将要出现一场巨大的革命，这场革命将使农业摆脱传统的发展道路而走上新的由高技术和常规技术相结合的持续发展道路。

（三）航天技术

航天技术亦称空间技术，它是探索、开发和利用太空以及地球以外天体的高度综合性科学技术。航天技术的内容包括研究、设计、制造、发射各类运载工具和航天器，并应用航天器探索开发、利用地球外天体资源和空间环境。

20世纪50年代开始发展的航天技术，在70年代获得突飞猛进的发展。1981年哥伦比亚号航天飞机发射和返回地面成功，标志着人类开始进入开拓宇宙空间的新时代。从1957年至1992年年底，世界各国成功地发射了4396个各类航天器，有58个国家投资发展航天技术，有170多个国

家和地区应用航天技术的成果，全世界总投资达到7000亿美元。

航天技术的意义就在于它不断地开拓和扩大着人类的生产和经济活动的疆域。过去整个人类生产和经济活动基本上限于地球表面1/3的陆地上的一部分，因此在一定程度上限制了人类经济活动的大规模发展，将来定会受到地球有限资源的限制。但是航天技术的发展就提供了这样一个可能，人类可以把经济活动从地球的有限范围发展到广阔无垠的宇宙空间。

航天技术的优点就在于它所提供的高远位置，它的微重力、高真空度，它所获得的最丰富、最便宜的太阳能，这是在地球上所不具备的。在宇宙空间的高真空度、微重力的条件下人们可以创造一些新的生产工艺，这样的工艺过程在地球上很难实现，而且可以生产一些新的材料。在高真空条件下可以很容易地制造各种超导、超流的材料，人们可以在宇宙开创宇宙工艺学和建立宇宙工厂，生产的产品可以用航天飞机送回地球。所以宇宙工艺学、宇宙工厂的时代并不遥远了。航天技术所带来的经济效益和社会效益是非常大的。现在发达国家，如美国在航天技术中的投资带来的经济效益非常高，1个美元的投资，十年后可以增加14个美元，它的经济效益是1:14。美国每年从气象卫星中直接得到的经济效益是6亿美元，间接经济效益是30亿—40亿美元；而且航天技术是一项综合性的尖端技术，它的发展可以带动整个技术的发展，因为卫星、运载工具对电子元器件寿命、质量的要求是十分苛刻的，一般的要求是要工作十几年，而且要求电子元器件的可靠性非常高，它的零部件的失效率要低于10^{-9}。目前国产的零部件和国际标准比要差2—3个数量级。发展航天技术，可以带动整个工业技术向前发展，推动整个工业技术质量的提高。

对发展中国家来说，发展航天技术也是非常重要的。1982年联合国太空委员会提出一个报告，指出利用航天技术是发展中国家发展经济的一个捷径，因为发展中国家可以超越发达国家某些传统技术的发展阶段，直接利用空间技术，从而获得很高的发展速度和取得很大的经济效益。联合国太空委员会这个观点是根据大量事实材料调查提出来的，而且许多发展中国家也注意到这一趋势。

（四）海洋技术

现代海洋技术也是多种科学技术相互融合的高科技群，其发展重点有二：一是深海资源的勘探和开发；二是海水淡化（包括海水中化学元素的提取）。高科技与传统的海洋技术相结合，使人类对海洋的开发进入了一个崭新阶段。

20 世纪 70 年代以来迅速崛起的海洋高科技，使人们的生产和经济活动的疆域由陆地和近海走向全部海洋，并且深入深海和海底。海洋高科技对于许多国家具有非常重要的战略意义。

地球表面的 71% 被海洋所占据，全世界海洋的总体积大约是 14 亿立方公里。海洋蕴藏着非常丰富的生物资源和矿产资源。海洋中含铀约有 40 亿吨，相当于陆地的 4000 倍。海底蕴藏黄金 600 万吨，相当于陆地的 170 倍。世界 80% 的钛分布在海洋中。海底锰结核矿藏惊人的丰富，其中含有大量的锰、镍、铜、钴，除铜以外，这些矿的储量都超过了陆地储量的百倍甚至千倍以上。仅太平洋底就有 17000 亿吨锰结核，而且锰结核还以每年 600 万吨的速度生成着。它们可供人类使用上万年。海洋石油储量约为 1350 亿吨，天然气储量为 140 亿立方米，占世界石油和天然气总储量的 40% 以上。20 世纪 80 年代以来，人们又发现了海底热液矿床，它是由深海底裂谷附近热液作用形成的硫化物和氧化物矿床，含金、银、铜、铁、锰、钒等 10 多种金属，被人们称为“海底金银库”。它们分布范围广、储量大，含量高，将成为 21 世纪人类开发的新的宝贵矿产资源。

随着海洋高科技的迅猛发展，海洋油气开发已形成为重要的产业，其产值目前已占世界海洋开发总产值的 70%，预计到 2000 年，全世界海洋石油年产量可达到 25 亿吨，相当于现在世界石油的总产量。深海固体矿物资源开发越来越引起更多国家的高度重视。十多年来，开发投资不断增加，采掘技术已趋成熟，进入了试开采阶段。现在已建立了 8 个跨国财团，有 100 多家公司投入到勘查和试采活动中来。

在海洋高科技发展的有力推动下，世界海洋经济的发展速度相当快。1969 年，世界海洋经济总产值是 130 亿美元，到 1980 年达到 2500 亿—2800 亿美元，10 年内增长了 22 倍。进入 20 世纪 90 年代，又突破了 5000

亿美元，预计2000年将达到2万亿美元。

海水淡化是海洋高科技的又一重要领域，它的发展关系到人类生存和经济发展的前途。全世界淡水用量以每年4%的速度在递增，淡水资源分布极不平衡，加上水质污染严重，因此淡水资源短缺是人类生存和发展面临的严重问题。地表拥有的总水量中，淡水只占2.5%，海水为97.5%。海水淡化将是解决水资源危机的最重要的途径。膜分离法已成为当前各国竞相开发的高科技项目，它在海水淡化这一高科技研究领域中具有重要地位。以分离膜为核心的高技术产业方兴未艾。海水淡化与综合提取海水中的化学资源相结合，甚至与发电相结合的方案也在研究开发当中。

高科技与传统的海洋养殖渔业技术相结合，发展了一系列的海洋生物资源开发新技术，充分开发海洋中蕴藏的丰富生物资源，其经济意义是非常巨大的。生活在海洋中的50余万种生物，如果得到充分开发利用，可以为200亿人口提供充足的食物，同时它们也是宝贵的药物和工业原料的来源。遗传工程与海洋养殖技术紧密结合，海洋农牧化技术的发展，将使海洋渔业和养殖业的产量迅速提高并根本改变面貌。

我国既是陆地大国也是海洋大国，有3.2万公里海岸线，6000多个岛屿，海域面积相当于国土面积的一半。但在海洋开发利用方面，我国却处于落后状态。例如，我国海洋渔业的年产量仅占世界总产量的6%，远洋捕捞十分薄弱，近海渔业资源已遭受到严重破坏。我国海洋资源蕴藏十分丰富，大陆架目前已探明的海底石油储量约有200亿吨，天然气6.3万亿立方米。沿海有2亿亩滩涂面积可发展海洋养殖。发展海洋技术，迅速发展海洋经济，对我国具有战略性的意义。

（五）新能源技术

新能源技术主要有两个方面：一是受控热核聚变能，二是利用太阳能。

新能源技术是相对于传统的利用化石资源（煤、石油、天然气）为主的能源技术而言的，它与传统的化石能源技术相比，具有以下优点：首先，化石能源资源是有限的，新能源的资源可以说是无限的。地球上煤的资源还可供人们开采200余年，最终有可能开采的石油储量约为2100亿

桶，约可开采110—120年。但以氘为主要成分的聚变能的原料，每公斤海水中含有0.034克，地球的海洋中含有23.4万亿吨，可供人类用几十亿年，可以说是无穷尽的资源。另外，太阳总辐射功率为3.75×10^{26}瓦，地球表面每年从太阳获得的能量约为6×10^{17}千瓦小时，这只是太阳辐射能量的二十二亿分之一，但这已是地球上现有能源所提供能量的2万倍，而且太阳能的辐射可持续数千亿年，所以它也是可无限使用的能源。其次，使用化石能源对环境造成巨大污染，新能源却是清洁能源，不污染环境。化石燃料不仅严重污染空气，而且大量排放二氧化碳，产生“温室效应”，影响地球气候变化。目前运行的核电站（属裂变能）可以说是一种少污染的、安全可靠的能源，而且不会产生引起“温室效应”的二氧化碳。但核电站作为放射性污染源的潜在危险，仍使人们感到忧虑和恐惧，而且核废料的处理、贮存和最终处置等问题离最终解决还有较大差距。要证明选择某个地点存放高放射性废料在1万年内是安全可靠的，这不是一件容易的事情，最少要进行10年以上的研究工作。目前美国政府在永久贮存核废料问题上已花了30亿美元，要到2010年才能确定一个永久性贮存地点。由于核电目前成本较高，所以核电的发展20世纪80年代以来进展较缓慢。聚变能是无污染的清洁能源，它被认为是人类彻底摆脱能源危机的最理想的能源。聚变能的再一个优点是能量转换效率高，可以达到60%。太阳能作为清洁能源，最大的问题是它的能量密度较低，它的利用又受天气和昼夜变化的影响，缺乏连续性。由于新材料技术和电子技术等高科技的发展，为太阳能的利用创造了有利条件，近年来取得了较大进展。

新能源技术是支撑21世纪世界经济持续发展的关键。从世界范围来看，已经开始了从化石能源到新能源的长期转变时期。预计到2040年前后聚变能可能进入大规模应用阶段，在这期间，需要过渡的中介或桥梁。开发洁净煤炭技术，如煤的气化与液化，使用先进的燃烧和污染处理技术，充分利用煤炭，以便在新技术的基础上重新重视对煤炭的利用就是一种过渡的中介。扩大核电站的建设就是迈向利用聚变能的桥梁。截至1991年年底，全世界已有420座核电站在运行，占全部发电量的17%。另外，开发风能、潮汐能、地热能、生物质能作为重要的补充能源也是这个过渡

期应该努力的一部分。在发展新能源技术的同时，努力开发节约能源的新技术也引起了各国的普遍重视。

人类社会的生存和发展依赖于能源。人类社会的历史与人类认识、发展和运用各种形式的能源紧密相连。在人类社会的发展中，每一次能源生产和使用方式的革命和重大革新，都大大促进了社会生产力的发展，使社会生产方式发生革命性变革，从而引起社会结构和生活方式的巨大变化，对社会历史进程产生极深刻的影响。当今，社会的所有部分都已越来越严重地依赖于能源的生产和利用。能源问题本质上是全球性的，如今没有不受牵涉的国家。世界能源生产和供应的形势及价格的波动，都直接影响世界经济和政治形势。能源的开发和利用，与一个国家的经济实力休戚相关，具有重大的战略意义。一个国家能源总量、人均能耗、能源利用率已成为衡量其经济和技术发达程度的重要标志。制定深思熟虑的、周密的、有远见的能源发展战略和政策，对一个国家社会和经济的发展、生态环境的保护及国家的安全至关重要。

我国的社会经济发展面临的能源形势是较为严峻的。我国虽然拥有比较丰富而多样的能源资源，但人均资源不足，而且分布不均，我国人均能源资源不到世界人均水平的1/2，而且近80%的能源资源分布于西部和北部，长江以北煤炭占全国的75.2%，石油占全国的84.2%，能源重心偏西，经济重心偏东。江南8省加上山东、河北、辽宁、吉林和河南这13个省的能源资源量只占全国的13%，而能源消费主要在东南部。这就给能源开发、输送和工业布局带来一系列问题。我国人均能耗低，仅为世界平均水平的1/3，人均家庭用电量不到美国的1%，农村能耗水平就更低了，近10亿农村人口3/4的生活用能靠薪柴和秸秆，每年烧掉薪柴3000万吨，致使森林减少、水土流失、草原沙化、土壤肥力降低，生态破坏。我国能源的有效利用率低，是世界上单位产值能耗最高的国家之一。我国单位产值能耗是发达国家的3—4倍，能源平均利用率只有30%左右，而工业发达国家均在40%以上。一个国家能源有效利用水平的高低，与这个国家的国民经济结构、产品质量、原材料消耗、工艺技术、设备和管理水平的关系甚大。我国能源生产结构在相当长的时期内将以煤为主，是世界上少数几个能源结构以煤为主的国家之一。1991年我国原煤产量为10.88亿

吨，消费量为11.06亿吨，占世界的25%。煤炭占我国一次能源总消费量的76.1%，预计这种状况到21世纪中叶以前不会根本改变，这就造成了严重的环境污染。1991年全国二氧化硫排放量为16.22兆吨，烟尘排放量为13.14兆吨，其中燃煤分别占90%和70%。能源短缺将是我国社会经济发展长期面临的问题，到2000年，我国商品能源供应量可达到13亿—14.8亿吨标准煤，人均能耗只有1吨左右的标准煤，到2000年时，我国人均能耗还不可能达到小康水平。从我国社会经济发展所面临的严峻能源形势来看，我国能源发展的战略目标是，到2000年，以1吨左右标准煤的人均能耗，求得人民较高的生活质量和国民经济发展的最好效益，达到小康水平。因此，发展新能源技术对我国来说是一项极其重要而艰巨的战略任务。从中近期来看，努力开发洁净煤的技术，用基本上符合环境保护要求同时又是负担得起的技术来充分利用煤炭资源，是中国面临的主要能源课题。开发各种节约能源的高新技术和利用太阳能、潮汐能、风能和水力资源的高新技术也是不容忽视的。从长期来看，应把聚变能的研究作为从根本上改变能源结构、彻底解决能源短缺的一项战略任务，为21世纪中叶我国能源发展的新飞跃做好准备。

（六）新材料技术

新材料技术是指以现代科学理论知识为基础，以最先进的技术和工艺为手段，研制崭新材料的高科技群，它包括新型金属材料、新型有机高分子材料和新型无机非金属材料（特种陶瓷、半导体材料等）及它们的复合材料。从它们的使用性能来考察，可归结为具有各种各样高性能的结构材料和功能材料两大类。新材料技术与传统的材料技术比较具有以下特点。

（1）新材料技术以现代科学理论知识为基础。传统材料技术往往是以经验为基础，新材料技术是以凝聚态物理、固体化学、有机高分子合成、结构化学、金属学、陶瓷学等多种学科的理论知识为基础的。现代科学已深入研究了材料内部的组织结构，原子的结构和分子的排列与材料的各种物理学和化学特性的关系，从而人们可以控制材料中的杂质和缺陷，以保证材料具备所需的各种特性。

（2）新材料的发展与新技术、新工艺的广泛应用密切相关。现在先进

的分析仪器可以在10^{19}个原子中检测出一个杂质原子的存在，现代电子显微镜能直接观察到单个原子，利用电子计算机可以把微观缺陷在材料中的行为定量地计算出来。这样就保证了新材料的纯度和质量要求。各种表面涂层和表面处理革新工艺的发展以及各项严格的工艺刻度的确立，保证了新材料的性能及高可靠性。

（3）新材料技术可以根据预定的结构和功能上的特殊要求来设计材料。分子设计是新材料技术的一个重要方面。由于在理论上搞清楚了微观结构与材料的宏观性能的关系，因此就可以做到按照预定的要求设计材料。通过分子设计和采用各种合成方法，可以制造出分子结构千变万化、性质各不相同的高分子化合物来。

（4）新材料技术保证了新型材料具有优异的性能和高质量水准。新材料技术不断开发出各种具有特殊性能和特殊用途的材料，它们都具有优异性能。如敏感材料就有湿敏、温敏和气敏特性，又如各种高性能结构材料中有高强比结构材料和高温结构材料，其中的高温工程结构陶瓷，在1400℃高温下仍保持着高强度，可用于制造发动机。材料的特殊性能和效应一方面是通过保证它的纯度和无缺陷来实现，另一方面还可通过材料复合化来实现。

（5）材料复合化是新材料技术发展的显著趋势之一，它是新材料开发的重要途径。材料复合化不仅在结构材料方面蓬勃发展，而且向非结构材料领域扩展。具有不同效应的材料复合在一起，可开发出新的效应。目前复合组元经历了从微米（10^{-6}米）量级向纳米（10^{-9}米）量级过渡，一旦复合组元进入数十纳米量级，它的性质将发生质变，出现不同于宏观材料的奇异特性。这种复合为发现新效应、开辟材料的新应用创造了条件。材料复合化可将金属、无机非金属和有机高分子几大类不同的材料组合成崭新的材料，发挥它们各自的优点，又避免各自的缺点和不足，从而获得优异的性能和更高的功能。

（6）新材料技术使新型材料向智能化方向发展。材料的智能化是指材料的性能可随时间和空间的各种条件的变化而变化，能适应环境，接受外界环境的调节，但不是通过电子计算机实现的，而是依靠材料自身的性质来实现自我调节、自我诊断、自我复原。如新材料技术可使材料具有形状

记忆功能，已开发的形状记忆合金，外界温度条件变化时，它产生形变，但当恢复到原来的外界条件时，它能“记住”自己原来的形状。变色镜即属初级形式的智能材料。

（7）新材料技术为解决资源危机开辟道路。特种陶瓷材料的资源可以说是取之不尽的。有机合成高分子材料所用的原料虽然目前主要是石油和煤，但完全可用生物资源替代，生物作为可再生的资源也不存在枯竭问题。它们作为金属的替代品前途是很广阔的。新材料技术在提高金属材料强度和延长其使用寿命方面的重要作用也可大大节约资源。

新材料技术作为高科技的基础和现代工业的基础，对社会经济的发展影响极大。目前新材料高技术产业迅速发展。日本通产省1990—2000年新材料总产值将增加3—4倍。1987年日本新材料的市场规模为3.1万亿日元，2000年将达到9.5万亿—12.6万亿日元的规模，平均年增长率为10%左右。美国商务部预测，2000年新材料世界市场总营业额将达到4000亿美元。现在世界上新材料的品种不断增多，每年以5%的速度增长。现在各发达国家都将发展新材料技术放在优先地位，投入巨额的研究开发费用。有的统计表明，美国和法国投入与材料科学研究方面有关的人力和经费约占整个科研人员和经费的50%左右。目前美国每年用于与新材料有关的研究开发费用约百亿美元。

我国稀土资源丰富，储量占世界的80%，为发展新材料提供了有利条件。我国在新材料的研究开发方面取得了很大成绩，有力地支援了国防工业和民用工业的发展，但与发达国家相比还存在很大的差距。总的来说，水平不高、规模不大、没有形成完整体系、基础研究和应用基础研究薄弱，因此跟踪仿制多、独自创新少。我国新材料的产品尺寸、精度、均匀性、一致性和稳定性较差，质量不高，缺乏国际竞争力。因此加强新材料技术的研究，开发新材料产品，加速新材料产业发展在我国应放在突出的地位上。

以上六个方面的科技进展，其发展速度之快、规模之大、涉及范围之广、对经济和社会发展影响之深远，在人类历史上和科学技术发展的历史上都是空前的，因此当代科学技术革命的发展进入一个崭新的阶段，即高科技阶段。我们称这一阶段为高科技发展的阶段，因为人们通常称这六大

科技群为高科技。国内外普遍认为，这六大科技群具有高智力、高资金投入、高竞争、高风险、高效益、高潜能等特点。这六大科技群是当代科学技术发展的前沿，高度综合了当代科学技术的理论知识和先进的技术手段，集中体现了当代科学技术的重要成果。由于它们的高度综合性、先进性、复杂性、高难度，研究和开发的经费投入相当大。由于各个国家都认识到它们是提高经济竞争力和增强综合国力的决定性因素，因此在这些科技领域竞争十分激烈，都想抢先占领这些决定经济竞争态势的制高点。这些领域的高竞争、高资金投入和发展变化的迅速，决定了高风险性。为此，很多国家为发展高科技建立风险基金。利用高科技开发的产品是集成知识型产品，而传统产品则属于集成资源型产品，集成知识型产品虽然预先要支付高额的研究开发资金，但其边际成本则是很低的，因而可以带来巨额利润。这种高增值带来的经济效益是传统技术无可比拟的。例如，研究编制一个计算机软件可能要花几百万甚至上千万元，但大量复制这份软件所花的成本费则微乎其微。而由于领先于别人研制了这份软件，市场价格就可以定得较高。一种产品越是接近纯知识型，它的收益也就可能越高。因此在高科技领域里，保护知识产权成了当今最重要的问题。高潜能是指这些科技群具有广泛的应用，其扩散性和渗透力非常强，它们对经济和社会发展具有战略性意义。

高科技的迅猛发展，使社会生产力就其性质、规模和发展速度进入了一个崭新的阶段，使世界经济进一步进行着产业结构的全面而巨大的调整。在高科技发展的强大推动下，20 世纪 90 年代和 21 世纪上半叶，世界经济将呈现出高速增长。经济的现代结构和经济增长的现代类型的形成将给予社会发展以深刻的影响。

参考文献

1. 森谷正规：《日美欧技术开发之战》，科学技术文献出版社 1984 年版。

2. 爱德华·科尼斯主编：《即将到来的信息社会》，电子工业出版社 1988 年版。

3. 佛雷德·阿尔瓦因、小佛雷德·塔普莱：《新经济形势》，商务印书馆 1983 年版。

4. 麦克尔·L. 德图佐斯主编：《夺回生产优势》，军事科学出版社 1991 年版。

5. Grupp, H. （Hrsg.），《Technologie am Beging des 21. Jarhuders》Heidelberg 1993.

6. W. Fricke (Hrsg.) , Idustriepolitik in Europa Boon FES 1992.

7. Grupp, H. (Hrsg.), Deutscher Delphi – Bericht zurEntwicklung von wissenschaft und Technik Bonn. 1993.

8. Wener Fricke (Hrsg.), Jahrbuch Arbeit und Technik (INdustriepolitik) 1992 Dietz 1992.

（原载李惠国、吴元梁主编《高科技时代的社会发展》，中共中央党校出版社 1996 年版）

世界经济已是依靠知识驱动的智力系统

邓小平同志指出："科学技术是生产力，而且是第一生产力。"这一科学论断深刻地揭示了高科技时代科学技术在社会经济发展中的地位和作用，同时也指出了在高科技时代科学技术工作者的社会责任、科学技术和经济的发展方向。世界已经进入20世纪90年代，正跨向21世纪。在这世纪之交出现了新的发展趋势，我们正在经历着经济社会发展史上一场根本性的变革，因此我们有必要深入地分析、认识新发展趋势和特点，以便使自己能够适应这种变化从而作出政策的调整和抉择，来迎接未来严酷的挑战。政策的调整和抉择，需要一些新的思想和观点作指导，需要提出一些对整个发展的远见、目标和思想。新的发展趋势和提出的一些新的观念正在改变公众的意识，同时也在改变财富的本质和国家以及企业的根本策略。

20世纪90年代以来出现新发展的一个显著的标志和重要的方面，就是正在蓬勃发展的高科技和经济全球化正在深刻地改变着世界。70年代迅速兴起的微电子学、信息技术、生命科学技术、新材料、新能源、空间技术和海洋开发技术等一系列高科技，在90年代将进一步全面产业化，从而使世界进入了高科技的时代。

这次海湾战争提出一个问题就说明，海湾战争表明高科技已经全面进入实用化阶段，并且显示出了它的威力；也说明了高科技时代已经开始。这次海湾战争是28国联军，28个国家的军队协调统一指挥全靠电脑。美国最先进的高科技武器投入使用之前，国防部几年前就作了两个原则性决定，这两个决定看来在海湾战争中也发挥出了作用。一个决定是美国的军事行动的电脑尽量采用民用电脑，因为民用电脑便宜，结构比较简单容易维护。第二个决定是尽量采用美国电报电话公司的公开的运转系统，这样

各个电脑之间较易连线，而且商业用、民用整个信息运转系统，一直在工作不容易被发现，用民用传递军用信息也说明了保密的程度搞得相当好，这是过去没有的。过去战争一般都是军事专线或者是军用电脑。一个采用民用电脑，另外整个线路采用公开的电报电话公司的运转系统，这两个决定发挥了很大作用，这也说明了高科技时代军民的紧密结合，先进技术在军民当中是通用的，这两个决定是发人深思的。整个海湾战争表明了20世纪70年代开始发展的高科技已经进入全面成熟和实用化的阶段，所以在90年代一系列高科技将进一步实现全面的产业化。这样就使世界进入高科技时代。

一　高科技时代特征及其发展趋势

高科技时代科学技术已成为世界经济社会发展的原动力，20世纪90年代科技开发与经济发展关系将会更加密切，经济发展在越来越大的程度上依赖科技进步，而世界经济的竞争也越来越多地表现为商品高技术水平的竞争，科学技术在90年代将更加紧密地面向生产、面向市场、推动经济的发展。

（一）高科技时代三个重要的标志

1. 高科技成了提高劳动生产率最重要的手段和发展社会生产力的主要方向。

在未来的经济发展中整个经济发展速度将越来越快，劳动生产率的提高不是几倍、十几倍的增长，而是几十倍、成百倍的增长，劳动生产率的提高唯一依靠的是生产中全面应用高科技，高科技时代发展社会生产力的主要方向是什么？主要方向是增加科技投入，进行大规模的研究和开发活动，就是要把高科技成果迅速地全面地大规模地推广到一切生产领域。

2. 依靠高科技成果从质量上改造生产力已经成为经济发展的首要课题。

社会生产力就其性质、规模和发展速度来讲将进入崭新的质的改变阶段，如果简单地说，就是在高科技时代社会生产力将产生一个新的质的

飞跃。

3. 先进的技术、复杂的高科技产业的发展对形成经济的现代结构和经济增长的现代类型具有头等重要的意义；就是说，高科技产业的蓬勃发展使得经济具有现代的结构，经济的增长具有现代的类型。这种经济增长的现代类型与经济增长的方向性变化是紧密联系的，而且越来越明确地提出了经济发展的社会定向，这种经济增长的现代类型的特点就具有劳动节约型的特点，也具有资源节约型的特点，还具有智力型的特点。经济增长的现代类型是劳动节约型的、资源节约型的、智力型的。

（二）在高科技时代社会生产力的全新性质

这主要表现在以下几方面：

1. 生产设备、生产过程以及产品都普遍具有智能化的特点。

现在都在研究未来工厂的方向将是什么？现在，高科技已经明确指出了未来工厂的方向就是智能制造系统、生产设备普遍电脑化、整个生产过程普遍实现电脑化，而且整个高科技时代的商品都具有这样或者那样智能化的特点，在整个高科技时代制造业当中都普遍加入知识、信息和感性价值的因素。

例如，各国都在研究21世纪的汽车，那时的汽车在电脑指挥下将基本做到自动化驾驶，现在很多国家的汽车试验无人驾驶，而且试验结果比较成功。另外包括日用消费品在内要想占领21世纪的世界市场，不考虑到商品的智能化、知识化，我们的商品就很难具有国际竞争力。又如，照相机行业，过去德国的照相机光学和机械性能是很好的，质量相当高，但是他们没有及时抓紧研制安装一个自动曝光、自动测距系统，结果被日本抓住这个东西，就把德国的照相机世界市场占领了。这就说明，到21世纪整个生产过程、生产设备以至主要的商品包括日用消费品在内都要普遍实现智能化。如果跟不上这个潮流，那么在国际市场上就不会具有强的竞争力。

2. 高技术不仅能保证最佳的技术性能而且能保证最优的工艺质量。

高科技时代社会生产力的全新性质表现在现在已经开始新工艺的革命过程，由于高科技的发展将会根本改变传统工艺，现在已经出现了生物工

艺学、激光工艺学、宇宙工艺学、无废工艺、无害工艺，而且整个工艺从宏观的机械加工工艺进入微观的改变物质的原子分子结构的精密加工工艺。整个的柔性生产系统不断出现和推广，这样一系列新工艺的出现将会根本改变生产工艺过程，这一系列新工艺出现开创了新的工艺革命，从而使新的工艺纪元正在到来。这种工艺革命保证了最佳的产品技术性能而且保证最优工艺质量，将会使整个生产过程和产品性能进行全面的革新，这是生产力全新性质的第二表现。

3. 在现代生产力的发展中软件技术的重要性比重迅速增大，软件技术革新高速增长，世界经济正在经历一次深刻的结构变化，从而使工业社会向信息产业社会过渡。信息产业社会并不意味着制造业要衰退，或者是说在信息产业社会里，单纯与计算机相关联的产业会高速增长而其他的传统产业都将衰落，信息产业社会并不意味着传统制造业的衰退，而是指信息的价值越来越高。

我们目前所面临的一场利用信息的力量所开展的信息战争，在未来的一切经济、社会、军事行动当中，都是要依靠信息决定胜负，信息的价值越来越高，信息产业社会不是指只有信息产业会迅速发展，其他产业相对缓慢增长，而是指通过接受信息，通过信息技术的全面推广使得整个社会的全部产业都要进行革新，不管是一次性产业还是二次性产业，都将通过广泛地使用信息技术和接受信息恢复它的生命力，都会蓬勃发展，商品靠什么来增值？靠信息来增值，所以，信息的增值价值越来越大，而且利用信息创造产品。

所以，高科技时代实际上是人类进入了一个软件创造硬件的时代，是使得人类通过软件创造硬件，进入一个新的硬件时代，这个新的硬件时代就是智慧硬件时代。整个软件技术的高速增长，对经济发展、社会发展具有决定性的意义。

4. 信息作为现代生产力结构当中客观的非对象性的因素，对生产力的发展具有决定性的意义，对经济的发展是至关重要的。

20 世纪 90 年代是信息价值最高的年代，一次产业、二次产业都要依靠信息，依靠信息技术重新复苏的年代。在高科技时代主要体现为信息，信息已经作为生产力的一个独立因素加入生产过程，这是信息时代的一个

崭新特点。

生产力的发展水平、规模都决定于信息技术的发展水平、推广应用水平和整个生产活动当中信息活动的质量水平和效率。这个问题，在我国还没有引起普遍的高度重视，没有把信息和信息部门作为重要的生产力部门，把它放在应有的地位。我们在生产过程当中，充分利用信息的力量，依靠信息来增值，这一点重视不够。

信息作为现代生产力结构当中的一个重要因素对生产力发展具有决定意义，对经济发展的重要性具体表现为今后整个工业的发展、整个生产活动指挥不仅依靠信息而且产生任何一个产品，它的信息含量不断增大，使得工业的发展，商品的发展具有全新的特点，这个特点，是今后工业和艺术紧密结合，产品都普遍具有文化的特点，工业和艺术融为一体，产业进入艺术化、工艺化、娱乐化的时代，这是信息在高科技时代一个很重要的特点。

我们要研究文化信息和工业的结合这个问题。整个经济发展经过产品数量时代进入产品品质时代再进入产品艺术化时代。在高科技的信息化时代消费的性质将会发生质的变化。为什么会出现这种趋势？这是由经济发展规律所决定的，经济成熟的国家不会因为产品过剩而停止生产，它可以通过信息的力量进一步无限地扩大它的需求，处在发展中的社会总的趋势是生产产生消费，因此在那个阶段还没有余力将娱乐和文化的因素融于产品之中，因为这样一下子产品的价格就贵了，也没有那么多的人去从事艺术的生产活动，所以它是生产产生了消费。在经济成熟的社会里它是消费促进生产，娱乐艺术成为一种文化，艺术将会变得与工业越来越紧密的结合，这样就打开一个工业市场，我们也经常考虑经济成熟了，生产高度发展了怎么办？是不是会停止生产？不会的，整个的消费会进入一个崭新的阶段，靠什么？靠工业与艺术的结合，使整个的工业产品一代代更新。要看到这样一个趋势，从竞争市场占有率转变为创造市场，现在要看到在高科技时代不仅是占有原来的世界市场，提高世界市场的占有率，很重要的一点就是在高科技时代有一个重大的市场转变就是从竞争市场的占有率向创造市场的转变。

在高科技时代一方面要求企业竞争市场占有率，一定要提高现有的市

场占有率，同时又对企业提出新的要求，企业必须积极地推进市场革新。而信息在竞争市场占有率和推进市场革新、创造新市场的两个方面都起决定性作用。从这个方面来看，如果不更新观念，还是按老的规矩去管理企业，企业就一定处于非常严峻的环境中，如果企业不能灵活有效地将软件和硬件融为一体，将来就会被淘汰掉。我们经常讲，市场饱和了，卖不出去了，这说明一个什么问题呢？经过这几年生产以后原有市场饱和了，实际上主要是老产品市场饱和了，应该说要想突破这种商品停滞的状态，归根结底要创造新市场，而且努力在新的市场上进行开拓，这靠什么？就是靠科技，要走出目前的困境就是要抓技术革新开发新产品，我们可以看看这两年，滞销的都是你生产他也生产的同样东西，而新产品一出来还是一抢而空。在现有的市场占有率达到一定程度的时候必须朝着开拓新市场去发展，而开拓新市场就要开拓新产品，开拓新的消费渠道。

5. 在高科技时代生产力的国际化趋势将进一步加强，产业将朝着无国界化、信息化、服务化、综合化的方向发展。在高科技时代，高科技的发展无限地开拓了人类生产和经济活动的新的疆域，人类的生产和经济活动将会越出地球狭小范围的限制，也将不再受地球上能源、资源有限性的局限和束缚，将来整个人类的活动将会扩及宇宙空间而且已经不是幻想，下一个世纪新的特点就会出现。当然在不同地区、不同国家情况有很大的不同，但是整个生产活动新的疆域的开拓，会根本改变目前一切产业结构的特点和市场结构、消费结构，这都会使每一地区和国家产生变化受到影响，所以研究这个趋势相当重要。

6. 高科技的实用化、产业化要靠周边的支撑技术来实现，即高科技的本身实用化必须借助于周边支撑技术。怎样使高科技和周边支撑技术紧密协调的发展？如果周边支撑技术和高技术发展不配套，那么高科技就没有办法实现全面产业化，而很多周边支撑技术的发展变化一定要根据高科技的发展特点来适应它、配合它。高科技产业的形成和发展与周边技术服务的紧密关系我们要很好地理解，如果周边服务跟不上，高科技就没有办法进入实用化、实现产业化。为什么我们很多科研成果只停留在展品阶段，科研成果出来了，拿到展览会一展览一发奖，就存放起来了？我们往往一项技术出来以后，周边支撑技术跟不上，就没办法去实现大规模产业化生

产。最近邓小平同志题词："发展高科技，实现产业化。"高科技要实现产业化必须借助于周边的支撑技术，所以我们必须认真研究高科技产业形成和发展的周边服务。高科技的发展，不仅使得国民经济生产部门发生质的变化，而且高科技的发展也要使国民经济的非生产领域具有现代的形式和现代的结构。举一个例子，我们这几年粮食生产上去了，连续几年丰收，但是粮食生产丰收以后跟这个生产相配合的周边服务跟不上。如仓储条件跟不上，运输条件跟不上，结果我们的农产品在有些地区运不出来，烂在那里，水果大量烂了，浪费了能源，消耗了劳动，没有产生任何社会效益。有人测算，我们的粮食，每一年由于仓储条件不行，大量粮食发毒变质，造成的浪费接近粮食产量的1/5。国民经济的非直接生产领域如果不搞现代化，不具有现代形式和现代结构，高科技没有办法实现产业化，不能推动整个社会的发展。再一个例子，"海湾战争"说明不仅尖端武器系统要用高科技实现产业化，它的后勤支援系统也要全面实现高科技化，如此才能在极短的时间内把各种重型兵器迅速地运到战场，并且就位。50多万、28国联军从世界各地带着装备一下子就位，靠什么？靠它的后勤支援系统，现代战争本质上是打一场后勤战争。美国在海湾战争中的后勤支撑系统搞得相当漂亮，他们的每一个备品、备件储存在哪一个仓库里、在什么地方，用电脑搞得非常清楚，而且要调哪一个备件，备件、车辆都是配套的，这就说明高科技要想在战争中发挥作用，后勤支撑系统跟不上也不行。这是一个整体的现代化过程。高科技的产业化推动全面的社会发展，必须使得生产领域、非生产领域，也就是说为高科技产业服务的周边支撑技术和周边服务也必须实现现代化。现在电脑在香港的生命周期为18个月，就是18个月更换一代，如果我们不认识高科技产品这样迅速更新的特点，大量的备品、备件储存以后，过时就是废物。所以我们的周边支撑技术、周边服务也要与高科技发展紧密结合，也要实现现代化，而且还要从根本上更新观念。1984年以来，国家进口了60万台电脑，设备使用率才20%，但是1984年进口的产品，现在世界市场上基本淘汰了。现在很便宜就可以买过来，当时花了那么多外汇没有发挥作用。我们的观念往往就是一提搞现代化，哪个地方都要搞，哪一个地方都要搞电脑，电脑拿来干什么，是不是有能力搞？整个管理水平是不是能适应这种情况？不考虑

周边技术、周边服务跟得上跟不上、来了以后用不上，放在那里、闲在那里浪费，一更新就淘汰了。我们跟日本一个公司联合开发软件，不到一年半时间，他们已经把送给我们的电脑更新了二次，第一批市场已经淘汰了，现在按第三批工作，再配这个软件，再拿回日本去销售，我们合作开发日本的快餐面的销售软件，还有工资软件。他们更新很快。我们要深入研究高科技产业化、实用化和周边支撑技术的关系，高科技产业跟周边服务的关系，使它们能够协调同步的发展。

（三）高科技时代世界经济进入依靠知识驱动的智力系统的新阶段

这是一个发挥民族创造力的时代，科学技术已经变为社会的核心资源，物资资源相对退居次要地位。最可宝贵的资源是智慧，财富的最高形式是科学技术知识，利用高科技开发新型的产品是集成知识型的产品。过去的产品都是消耗大量的能源，把大量的资源结合起来，过去的产品可以叫集成资源型产品，现在向着集成知识型产品过渡。例如集成知识型产品“电子芯片”，这么小小一个东西蕴藏着高度的科学技术成果，但它的原材料成本非常低。

集成知识型产品的重要特点，常常要预付高成本，同时它会产生高效益，带来高利润。集成知识型产品往往要预付大量人力和财力。高成本，就是要花费大量的经济投入在研制开发阶段，但在生产阶段成本就微乎其微，一旦大量生产了，它的边际成本就微不足道，从经济上分析它可以带来巨额利润。你如果不肯在研制开发阶段进行高投入，就不可能在生产中产生低成本，也就不可能获得高利润，在研制开发阶段投入是为了以后带来更大的利润。如软件编程，编制一盒软件、软盘，可能要花费几百万美元的投入，要进行大量的研究而且雇用一些高水平的专家搞一盘软盘，一旦这个软盘编程完成以后，拷贝就很容易了，而且不花什么钱，就花几美元，但版权在我这里，售价就会很高。又如，专家咨询软件，搞一个关于一个国家某一方面投资咨询、整个市场需求的软件、整个经济发展情况的软件，要投入几百万美元，因为要动用大量的人力，可是编出来以后，拷贝一份，除了一点电费和一盘软盘成本以外不花钱，但是售出价格要高出成本几百倍甚至上千倍。

几百万美元的投入搞一盒软盘，拷贝只几美元，这差别多大，因此说，高科技产品生产的边际成本是很便宜的。高利润也在于边际成本非常低，正因为这样版权和专利成为最突出的问题，这个版权专利之争不是简单出一书本，主要是计算机软件的版权，因为我是高投入搞出来，上千万美元、几百万美元搞出来以后，你大量复制，不花什么钱把这个成果窃取了，高科技软件技术发展以后，版权专利之争上升为主要的矛盾，国际贸易中最尖锐的问题就在这里。因此，知识产权保护成为高科技时代的重大问题。

高科技的产品是集成知识型的产品，和传统产品不一样。高科技产品可以带来巨额利润，而且这个巨额利润是没有止境的，在以知识为基础的产品竞争当中，集成知识型产品带来巨额利润，这就出现了一种新的资本即智能资本，而智能资本实际上是没有办法衡量的，智能资本带来的收益也是没有止境的，智能资本的大量发展最终导致世界财富的一个根本转移，这种世界财富的转移就表现为从自然资源的拥有者手中转移到掌握科技知识的人的手中。正因为这样，物资贫乏的国家只要充分掌握并且有效地利用科学技术，就可以发展成为经济的超级大国。日本资源很贫乏，它之所以现在发展成为经济强国，就是因为它掌握并有效地利用科学技术。光掌握不行，而且要有效地利用。为什么会出现这种情况？因为当今财富的来源是智能，且往往体现为集体智能，由于科学技术的飞跃发展，现在世界经济的发展已经超越了数量增长阶段而进入了质量增进的阶段，在高科技时代经济主要向内涵方面发展，经济增长的内涵是什么？就是科学技术。在高科技时代，技术是经济发展的主要内涵也是经济增长的条件。经济增长新的质量正在发展，经济增长的新质量就表现为智力的增长率日益提高。科技进步成为经济增长的动力和源泉，所以取得并且保持科技优势比以往任何时候都重要。

（四）在高科技时代，科技水平高的国家，最容易吸引高技术产业的投资

高科技时代出现了一种新的变化，20 世纪 60—70 年代，国际经济发展，往往确定这样一个目标，争取在低工资水平的国家进行低成本生产。这一时期，低工资的国家可以吸引外资进行投资建厂，进行低成本生产，

进入90年代以后，高科技的发展，这种争取在低工资水平的国家进行低成本生产的目标已不是最主要的了。因为新工艺出现了，新的管理技术大大发展了，新的工艺和新管理技术的发展，可以大大减少工资在成本中的比重，一般产品的边际成本要考虑到能源、材料和工资的支付，但是高科技产品的特点是，边际成本很低很低，高工资在高科技产品的生产中，对边际成本的影响不是很大。所以说，在高科技时代，科技水平高的国家，最容易吸引高技术产业的投资。

（五）高科技时代竞争将扩大到所有市场、所有产品，从而导致一切的竞争以智能和技术为核心

市场越来越开放就意味着竞争将越来越激烈。今后的竞争主要表现为双重性的，第一重竞争，在工艺技术方面展开竞争，需要在研究开发方面作出实际的努力，如果你不在研究开发方面作出实际的努力，不肯在这方面进行高投入，你就会失去竞争的能力。第二重竞争，在企业管理方面展开激烈的竞争，要想自己的产品在市场上始终有竞争力，那么必须出现在竞争最激烈的世界市场上，要经过世界市场的考验，而在世界市场的考验当中除了先进的工艺生产先进的产品以外，对信息的掌握分析，市场行情预测也非常重要，而现在由于工厂的无国界化、企业的多国化，形成了一个公司在全世界各地设生产厂家，没有一个高水平的管理是不可能的。

在企业管理方面的激烈竞争和工艺技术方面的激烈竞争越来越激烈，各个企业在这样双重竞争之下要通过三条途径来提高自己竞争能力。第一条途径，大幅度提高产品增值率，生产高质量产品，创造高附加价值，在这方面要敢于进行科技投入。第二条途径，要进行大规模的探索，要始终记住：在任何时候总存在一些竞争不太激烈的领域，市场总会出现新的方向、新的层次、新的空间领域，要向新领域探索，向原有市场的高层次探索。如手表行业，20世纪70年代在一定意义上日本打败了瑞士，可是瑞士转移了，机械表日本仿制瑞士，日本大规模搞，以最便宜的价格占领了市场，实际上是占领了中档手表的市场，瑞士一看这方面竞争不过日本，马上把这个市场放弃了，转向高档的，这个市场日本还占领不了。所以一定要认识到任何时候总会存在竞争不太激烈的新领域。你要去探索，企业

要学会这一点，当别人已经占领这个市场或者这方面自己已经失败了，就必须收兵转移，向另外方面去开拓，瑞士就是这样。第三个途径，大力降低生产成本。这也要靠科技，高科技广泛使用以后它的边际成本很低，而且竞争将扩大到所有的市场、所有的产品，从而导致一切的竞争以智能和技术为核心，这样迫使各个厂家、各个公司只能追求向研究、发展方面进行高投入，而这种高投入每一个独立的厂家都花不起，这就要追求规模效益。这是现代生产力的规模特点。

（六）高科技发展使得现代生产力进入新的质的阶段

高科技的发展不仅改变了社会生产力和世界经济，而且也改变了科学技术本身，使得在当前科学技术里出现了新途径。

科学技术在生产和经济发展中越来越具有突出的地位和作用，这就提出两个问题。科学技术本身还不是直接的现实的生产力，它必须经过转化，使新技术创造的新产品达到大规模的商品化阶段、提高了市场占有率以后，它才会转变为直接的、现实的生产力。要真正地把科学技术作为第一生产力来理解，充分地认识科学技术的社会地位、社会作用和社会职能。同时必须充分认识到这样的职能的实现，必须努力使科技成果大规模商品化，并实现产业化，提高市场占有率才最终表现出来。因此我们必须在科技成果大规模商品化生产和提高市场占有率方面下功夫。真正切实地解决科学技术转化为直接的、现实的生产力的途径和机制问题。我们一些从事理论研究的同志，好像觉得市场不值一顾，但是应当看到现在工业发达国家通过 20 多年的经验，充分认识到要根据市场需要确定科研课题，要把科研成果尽快转化为在国际市场上竞争能力强的高质量的产品，这是科学技术研究本身发生的重大变化，我们在研究科学技术是第一生产力的时候也要看到这一点，特别像我们这样大的国家，我们每一个时期都要明确每一个时期科学技术的任务，现在最首要的是要真正把科技成果转化为大规模生产的商品，我们的科研方向能不能也考虑到这样一个问题，除了科学技术本身发展的规律性，它内部机制要求出现的理论研究课题以外，很重要的是根据国际、国内市场需求来确定我们的科研课题，使科学技术和生产、市场、商业活动紧密地结合起来，我们的科技工作者要在改变我

们国家商品落后的、陈旧的、老一套面貌上下功夫，重新组织力量、布置力量进行政策调整，真正能够把科技界动员起来，为我们国家占领20世纪90年代的世界市场和21世纪的世界市场攻坚。当然这并不排除基础研究的重要性，但是这个方面却是不容忽视的，这是体现科学技术是第一生产力的最重要方面。

科学技术要变为商品，实现产业化，技术要转变为生产力，中间要经过产业技术这个环节，产业技术不等同于一般技术，因为技术的原理是通用的，但是产业技术的运用条件在各个国家、各个地区、各个时期、各个厂家都是不一样的，产业技术是受五个要素影响或者说是由五个要素形成的。第一个要素，生产设备、机械系统、技术装备；第二个要素，原材料（包括能源）；第三个要素，人才（包括技术人员和熟练工人）；第四个要素，管理（包括技术管理和管理技术）；第五个要素，市场，技术本身要形成商品并且技术的产品必须符合市场需求，所以市场本身是产业技术五大要素之一。举一个科学史上的例子就很说明问题，最早出现的蒸汽机车。第一条铁路是在英国，当时的蒸汽机车是根据英伦三岛的资源条件设计的，英伦三岛产煤；燃料是煤，火车行驶在广阔牧场上，根据这个特点设计了当时的机车。而美洲大陆，美国铺设第一条铁路时，把英国那样的蒸汽机车技术拿过去了，但它不是简单地拿过去了，而是根据美国的资源条件、地理环境进行了改造，当时美洲大陆刚刚开发，到处都是森林，人力很少，地下的煤没有开采出来，主要能源是森林里砍的木材，而火车要行进在森林里，根据这个特点，它把蒸汽机车加以改装，从烧煤改为烧木材作为火车的动力。烧木材，火焰蹿得很高，行驶在森林里容易引起火灾，所以它把机车的烟道搞得很长，所以，你看描写美国19世纪开发的电影，火车烟囱很高，烟道很长。一个机械设备总是在人力、资源条件、原材料的具体情况下设计的。把一个国家的技术引进到自己国家以后，必须根据自己国家的资源、人力、管理、市场条件加以改变。

所以说产业技术和一般的技术不一样，而产业技术的五个要素，相互依存，相互作用。每一种产业技术的功率是由这五个要素相互作用所综合决定的，而且产业技术的一个特点，即某一种产业技术的功率取决于五大要素里头水平最低的。比如，这五大要素，机械设备装置是100%的一流

水平，引进了一套最先进的设备，但是原材料供应跟不上，是 80%，如果人力资源、技术水平、技术工人的熟练程度不够，只有 60%，如果你的管理水平一塌糊涂，与国外同类企业水平比只有 20%，那么你引进这套设备的全部功率只有 20%。整个产业技术发挥的功率取决于这五大要素中最低水平的要素，最低水平要素就决定了这个产业的技术水平。认识这个道理，我们必须抓产业技术里头的薄弱环节。我们为什么引进许多设备发挥不了原有的技术水平？在发展产业技术的时候必须考虑五个要素相互作用，并且从产业技术整体水平是由水平最低的薄弱环节所决定这样一个特点来考虑问题，因此在技术转让过程当中，困难就在于转让机械和设备是很容易的，但是没有办法同时把人家的管理经验、技术文化转移过来，机械设备发挥不了原来的作用，这种技术文化，包括人力资源、管理水平。

我们要想发挥高科技的社会作用，必须要考虑到在我们整个文化里头发展我们的技术文化，特别要解决管理问题，如管理结构、管理方式、管理效益等问题，这样才能发挥技术成果转让的作用，这是最难的。任何一项引进技术要考虑到整个国家的产业技术水平，这是一个很重要的问题。研究发展中国家战后发展的经验教训，很重要的一条，即有很多发展中国家的领导人，片面追求技术的最先进性，哪一国家东西最好就引进哪一国家的东西，但是没有考虑自己国家的资源、地理、人以及整个文化水准、整个技术水准、整个管理水平的关系。在研究拉丁美洲 20 年来现代化的教训里头很重要的一条，他们只考虑到把技术最先进的东西引进过来，但由于本地区原材料配套跟不上没法用，或者由于本地区技术水平、管理水平低没法用，结果花高额的外汇引进的最先进的设备，过几年就变成废铜烂铁，没有产生社会效益，这种教训是很深刻的。这些问题提出来，我们要很好地理解产业技术五大要素相关的问题。

二　生产力的国际化

在高科技迅猛发展的强有力推动下，生产力的国际化速度正在加快，并且以空前的规模发展，而生产力的国际化和科学技术的国际化是紧密联系的。生产力的国际化主要表现为几个特点：

（一）生产高度专业化协作不仅表现在一个国家的内部，而且现在越来越表现在国际范围内

大型高度综合化的技术产品特别是高技术产品，它的结构极其复杂，由许许多多的零部件组成，它不仅是一个部门的产品，而且是多种技术的综合产品，这些零部件属于不同的行业，这样，大型高度综合的技术尖端产品要求生产部门的高度专业化分工，而且这种分工使得任何一个国家，即使是最大或者经济最发达的国家仅仅依靠自身的力量，保证所有产品品种种类满足自身的要求也是不可能的，经济上也不合算，因为任何一个产品部件的研究都要付出高额的研制费，谁也花不起这个钱，只有大家进行高度专业分工，在国际范围内，在生产中间进行大规模专业分工。现代的分工与过去的分工有很大的不同，过去的国际上的分工基本限制在大的部类，比如说工业国家、农业国家或者某一行业的分工，第一部类、第二部类，纺织品生产、汽车工业生产，像这种大的分工。现在国际分工表现在工艺水平上和整个技术产品的生产过程中的高度专业的分工，特别表现在工艺水平上的分工。举一个例子看，一架波音飞机由 450 万个零部件组成，而这些零部件有 1500 家公司分别承担，而且它的每一个零部件都有使用寿命和高度的可靠性能，每一个零部件的分别研制要花不少钱，也要分开来进行。现在上海接受美国麦道飞机的尾翼的生产就是这个专业分工，高度的国际分工表现在工艺层次上越来越细。现在一辆汽车的生产，基本上是在某个地区销售市场上设立组装厂，汽车零部件、发动机生产在一个地方，汽车外壳在另一个地方生产，齿轮传动机构又在一个地方生产，不同的高度专业化的分厂生产的各种汽车零部件直接运到销售市场所在地，经组装厂组装出来就可以销售，这和过去的销售差别很大。这种高度的国际化分工体现在工艺水平上，一个具有占领世界市场率很高的大企业集团的公司基本上在世界各地都有高度专业化的分工来为它整体的生产服务。现代的通信技术、计算机处理技术使得分散在世界各地的车间和工厂通过电脑连接实现统一管理成为可能，这样使得生产力出现国际化的趋势，表现为高度的专业分工，所以，现代的生产朝着专业化、联合化、协作化三化趋势发展。

（二）企业的最佳规模，不是由国内市场决定，而是由国际市场的容量决定

一个企业的规模搞多大，要靠国际市场的容量决定。对超越国界的大规模的专业化生产来说，国内市场范围变得越来越小。在现代工艺和现代技术的条件下，生产农用拖拉机的企业最佳能力是年产9万台，它与年产2万台的工厂相比，单位产品的生产费用可以降低18%。它有几十个不同用途的品种，一国的市场容不下农用拖拉机的全部产品市场，它的生产规模就从世界市场考虑。现在很多汽车厂家的规模也都是根据世界的市场来定。福建的“851”产品、“851”企业的规模多大合适，显然不是由福建的市场决定，也不是由中国的市场决定，因为中国的消费水平要达到“851”产品的销量不太现实，主要是由世界市场决定。现在看，在国际市场有竞争力的产品，它的企业规模不是由国内市场决定的，而是从国际市场的总容量加以考虑，这是一个崭新的特点。这样一个企业的最佳规模问题导致了企业的多国籍化。

（三）生产规模最优化的标准，受工艺因素和该种产品世界市场发展趋势所制约

这一特点很容易理解，在这儿就不多加说明了。

（四）生产力的国际化发展使得国际分工不仅在内容上而且在性质上也发生根本的变化

在现代条件下应该看到参加国际分工本身不仅越来越重要，而且在现代条件下参加国际分工和专业化、协作化、联合化的趋势本身已经成为生产的起始条件甚至生产的必备条件，这和过去有根本的不同。因为生产力的国际化越来越多地表现为不是最终产品而是零部件和半成品、配件工业生产的专业化发展，这样决定了任何一个国家都在不同程度上要进入国际分工，而且在这样的条件下提出了一个新的问题。可以这样说，任何一个国家，任何畅销世界的大型产品都不能全是本国制造，而是哪一个国家、哪一项专利技术成熟，就引用哪一项专利技术。作为整

个产品构成的一部分，现在追求100%的零部件，从研制到生产的国产化，这是一种过时的观点，也是一种高投入、低效益的浪费的方法。这种发展方法对任何国家的经济发展都是不利的；也不可能有竞争力。一般来说，目前的工艺发展水平使零部件的生产水平已经达到相当成熟的阶段，你想在一般的零部件上突破创新不太可能，白花钱，关键在于要有整体组装设计新思想，综合设计思想，在某一个专业技术上有独创，这样才可以使整个产品创新。

20世纪70年代中期，当时苏联搞出米格-25型飞机，在世界上很先进，西方国家都不知道怎么回事，后来有一架米格-25型飞机叛逃到日本，美国组织大量的飞机专家去解剖飞机，拆开一看，米格-25型飞机任何一个零部件都不是新的，并不先进。但是在整体结构上它有全新的性能，因为总体设计思想上进了一步，使得飞机具有全新的飞行性能，现在在高度专业化的条件下，技术的零部件通用性越来越强，哪一国家东西哪一地方生产的最便宜，我买来专利用就行了，当然要有外汇储备，我主要的力量花在我的独创性、独创技术上。

在国际分工里头，要想参加国际专业化、联合化、协作化分工，你必须掌握和开创自己的独创技术，要有自己的“绝活”，让别人有求于你，这样不受人家的牵制，也可用你的独创技术换取你需要的一切。在别人的协作中缺你不可，那么你所需要的东西别人就能满足你，同时你也满足别人。今后是在协作、专业高度分工基础上的激烈竞争，你要参加协作，首先要有竞争的实力，国际协作中充满竞争，而这种竞争又带动实力的发展，是一个辩证的关系。既高度的联合分工协作又激烈的竞争，世界就是这样对立的统一。从20年的国际经验看，不参加国际协作，不参加到国际市场高度联合分工中，经济就自我封闭，就发展不了，你就落后挨打，反过来，你没有一定的实力也挤不进去。一个国家要独立发展自己的科学技术并不是在所有领域都齐头并进，而是要根据自己国家的特点（资源特点和国际市场上你可能占有的技术）发展你的独创技术，有了你的独创技术，那么，你在国际分工上才有发言权，你的技术实力就会给你带来巨额的利润。现在已经不能所有产品从零开始，100%地依靠自己的力量研制，100%的零部件自己搞，那是一种吃亏的、得不偿失的做法。科学技术独

立自主的发展关键要有独创技术和雄厚的科学实力。现在任何一个国家，即使是工业最发达的、经济实力最雄厚的超级大国都在某一些技术上依靠别人，而不是所有领域都能够占领，不依赖别人，这种时代已经过去了。

今后在整个大的国际分工当中，我们要创造一种条件，要提高自己的吸收消化能力来进行创新而不是封闭地进行研究。我们从第二次世界大战以后的历史来看，苏联最近20年技术落伍就是因为它没有参加国际贸易，搞了一个独立的“经互会”，成立“经互会”开始苏联是为了自身的利益，东欧的东西有些比它好，当时战后五六十年代能源非常便宜，而苏联是能源大国，它供应给它们能源，东德把高技术产品给它，捷克的汽车技术给它，苏联给它能源，在1973年中东战争爆发石油价格上涨以后，当初在“经互会”内部规定能源价格不变，而且易货贸易，后来苏联吃亏，其实这种易货贸易是原始的贸易方式，相互缺乏竞争机制，大家封闭起来，与国际市场隔离开来，这样发展以后，虽然它的生产能力很庞大，原来的“经互会”国家的经济比重只比欧共体国家少1/3，但是它在世界上的贸易额是微乎其微的，只占整个世界的贸易额不到1/10。由于自我封闭，从现在的调查结果看，东欧国家的技术比西欧落后20—30年。它的民用技术特别落后，抛开其他的因素不讲，单从科学技术和经济发展关系来看，这个“经互会”自我封闭，把自己束缚住了，使自己的科学技术落后了二三十年。自己的市场搞了易货贸易缺乏了竞争，结果产品老模样不能更新，最终经济搞不上去，失去了民心。所以一切的一切取决于经济的发展，而经济的发展又取决于科学技术的进步能不能促进产品的更新换代。所以，坚持马克思主义最根本的就是要坚持以经济建设为中心、坚持四项基本原则和改革开放，努力发展社会生产力，而现代生产力的发展取决于科学技术。

邓小平同志讲，“科学技术是第一生产力”，他深刻揭示了当代特别是高科技时代科学技术和经济的关系，揭示了科学技术的社会地位，同时也揭示了科学技术发展的方向。社会主义的优越性要体现在把我们国家的生产力搞上去。我们在下一世纪能够占领世界市场较大的份额，提高世界市场的占有率。只有我们在经济体制上深化改革，我们才能够适应新的世界变化，调整我们的经济政策、经济结构和经济布局，我们才可以充满信心

地赶上世界先进水平。我们有可贵的庞大的知识分子队伍，高级知识分子20多万，加上中级知识分子800多万，800万—900万的知识分子队伍是宝贵资源。新加坡李光耀到中国来看，最羡慕的是中国的科技人才，新加坡没有这些，而且我们的知识分子刻苦耐劳。我们完全有条件，只要我们沿着正确的方向、采取正确的政策，完全可以把我们国家的科学技术迅速搞上去，推动经济发展。但是我们绝不能再走封闭的道路，一定要看到新的生产力国际化、科学技术国际化的趋势，坚持改革开放。在激烈的国际竞争当中锤炼我们的企业。一个战士、一个将军的成长只有通过战争，一个企业光靠国家政策保护是没有生命力的，企业必须在激烈的竞争当中、在真刀真枪当中磨炼自己。

现在很大的一个问题就是地方保护主义，各地区相互封锁，这和当前生产力国际化、经济全球化趋势不相适应，我们看到生产力的国际化，我们能不能首先实现我们国家内部的生产协作化、联合化，要从国内统一市场来考虑，要从国内的大局来考虑省、地区的分工和行业的分工和布局，不要每一省都小而全搞一套。今天讲世界的问题，用这样的规律看我们国内怎么搞，看到当今世界生产力国际化，国内首先要作为一个整体来考虑，我们的生产力布局，不能每一省都搞一套，但是每一省要有独特的东西。

（五）积极参加国际分工

世界上所有的国家或多或少都加入了国际分工，国际分工在生产力发展进程中不断地深化，这是一种不可逆转的趋势。这种国际经济关系的发展具有客观、不以人和阶级的意志、愿望为转移的性质。

（六）不能脱离世界性的经济联系

在生产力国际化的发展中，国际组织和跨国公司的作用越来越大，所以完全的民族的自给自足、地区的自给自足已经不能成为经济发展政策的目标和理想了，不应当再以地区、民族的完全自给自足作为经济政策的目标和经济政策的理想，而是要在世界范围内考虑问题。任何一个民族和地区的经济发展都脱离不了世界性的经济联系。

（七）世界性基础设施

生产力的国际化要求形成世界性基础设施，世界信息网络已经成为世界经济的神经系统，加强信息网络建设对每一个国家来说都是非常重要的先决条件。现代生产力中信息产业已经作为经济的重要部门，信息业的发展全面涉及生产的各个领域和各个角落。今后世界银行的变化趋势相当值得注意，银行要适应当前经济全球化的发展，它是变化最大的，银行之所以进行重新组合、进行大规模跨国金融活动就是由于现代信息手段使银行的结算手段发生了根本变化引起的，现在不是用现金结算，完全是用计算机进行结算，而且世界各地行情每个小时每一分钟的变化都可以掌握到，这是一个重要的特点。在现代条件下参加国际分工，信息基础设施建设问题我们绝对不能够忽略，这也是参加国际分工的一个先决条件。

我们要加入各种各样的信息网络才能取得各种各样的信息，比如世界的行情、世界股票网络包括我们的社科情报网络、自然科学技术情报网络，他们搞的各种软盘随便查阅各种专利相当方便，几分钟就查到。生产力的国际化要求各个国家的经济社会发展统计资料的通用化和标准化。各种各样的标准系统都要向国际靠拢，这是一个很重要的问题。所以，我们要为未来企业在世界市场竞争和活动做准备，我们一定要考虑到这样一些问题，及早地实现我们国家的通用标准。

世界性基础设施还包括快捷、方便和输送量大的交通运输系统的建设，世界的陆路、海运和航空运输要形成网络，以适应生产力国际化和经济全球化的需要。

三　经济发展的全球化

（一）全球经济的形成和发展，由三个因素和二个规律所决定

1. 技术、信息和资金跨越国界的大规模迅速流动，是当前世界经济迅速全球化的原动力和源泉。我们在研究 20 世纪 90 年代和 21 世纪科学、技术、经济社会发展的规律和趋势的时候，一定要看到技术、信息、资金超越国境的大规模的迅速流动，这是一个很重要的特点。而这种超越国境

的流动是当前世界经济的迅速全球化的原动力和源泉，而这三者的流动又是相互结合的。资金的流动是信息和技术流动的物质载体。资金超越国界的流动、信息超越国界的流动，技术信息、技术贸易现在增长得非常快，技术由一个国家转移到另外一个国家，而且在各个国家相互转移之中技术不断更新、不断向前发展。资金之所以会超越国界的流动，资金迅速地从这个国家转移到另一个国家是由于信息流动所造成的，没有信息的迅速流动资金也不敢流动，资金不能盲目地流动，它必须在掌握这个国家大量的经济社会发展信息、市场行情信息、投资环境条件信息以后才流动，资金流动带动了技术也流向这个国家，技术流动以后又把新的技术信息带到这个国家，这样技术、信息、资金超越国境，不受国界限制，大规模流动是当前一大特点，而这种流动又迅速地使原来在一国范围内组织生产和开发市场向在世界范围内组织生产和开发市场的方向转变，这种转变使任何一个国家的发展都超越了自己的国界和其他国家的经济发展，世界不同地区的经济发展紧密地联系在一起。

2. 全球经济的形成和发展除了这三大因素以外还受两个规律的支配。

（1）受规模经济规律的支配。规模经济会带来最大的经济效益，高科技产品需要进行高投入的研究和开发，使得单靠自己国家的科研经费和力量进行全面的新产品研制成为不可能也是不合算的，所以要进行联合研究开发。然后大家共同受益，并进行高度的协作化专业化生产，使得企业兼并越来越厉害，形成规模经济。规模经济将资金相对集中，进行高度专业化的研究然后进行高度专业化的生产，大批量的生产使得成本大大降低，可以大量地占有市场，所以目前的企业兼并、银行兼并都受规模经济规律的支配，而这种规模经济恰好由高科技发展的特点所决定，规模经济带来规模效益。

（2）受利润规律的支配，哪里能够获得最佳利润，企业就到哪里去设厂、设车间。

这三个因素和两个规律的支配使得跨国的全球经济成为当今世界崭新的现实。我们在进行经济活动的时候，往往对规模经济、规模效益的规律认识不足。谈到我们国家的规模效益的时候，可以看出我们的经济效益比较差，投资效益比较低。以 1987 年的汽车行业为例，第一、第二汽车制

造厂是我国两大汽车厂，它们投资30亿元人民币，形成的产量占全国汽车产量的1/2，而我们有六个万辆以上的汽车厂，这些厂投资20亿元人民币，形成的产量占全国汽车产量的30%，就是说20亿元形成的产量占30%，而30亿元形成的产量占50%，这就看出了规模经济的效益。除了六家万辆汽车厂外，还有100多家万辆以下的汽车厂，这100多家投资50亿元人民币形成的产量只是20%，这就说明，我们100多家万辆以下的厂，50亿元投资可以再建三个像一汽、二汽这样的汽车厂，可以一下子提高全国产量70%。我们再看世界上的汽车生产，西德是汽车大国，它有几个汽车厂？一个奔驰厂，一个大众汽车厂，只有四五家汽车厂。日本有几个汽车厂？它行销全世界汽车，也只不过几个汽车厂，美国也是有限的几个汽车厂，但它们占领了世界市场。

我们搞了100多个汽车厂结果又怎么样？为什么我们汽车不搞规模经营呢？很多问题都是我们的规模效益太差。我们设厂的时候，企业的规模要考虑到全国市场的容量，不能只从一个地区市场或者一个省的市场来考虑问题，根据生产力国际化这样一个趋势，考虑国内市场的容量来决定企业的规模，然后考虑世界市场的变化。

现在恰恰由于规模就是力量、规模经济会带来巨大的效益的规律，和哪一个地方能够获得最佳利润企业就到哪个地方设厂的利润原则这两大规律，加上三个超越国境流动的因素就构成跨国经济，形成了经济全球化，使得世界各个地区和国家的经济紧密地联系在一起，而每一个国家的经济活动都越出了本国国界的范围。这样形成的跨国经济既然是一种新的国际现实，它具有哪些新的特点呢？

（二）跨国经济的新特征

1. 跨国经济主要是由资金流动而不是单纯由商品和劳务贸易所形成的。资金的跨国流动有它自身的动力，遵循它自身的规律，这也是不以人和某一地方政府的意志为转移的，只能因势利导，顺应潮流的变化，所以很多国家进行税率调整、关税调整。一个国家政府想控制某一个企业在另一个国家的投资，控制不住。经济规律决定一切，靠行政干预是没有办法的。金融流动是遵循自己的规律，有自己的动力，光靠政府的行政手段干

预是没有办法的。因此政府的财政部门只能因势利导，顺应这种趋势，这是一个新的特征。

从战后的经济发展来看，经历了两个阶段：20世纪六七十年代是世界贸易的年代，商品超越国界的大流动；80年代中期开始从商品超越国界的世界贸易占主导地位的流动，更进一步发展出一种新的形式——金融超越国界的大流动，世界金融界出现一种跨国投资热。过去是商品贸易热，在商品贸易热的基础上，紧接着投资热出现了。相互投资，相互进行企业兼并，这种企业兼并有利于打开各个国家的关税壁垒，因为你有关税政策，我在你们国家设厂进行生产，我生产的产品在你们国内销售，你的关税就卡不住了，所以企业相互兼并很厉害。

80年代中期以前，投资的一个根本变化就是资金的走向由富国流向穷国，主要的目的是想开发原材料，用便宜的劳动力去开发原材料和矿产资源，当时资金由北向南流动，由发达国家向贫穷地区流动。

80年代中期，开始资金超越国界的大规模流动，不仅规模空前，而且资金走向发生了变化，东西流动，在发达国家之间的流动特别大，南北资金流动大大减少。为什么？因为南部地区政治不稳定，总打仗，不安定。更主要的是重要的目标已经改变了，今后不是到劳动力最便宜、工资最低的地方进行低成本生产，这不是追求的主要目标，因为新技术和新的管理技术出现以后，低工资的意义减少了，当然在同样的技术条件下工资便宜好，但是投资主要追求的目标是：哪一个地方技术最先进，哪一个地方劳动力的技术素质高，就直接向哪一个地方流动资金。

所以，1985年以后，资金的最大流向是美国，这是过去所想象不到的，许多资金流向美国，另外流向西欧。德国那么发达的国家，现在有七八百亿美元的纯外汇盈余。法国最近两年在德国进行企业兼并活动，收买德国企业70—90家，因为德国的技术最先进，它可利用德国的技术，可以雇用当地的高技术人才，所以现在企业的跨国兼并，各国股份公司纷纷出现。

有一种旧的观念，叫控股，要控制多少股份才能算控制住了企业，好像股份要超过50%就能控制住。从现在看，现实不是这样简单的算术概念。现在在不同的国家、不同的地区各不相同，有的国家和地区基本上控

股10%就可以控制住公司或企业，就可以取得控股权，有的地区20%，最高的地区25%。像美国控股10%就掌握了控股权，最高的地区控股20%多。你8%，他2%，股东越来越多，你掌握10%就是你掌握了控制权，实际上这个问题就这么简单。所以，不要想当然地做规定，不要自己主观搞一个设想50%的界限。你要看实际，马克思最基本的原则是一切从实际出发。

现在整个90年代的趋势和80年代后期有一个很大的差别，1985—1989年，世界资金盈余比较大，流动资金比较多，相对利率比较低一点；但是现在海湾战争和东欧、苏联发生剧变以后，产生了一个很大的问题，20世纪90年代到21世纪初期，可能出现世界资金大量短缺，因为东欧、苏联发生剧变以后要搞大量的借债，也要大量地吸引外资；另外海湾战争造成的损失很大，也要大量资金流入去恢复生产。资金比较短缺，今后的贷款利率可能要提高。今后在国际金融市场对投资的争夺将越来越激烈，谁能够取得更多的投资，要看这个国家经济发展是不是充满活力、社会是不是安定、这个地方的高科技水平怎么样。高科技水平不高，劳动力技术素质不高，劳动力便宜也没有更大吸引力，因为现在是高科技时代，开发不了高技术，在你这里投资又有什么用？现在都有这个共性，从战后的经济、社会发展历史看，经济的发展，各个国家都依靠投资，战后的经济发展没有一个国家因为借债、进行大量吸引外资而丧失了国家主权。

吸引外资对一个国家是有利的，它带来新的技术，扩大了劳动就业，提高了这个地区的工人素质和管理水平，提高了本地工人的工资。现在日本大量在美国兼并美国的公司和企业，日本的投资给美国带来了日本的管理技术和管理经验，另外也给美国人扩大了就业。拒绝接受外资的国家都没有发展起来，结果老百姓都不满意，政治上受人家的牵制。

在经济全球化以后，出现了一个新的三角关系，即跨国公司为一方，跨国公司所属国为另一方，跨国公司的企业所在国为第三方，相互牵制、相互影响。由于企业多国籍化和无国籍化，很难说这个企业是哪一个国家的，是多国股份。同时，这个企业总部设在本国，它的工厂都在海外，所以海外的企业设置在哪一个国家，它与这个国家的经济利益就密切联系，

它们就取得了一致，它们可能与公司本部所在国的利益发生矛盾，这样形成的新的复杂的三角关系也就造成了谁也控制不住谁的情势。

不要吸收单一国家的资金，应当使一个国家引进的外资多元化，资金来自不同国家。我们研究宗教史就知道，多神教的结果就是无神，就是对神的否定，一个国家宗教多元化了，宗教就不起作用了，因为信上帝和信菩萨的就打架，谁也不信谁，相互就否定了。经济投资也是如此，多国的投资都吸引到这个国家来，各种各样的利益相互制约，结果任何国家都控制不住这个国家。这个地区专门吸引这个国家的外资，那个地区专门吸引那个国家的投资，每一个地区的资金来源都应该是多边化的，多边化就造成一种综合的利益平衡，如果我们福建只吸引台资、东北只吸引日资、山东只吸引韩国的资金，我们仅仅用简单的地域的概念、远近的概念来吸引投资，将来，福建和山东、东北就打架了。如果每一个地区都吸引不同的外资，各种行业的外资都吸引，这样就造成一种平衡，这些问题都需要我们认真研究。

投资问题的关键是加快资金的周转，提高资金利用率。资金只有在周转中才能增值，如果你不周转就增值不了，你还要付利息，能不能提高资金利用率和加速资金周转，除了还清外债及利息还能取得利润，这是巨大的问题，这是症结所在。

2. 在跨国经济当中直接的目标不是追求利润的最大化，而是追求市场的最大化。当然追求市场的最大化最终必然带来利润的最大化。可是往往我们有些反过来，以追求利润最大化为直接目标，因此往往造成了在国际贸易当中一锤子买卖，第一次我挣了一笔钱，结果信誉也完了，市场也失掉了，实际上这是一种最愚蠢的做法，现在，在经济全球化趋势下，都是以追求市场的最大化为直接目标，基本上采取的战略是，为了占领市场，用最优良的产品，用最低价格，甚至一时赔本也要先占领市场，一旦占领市场，利润就滚滚而来，原来的赔本也能弥补上。这是当前一个重大变化。

3. 在跨国经济当中，管理已经成为决定性的生产要素出现了，正是在管理的基础上才能够确立具有竞争力的地位，管理已经成为现代经济活动中强大的原动力。没有现代的高水平的管理，就不会有全球化的经济出

现。这个问题越来越重要。因此在全球化的经济当中，管理成为激烈竞争的手段和重要方面。这就又提出一个新的要求，现在需要培养一批世界型的经营管理专家，他们不仅具有本国的文化知识而且具有世界的文化、经济背景知识。世界型，眼光是面向世界的。

4. 在跨国经济中，主权的民族国家已不是唯一能够制定有效经济政策的单位，而是出现了四个能够有效制定经济政策的单位，即主权民族国家、区域、世界经济组织、跨国公司。它们相互影响、相互制约。过去制定经济政策也好，各种贸易、税收政策也好，基本上是民族主权国家的政府，也就是说一个民族的国家是唯一的制定有效经济政策的独立单位。现在由于经济一体化以后，从一个变成四个：主权国家政府、区域、相对独立的实体（如欧共体制定它自己的经济政策、财政政策、税收政策，各个国家的“边界”就取消了）、世界经济组织、跨国企业、跨国公司。各种独立的制定经济政策的四个单位相互影响、相互制约，造成一种利益复杂的分配机制，这种变化要很好地研究。

5. 在跨国经济当中，经济政策越来越不意味着自由贸易和贸易保护，而是意味着区域之间的“互惠”。

6. 在跨国经济当中形成了跨国的法律、法规、标准和政策。各国政府在制定自己的法律、政策时应具有国际广度。

面对经济全球化的迅速发展，一个国家和企业的竞争力是至关重要的。在决定一个国家和企业的竞争力诸因素当中，应当注意几点：

（1）要增强科技基础，促进新产品开发，就是增强科技实力，这是国家和企业竞争力的核心。未来世界经济的走向是以技术为基础的，产品生产的周期越来越短，新技术日趋复杂，唯有今日肯在研究发展方面投资的国家和企业才能在明天的世界当中争得一席之地。

（2）扩大国内市场的开放程度，这是成为一个国家竞争力的重要标志。企业要凭真本领而不是靠政府税收政策的保护，要面对激烈的国际市场进行竞争。

（3）要增强发展国际网络的能力。

（4）增强金融活力。

（5）要大力开发人力资源，提高人力资源的技术文化素质，这是提高

综合国力、竞争力的决定性因素。今后一个国家的竞争力往往不是由这个国家的企业能力决定的，而是由这个国家的劳动力素质决定的。今后企业多边化了，很难说哪一个企业是哪一个国家的，真正能够吸引外资到这个地方设厂就靠这个国家的技术实力，靠这个国家的劳动力素质，现在这种新观念在国际上越来越得到更多人的认同。

（6）要增强决策集团的判断能力、决策魄力和做出迅速灵活反应的组织能力。在当今世界的经济社会发展中，这种新的变化给国家竞争力的概念赋予了新的内容和新的形式。另外，在国家竞争力当中硬实力和软实力的关系，以软实力来提高硬实力，这又是需要研究的崭新课题。所谓软实力就是一个国家影响别的国家想要做事情的能力，还有一个国家吸收别的国家长处的能力。这种软实力有有形的部分和无形的部分，如文化和历史就是无形的部分，而组织机构、管理机构属于有形的部分。吸收性的实力和硬的支配性的实力是同样重要的，在当前条件下，怎样发展我们软实力方面的优势和我们硬实力相结合，提高国家的竞争实力，是一个很重要的问题。

我们研究 20 世纪 90 年代的变化，要看到 90 年代之后的 21 世纪是一个大变动的时代，是经济、科学技术发展发生根本变革的时代，而国际形势的特点就是变化，而且是多变的，这种变化在性质上、范围上和变化的速度规模上都是令人惊讶的。所以我们所处的时代在概念上、结构上都是以不确切和不定型为特征，因为世界本身正在经历急剧的变化，因此我们要想捕捉变化时代发展的趋势，就必须在我们的观念上进行更新，以使我们的观念能把握住时代变化的趋势。我们不能错过今天历史性的机会，我们要做出新的抉择，不能在未来的严峻挑战面前退缩，而且今后这种变化是不可逆转的，任何办法都不可能使昨天回来。我们一定要在思想和方法上跟上时代的变化，同时代合拍。

我们要有战略的远见，分别轻重缓急，没有重点就没有战略，当前整个世界发展战略的轻重缓急已经很明显，就是要抓住科学技术的发展来促进经济发展，特别要抓住高科技带动整个科技的进步，这就是当前重点的重点、战略的核心，也正是这样，邓小平同志提出：科学技术是第一生产力。因此我们要以新的方式来看待事物，要通过改变旧的模式来发现新的

模式，而且应当看到在高科技时代也是高风险的时代。

我们要有一点儿敢冒风险的精神，不冒风险不做事情是最保险的，也是最大的危险。研究表明：每 58 个技术设想才能最终实现一个，技术革新的成功率是 2%—3%，我们不能按部就班，依旧的程序来做事情。一定要有跳跃性的思维，要在整个观念上有一个很大的转变。我们在研究科学技术是第一生产力这个问题时，要从当今科学技术与经济的紧密关系方面去认识问题、研究问题，形成新概念，发展新思想，发展新方法，最后进入新境界，这样才能使得我们整个经济、社会发展更上一层楼。

在高科技时代，我们需要创造性、独创性，同时还需要恰当性、有效性、效率性。

在世界经济发展中，科学技术国际化、生产力国际化、经济全球化这一趋势提出一个制定战略、策略的基本原则：任何一个国家在制定它的经济政策、科学技术政策、财政政策和社会发展政策的时候都必须具有世界的眼光，就是说，我们的政策要具有世界的广度。这样就提出一个问题：任何一个国家、地区制定各种政策都要和周边国家、地区乃至世界的发展进行协调，各国政府、各个地方政府、各部门在研究政策的时候不可不充分考虑到政策的国际广度，这是一个至关重要的问题。我们省委机关都是研究策略的，我们地方研究策略也要有全国的广度和世界的广度。

（1991 年，受福建省委、省政府委托，省科协、省委组织部和省人事局举办了《九十年代科技发展与福建改革开放》系列讲座，这是李惠国的第三讲，原载福建省科学技术协会编《九十年代科技发展与福建改革开放》，福建科学技术出版社 1993 年版）

高科技和经济全球化正在改变世界

世界已进入90年代，正跨向21世纪。在这世纪之交，新的发展已经出现了，我们正在经历着经济社会发展史上的一场根本性变革。我们必须深入分析和认识新的发展，以便使自己能够适应变化，做出方向、目标和政策的调整和抉择，迎接未来的挑战。新的发展的一个显著标志和重要方面就是，正在蓬勃发展的高科技和经济的全球化正在深刻地改变着世界。

高科技时代社会生产力的新特征

20世纪70年代以来迅速兴起的微电子学信息技术、生命科学技术、新材料、新能源、空间科学技术和海洋开发技术等一系列高科技，在90年代将进一步实现全面产业化，从而使世界进入高科技时代。

高科技时代最重要的标志是：高技术成了提高劳动生产率的最重要的手段和发展社会生产力的主要方向；依靠高科技成果从质量上改造生产力已成为经济发展的首要课题，社会生产力就其性质、规模和发展速度来讲，将进入崭新的质的阶段；最先进的、技术复杂的高技术产业的发展对于形成经济的现代结构和经济增长的现代类型具有头等重要的意义；科学技术已成为世界经济社会发展的原动力，竞争力取决于利用科技进步成果的速度、规模、范围和效果。

在高技术时代，社会生产力的全新性质主要表现在下述方面。

1. 生产设备、生产过程以及产品的普遍智能化

高科技成果迅速转化为生产力，不仅表现为它们导致全新的生产设备、全新的生产过程和崭新的产品，从而形成一系列高技术产业，而且表现为它们使传统产业的生产设备、生产过程和产品普遍获得更新和改造，

呈现出崭新的面貌。在一定意义上讲，对经济发展的促进作用后者比前者更加重要。微电子学信息技术的发展不仅产生了一代又一代电子计算机这样的智能产品，而且使一切生产部门的生产设备、生产过程和产品普遍具有“智能化”的特点。从智能玩具到智能汽车充分反映了这一普遍智能化的趋势。高科技时代的工厂将是智能制造系统。微电子产品、计算机以及由计算机化带来的生产程序指令化在传统产业部门的广泛应用，已使传统的钢铁工业、化学工业、机器制造业乃至纺织业开始获得新生，它们的产品已旧貌换新颜。

2. 高科技开创了新的工艺革命

高技术不仅能保证最佳技术性能，而且能保证最优工艺质量，从而改造整个生产工艺方式。生物工艺学、激光工艺学、宇宙工艺学（高真空、微重力）、无废工艺、无害工艺以及各种柔性生产系统开创的工艺革命，使新的“工艺纪元”正在到来。现代新工艺具有如下特点：少工序性；少废性或无废性；高度灵活性，柔性生产系统；高精密性和高可靠性；从宏观的机械加工向微观的改变物质结构的新工艺发展，等等。随着高科技的发展，新的工艺设计思想层出不穷，工艺革新不断涌现，将使社会生产力发展到一个崭新的质变的阶段。

3. 在现代生产力的发展中，软件技术的重要性日益增强

软件是人类智慧的产物，软件指令是人类独创性的奇迹，大型软件系统是人类创造的最复杂的人工制品。它们把人类要求的任务变成计算机所能听懂的严格的电子指令。计算机是无生命的硅芯片和电子元器件的结合，只有软件才能使它们活化并赋予其生命力。由于当今社会对计算机的新用途有着越来越大和难以满足的欲望，而且计算机能够以越来越快的速度进行计算，因此社会对软件的需求数量日益增大，质量越来越高。软件是高科技时代的语言，软件已成为信息化、自动化社会的整个工业系统和各种经济系统以及社会系统的无所不在的控制体系。有人说，“软件起着现代社会发动机的作用”。可以说软件系统是高科技时代各种社会运行体系的神经中枢，一旦软件系统出了问题，社会就会陷入混乱。在现代社会生产力发展中，软件技术重要性的比重迅速增大，软件技术革新高速增长，表现为软件设计作为独立产业迅速发展，软件市场日益扩大竞争加

剧。专业化的软件开发公司如雨后春笋。软件市场由软件产品和服务构成。1992年欧共体软件市场容量可达520亿欧洲货币单位，从业人员接近50万人。据日本通产省预测，到2000年，将缺少100万软件人才。软件的发展和硬件发展是互相促进的，随着计算机本身的发展及其向各领域的广泛渗透，可以说软件不断创造硬件，人类已进入了一个新的硬件时代，即智慧硬件的时代。

4. 信息作为现代生产力结构的重要因素，对生产力的发展具有决定性意义，对经济的发展是至关重要的

20世纪90年代将是信息价值最高，第一产业、第二产业都依靠信息复苏的时代。世界经济正在经历一次大的结构变化，即通常所说的从工业化社会向信息产业社会转变。信息产业社会并不意味着传统产业衰退，或者说是单纯与计算机产业相关联的产业的增长，而是指通过广泛利用计算机信息处理技术，接受信息使第一、第二产业都将恢复生命力的时代。信息的社会作用就在于其增殖价值。信息社会实质上是信息价值越来越高的社会。高科技时代面临一场利用信息力量展开的信息“战争”。

可以把现代生产力作如下的分析：作为生产力主观因素的人，由于知识和信息作用的增长，人力资源结构发生了重大变化，而且对劳动者的素质提出了更高的要求。现代社会生产力的客观因素可划分为两部分：一部分是生产力的客观对象性因素，即生产设备、能源、原材料等；另一部分是生产力的客观非对象性因素，即信息，这是现代社会生产力的崭新因素。信息作为现代生产力结构中的客观的非对象性因素，对生产力的发展越来越具有决定性的意义，对经济的发展是至关重要的。信息及信息传输和处理可以说是当今世界经济的生命线。

技术信息和经济信息对于生产和经济发展的意义已被广大公众所理解并日益受到重视。这里我要特别讲一讲一般文化信息对于生产和经济发展的重要性，以期引起社会的普遍重视。高科技的发展使人类进入信息时代，这是一个各种文化交融的多元文化并茂的时代，人们在文化和精神上的追求越来越大，品位越来越高。人们对文化的追求，各种文化信息所创造的经济需求，是生产和经济发展的强大刺激因素。各种产业（第一、第二、第三产业）和产品都日趋具有高度文化的性质。产业日趋成为具有高

度文化性质的产业，这是高科技时代的重要趋势之一，通过文化信息的力量不断扩大对生产和经济的新需求，人们的消费性质正在发生着质的变化。如果从消费需求的性质方面对战后经济发展作一划分，可大体上划分为三个阶段，即数量阶段、质量阶段和艺术化阶段。高科技发展把工业和经济推进到艺术化阶段，工业与文化将融为一体。高保真音像设备及盒式录音录像机、电子游戏机等的制造不仅发展成庞大的产业部门，而且各种工业产品正在朝着高质量耐用方向发展，还越来越追求式样美观。“消费个性化”“感性消费”等无不与文化信息紧密相关。掌握文化信息，捕捉消费日趋文化艺术化的趋势，对于企业来说将成为制定长期战略、影响今后发展的关键。文化信息在竞争市场占有率、推进市场革新和创造新市场方面都起着越来越大的作用。

5. 在高科技时代，生产力国际化的趋势进一步增强

在高科技迅猛发展的强有力的推动下，生产力的国际化速度在加快，并且以空前的规模向前发展。生产力的国际化主要表现如下。

生产的高度专业化与协作不仅表现在一个国家内部，而且表现在国际范围内。这种国际分工与协作已不只限于生产部门和最终产品，而是越来越多地表现在零部件、半成品、配件工业生产高度专业化的发展上，由单机生产分工协作已分解到零部件生产分工协作，甚至由零部件生产分工协作进一步发展到工序分工协作。把一种产品贴上一个国家的标签变得越来越困难了，因为产品的零部件往往来自好几个国家，在其他一些国家装配，并在另一些国家销售。如美国克雷超级计算机的记忆芯片，全部是日本生产的。20 世纪 90 年代末，发达国家的制造业将有 40%—50% 的零部件和半成品由国外提供。“国际性综合产品”越来越充斥世界市场。企业正朝着无国籍化方向发展。

企业的最佳规模不单纯由国内市场决定，而是主要由国际市场容量决定。生产规模最优化的标准，受工艺因素和该种产品的世界市场发展趋势所制约。对于超越国界的大规模专业化生产来讲，国内市场变得日益狭窄。

生产力的国际化发展，使国际分工不仅在内容上，而是在性质上都发生了变化。在现代条件下参加国际分工与协作本身已经开始成为生产的起

始条件，甚至是必要条件。现在，世界上所有国家或多或少都参与了国际分工与协作的进程；这种国际范围的分工与协作在生产力发展进程中的不断深化是一种不可逆转的趋势。这种国际经济关系的发展有着客观的、不以个人或阶级的意志和愿望为转移的性质。

面对生产力发展的国际化趋势，我们必须发展我国独特的技术和产品。为此，我们必须以研制和发展我国独创技术和产品为龙头，打破地区、部门和行业的界限，在全国范围内组织和部署研究、开发和生产，提高专业化、协作化、联合化的水平，提高产品质量、降低成本、形成规模生产，提高我国产品的国际竞争能力。只有这样，才能更好地参与国际分工与协作，不受制于人，而立于主动地位，使别的国家有求于我、离不开我。研制开发独创技术和独特产品，取得并保持在某些领域和产品方面的优势，这是参加国际分工与协作的前提和必要条件。

面对生产力发展的国际化趋势，企业要同时发展三种不同的战略能力，即提高多国经营的灵活性，以满足世界各地市场的需要；加强在全世界的竞争能力，以获得规模效益；提高在国际上的学习能力，不断推进技术革新，推出独特产品。

在高科技时代，高科技的发展无限地开拓了人类的生产和经济活动的新疆域，人类的生产和经济活动将越出狭小地球的范围，将不再受地球上能源和资源有限性的束缚。

高技术的实用化必须借助于周边支撑技术，高技术产业的形成和发展与周边服务密切相关。在当今这个时代，物质生产的发展也在越来越大的程度上依赖于国民经济非生产领域的发展程度。高科技的发展使得国民经济的非生产领域也具有现代形式和现代结构，其质量特征、数量特征、组织形式和活动方式都在发生着深刻变化。这种变化也大大促进了现代生产力的发展。

在高科技时代，世界经济已是一个依靠知识驱动的智力系统。单纯模仿的时代结束了，这是一个发挥民族创造力的时代。科学技术已经变成了社会的核心资源，在一定意义上讲，物质资源已退居次要地位。最可贵的资源是智慧，财富的最高形式是科学技术知识。利用高科技开发的产品是“集成知识”型产品，而传统产品则属于“集成资源”型产品、集成知识

型产品常常要求预先高投入，但其边际成本则是微不足道的，因而带来巨额利润。例如编制一盒软件可能要花几百万元，但拷贝这份软件只需几元钱。其实价与成本的差额也比低技术产品高得多。一种产品越接近纯知识型，它的收益也就可能越高。广泛利用高科技成果可以大大减少对资源和能源的依赖程度。在以知识为基础的产品竞争中，“智能资本”带来的收益可以说是无止境的。“智能资本”最终将导致世界财富的大转移，即从自然资源的拥有者手里转移到那些掌握着科技知识的人手中。正因如此，当今物质资源贫乏的国家，只要充分掌握并有效地利用了科学技术知识，也可以发展成为经济上的强国。

由于科学技术的飞速进步，世界经济的发展已经越过了数量增长阶段进入质量提高的阶段。在高科技时代，技术是经济增长的主要内涵，也是经济增长的条件。经济增长的新质量正在发展，这就是智力的增长率的日益提高。科技进步成为经济增长的动力和源泉，取得并保持科技优势比以往任何时候都重要。

科技地位领先本身并不能带来经济优势，这种领先最终要在科技成果的大规模商品化和较高的世界市场占有率等方面体现出来。因此，工业发达国家现在更加强调根据市场需要确定研究课题（当然，某些基础自然科学领域除外），把科技成果尽快转化为在国际市场上竞争能力强的高质量产品。世界经济的竞争越来越多地表现为商品技术水平高低的竞争。在20世纪90年代，科学技术将更紧密地面向生产、面向市场，推动经济的发展，科技成果商品化的周期越来越短。科技成就只有当它在崭新的工艺过程中物质化了的时候，才能从本质上改变生产力。

当我们热烈地谈论利用高科技达到发展生产力和繁荣经济的目标时，一定要正确认识和深刻理解发展高科技并在实践中利用其成果，必须创造和具备一系列必要条件和充分条件。在不具备发展和利用高科技的条件时，盲目发展和引进先进技术系统就会造成高技术的浪费。现代技术的合理性（技术的和经济的合理性）是以特定的规模、水平和产出量为前提的，高于或低于它们都不能达到合理性。达不到它，越是最新技术，则规模利益就越小，经济效益就越低，肯定会陷入高投入、低效率即所谓“高成本经济”。例如，在不具备计算机化的条件的地方和部门，大量引进计

算机，试图进行作业标准化、规格化，进行工作自动化，结果无法实现，只能用计算机做些处理工资等简单会计业务，造成大量的资金浪费，计算机的功能无法发挥出来。

当我们注意发展高科技的同时，绝不能忽视普通的技术革新对生产发展的重大作用。往往是高技术和普通技术的密切结合才能带来生产的发展和经济的繁荣，普通技术比高技术的市场规模更大。日本的弹子房每年收入 12 万亿日元，比美国航空工业的市场规模大、收益多。以大众为对象的日用品杂货市场和食品市场的规模大得更是难以想象，注意这些市场的技术革新，高科技向低技术领域推广应用绝对不能忽视。

经济的全球化

高科技的发展，使我们正在进入一个世界市场变化和扩大的速度比以往任何时候都快的时代，我们正在经历着经济全球化高速发展的根本性变革。

全球经济的形成和发展是由技术、信息和资金这三个因素的超越国界的流动决定的。技术、信息和资金跨越国界的大规模迅速流动是当前世界经济迅速全球化的原动力。现代航空技术、远程通信和信息处理技术的飞速发展，为技术、信息和资本跨越国界的流动形成经济全球化提供了物质技术基础，经济全球化已成为世界历史发展的新现实。

20 世纪 40 年代末世界贸易开始处于起飞阶段，到 1989 年世界贸易额已超过了 3 万亿美元。随着世界贸易的发展，信息、技术和资金跨越国界，流动规模越来越大，速度越来越快，范围越来越广。当今国际货币流量为世界每天货物流量的 25 倍。80 年代以来，作为经济全球化的一种表现形式的国外直接投资迅速增长。从 1983 年到 1988 年，世界各地的外国直接投资每年增加 20% 以上，比世界贸易的增长快了 3 倍。到 1988 年年底，美、日、德、英、法在世界各地的投资总额已达 7570 亿美元。到 1995 年，每年流出的外国直接投资可能增加到 2250 亿美元，即比 1988 年增加了一倍，而五大国的投资额将增加到 17060 亿美元。伴随资金的流动，技术贸易日益扩大。1987 年，五个主要工业国家的技术贸易额为 241

亿美元，近五年内增长了94%，在国际交易中技术所拥有的作用越来越大。资金和技术的跨国流动是与信息紧密相连的，三者相互作用、相互影响。它们的跨国流动使各国经济在世界贸易中的联系越来越紧密。

经济的全球化意味着，由原来在一国范围内组织生产和开发市场，迅速向在世界范围内组织生产和开发市场转变，任何一国的经济发展都超越了国界的限制。全球经济的形成和发展还受两个经济规律作用的支配。一是规模就是力量，规模经济会带来最大效益，规模效益是主导经济发展的重要原则。因此，跨国公司相继不断涌现，它的出现与发展，将努力克服国界给它带来的障碍，赢得和协调资金的投入，并获得世界规模的经济效益。二是哪里能获得最大利润就向哪里投资。由于信息、技术和资金这三大因素的跨国流动和这两个规律的支配，使跨国的全球经济成为当今世界崭新的现实。全球经济的形成与世界经济的集团化发展是一个统一的历史进程。这种历史发展的不可抗拒的必然性将在今后的发展中占优势。

经济的全球化具有一系列新特征。

（1）跨国的全球经济主要是由于资金流动，而不单纯是由商品和劳务贸易所形成的。资金的跨国流动有它自身的动力，遵循其自身的规律，使得各国政府的货币政策和财政政策对货币的流动减少了直接干预的可能性。各国的货币和财政政策要对跨国金融和资本市场中出现的事件及时做出反应，做出及时的调整和制定相应的对策。

（2）在跨国的全球经济中，管理已作为决定性的经济要素出现。正是在完善管理的基础上才能确立具有竞争力的地位。管理已成为现代全球经济活动的一个重大原动力。远程通信技术和计算机信息处理技术的发展为完善管理提供了技术手段，而且成为资金流动的手段。

（3）在跨国的全球经济中，直接目标不是追求利润的最大化，而是追求市场的最大化。当然市场的最大化最终必然带来利润的最大化。贸易正在变成投资的函数，伴随投资的扩大必然取得贸易的发展。

（4）在全球经济发展中，主权的民族国家已不是唯一能够制定有效经济政策的单位，而是出现了四个能够有效制定经济政策的单位，即主权民族国家、区域或国家集团、世界经济组织、跨国公司。它们相互影响、互相制约，要协调矛盾冲突。跨国公司、跨国公司所属国与跨国公司的企业

所在国三者形成了一种新的矛盾对立的三角关系，研究和解决这些矛盾关系是当今的重大课题。

（5）在全球经济中，民族和国家的完全“自给自足”已不再是经济发展和经济政策所追求的理想和目标。经济政策越来越不意味着“自由贸易”和“保护主义”，而是意味着“区域”之间的“互惠”。以地域为中心的经济集团化将形成世界经济多极化的格局。

在经济全球化的发展中，逐步形成了跨国的法律、法规、标准和政策。各国政府在制定自己的法律、政策和标准时应具有国际广度。

竞争力

高科技和经济全球化的发展正在深刻地改变着世界，经济热战时代取代了军事冷战的时代。在经济热战中，所有国家都被卷进单一的世界规模的共同市场旋涡，各个国家为了各自的利益结成经济区域或经济集团，战争的武器是价廉物美的商品，战争的目标是占领世界市场，提高市场占有率并开拓新市场。在这场经济大战中，“经济霸权”将取代“军事霸权”，谁是胜利者？谁是失败者？取决于国家和企业的竞争力。在不同的时期，不同的实力资源起着关键性的作用。实力的源泉从来不是一成不变的，它们是不断变化的。在高科技和经济全球化的时代，力量的性质已经发生变化，现在衡量力量的尺度已经变成了经济成就，而不再是所支配的领土范围、拥有的自然资源和武装力量的数量，而且经济成就这种力量还要在所有国家相互作用紧密联系的世界市场上灵活运用才能展现出来。

在高科技时代，在经济全球化的大潮中，科学技术已成为衡量国家实力的尺度和源泉。任何一个国家和任何一种经济制度的命运都首先取决于科学技术的发展，取决于科技成就运用于经济活动的速度、规模、范围和效果。唯有今日肯在研究发展上投资的国家，才能在明日的世界取得一席之地。发展高科技，实现产业化，这是关系国家命运的大问题。

一个国家的竞争优势是基于该国劳动力所增加的价值，人力资源的开发是提高竞争力的重要手段。一个国家的科技进步、经济增长和社会发展始终取决于它的人力资源的质量。只有民众知识和技能增长的速度上去

了，新技术的开发和有效利用才能加快。高技术时代的挑战，实质上是对一个国家、一个民族的知识和智力的挑战。一个国家和一个民族掌握知识、运用知识、传播知识和创新知识的能力决定了它的生产力发展、经济成就和竞争能力。因此必须确立以开发人力资源为先导的发展战略。我国现在经济上的一切弊端，企业素质不高，产品质量差，经济效益低，服务态度差，其重要原因之一就是我国的人力资源质量不高。人力资源是一个整体的概念，既包括脑力劳动者，也包括体力劳动者，它是社会各行业、各部门，各层次、各种类型人员的总和。人力资源开发，就是要提高人的素质，挖掘人的潜力，包括体能、知识、技术、创造性、敬业精神、职业道德、心理素质、精神风貌等。人力资源在所有层次上的发展是加快经济发展的关键。一定要使教育的发展速度适当超前于经济的发展速度。要适时制定和调整人力资源政策，要关心、保护个人的主动精神、企业家的权益与地位并给予立法上的支持。调整教育结构、深化教育改革，适应高科技时代和经济全球化的需要是刻不容缓的迫切任务。

在当今的世界历史进程中正在发生着两种革命性的变革：一种是技术变革，另一种是管理变革。这两种变革相互交织，相互促进地向前发展。管理观念、管理技术、生产和经济乃至社会的组织结构和运行机制都在发生着深刻的变化。组织结构和运行机制适应变化的能力和管理技术水平是影响竞争力的重要因素。逐步扩大国内市场的开放程度，使企业能凭真本事面对激烈的国际市场竞争，增强企业发展国际网络的能力。增强金融活力，提高国家和企业引进技术和国外投资的接受能力和吸引力。提高国家和企业在国际上的学习能力和对别的国家发生影响的能力。这些因素的综合作用也属于影响竞争力的无形资源。中华民族优秀的古老文化是我们的重要的无形资源。弘扬民族文化、扩大中华民族文化的世界影响力和吸引力，也是增强竞争力的重要方面。

在高科技时代，世界的变化是快速的，并且具有很多不可预见的因素。影响竞争力的因素也是错综复杂的。一个国家和企业要变得具有竞争力，很重要的是增强决策集团的判断能力、决策魄力，及能成功地处理内外因素之间的互动，做出迅速灵活反应的组织能力。在高科技时代，知识是财富，决策是生命。决策的核心是确定重点，分清轻重缓急。集中一切

力量抓紧经济建设，确立以发展科技和开发人力资源为先导的社会经济发展战略，这正是迎接高科技时代挑战的基本国策。

（笔者投稿时的题目是《高科技与经济全球化正在改变世界》，编辑部发表时把题目改为《高科技和国际经济的发展正在改变世界》，原载《哲学研究》1992 年第 7 期）

科技与人文的发展趋势

论科学

科学是反映客观世界（自然界、社会和思维）的本质联系及其运动规律的知识体系，同时又是组织科学活动的社会建制。

科学知识体系是借助于一定的认识方法获得的，它是以精确的概念、定理、假说等理论形式加以表述的，并且是在社会实践的基础上通过独特的社会活动历史地形成和不断发展着的。科学作为知识体系，是一种社会意识形式；科学作为生产知识的活动，是一种独特的社会劳动，并且发展为一种社会体制。科学的社会目标是发现客观规律，对客观世界的种种现象和过程做出描述、解释和预见，并探索在社会实践活动中应用科学知识的途径。

一　科学的一般特征

科学作为一种特殊的社会意识形式，具有以下基本特征：

第一，客观性。科学的基本使命是认识客观世界。科学知识是在社会实践基础上对现实世界的正确反映，科学知识的内容总是与实际的、真实存在的过程和现象相联系的，具有客观真理性。在科学中不容许没有客观根据的假设；科学是用现象的自然原因来解释现象，不承认任何超自然力的存在；科学知识的正确性是通过实践加以检验的。作为科学知识体系，其内容存在着自身的逻辑联系，它们或者是客观世界普遍联系的反映，或者是人类认识客观世界历史的复写。因此，科学知识根本不同于宗教信仰，它不允许把原则上不能经受任何实践检验和逻辑论证的东西纳入真理体系。

第二，系统性。科学是系统化的知识，科学认识的本质特征是它的系

统性，它是根据一定的理论原则和方法整理出来的知识体系。各门科学都是以建立统一的、逻辑严密的、关于现实世界某一方面的知识体系为前提的。尚未纳入一个连贯的系统中去的零散的知识堆积在一起还不能形成科学。科学材料的逻辑联系，科学知识系统化是客体结构在反映客体的科学知识结构中的再现。由于科学规律或基本原理反映了客观世界的现象和过程的本质的、必然的联系，因此它们成为科学知识的基础，在科学知识体系中具有骨架和枢纽作用。科学知识体系的形成过程反映了人们对客观世界认识的逐步深化。

第三，普遍性。科学追求普遍化和抽象化的客观知识，科学研究成果具有普遍性，科学是知识发展的普遍的社会形式。科学是以理性思维的形式反映现实的。科学概念所反映的是事物固有的本质属性；科学认识的主要任务就是发现客观事物之间的联系和规律，规律具有普遍性的形式。在科学认识中是排除任何个人的、主观的感情因素的，它消除了一切个别的、个体的、独一无二的东西，只保留具有普遍性的一般的东西。因而，对世界的科学认识是根本不同于社会意识的美学形式。

第四，精确性。科学认识具有精确性、严密性的特征。周密严谨的定性研究和精确的定量分析的紧密结合是现代科学的鲜明特点。数量分析是提高研究问题的严密性和精确性的可靠途径。任何一门科学只有在充分地运用数学时，才算达到真正完善的地步。现代科学的发展已经进入了这样一个阶段，无论是自然科学、技术科学还是各门社会科学，都处在普遍的数学化过程之中。电子计算机的发展，更加加速了科学数学化的趋势。科学的数学化，使得形式化的认识方法和认识手段在当代科学中起着愈来愈大的作用。科学知识的精确性保证了科学知识的实用性和有效性。

第五，预见性。预见自然界和社会中各种现象和过程未来变化的可能性和趋势，预见人类活动的后果，是科学认识的重要特性。科学依据对现实的客观的本质联系的深刻认识，把握了各种现象和过程运动发展变化的规律，从而揭示出自然过程和社会过程的客观发展趋势，并在这个基础上实现对各种现象、客体和事件的预测。科学认识的发展是与科学预见能力的增长以及预见范围的不断扩大相互联系着的。科学的预见性开辟了人类有意识地创造未来的可能性。

第六，探索性。积极寻求新的答案和结果，探索新的发现是科学认识的一个显著特点。科学是以社会实践为基础的对客观世界的正确反映，社会实践是不断向前发展的。客观世界处于不断发展和变化的状态之中。因此，任何科学都不是处于静态之中，而是处于动态变化中。科学认识不是封闭的体系，而是不断发展完善的开放体系。科学不间断地、无止境地发展，表现为任何一代科学家都为补充、深化和发展前人的认识做出贡献，同时为后继人创造条件。

二 科学的对象、方法和结构

（一）科学对象

科学对象是科学认识活动的客体，即各种不同的物质种类及其运动形式，以及它们在人的意识中的各种反映形式。为了认识客观世界和人类自身，作为科学认识活动主体的人，创造出种种精神的和物质的认识手段，研究出种种相应的方法，通过科学探索去把握科学对象。因此，客观世界作为科学对象进入科学认识活动，是受社会实践的发展水平所制约的。现代科学认识的对象不仅是物质的各种类型、各种状态、各种属性及运动形式，而且更重要的是物质的各种类型及其运动形式之间的相互联系、相互作用和相互转化；不仅是物质运动的宏观过程，而且深入物质客体的内部微观结构；不仅注重从发生学的角度揭示各种现象的演化机制，而且注重揭示结构和功能的联系。人工自然本来是认识主体对象性活动的产物，但在科学认识活动中又成为认识的客体，成为科学对象。在现代科学中，科学对象和科学认识主体之间呈现一种复杂的对立统一关系。它们与科学方法与科学结构的现代形式和特点密切相关。

（二）科学方法

科学对象和科学认识主体之间的相互作用、相互联系，是通过一系列复杂的中间环节实现的。其中包括各种观测、实验仪器和设备构成的科学认识的物质工具系统和理论认识方法系统。科学方法的特点决定于科学研

究的对象的特点。科学研究方法和手段的不断完善和进步使科学对象的范围不断扩大，科学对客观世界的认识不断加深。科学发展中的每一重大步骤通常都伴随着新的科学方法的出现。因此，各门科学及整个科学的发展水平也可以根据它们所采用的方法的完善程度来判断。现代科学方法，由哲学方法论、一般方法和部门科学的专门方法这三个部分相互联系形成为一种三层次立体结构。各门科学方法的相互借鉴、相互渗透是当代科学的鲜明特征。数学方法和形式化方法在各门科学中的广泛应用，大大提高了现代科学的精确性和抽象性，深化了对事物的认识。在现代科学发展中，出现了一系列新的科学部门，这些科学部门的成就，在整个现代科学中具有一般方法论的意义。

（三）科学结构

依据科学对象和科学方法的不同，可以将整个科学体系相对地划分为不同的科学部门。自然科学、技术科学（包括农业和医学科学）和社会科学组成全部科学知识的三大门类。每一门类都由一系列专门科学组成。各门科学根据自己的方向和与实践的关系，可划分为基础科学和应用科学。

三　科学的社会体制

作为生产知识的社会活动。科学是一种特殊的社会劳动分工，并且逐渐发展成为一种社会体制。作为一定种类的社会劳动分工，科学在社会历史发展中出现得较早。但是科学作为一种社会体制则是在 17 世纪至 18 世纪初形成的。1601 年在罗马建立了第一所科学研究院，1645 年在英国产生了一个“无形学院”，后来发展为皇家学会。此后各种科学机构和组织相继出现。各种科学组织在科学中起着重要作用。各种科学组织都具有自己的法规章程，它们的目的在于保证新知识的生产过程，充分发挥科学交流的作用。科学组织的最重要的问题，是使组织结构、各种组织形式及其关系与生产新知识的具体科学活动的要求相适应。各种科学组织形式和关系本身也反映着科学发展的一般社会条件。各种科学组织的建立与发展使科学变成某种社会体制。作为社会体制的科学本身包含着各种不同的社会

关系，其中包括经济的、社会组织的、社会心理及意识形式（法律、伦理）等的关系。作为社会体制的科学，在其发展中经历了许多阶段，这些阶段是与社会经济形态的变更相联系着的。随着科学社会作用的增大和科学活动规模的扩大，科学社会体制的规模和社会意义也不断扩大和增加。科学劳动成果的质量和数量，科学劳动的效率，科学劳动成果的社会利用程度等，在很大程度上取决于科学范围内各种社会关系的调整，即取决于科学社会体制的规模、组织状况和完善程度。

20 世纪中叶以来，出现了由国家组织和支持的“大科学”，科学社会体制在整个社会体制中具有越来越重要的地位和作用，而且它本身的结构也日趋复杂。由于科学研究规模、发展速度和组织形式的扩大、增长和变化，由于科学社会职能的增强，由于日趋庞大和复杂的科学社会体制占有巨大的社会劳动力和社会物质财富，一系列迫切而重大的课题就十分尖锐地摆在人们面前：怎样分配社会用于科学事业的劳动力与资金，以保证科学的发展并促进社会进步；预测科学发展的趋势、前景及可能的社会后果；怎样保证提高科学投资的效果；怎样保证科学劳动效率的不断提高；怎样促进科学成果的社会应用；怎样不断地调整科学机构并寻求对科学活动的最佳管理等，这些问题的解决都需要在国家范围内作统一的考虑和安排。这就提出了制定国家的科学规划和科学政策问题。

科学作为社会体制也成为现代科学的研究对象。科学作为社会体制和科学作为知识体系，是科学的两个不同侧面，二者是紧密联系不可分割的。对科学的这两个不同侧面的研究正由一系列专业科学部门进行着，这种研究可以称之为科学的自我认识。科学史、科学哲学、科学社会学、科学创造心理学等学科都从不同的角度运用各自的方法参与了科学的自我认识，这些方面研究的相互结合，形成了一门统一的学科——科学学。

四　科学与社会的关系

科学作为一种复杂的社会现象是人类社会历史的重要组成部分，它的发生和发展受一定社会条件的制约，同时又对社会的进步发生巨大影响。科学与社会之间存在着多方面的相互联系。在不同的社会历史发展时期，

科学与社会相互作用的范围、规模、方式和强度是不同的。20世纪以来，科学与社会的关系经历着越来越密切、越来越复杂的各种变化，科学日趋社会化、社会日趋科学化是时代的鲜明特征，科学与社会的关系问题成为当代重大而迫切的理论课题。

（一）社会对科学发展的影响

科学知识的社会意义在于满足社会精神生活和物质生活的需要。科学研究对象的选择，科学思维的概念工具和方法论的形成，科学发展的方向、规模和速度，科学成果利用的程度和性质，都受到许多社会因素的影响和制约。这些因素是：物质生产的需要，生产发展水平和技术水平；社会政治实践，特别是军事活动的需要；社会经济制度；社会意识的各种形式，首先是哲学世界观的性质；社会的文化教育水平，等等。这些因素的总和构成了科学的社会存在条件。物质生产实践是科学发展的最强大的推动力，它向科学提出一定的认识任务，积累了大量的经验材料，并提供了所需的认识手段（仪器、装备、设施等），还为科学理论的理解、发展和应用创造了条件。科学的发展必须同一定的社会、经济条件相匹配，才能产生良好的社会效果。学术的繁荣需要适宜的政治气氛，科学成果在不同的社会制度中被应用于不同的目的。随着科学对社会作用的增强，科学活动在社会建制中日益集中和扩大，科学的发展除了受其内在逻辑的支配，越来越受到科学外部的各种社会因素的制约和控制。大科学的发展主要取决于外部动力。当代科学的发展已进入规划科学阶段，由国家和社会进行组织协调，纳入各国政府的重大决策范围。社会通过规划、政策和投资来规定科学发展方向，控制科学发展的规模和速度，影响科学发生作用的范围。

（二）科学的社会作用

科学对社会发生影响是通过两种方式实现的：一是“有形的”方式，即科学知识物化，产生新的技术。在科学理论基础上发明新的生产工具和新的工艺，促进社会生产力的发展，从而导致生产方式和社会结构的变革；另一种是“无形的”方式，即科学的思想、科学的精神、科学的思维

方式对整个社会精神生活产生影响，提高整个社会的一般智力水平，并影响到社会意识各个领域的变化。重大的科学发现和与它们相联系的技术发明对人类历史命运发生着巨大的影响。现代科学以其多种社会职能直接或间接地作用于当代社会的一切过程和现象，成为推动社会进步的最强大的动力。

五 科学的社会职能

科学的职能是指科学发挥社会作用、满足社会需要的方式和途径。科学发生和发展的社会历史意义在于满足社会的物质和精神需要，社会的需要决定了科学的社会目标。科学的社会目标在于发展科学知识并确定在社会生活中应用科学知识的途径。科学的社会目标通过它的社会职能来实现。

科学的社会职能是随社会历史发展而发展的。在社会发展的不同历史阶段上，科学的认识对象、方法和目标有着显著的差别，所以科学的社会职能也不相同。在古代科学发展的早期阶段，由于社会生产尚不发达，生产与对自然界认识的知识形态之间缺乏联系，各种自然知识以自然哲学的形式表现出来，所以科学知识的社会作用主要表现为认识职能。在欧洲中世纪漫长的历史发展阶段，虽然手工业的发展积累了大量生产经验和技能，但是，由于教会的严厉思想统治，科学沦为宗教的奴仆，对自然的科学认识被神学所压抑，科学知识只限于对宗教神学世界观的解释，科学的认识职能受到严格限定。15 世纪后半期开始的近代自然科学的发展，使人类对自然界的认识进入崭新阶段。17 世纪，伴随着资本主义发展的科学革命从根本上摧毁了中世纪神学的宇宙观，使科学摆脱了宗教神学的束缚，科学的社会认识职能大大增强，科学成为一支强大的社会革命力量。这时，科学作为一种革命的世界观职能也明显地表现出来。18 世纪，科学的发展奠定了大工业的真正科学的基础。伴随 19 世纪工业革命的发展，科学的社会生产职能日益增强，并成为社会生产力。科学与社会生产实践的联系越来越密切，普遍应用科学原理成为技术进步和生产发展的动力。20 世纪后半期开始的当代科技革命彻底改变了人类社会生活的各个方面。科

学不仅充分发挥了社会生产职能，而且科学也表现出社会管理职能。在科学的社会认识职能中预测职能已具有重要作用。由于科学作为当代重要的文化现象成为文化中的强大创造力量，科学的社会文化职能日益为人们所认识。

（一）科学的认识职能

作为对客观世界的认识活动，科学不仅提供了对客观世界各种现象的本质及其规律的科学知识，而且形成了一套完整的认识方法，不断满足着社会的认识需要。科学的认识职能具体表现为科学的认识论职能、方法论职能、世界观职能和预测职能。

科学的认识论职能具体表现为对所观察的客观事实和现象进行描述的描述职能；对所搜集到的事实材料加以综合的综合职能；依据已获得的对客观现象的本质和规律性的认识，对客观事物和现象加以说明和阐述的解释职能；对已获得的观察或实验材料加以概括，从中引出某种或者是以定律形式或者是以理论或假说的形式表现出来的一般原理，即所谓科学的概括职能等。

科学的方法论职能指科学在其发展过程中所形成的一整套认识方法和思维方式，以及相关的认识工具和认识手段。各种观测仪器和宇宙探测手段的发展，扩大了人的认知范围。电子计算机和人工智能的发展使人的综合分析能力和运算速度大大增强，人的认识能力和认识方法的革命将极大地满足社会实践提出的各种认识上的需要。

科学的世界观职能从15世纪后半期哥白尼的天文学革命开始就明显地表现出来。近代科学的发展使人们从中世纪宗教神学世界观的束缚中解放出来。17—18世纪科学发展的状况和形而上学唯物主义的产生是紧密联系着的。19世纪中期自然科学的新成就为辩证唯物主义世界观准备了科学前提。“随着自然科学领域中每一个划时代的发展，唯物主义也必然要改变自己的形式。”① 科学的世界观职能表明科学是一种在社会历史发展中起推动作用的革命的力量。

① 《马克思恩格斯选集》第四卷，人民出版社1972年版，第224页。

科学的预测职能是以科学对于客观规律的认识为依据，预示事物发展的趋势和方向及现有过程的发展结果。认识过去和现在是为了指导未来。科学的预测职能不仅表现为对科学自身发展的未来做出预测，预测已经取得和即将取得的科学成果在技术、工艺和生产方面的应用，而且还表现为对未来社会物质生产的途径和方向、它的基本特征和性质做出预测。当代科技革命的深入发展，把预测科学技术进步的社会后果以及人类的物质生产活动可能造成的生态后果的任务，越来越尖锐地摆在科学面前。对未来发展的研究不仅成为当代科学研究的新领域，而且科学的预测和评估的理论和方法日臻完善。

（二）科学的实践职能

揭示客观世界的现象和过程的本质，认识其规律性，并不是科学的最终目标。科学的最终目标是为了探讨并论证在实践当中利用这些规律性的可能性和途径。科学的最终目标是通过科学的实践职能实现的。科学的实践职能可以具体划分为科学的生产职能、社会管理职能和文化职能。

科学的生产职能是通过科学转化为生产力实现的。科学向直接生产力的转化在于把科学成果应用于创造生产的技术结构和工艺流程中。技术是科学知识物化的形式，是科学转化为生产力的中间环节。现代技术完全建立在科学理论的基础之上，基础科学的发展成为现代技术进步的强大推动力。科学的发现立即可以在技术上得到应用，科学发展为技术进步不断开辟新方向，成为不断产生新技术的源泉。现代科学与技术的紧密结合，形成了一个人类认识、利用自然物和自然力的统一过程，从而大大加速了科学发现的实际应用，成为生产力发展的强大动力。

社会生产力的发展、物质生产的发展在很大程度上依赖于国民经济非生产领域（如服务行业或劳务领域）的发展程度。今天，科学在非生产领域发展中具有重要作用。科学成果在国民经济非生产领域中越来越广泛的应用，将导致它们的质量特征和数量特征、组织结构和活动方式的巨大变革，从而加速社会生产力的发展，促进整个国民经济的增长。

当代科学技术革命的蓬勃发展，已使世界经济进入质量增进的时代，依靠科学技术进步从质量上改造生产力成为社会经济发展的首要课题。今

天，在经济的增长中，物质资源已退居次要地位，最可贵的资源是智慧，科学知识成为社会财富的最高形式。物质资源贫乏的国家，只要充分掌握并有效地利用科学技术知识，也可以高速发展生产力，成为经济强国。科学技术已成为第一生产力。充分发挥科学的生产职能已成为各国战略决策的首要目标。

科学的社会管理职能即运用科学管理社会、指导社会发展。现代化生产的性质和规模决定了管理在当代社会中的作用不断提高。管理是社会经济增长的一个极其重要的因素，各种生产潜能的发挥取决于管理的组织性、管理效果和管理质量。科学技术的飞速发展向管理提出了新任务、新要求，同时也以崭新的科学技术手段武装了管理。由于科学技术广泛渗透到一切社会领域，当代的社会问题、经济问题的解决都离不开科学技术，当代各种重大社会问题都具有高度综合性质，必须综合运用多学科的知识和方法加以解决。现在已经进入了如不制订考虑各门科学和各种技术相互配合的计划，所有重大社会问题都不能解决的时代。科学技术参与解决各种重大关键性社会问题是科学的社会管理职能的重要标志。电子计算机和现代化通信技术手段以及信息处理技术为社会管理提供了强大的技术手段。控制论、系统论和系统工程等现代科学理论和方法为社会管理奠定了科学理论基础并提供了方法论指导。社会科学在参与社会管理方面具有越来越重要的作用。

科学的社会管理职能的不断增强，还表现在越来越多的科学家积极参与各种决策和咨询工作，科学家越来越认识到了自己的社会责任。

（三）科学的文化职能

科学作为一种社会文化因素对社会文化的其他组成部分产生积极影响。科学的发展对整个人类文化的内容、结构、形式及发展方向不断产生着深远的影响。科学是现代文化的重要创造力量。

科学在其发展过程中，不断丰富人的精神需要和精神世界，积极参与社会文化的发展，并且是改变人的生活方式的重要因素。科学在其发展过程中所形成的科学精神、科学的认识方法和思维方式，构成了人的精神生活的重要内容。科学精神成为指导人的行为的基本准则，科学的思维方式

和认识方法，已成为人类思维的普遍形式。科学能充分启发和培育人的各方面的素质，科学在提高人的文化水平过程中具有重要作用。从小学、中学到高等教育中，人们所掌握的科学知识和科学方法能培养人的各种能力，提高人的各方面的素质。当代科学的发展为人的全面发展提供了新的前所未有的条件，并展现了广阔的前景。科学使人增强了改造世界的力量，也使人增强了认识自身、认识自己在社会中的地位的能力。

科学的发展改变着人的价值观和伦理道德观念以及人和自然的关系。当代科学的发展赋予社会伦理以崭新的内容，生命伦理学和环境伦理学是人们必须遵循的新的行为规范。

科学的发展给美学和各种艺术形式赋予新的表现形式和新的内容。

科学的文化职能使科学渗透到人的生活和社会生活的各个领域，积极参与社会文化的进一步发展，可以说当今整个社会文化的各种形式无不受到科学的影响。科学不仅改变了客观世界，也塑造了人类自身。科学不仅是人类改变自然环境和社会环境的手段，而且是完善人类自身的手段。科学是人类文明的创造力量。充分发挥科学的文化职能有利于保护和发展世界上现存的各民族的多种文化形态。创造现代文明、发展现代文化是科学家的重要社会责任。

现代自然科学对于现代军事技术，对于一个国家的军事活动和国际实力具有极其重要的影响，成为现代战争中取胜的决定性因素之一，并改变了军事战略和策略思想。

六　科学的历史

科学史是描述和解释自然科学知识产生、发展和系统化进程的历史学科，包括它的通史、断代史、国别史和部门科学史。它以大量的经过考证的历史资料阐明人类认识和改造自然的历史，研究历史上各个时期的科学发现和发明、科学家的活动与成就、科学概念和科学思想以及科学学说的历史演化、科学知识的传播、科学与其他社会因素的相互作用、科学发展的社会历史背景等，并总结科学发展的历史经验，揭示科学发展的规律。

最早从广阔的范围接触到科学史课题并推动这方面研究的是法国哲学

家 A. 孔德，他的《实证哲学教程》涉及许多科学史问题。1837 年，英国的 W. 休厄尔出版了《归纳科学史》，这是第一部系统综合性科学史的著作。1841 年，以 J. 哈利韦尔为首创立了第一个科学史协会。1913 年，美国著名科学史家 G. 萨顿创办的第一个权威的科学史杂志《爱西斯》在比利时开始发行。1929 年，在巴黎召开了第一次国际科学史会议。到 20 世纪 30—40 年代，科学史已发展成为一个公认的独立学科。

自然科学史作为一门历史科学，首先要积累详尽的自然科学发展的历史资料，并考证和辨别其真伪，还须对历史资料进行系统分类。这一工作至 20 世纪上半叶已取得相当大的成绩，获得了大量的知识，总结出不少方法。诸如，各个国家在各重要历史阶段的科学发明创造的有关资料；对许多科学思想的继承性和历史命运的考察；各个时期和各国杰出科学家的活动和经验；科学作为一种社会建制的发展和演变的资料；通过对史实的分析和解释所获得的关于科学发展若干规律性的认识。在这些成就的基础上，自然科学史的研究领域不断扩大，内容日益丰富。现在，自然科学史已发展成为一个十分复杂和规模庞大的研究领域。总括起来，它包括三方面的内容，即自然科学知识和科学方法的历史；科学共同体和科学作为一种社会建制的历史；科学与社会的相互关系（包括科学与各种社会意识形态的相互关系）的历史。在自然科学史的研究中往往有着不同的着眼点和侧重方面，历史学家常常是从文化史的角度把自然科学作为一种文化形式，探讨一个民族和一个历史时期的科学与文化的联系；自然科学家侧重于探索学科知识的起源和发展，弄清楚概念、理论和方法的演变；哲学家侧重阐明自然科学事实的逻辑联系，对科学发现作逻辑解释，并从认识论和方法论方面揭示自然科学发展的内在逻辑和规律性。从心理学角度研究自然科学史，主要是将兴趣集中于科学活动的个人方面，研究科学家的成长过程、性格特征、社会环境以及创造发明的心理过程；从社会学角度研究科学史，自然科学被当作一种社会现象，着重研究各历史时期科学共同体和科学社会建制的发展以及科学与社会的相互作用。70 年代以来，在自然科学史的研究中还出现了这样一种趋势，即制订科学发展历史过程的数量分析方法，定量地把握科学历史发展的规律性。出现这种研究趋势的客观条件是，作为历史研究的情报数量迅速增长，这种情报的内容不断复杂

化；制定科学规划和科学政策的需要对科学史研究提出了更高的要求，而那种只根据一般的推论和事例解释历史过程的种种尝试已满足不了科学发展的要求。

把各门自然科学作为一个完整的认识体系，以整个的科学知识体系为研究对象的有三门学科，即科学史、科学哲学、科学学或科学社会学。20世纪80年代后，这三门科学有相互渗透和结合的趋势。在这种趋势的影响下，自然科学史的研究已不仅仅限于以往那些单纯的科学史问题，而越来越注意那些自然科学发展中的哲学和社会学方面的问题。这表明，自然科学史的研究已越过了“描述式的解释”阶段，越来越进入到从理论上探索科学发展规律的时期；科学史的研究也不仅仅限于科学的思想史方面，而日益注意到科学的社会史方面。这种趋势很可能使科学史研究通过社会学对科学政策和科学管理产生根本性影响，并有助于解决科学史研究中的所谓“内史”与“外史”之争，促使“内史”与“外史”界限的消失。

自然科学史的研究与马克思主义哲学有着十分密切的联系。马克思主义的自然科学观为科学史的研究指明了方向，并且为科学社会史的研究奠定了理论基础。自然科学史的研究对于丰富和发展马克思主义哲学也具有重要作用，正如列宁所指出的那样，“要继承黑格尔和马克思的事业，就应当辩证地研究人类思维、科学和技术的历史”①。

七 科学分类

科学分类是在一定历史条件下，依据某些原则，决定每门科学在整个知识系统中的地位，并阐明它们的相互关系。选定科学分类的原则，既决定于不同的哲学出发点，也决定于一定的社会历史条件，即人类在理论和实践上把握自然界和社会的程度。历史上各种科学分类原则的出发点，或者是科学认识的客体，即现实世界的事物、性质和关系，或者是科学活动主体的认识特点。正确的科学分类可以揭示科学发展的规律性，也可以在一定程度上预测整个科学和各门科学进一步发展的趋势。

① 《列宁全集》第38卷，第154页。

（一）历史上的主要分类原则

历史上第一次进行科学分类尝试的是古希腊哲学家亚里士多德。他根据当时社会上业已存在的某种知识分工，在观察、行动和创造能力之间作了区分。他总结了当时尚未分门别类的科学成就，从中划分出哲学、逻辑学、数学、无机界学说和有机界学说，为进一步把各门科学从统一的知识中划分出来做了理论准备。

随着近代自然科学的兴起，英国经验论哲学家 F. 培根对科学进行了分类。他认为，科学是人类的理性活动，它的任务是要在人的理性中创造出一个符合于世界本来面貌的模型。所以，他把人类理性能力的区别作为科学分类的依据，并把这种能力划分为记忆力、想象力和悟性，相应地也把科学划分为记忆的科学、想象的科学和悟性的科学。但他又认为应该在经验所提供的各种事实的基础上建立科学。他把科学比作一座金字塔，其唯一基础是历史和经验，自然哲学的基础是自然史，最靠近基础的一层是物理学，而最靠近顶点的一层是形而上学。18 世纪以 D. 狄德罗为首的法国百科全书派利用培根的这种科学分类方法，阐述了关于科学分类的思想，并把自然科学分为三个部分：（1）关于物体的形而上学，指抽象的物理学；（2）数学，包括纯数学（算术、几何学）和复杂的物理学（力学、几何天文学、几何光学、声学、气体学等）；（3）个别的物理学，包括动物学、植物学、矿物学、气象学、宇宙学、化学等。

18 世纪末至 19 世纪初，出现了把 I. 牛顿与林耐学派时期的整个自然科学作百科全书式概括的要求。圣西门和 G. W. F. 黑格尔曾经投身于这项工作。圣西门将自然科学按其历史发展的顺序分为天文学、物理学、化学和生理学，并认为这样的排列也是与自然界的发展顺序符合的。黑格尔的自然哲学试图以抽象的思辨原则为基础，提供一个关于自然界的知识体系。他把自然哲学划分为三个部分：（1）力学，包括天体力学；（2）无机物理学，包括天体物理、气象学、物理学和化学；（3）有机物理学，包括地质学、植物学、动物学和医学。他认为这样的划分表现了理念在自然界发展的阶段，即力学系统、物理系统与有机系统，同时也符合从逻辑上把握自然界的范畴，即存在、本质与概念。

（二）恩格斯的科学分类原则

19世纪70年代，恩格斯在写作《自然辩证法》一书的过程中，将科学分类问题与物质运动形式联系起来考察，批判了以往科学分类中的机械唯物主义与唯心主义观点，确立了辩证唯物主义的科学分类原则与发展原则。恩格斯认为，各种不同的物质运动形式是科学研究的主要对象，每门科学所研究的或者是个别的运动形式，或者是相互关联、相互转化的运动形式。因此，科学的划分必须依据运动形式的划分。各门科学之间的相互联系也决定于各种不同的物质运动形式的关系，各门科学在历史上的发展顺序是物质运动形式演化的反映。恩格斯依据当时的科学材料，把多种多样的物质运动形式概括为机械的、物理的、化学的、生物的和社会的五种基本运动形式，相应地也把各门科学的顺序排列为力学、物理学、化学、生物学和社会科学。恩格斯还特别注意研究与各种运动形式之间的转化相联系的各邻近学科之间的转化问题，并预言在这些被忽略的边缘领域可望取得最大的成果，而生长出新的学科。

（三）现代科学分类的特点

20世纪以来，科学的发展呈现出一系列崭新的面目，对现代科学的分类问题也出现了一些值得注意的新情况、新特点，主要是：（1）现代自然科学向微观和宏观两个方面延伸，并且注意研究自然现象的演化过程及其动力学机制。对客观世界不同结构层次上的各种物质运动形式，以及每种运动形式所具有的层次结构的研究，导致在原有的基本自然科学的基础上产生出一系列新的学科。因此，应以层次和结构的观点补充、丰富和发展恩格斯按照运动形式进行科学分类的原则。

（2）现代科学具有高度分化与高度综合的特点，各门学科的相互渗透不断地产生出新的边缘学科和综合性学科。用一种或几种学科的方法研究特定的对象，成了当前科学发展最有前途的方向。这就使研究方法在科学分类问题上获得了重要意义。边缘学科和综合性学科不断地大量涌现，大大扩大了科学研究的对象，揭示了自然界新的奥秘，开创了新的实验技术，形成了新的理论思想，并且可以引起人类对整个客观世界的认识在观

念上的深刻变化，给予社会实践以巨大影响。

（3）现代科学具有普遍数学化的特点。由于科学的数学化，一方面，数学与各门学科交叉结合，形成了大量的新学科；另一方面，形式化的认识理论和手段的研究，形成了一些新的抽象的形式科学。这样，在现代科学体系中就出现了数学化的科学系列，这类系列具有新的科学分类特点，它在科学体系中占有特殊的地位。

（4）控制论、系统论、信息论等横断学科的建立与发展是现代科学分类的崭新课题。这类学科的研究对象不是以客观世界的某种物质结构及其运动形式为对象，而是以许多种物质结构及其运动形式中的某一个特定的共同方面为研究对象，它们的概念和方法在各门科学中都具有普遍的适用性和方法论意义。这类学科也在现代科学体系中占有特殊的地位。

（5）现代自然科学与技术的密切结合形成了现代科学技术的统一体系。它包含着从基础科学到应用科学发展的序列，实现了从科学到直接生产力的转化。因此，现代科学的分类需要充分考虑到这一转化所造成的社会生产实践领域的划分。以往科学的发展常常是学科领先，现在科学的发展常常是社会实践中提出的重大问题领先，以多种学科的方法研究重大问题从而产生出新的学科。

八　科学精神

科学精神是指科学在其历史发展中形成的思维方式、价值取向、行为规范和传统的总和，体现着科学作为社会现象的文化内涵，是科学实现其社会文化职能的最重要形式。

人类社会发展的历史证明：科学不仅改变了世界，也改变了人类本身。从这个意义上讲，科学在起着巨大的推动作用。科学发展不能脱离其产生的社会经济基础。作为最先进的生产力，科学必然产生出高于那个时代其他文化因素的科学精神，从而不仅缔造了科学本身，而且提高着人的认识能力，影响着人的价值取向，形成了一系列先进的行为规范，对人类精神生活产生了决定性影响。科学作为精神生产方式，其发展对整个人类文化的内容、结构、形式及发展方向有着日益巨大的影响。

科学精神是在科学漫长的历史发展中，特别是在近四百年来自然科学的发展中形成的优良传统、认知方式、行为规范和价值取向。其中包含着科学态度、科学方法、科学作风诸因素，是作为文化形态的科学的最重要的组成部分，并深深地影响了人类近代文化和社会的发展，表现为科学作为推动社会进步的巨大革命力量。

科学精神的实质可以概述为以下五点：

（1）实证精神。科学基于观测和实验。一切科学的认识都是建立在大量的观察和实验所获得的事实的基础之上的。对科学来说，任何正确的思想，都必定有检验它的方式。科学的实证精神就是注重实践、反对空谈的务实精神。科学实验、科学观测和科学考察是科学实践活动的重要形式，是社会实践的重要内容。历史上已被当时的实践验证的科学认识，还要不断地接受新的实践的检验。它认为科学认识来源于实践，实践是检验科学认识真理性的标准和推动人类认识发展的动力。

（2）分析精神。经过实验验证的科学理论以定律或定理的形式加以表述，具有严谨的逻辑性和精确的定量化特征。明晰性和严密性是科学思维的显著特点。科学要求各种观念能被定量且能以极度精确性加以检验。精密性是获得知识的可靠性的保证，没有精密性是达不到科学知识的可靠性的。定性分析和定量分析相结合是一种科学的认识方法。

（3）开放精神。科学的开放精神表现在两个方面。一方面，科学无国界，科学知识是各个历史时期各个国家和民族智慧的共同结晶，科学是全人类的共同财富。科学的开放精神要求人们要善于相互尊重和善于学习别人的智慧。科学是在交流中发展的，要创造良好的科学国际交流环境。另一方面，科学是不断发展的开放体系，它不承认终极真理。科学始终向那些经受了严格标准的证据检验的新的思想开放。科学不断以新的方式来看待事物，通过改变旧模式来发现新模式。虚心接受新思想是科学的优良传统。科学精神与保守、褊狭、故步自封是格格不入的。

（4）民主精神。科学是一种自由探索，各个学派在真理面前一律平等，要求对不同意见采取宽容态度。科学只有通过不同观点的自由争论才能向前发展。近代自然科学开始于向宗教权威的挑战，科学从不迷信权威，并敢于向权威挑战。科学真理也从不借助于权威而让人去信仰。科学

认为，凡是压制细研深察和认真讨论的地方，真理就会被掩盖。科学的民主精神要求人们深刻地意识到自身的局限性和偏爱癖性，要求人们有这样的胸怀和诚意，即当有了新的证据或新论据时，就要彻底而公开地改变自己的原有观点。

（5）革命精神。科学进步的起点是问题。问题的提出就是对已有知识的怀疑和挑战。批判地、怀疑地考察乃是科学所使用的方法。科学活动中，一切实质性的质疑都是允许的，并且值得鼓励。在科学发展中，最基本的原理和结论都可能遇到挑战。盛行的假说必须正视观察和实验的考验。自我质疑和自我纠错乃是科学方法的最显著的特性。科学的革命精神，要求敢于发现在错综复杂的矛盾中出现的种种新机遇，表现出不随习俗的思想和行动。

这五个方面不是互相孤立发生作用的，它们作为一个整体对人的精神生活发生影响。它的内容随科学的发展不断丰富。科学精神作为文化因素不断推动着社会文化的发展和更新。弘扬科学精神对促进社会精神文化建设有着十分深远的意义。

九　科学学派

科学学派是科学研究集体的一种组织形式。具有相同的研究方向或相同的理论观点和方法的一群科学工作者，自发地聚集在开辟这一研究方向或建立这一理论和方法的权威科学家周围，共同进行科学研究活动而形成的有形的或无形的研究集体。如哥本哈根学派、布尔巴基学派、行为主义学派等。科学学派对科学知识的继承、创新和发展具有重要意义。各种科学学派的形成和发展、不同学派的自由争论，是科学发展的重要条件和内容。

（一）科学学派的基本特征

作为科学团体的一种组织形式，科学学派具有下述基本特征：

（1）共同的科学观点和方法。在某一科学领域里具有某种共同的科学理论和研究方法，以此确立自己的研究方向，说明科学中已确立的事实，

提出自己的科学发现，共同的科学观点和方法是把它们联系起来的纽带。

（2）自然形成的学派领袖。提出或创立新的研究方向和理论方法的杰出科学家，在与其他科学家的合作劳动中，逐步以自己的卓越的工作和成就而确立其核心地位。他培养了一批学生继承和发展他所开创的科学新方向。学派领袖的富有创造性、开拓性的科学思想的形成，对科学学派的建立是极其重要的，学派领袖的个人影响和创造能力是学派形成的凝聚力量。

（3）学派内不存在法律、制度和纪律约束。这是科学学派与科学的行政建制（科学院、研究所等）、学会、协会、和社会党团的基本区别。科学学派是一种无形的组织，虽然有时一个科学学派聚集在一个科研或教学机构内，形成一个活动的基地，但它绝不等同于这个行政机构。学派的成员之间完全依靠共同的科学信念和兴趣从精神上凝聚在一起。为发展某种共同的科学新方向和科学新观点及方法，各自在自己的工作范围内从事着共同的研究。

（4）优秀科学家的集合体。科学学派的形成，常常与一个科学领域的革命变革相伴随。科学学派以价值重大的发现和理论创新丰富了科学知识宝库。学派成员都是做出创造性成果的杰出科学家，其工作在科学共同体内是得到公认的。科学学派作为无形的组织，其成员不是靠自己的声明和申请，而是以其研究成果得到这一学科领域的同行所承认为标志。因此，科学学派是富有创造性成果的优秀科学家的集合体。

（二）科学学派在科学发展中的作用

科学学派在科学发展中积极发挥着形成新理论、创造新方法、开辟新道路的作用。在科学认识的前进运动中，在科学理论体系内部、在全部经验材料内部、在理论科学和经验材料的关系中，存在着巨大的复杂性和矛盾性；每一知识部门都有其没有解决的和不断新出现的争论，需要从不同的侧面进行全面探讨。认识科学真理的方法和途径是多种多样的。因此，在任何一个科学领域里，不同学派可以从自己所选择的不同方向，根据自己的科学资料，利用自己的独创性的科学方法，进行卓有成效的研究工作。

科学学派不仅与科学知识的创新紧密相连，而且与知识的继承、新一代科学家的培养紧密相连。科学界的后起之秀可以通过科学学派接受某种学说的科学理论教育。尚未形成自己独立科学观点的青年科学工作者，常常是在某一科学学派的氛围内，接受系统的科学教育，并发展这一学派的理论和方法。因此科学学派作为一种思维传统和一种特殊的科学环境，通过师承关系在科学知识的不断创新中实现着科学的承续性，形成学派特有的风格。

科学学派作为科学活动的重要组织形式，在科学的整个历史发展中具有重要的作用，深入研究不同时代各门学科中科学学派的产生、发展和起作用的历史经验是具有理论意义和实践意义的重要课题。这一课题正从下述一些方面进行着深入的研究：在科学学派的创造性活动中，社会因素、认识因素和世界观因素之间的联系与区别；各种学派在理论认识、实践活动和研究方法方面的特点；各种科学学派产生的具体历史条件和历史作用的评价；科学学派在科学史上和现代科学中的意义；在不同学科领域和不同历史时期中科学学派的特点；科学学派的首领的思想方式和工作作风对科学学派形成的影响；如何正确地对待不同学派的争论；科学学派与国际学术交流；总结创建高效能学派的经验等。科学学派问题的研究对科研活动的组织、科学人才的培养、科研方案及成果的评价、科学政策的制定等重大问题具有直接的指导意义。

十　科学政策

科学政策是为了对科学实行社会管理，国家有计划、有组织地制定的推进科学事业的方针及实现这一方针的行动体系。科学政策包括确立科学发展的目标和重点；变革科研体制；调整科学研究布局；促进科研成果的社会应用；分配科学资源；培养科学人才；加强科学的国际交流与合作等。科学政策作为国家公共政策的重要组成部分，与国家的技术、经济、社会、安全、外交政策目标的实现紧密相连，因此科学政策构成了一个涉及多方面问题的研究领域。科学政策经过立法程序成为法规，并由有关行政机构实施。

科学政策的产生经历了一个历史发展的过程。19 世纪，科学家逐步获得其专业地位，他们的活动得到了社会的承认，一批专门的科学机构建立起来了。随着工业革命的发展，人们处处需要利用科学，科学开始获得了工业界的资助。由于科学成果社会应用的扩大，社会对科学及科学人员的需求不断增加，国家承认了科学研究的价值，并且对其采取了直接或间接的支持态度。这样就确立了科学研究的制度化。科学研究的制度化，产生了政府对科学活动进行政策性控制的必要，奠定了产生科学政策的基础，逐渐地，就形成了科学政策的雏形。第一次世界大战时，许多国家政府认识到科学研究在现代经济和战争中的极大重要性，因此产生了科学动员体制。在第二次世界大战中，许多国家全面展开科学动员体制，加强了政府、产业、大学和研究机构间的相互联系，并积累了政府加强对科学进行社会管理的经验。战后，各经济发达国家都明确意识到了科学政策的重要性。于是科学政策开始确立。科学政策是在这样一些社会需要下产生的：战后冷战时代，各国防务需要提出了大量科学研究项目，需要有一个总的国家政策协调研究工作；“大科学”的出现，一批需耗费巨额投资、投入大量人力、动员各方面研究力量参加、持续数年的研究项目，使科学发展进入规划时代，非常需要科学政策对科学事业发展进行有组织的计划与调整；由于科技进步成为经济发展的原动力，为加速经济发展，要求有切实可行的科学政策、技术政策和产业政策相互配合；随着政府、企业、大学和研究机构共同研究开发项目的增多，为体现它们的整体性，需要国家制定科学政策；伴随公害、环境、人口、能源、安全等问题的发生，在争取科学研究与社会环境相适应方面，科学政策的作用不断增大。总之，科学、技术、经济、社会相互的协调发展要求国家制定统一的科学政策。

科学政策以全部科学活动为对象，从阐明自然现象的法则、原理的基础科学开始，进而对运用这些法则和原理的应用科学，直至研究技术开发的各门“技术科学”。科学政策有助于决定一个国家科学活动的质、量和方向。制定科学政策必须把科学的社会属性和认识属性这两方面作为一个整体，来考察科学活动。深入地考察科学的理论发展状况及内部规律性和趋势，是制定正确的科学政策的理论基础和前提；同时深入探讨和研究外部社会因素对科学发展的作用，认识政治领域中的决策最终会影响科学研

究的结果。科学政策目标必须通过科学的特定发展，即通过体现科学自身发展方向的新专业或新研究前沿的建立来实现。成功的政策方向是实现科学发展方向的改变，而不是单纯以完成任务为标准。科学政策在确立科学发展的目标和重点时，必须既考虑到科学自身的发展，又考虑到社会发展的需求。前者决定科学发展的内在可能性，后者决定科学发展的长期趋势。

科学政策一般由科学政策的指导思想、科学政策的目标、科学政策的发展方向、实现科学政策目标的措施组成。尽管国与国之间存在各种各样的差异，但各国的科学政策都体现着下述一些基本原则：（1）把利用科学成就来实现经济和社会目标置于最优先的地位；（2）尽最大努力增加科学研究的投资强度；（3）增强学术研究和教育的经济、社会作用；（4）鼓励和促进科学研究与企业的结合，通过直接或间接措施增强工业的研究与发展；（5）关注科学活动的质量、效率、作用和利用；（6）努力建设现代化的科学基础结构；（7）加强科学的国际交流和合作，增强科学的国际竞争力；（8）集中力量解决发展中的关键问题；科学技术人才的培养、人力资源布局和机构设置等。

科学政策同其他公共政策有着十分密切的关系。这种关系反映了今天迅速发展的科学技术在政治、经济、外交、军事等方面起着日益重要甚至是关键的作用。将国家社会、经济、环境政策、防务政策、国际关系体系及其固有的结构、功能、发展过程同科学政策割裂开来是不可能的。

科学政策与技术政策、产业政策有着更直接的、内在的密不可分的联系，当前这三者正在相互结合形成一个整体政策体系。

（原载《自然辩证法百科全书》科学、科学的职能、科学历史、科学分类、科学精神、科学学派、科学政策条目，中国大百科全书出版社 1994 年版；及原载《中国大百科全书·哲学卷》自然科学史条目，中国大百科全书出版社 1987 年版）

科学论亦即科学观

科学论是以科学自身为研究对象，将自然科学既作为知识体系又作为社会体制，对其进行哲学和社会学的综合研究。自然科学论亦称自然科学观。它的研究包括下述内容：自然科学的性质；科学的理论结构；科学发展规律；科学的认识论和方法论；科学的社会职能；科学与其他社会意识形式的关系；科学社会体制的结构、功能及科研管理的基本原则等。科学哲学和科学社会学分别以科学的知识体系和科学的社会体制为研究对象，各自从不同的侧面研究了其中的一些问题，由于各自的出发点不同而对以上问题做出了不同的回答。作为自然辩证法重要组成部分的自然科学论，则把对科学所进行的科学哲学和科学社会学的研究有机地结合起来，形成了统一完整的自然科学观。自然科学观与自然观无论在历史的发展上或在理论上，都有着十分密切的联系。

历史上的自然科学论

在古代，自然科学知识尚未从哲学中分化出来，有关科学观、自然观的知识和自然科学的知识是融为一体的。在一些古代哲学家关于自然观和人类知识的论述中包含着有关自然科学论方面的初步认识。

柏拉图的宇宙观基本上是一种数学的宇宙观。他把宇宙描写成一种数学—几何结构。他在理论上追求经济性，追求用最小数目的元素的假说以说明自然现象的多样性和丰富性，以此作为构成科学理论的理想目标。他对数学这种演绎科学给予高度评价。

亚里士多德是一位阐述了科学论问题的哲学家。亚里士多德提出了归纳—演绎方法。他认为科学研究从观察上升到一般原理，然后再返回到观

察。他主张科学家应该从所解释的现象中归纳出解释性原理，然后再从包含这些原理的前提中，演绎出关于现象的陈述。他创立了形式逻辑及其三段论法。他接触到科学理论的结构问题，认为一门科学是通过演绎组织起来的一组陈述，第一原理是这门科学的一切证明的出发点。他试图划分出每门科学的主题。他还最早提出了科学知识分类问题以及经验科学的分界问题。他根据当时社会上业已存在的某种知识的分工，在观察、行动和创新能力之间作了区分，并把知识划分为哲学、逻辑学、数学、无机界学说和有机界学说。他认为经验科学的主题是变化的，而纯数学的主题是不变的。

伴随着近代实验科学的产生和发展。较为系统而明确的自然科学观逐步确立起来。F. 培根不仅是近代实验科学的真正始祖，而且也是近代自然科学论的奠基人。他提出了以实验定性和归纳法为主的科学方法论，他认为对自然的科学理解和对自然的技术控制是相辅相成的，极力主张把学者传统和工匠传统的方法结合起来。他最早阐述了科学知识的社会功能，强调把科学应用于工业，认为恢复人对自然的统治只有通过协作研究才有可能。他还认为经院哲学是科学发展的障碍，主张把终极因从自然科学中排除出去。他还进行了对当时的科学知识作分类的尝试。

R. 笛卡儿的科学论认为，科学是一种演绎命题的等级体系，强调数学方法在科学认识中的作用。I. 牛顿针对笛卡儿的观点，提出了科学认识的归纳—演绎程序模式，论述了他的两种科学程序理论，即分析和综合方法与公理方法。从 J. 洛克、G. W. 莱布尼兹、D. 休谟到 I. 康德，自然科学论的发展主要是围绕科学方法、科学认识的性质和科学认识的能力等问题展开的。H. de. 圣西门和 G. W F. 黑格尔则在科学知识分类方面做出了贡献。19 世纪 W. 惠威尔开辟了研究科学发展历史的新途径，他在对科学史的全面研究的基础上，探讨了科学进步形态学问题。他建议考察各门科学中发现的实际过程，以便看一看有什么模式在其中呈现出来。他把科学进步看作事实和观念的成功结合，试图通过追溯有关事实的发现和这些事实在适当观念下的综合来表明每门科学的进步。他把科学发现的模式概括为序曲、归纳期和结局三节拍的进行曲。序曲由事实的搜集和分解以及概念的澄清所组成。事实的分解和概念的阐明是建立理论的必经阶段。归纳

期出现于将某个概念模式引入一组事实之时，归纳是用综合的方式对事实加以概括的过程，也是发现和试验的过程。通过对事实的综合得出现象定律及理论。结局则是所达到的综合的进一步巩固和扩展。他把科学的进化发展比作支流汇合成江河。科学通过过去的成果逐渐归并到现在的理论中而进化。他认为，科学与其说是一系列的革命，倒不如说是一种连续的进步。

19 世纪中叶以前的自然科学论研究，由于自然科学本身的发展尚不成熟，由于自然科学与社会实践的联系还没有引起人们的广泛注意（科学在当时还只是刚刚建立了它同社会的某些联系），因此具有很大的局限性和片面性。哲学家们只是把自然科学作为人类的认识现象和知识，局限在认识的范围内加以分析，使科学与社会实践相隔离，不能揭示科学的社会本质，把科学从其社会联系中孤立出来谈论科学。由于社会历史条件的限制，哲学家们还不可能把科学作为一种社会现象加以分析。

马克思主义的自然科学论

马克思主义的产生为科学的自我认识开创了一个崭新的阶段。马克思、恩格斯通过科学的历史发展，通过科学与人类实践活动及整个社会发展的有机联系来考察科学，第一次揭示出科学的实质，全面提出了自然科学论的各种问题，并为解决这些问题指明了方向，制定了基本原则，从而为马克思主义的自然科学论的建立奠定了基础。

他们正确地阐述了自然科学的对象。恩格斯指出：自然科学的对象是运动着的物质、物体。自然科学只有在物体的相互关系中，在物体的运动中观察物体，才能认识物体。对运动的各种形式的认识，就是对物体的认识。所以，对这些不同的运动形式的探讨，就是自然科学的主要对象。①而且阐明了科学对自然界的认识，不仅仅是人的理论活动的结果，也是人的实践活动、生产活动的结果。自然科学是通过人类改变自然界的实践活动认识自然界的。他们克服了以往只在认识的范围内理解科学的局限性，

---

① 《马克思恩格斯选集》第四卷，人民出版社 1972 年版，第 407 页。

第一次把对科学的考察同人的实践活动联系起来，从而揭示了科学的社会本质。

他们明确地指出，自然科学研究的目的在于揭示自然现象和过程的本质和规律性，探讨在实践中运用科学知识的各种途径。人的自由是建立在对自然界的规律的认识，即建立在对必然性认识的基础上，要在实践中自觉应用自然科学。

他们在历史上第一次把自然科学作为一种社会现象，把自然科学的形成、发展放在具体的社会历史条件中加以分析和考察。他们指出，自然科学知识来源于社会实践，科学的认识随实践的发展而不断深化。并以这种观点为指导，对自然科学发展的历史作了概括性的描述和总结。他们科学地提出和解决了自然科学发展的动力问题。恩格斯指出，经济上的需要曾经是而且愈来愈是对自然界的认识进展的主要动力。科学状况在更大的程度上依赖于技术的状况和需要。社会一旦有技术上的需要，则这种需要就会比十所大学更能把科学推向前进。同时，他们也指出自然科学发展具有相对独立性。科学认识内部的矛盾运动，各门学科的相互作用，使人对自然界的认识不断深化，产生新的科学知识和新的科学学科。自然科学中的认识主体具有能动性，他们科学地分析了科学认识过程的辩证法，指出认识过程中各种矛盾是所有智力进步的主要杠杆，它们在人类无限的前进发展中每天地、不断地得到解决。揭示这一过程的特点和规律，对它们进行分析，是科学研究的任务之一。马克思把自然科学作为精神生产的一种形态，深入分析了科学劳动的特点。他指出：“一般劳动是一切科学工作，一切发现，一切发明。这种劳动部分地以今人的协作为条件，部分地又以对前人劳动的利用为条件。”① 马克思关于自然科学作为精神生产形态的论述，为我们认识科学的社会本质和特点，认识在科学中形成的一系列关系，即作为社会关系体系的科学本身包含着的各种不同的社会关系（经济的、社会组织的、社会心理及意识形态等的关系），提供了基本方法论原则。马克思和恩格斯具体探讨了自然科学与阶级斗争、政治斗争以及与哲学、宗教和其他社会意识形式的关系。特别强调了自然科学的世界观职

① 《马克思恩格斯全集》第25卷（上），人民出版社1974年版，第120页。

能，并把 19 世纪自然科学的伟大发现作为创立马克思主义哲学世界观的科学前提和基础。

马克思提出并论述了自然科学转化为直接生产力的原理。他指出，现代自然科学和现代工业一起变革了整个自然界，结束了人们对于自然界的幼稚态度和其他的幼稚行为。他具体历史地分析了劳动生产力是随着科学和技术的不断进步而不断发展的。他特别强调科学是一种在历史上起推动作用的、革命的力量。马克思和恩格斯的理论著述为我们全面认识自然科学的社会作用和自然科学的社会职能奠定了理论基础。

恩格斯提出了科学分类的基本原则，指明了科学发展的方向和趋势，预言了各门学科的边缘和交叉领域将会是新学科的生长点。他还指出了科学发展的指数增长规律，认为“科学的发展则与前一代人遗留下的知识量成正比，因此在最普遍的情况下。科学也是按几何级数发展的”①。这些思想不仅为后来的科学发展所证明，而且为研究科学分类和科学发展规律等基本自然科学论问题制定了基本原则并指明了方向。

恩格斯深刻地分析了近代科学发展中出现的科学革命问题。他指出，物质生产的进步是科学革命的基础；科学革命是社会变革的先驱；科学革命总是与思维方式的革命相伴随；科学革命引起哲学世界观的变革。恩格斯关于科学革命的论述奠定了分析科学革命的理论和方法论基础。

自然科学论是自然辩证法的重要组成部分，是新兴的科学学这门学科的理论基础，它主要有两方面内容：（1）对自然科学作认识论和方法论方面的研究，形成马克思主义的科学哲学。主要以科学的认识过程、认识方法和科学知识体系为研究对象。主要研究：科学认识的本质；分析科学的基本概念；科学的理论结构；科学认识发展的规律；科学方法论等。（2）把自然科学作为一种社会现象和社会体制，从社会历史观的角度研究科学在社会关系体系中的发展规律，形成马克思主义的科学社会学。主要研究：科学作为社会现象的特点及本质；科学的社会职能；科学与社会的相互作用；科学与各种社会意识形式的关系；科学社会体制的结构、功能；科学交流、科学学派的形成与作用；科研管理及科技政策的基本原

① 《马克思恩格斯全集》第 1 卷，人民出版社 1974 年版，第 621 页。

则等。

自然科学论作为一门独立的学科和专门的研究领域，是在20世纪30—40年代才开始出现，目前还正在进一步形成和发展过程之中。关于这门学科的名称、基本内容存在各种观点的争论。尽管它发展得很不成熟，但它是当代哲学研究中发展最迅速、取得成果最丰硕的领域，而且产生了广泛的影响，不仅大大丰富和发展了哲学的研究，而且表现了与实践更紧密联系的特点。当代自然科学论的研究广泛吸收了现代科学的成果与方法。科学哲学、科学社会学与科学史的研究的相互渗透和融合在科学论的研究中表现得十分明显，以致这些学科的界限很难界定。心理学、认知科学、人工智能的研究成果与方法，控制论、信息论和系统科学以及现代管理学的成果也被广泛吸收到自然科学论的研究中，当代科学论的研究为科研管理、科学政策的制定提供了理论和方法论基础。

西方科学哲学家的自然科学论研究

在现代西方的各种哲学流派中属于实证主义这一思潮的各个哲学流派更多地关注和比较系统地探讨了自然科学问题，但只局限于知识的范围内。它们构成了当代的科学哲学。它包括逻辑实证主义、操作主义、逻辑实用主义、批判理性主义等。它是在第二次世界大战后才作为一门独立的学科出现的。它集中讨论的是有关科学的认识论和方法论问题，对自然科学的本体论问题或者是持否定态度，或者是避而不谈。当代西方科学哲学主要沿两个方向发展，从而形成两大派别，一派是以汉森、图尔敏、D. 夏皮尔等人为代表，他们通过考察科学历史案例，进而表述科学是什么。另一派是以享佩尔、R. 卡尔纳普和W. van. O. 奎因等人为代表，在他们的著作中找不到一个历史案例的研究，只有“理性重组”“精细分析”，他们要回答的问题是，科学应说的是什么。从20世纪60年代开始，历史主义学派开始兴起，主要有库恩的“科学革命的结构”理论和I. 拉卡托斯的“科学研究纲领方法论”。近年来，也出现了对自然科学进行社会学研究的动向。总的来说，现代西方科学哲学只着重探讨自然科学的认识论和方法论方面的问题，并没有全面地研究自然科学，没有形成一个完整而

系统的自然科学观，而把自然科学的社会学问题留给了科学社会学。在对待自然科学的社会历史作用问题上，西方的思想家往往企图从现代科学技术的发展中去寻求资本主义社会摆脱目前困境的出路，表现为科学技术悲观主义和技术乐观主义的两种观点。

从20世纪30—40年代起，欧美的科学社会学研究日趋活跃，1939年，J. D. 贝尔纳发表了《科学的社会功能》一书。全面提出了当代自然科学论的基本问题，开创了科学学研究的新方向。D. J. des. 普赖斯、R. K. 默顿等人近年来的工作也引起了广泛注意。功能主义学派和结构主义学派是当前西方科学社会学研究中较有影响的两大流派。

（原载《自然辩证法百科全书》自然科学论条目，中国大百科全书出版社1994年版）

科学、技术与社会的关系

一 科学与技术

科学是反映自然界的现象和事物的本质联系及其运动变化规律的知识体系，科学也是组织科学活动的社会建制。科学知识体系是借助于一定的认识方法获得的，以概念、定理、假说等理论形式加以表述的；作为知识形态存在的自然科学，具有客观性、系统性、普遍性、精确性、预见性和探索性等特征。科学是在漫长的人类社会实践活动中历史地形成和不断发展着的。在农耕文明时期，人们是通过生产实践经验、观察和日常生活经验来获取对自然的认识的，近现代科学进一步将实验作为科学认识的基础。客观世界处于不断发展和变化的状态之中，社会实践是不断向前发展的，人类的认识能力在逐步提高，对世界的认识不断深化，因此，任何科学认识都不是处于静态之中，而是处于动态变化中，科学要不断地通过实验对其已有的认识进行重新认识，从中发现错误或疏漏，从而获得新的见解。所有的科学理论都必须具有可通过实验和观察进行证伪的要素。科学本质上就是这样一种思维方法，进行批判性思考，通过实验进行证伪。科学最重要的是给人们提供了这样认知世界的观念和方式方法。

技术是实现社会和经济目标的一种手段，它是针对经济和社会的特定需要，用于控制社会各个生产要素以生产产品和提供社会服务的有关的知识、技能和手段。技术是社会生产力的重要组成部分。

当17世纪技术这一术语在英国首次出现时，仅指各种应用技艺。到20世纪初，技术的含义渐渐扩大，它涉及工具、机器及其使用方法和过程。到20世纪后半期，技术被定义为“人类改变或控制客观环境的手段

或活动”。人类在制造工具的过程中产生了技术，而现代技术的最大特点是它与科学相结合。

科学与技术在历史上是相对独立地分别发展起来的，各自遵循自己的发展道路。它们追求的目的不同，表现形式不同，形成了各自独特的文化传统。科学与技术有密切的联系，也有很大的不同。科学所追求的目的是达到一种对自然界的真理性的认识。科学的社会目标是发现客观规律，对客观世界的种种现象和过程做出描述、解释和预见。它只是回答“是什么”和“为什么”的问题。技术所追求的目的是提供某种技能和手段以满足社会的某种特定需要。它回答的是“做什么”和“怎样做”的问题。

科学和技术都是一种社会资源，但特点不同。科学的价值是永远不会贬值的，科学原理具有普适性，不受时间和空间的限制。从空间来看，一个自然科学的原理无论在哪个国家都是普遍适用的，任何时候科学真理都保持自己的价值不变。技术这种社会资源则不同，它的特点是随时间和空间变化，易于贬值。在某一领域新的技术出现后，原来的技术就要贬值，甚至被淘汰。所以新的技术出现以后，必须迅速地创造新技术发挥作用的条件，尽快推广这种新技术，把这种技术的潜力充分发挥出来，否则，一旦更新的技术出现，它就迅速贬值。技术的价值随时空变化而变化。从空间来看，任何一项技术都是在一定的社会经济、自然资源的条件下，为满足某种特定需要产生的，所以技术由一个国家转移到其他国家的时候，必须根据接受新技术的国家的资源、社会经济和劳动力的条件在形式上有所变化，才能发挥作用。任何一种技术只有和一定的社会经济条件、资源条件相匹配，才能产生良好的社会经济效果。

科学和技术还有一点不同的是，科学研究所追求的只是先进性，即预见性和探索性，要努力站在认识的最前沿。技术的应用不只要追求先进性，还要考虑到经济的合理性和社会的适应性。

明确了科学与技术的这种区别，下面我们将在人类文明发展的各时期中再说明科学与技术的关系在历史上是怎样发展的。

科学是社会生产力的知识形态，它要通过技术和工程转化为社会生产力的物质形态，即直接的、现实的生产力。在农耕文明时期，科学与技术是分离的，它们各自遵循自己的发展道路，各自独立发挥社会作用，都有

自己独特的文化传统，它们的发展往往是脱节的。技术的进步往往依靠传统技艺的提高和改进，只凭经验摸索前进。科学理论也经常是跟在实践之后来概括和总结人们在生产技术活动过程中积累起来的经验材料。因此，常常出现这样的情况：在科学理论上还没有搞得十分清楚的东西，在技术上却可以实现它；而科学上已发现了的东西，在技术上却很久不能应用。关键性的技术突破常常同理论科学没有直接联系。在巴比伦和古埃及文明时期，僧侣传统和工匠传统之间就缺乏接触，有知识的人看不起工匠的劳动。希腊哲学家多数把从事手工艺看作有失身份的事。在古代科学家的眼里看不起工匠和手工业者的工作。这种把科学与技术分割开来的态度在古代很有代表性，并且这种观点和态度一直持续到中世纪很长一段时间。基础科学刚一出现之时，科学和技术发明之间的联系常常是异常微弱的。发生在 1760 年至 1830 年的第一次产业革命，是由于一系列技术的巨大创新引起的，这些技术创新是以生产经验为基础，与科学没有直接的联系。但是，16—18 世纪的科学革命创造了有利于技术进步和创新的文化氛围。被当作第一次产业革命基础的那些著名的发明，虽然都是来自那些伟大工匠总结出来的半正式的实用知识，但是科学上的革命意义在于它帮助拓展了经验技术的知识基础，并因此创造了一个有利于技术可持续发展的环境。不仅仅如此，它们也从多方面扩大了知识的范围，并且由于人们能更加方便和便宜地获取知识，它也促进了知识的深化。从 19 世纪 70 年代起开始了第二次产业革命的历程，科学研究取得长足进展，获得了一系列的重大技术成果，并直接应用于工业生产。原有的技术有了坚实的科学理论支撑，不仅规模扩大，而且有重大革新，面貌改观。数学和自然科学的长足发展，直接导致了一系列的工业技术发明创造。第二次产业革命与第一次产业革命相比较，一个最大的特点就是科学的作用大大增强。进入“电气化”时代以后，科学与技术的联系越来越密切，工程技术演化为以科学为基础的现代形态。工程技术的发展与科学日益紧密地联系起来了，技术以科学为基础，这主要表现为三个方面：一是科学技术的成果，直接导致新的工程技术的诞生；二是科学技术的新成果，迅速被原有的工程技术采纳；三是科学理论扩大了原有工程技术的科学知识基础。科学技术的紧密联系和相互促进是工业文明时期的一大特征。现代的技术发明明显地越来

越依靠科学。科学与技术的关系已密不可分。现代技术完全是建立在科学理论的基础之上的，科学技术化、技术科学化是现代科学技术发展的鲜明特征。历史上分别发展的科学传统和技术传统，融合为统一的科学技术传统。

二 科学与社会的关系

科学与社会是指一个以自然科学与社会条件相互关系问题为中心的多学科性的综合研究课题。自然科学作为一种复杂的社会现象是人类社会历史的重要组成部分。它的发生和发展受一定社会条件的制约，同时又对社会的进步发生巨大影响。自然科学与社会之间存在着多方面的相互联系。在不同的社会历史发展时期，科学与社会相互作用的范围、规模、方式和强度不同。20 世纪以来，自然科学与社会的关系经历着越来越密切、越来越复杂的根本变化，科学日趋社会化、社会日趋科学化已成为这个时代的鲜明特征，科学与社会的关系问题成为重大而迫切的理论课题。

（一）社会因素对自然科学的影响和制约

自然科学知识的社会意义在于满足社会精神生活和物质生活的需要。科学研究对象的选择，科学思维的概念工具和方法论的形成，科学发展的方向、规模和速度，科学成果利用的程度和性质，都要受到许多社会因素的影响和制约。这些因素是：物质生产的需要，生产发展水平和技术水平；社会政治实践，特别是军事活动的需要；社会经济制度；社会意识的各种形式，首先是哲学世界观的性质；社会的文化教育水平等，这些因素的总和构成了自然科学的社会存在条件。物质生产实践是自然科学发展的最强大的推动力，它不仅向自然科学提出一定的认识任务，而且积累了大量的经验材料，并提供了所需的认识手段（仪器、装备、设施等），还为自然科学理论的理解、发展和应用创造了条件。自然科学的发展必须同一定的社会、经济条件相匹配，才能产生良好的社会效果。学术的繁荣需要适宜的政治气氛，同时科学成果在不同的社会制度中被应用于不同的目的。随着科学对社会作用的增强，科学活动在社会建制中日益集中和扩

大。这就使科学的发展除受其内在逻辑的支配外，越来越受到科学外部的各种社会因素的制约和控制，甚至主要取决于外部动力。当代自然科学的发展已进入规划科学阶段，即由国家和社会组织协调，并纳入各国政府的重大决策范围。社会则通过规划、政策和投资，规定科学发展的方向，控制科学发展的规模和速度，影响科学发生作用的范围。

（二）自然科学对社会的影响

自然科学对社会的影响是通过两种方式实现的：一种是“有形的”方式，即通过科学知识的物化，产生出新的技术，并在科学理论基础上发明新的生产工具和新的工艺，促进社会生产力的发展，从而导致生产方式和社会结构的变革；另一种是“无形的”方式，即科学的思想、科学的精神、科学的思维方式对整个社会精神生活产生影响，从而提高整个社会的一般智力水平，并影响到社会意识各个领域的变化。重大的科学发现和与它们相联系的技术发明对人类历史命运发生着巨大的影响，现代自然科学以其多种社会职能直接或间接地作用于当代社会的一切过程和现象，成为推动社会进步的最强大的动力。

这些职能主要是：生产职能、社会管理职能、认识和方法论职能、教育和情报职能。现代科学与技术的紧密联系和相互渗透，形成了人类认识和改造自然的统一的科学技术革命过程，科学、技术、生产和管理等人类社会活动的最重要的形式融合为统一的体系，自然科学越来越变为直接的社会生产力。

现代自然科学对社会的影响，概括起来主要表现在以下几个方面：（1）自然科学成就及其技术应用使社会生产在劳动手段、能源种类、生产工艺、劳动对象和生产过程的一般物质条件及组织管理形式上都发生了革命性变化；（2）现代自然科学为现代社会的管理提供了理论、方法和技术手段；（3）现代自然科学对于现代军事技术、对于一个国家的军事活动和国际实力具有极其重要的影响，成为现代战争中取胜的决定性因素之一，并改变着军事战略和技术思想；（4）自然科学作为人类文化的最重要的组成部分，它的概念、理论和方法不仅向社会科学各个领域广泛渗透，而且还广泛地向日常生活、艺术和政治领域渗透；（5）现代自然科学形成的思

维方式已经成为人类思维的普遍形式，并且在新的社会价值观、道德观和生活方式的形成中有着重要的作用；（6）现代自然科学不仅构成社会教育的基本内容，并且为社会教育领域提供了先进的技术手段。当前在世界范围内广泛开展的微电子学和计算机革命，为人类脑力劳动提供了最强大的工具，而开发人类自然智能和人工智能的研制工作，则预示着人类历史上的一次崭新的智能革命，表明人类将进入信息化社会。

三 技术与社会

技术，是人类改变或控制客观环境的手段和方法，它以满足一定的社会需求为目标，它的进步与革命会产生广泛而深刻的社会影响。

技术本身是社会生产力的重要组成部分，是实现社会经济目标的一种手段，它是针对经济和社会的特定需求，用于控制社会各个生产要素以生产产品和提供社会服务的有关知识、技能和手段。技术也是一种社会资源。任何一项技术都是在一定社会、经济、自然资源的条件下产生的，也只有和社会经济条件相匹配，才能充分发挥它的作用，产生良好的社会效果。

在历史上，技术与科学一直是各自遵循自己的发展道路前进的。到19世纪，技术才逐渐以科学作为基础。现代技术的最大特点是与科学的紧密结合。科学技术化、技术科学化是现代科学技术发展的鲜明特征。现代科学与技术的紧密结合，已经形成了科学技术的统一体系，这是一个包括人的认识和利用自然物、自然力的统一过程。它大大加快了科学发现的实际应用，使科学成果迅速转化为现实的生产力。科学技术的空前一体化，使得现代科学技术成为经济增长的动力和源泉，它是现代社会发展和国家兴盛的基础。科学革命、技术革命和产业革命之间存在着互动关系，而它们分别地或综合地又同社会的生产、经济、文化、生活、环境等领域存在着互动关系。种种复杂的互动关联既推动了科学革命、技术革命、产业革命的形成和发展，又推动了社会的生产、经济、文化、生活等领域的发展变化。

技术在人类文化进步中占有重要地位，并且起着巨大的推动作用。技

术的进步与创新不能脱离它所产生的社会文化背景，并且技术本身就是一种社会文化因素，是一种社会文化力量。人类创造和发展了技术，而技术作为一种文明的力量，又不断完善着人类自身，使人类掌握了改变和控制客观世界的强大手段，创造了现代文明。因此，技术是现代文明的一种重要创造力量，在人类文化进步中占有重要地位。技术是人类现代文化的重要组成部分。技术的进步和创新对整个人类文化的内容、结构、形式以及发展方向都有着重大影响。技术进步和创新，特别是技术革命，不仅会使社会生产力、社会生产方式、经济结构产生革命性变革，而且会使社会结构、社会组织管理形式、人们的生活方式和生活习惯产生革命性的变革；还会对人们的价值观念、伦理道德、思维方式产生深刻的影响。当今，以信息技术和生命技术为核心和高技术正在以几十年前还不可想象的速度重塑着我们的世界。技术作为推动全球变化的力量，引起各方面人士对它的空前关注。

技术进步与人类命运息息相关。技术的飞快发展像一把双刃剑：一方面为创造人类的幸福提供了空前的无限的能力；另一方面也使人类掌握了可以毁灭地球上一切生命的能力。技术乐观主义和技术悲观主义从两个极端反映了人们对技术的认识。从 18 世纪后期开始，人们对技术进步普遍持乐观的态度。但早在英国维多利亚女王时代就有人对技术发展持有异议，出现了反技术的倾向。历史上曾发生过捣毁机器的运动，认为机器的大量运用会导致工人失业。1932 年，英国作家 A. 赫克斯利在小说《美好的新世界》中，描述了在不久的将来，技术要完全统治人类，它一方面会使人类生活舒适，免于知识不足和痛苦；另一方面也会使人类丧失自由、美和创造性，剥夺人的个性。第二次世界大战以后，由于技术带来的某些不良倾向，技术日益受到抨击。美国科学作家 R. 卡森写的《寂静的春天》在 20 世纪 50—60 年代影响很大。他指出，无限制地使用杀虫剂会给动植物的生存带来严重后果。欧美一些国家的政治家和作家在反技术思潮中相互呼应。J. 埃吕尔认为，现在技术已经囊括一切，使人们生活于技术环境中而不能像以往那样生活在自然界；人们的心理状态完全为技术价值所统治。技术并没有使人获得自由。

技术与人、技术与环境已成为现代人们关注的热点问题。技术进步创

造了人类历史上空前巨大的生产力，但由于人们对技术的无控制的滥用，也导致了与人性相对立、相敌视的特点，人类生存环境遭受严重破坏。学者们曾经用技术异化、工具异化、生产异化、劳动异化等概念揭露工业化带来的负面社会影响。人们从技术的批判中探索着技术发展的崭新方向。技术的人性化的发展方向，技术的生态化发展方向，技术的可持续发展方向等，都从不同侧面揭示了未来技术发展的崭新趋势和方向。新的发展观要求确立新的技术观，寻求新的技术评价标准，形成新的技术发展目标。以信息技术和生命技术为核心的高技术，必须确保它沿着这个新方向发展。

技术与社会的关系问题如今已成为公众对技术了解的重要内容，是提高国民技术素养的重要方面。对于与技术及其在社会和人们个人生活中的作用相关的问题，使我们越来越面临着日益增多的决断。为了给解决一个日益技术化的社会所面临的复杂的经济、政治、环境、社会和伦理问题提供一个理论基础，必须加强技术与社会相互关系的诸多问题的研究与教育。

20 世纪 70 年代以来人们在探讨自然科学与社会的关系时，还把注意力集中于下述一些问题上：如何防止现代自然科学的成果被滥用，保证科学成果为人类造福而不是给人类带来灾难；如何使科学、技术、经济与社会协调发展；如何使人类社会与自然界和谐一致，为人类生存创造更好的生态环境；科学家的社会责任及科学对人类和平发展和社会进步的责任、途径等。科学、技术与社会的研究，现在已经发展成为一个广泛的、跨学科的研究领域，即所谓 STS（科学、技术、社会三个词的英文字头）研究。STS 研究在我国 20 世纪 80 年代初起就已经开始。以科技、经济、社会和文化发展中出现的重大问题为中心，展开跨学科研究是其鲜明特点。

［依据《中国大百科全书·哲学卷》自然科学与社会条目，中国大百科全书出版社 1987 年版，和李宝恒、李惠国主编《现代科学技术大众百科科技与社会》技术与社会条目，（浙江教育出版社 2001 年版）改写］

科学革命、技术革命和产业革命三者的关系

为了理解科学技术在20世纪的革命性发展，为了理解高科技时代的来临及其社会影响，让我们先来考察一下科学革命、技术革命和产业革命这三个概念之间的区别和联系，因为它们是本书所要讨论主题的理论前提。

科学革命

科学革命是指人类认识世界所获得的知识体系的革命，科学革命本身具有认识论的性质，是人类认识领域、知识领域中所产生的革命。科学革命有下面几个特征和标志：

（1）科学革命的前提：经验材料体系获得质的进展，这是科学革命的前提。所谓科学的经验材料体系，是指在科学发展的过程中积累的大量的新的科学事实。新的自然现象和取得的新的观测资料。它与原来所具有的经验材料体系发生了冲突，并且超出了原先理论所能解释的限度和范围。

（2）科学革命的基础：观察和实验的物质手段获得质的进展是科学革命的基础。任何一次科学革命，都是建筑在观察和实验手段的进步的基础上，都是人类创造了新的观察和实验的物质手段才引起的。如人类创造发明了望远镜，使人的视野开始前进了一步，从光学望远镜到射电天文望远镜又有了一个质的进展，大型的高能加速器，使我们进入到了基本粒子的领域。

（3）科学革命成熟的标志：原来的占统治地位的科学观念理论体系在新的实验材料面前，遇到了极大的困难，使人们对原来的理论体系和概念产生普遍的动摇和怀疑，这是科学革命成熟的标志。

（4）科学革命的内容：新的科学概念理论体系的建立，代替了旧的理论体系，这是科学革命的内容。所以科学革命是对科学体系的根本改造。一方面是具体的科学理论、科学概念的建立，如相对论、量子力学体系的建立；另一方面是人对自然界认识图景的变化，即所谓自然观的变化。从整个科学发展来看，哲学是靠科学所提供的知识来把握世界的。大致整个世界图景变化经历了这样几个阶段：先是人类在力学充分发展之上建立了力学的世界图景，什么都用力来解释，包括人的生命现象和社会现象，后来又以电磁学为基础建立了电磁的世界图景，再进一步又建立了相对论量子力学的世界图景，辩证唯物主义的科学世界图景实际上是建立在相对论量子力学成就的基础上。目前科学技术革命深入发展，在信息科学发展基础上，可能会建立一个新的关于世界的信息图景，辩证唯物主义自然观需要进一步发展到一个崭新的阶段，可以考虑用信息的联系，从信息的传递、发生、转换这个角度来揭示世界上各种事物之间的联系，这样有可能建立一个崭新的关于世界的信息科学的图景。

（5）科学革命的实质：科学革命实际上是一次思维方法的革命，科学思维方法的重大变革是科学革命的实质。因为新的科学事实、新的现象、新的观测资料揭示以后，原有的旧的理论已不能说明这些新的事实，不能解释这些新的现象，新的观测资料和原有的理论也发生了矛盾，在这个时候，科学家们就要探索寻求新的出路。出路何在？关键是要跳出旧的理论框架的束缚，摆脱旧的思路，寻求一条新的思路。比如说，在19世纪末，当时各种各样的物理科学实验现象、关于黑体辐射等新的物理学的经验资料，用能量是连续的这种观点解释不了。这时，许多科学家继续企图用能量是连续的这样一种观点对旧的理论修修补补，实际上遇到了极大的困难。于是1900年普朗克完全跳出了物理学家们的思路，他不是从能量是连续这个观点去考虑问题，而是抛掉了能量是连续的这种观点，提出了能量是分立的，能量是一份一份地发射的，这样就进入一个新的领域，这个时候出现了一片光明，很多新的实验现象就解释清了。当前的科学技术革命实际上是一次崭新的人的智能革命，这次智能革命将在思维方法上产生一次新的巨大的飞跃，因此在一定程度上，现在进入了方法论的时代。

（6）科学革命的影响：科学革命对社会发生作用是通过两种途径进行

的。一种方式是有形的，即科学知识物化为新的技术，在新的科学理论基础上，发明了新的生产工艺过程、新的生产工具，从而使社会生产力发生重大的变革。另一种方式是无形的，即科学的思想、科学的精神、科学的方法、科学的思维方式对人的精神所产生的巨大影响，提高了人类的智能，从而促进整个社会的进步。在一定意义上说，这种无形的影响比有形的还要广泛、深远。在一个新的科学理论基础上发明了一种新的生产工具、新的工艺过程，它只能影响一个领域的范围。而科学的思想、科学的精神、科学的方法和思维方式是要对整个人类甚至于连续几代人发生影响。我们可以设想，近代科学对人的精神上产生的影响，对宗教神学的打击，一直从哥白尼时代开始影响到现在，近代科学的实验方法、归纳、演绎的方法对整个人类的影响，也是从培根时代起影响到现在。只有近代科学的科学方法、民主精神才使整个人类社会冲破封建社会的枷锁，我们在五四运动时，也是从请德先生、赛先生开始，把西方科学中所形成的科学思想和科学精神引到中国来。所以，我们不但要看到科学革命对社会的物质生产的影响，更应该看到对人的精神、人的智力所产生的极大的影响。

技术革命

技术革命是指技术发展中的巨大变革，是生产工具和工艺的变革，它是人类在生产实践领域当中在技术范围内的变革，它本身也是生产力的变革。因为技术本身是生产力的重要组成部分，所以，技术革命是产业革命的直接前提，技术是实现社会和经济目标的一种手段，它是针对经济和社会的特定需要，用于控制社会各个生产要素以生产产品和提供社会服务的有关的知识、技能和手段。技术也是一种社会资源，是满足社会某种经济需要和社会特定需要的。技术资源的特点是易于损坏、易贬值。新的技术出现，原来的技术就要贬值。技术与科学有很大不同，科学所追求的目标是一种对自然界认识的真理，技术所追求的目标是满足于社会的一定需要。科学是永远不会贬值的，因为科学原理具有普遍的实用性，不受时间和空间的限制，一个科学原理在哪个国家都是普遍适用的，不能说牛顿的力学原理和爱因斯坦的相对论原理，在美国和中国表现形式不一样。技术

就不像科学那样，任何一种技术只有和社会经济条件相匹配，才能产生良好的社会效果，否则一旦新的技术出现，原有的技术就要贬值。另外，任何一项技术都是在一定社会经济、自然资源的条件下产生的，所以它从一定的国度转移到其他国家以后，必须根据接受新技术国家的资源的社会的经济的条件特点，加以改变形式，才能发挥作用。如蒸汽机车，最早出现在欧洲的大陆，第一条铁路建在英国，但由于英伦三岛开发的较早，原始森林已被砍光，煤已充分开采，所以蒸汽机车主要行驶在牧场平原地带，烧的是煤。但当美洲大陆使用蒸汽机车时，情形就不一样了，美洲大陆还未开发，到处是原始森林，煤也没有开采，主要燃料是木材。这样就要对火车加以改造，烟道加长，以防止森林失火。因此我们在引进技术的时候，要考虑两个方面的问题：一方面就是要把国外的先进技术，根据我们国家的资源，社会的、经济的、文化的背景加以适当的改造，适合我们国家的条件，不但要考虑到技术的先进性，还要考虑到经济的合理性和社会的实用性；另一方面，引进的先进技术若想在我们国家生根、开花、结果，产生较好的社会效果，就必须改造我们的社会组织形式，改造我们的生活习惯，改造我们的社会结构，使得我们的社会里不适应先进科学技术的东西去掉，为先进技术发挥作用创造一个良好的土壤条件。科学所要追求的是先进性，而技术不但要追求先进性，还要考虑到经济的合理性、社会的适应性。

产业革命

产业革命是指由于技术革命引起的社会生产力的飞跃及生产的组织管理形式、经济结构、生产方式方面的革命性变革，从而导致社会的全面变革。它表现为社会经济的发展中具有一定质的规定性的特定阶段。

产业革命本身包含着技术革命，技术革命是它的前提也是它的技术内容，不能把产业革命和技术革命混为一谈。新技术革命是第二次世界大战后开始的，从70年代初又进入了一个新的阶段。对我国来说，当前不仅仅是迎接新技术革命的问题，而是迎接从70年代初开始的新技术革命到

90 年代所引起的世界范围内的产业变革、产业结构的革命。技术革命的价值不通过产业革命是实现不了的。产业革命的概念渊源于马克思主义经典作家，早在 19 世纪 40 年代恩格斯在《英国工人阶级的状况》和《共产主义原理》中最早提出了产业革命概念。恩格斯当时讲，18 世纪下半叶，由于蒸汽机和各种纺纱机、织布机及一系列其他机械装备的发明引起了产业革命，它最早发生于英国，后来相继发生于世界各文明国家。产业革命改变了以前的生产方式，引起了市民社会中的全面变革。1848 年，约翰·斯图亚特·穆勒在《政治经济学原理》中也使用了产业革命这个概念，1850 年，卡尔·马尔洛也用过这个概念。在这以后，马克思在《1861—1863 年经济学手稿》和在《资本论》1867 年德文版第一卷里谈了产业革命问题。马克思说明了第一次产业革命的内容、本质及其技术经济特征，指出产业革命既改变了生产方式也改变了生产关系。在此以后，1884 年英国历史学家阿洛德·托因比在《英国产业革命讲话》这部书里，对历史上发生的英国的产业革命做了比较详细和系统的分析。

技术革命和产业革命在历史上发生的时间不是同步的。一般来说，产业革命相对于技术革命有一个滞后期，技术革命发生以后，经过一段滞后期才产生产业革命。从科学发现、技术发明到工业应用，一般对技术来说都有一个成熟期，而且从生产上掌握一种新的技术，到生产出产品投放市场并占领市场都要经过一段时间的。从历史上看，1885 年到 1919 年整个技术实现期是 34 年；1920 年到 1944 年整个技术实现期是 24 年；从 1945 年到 1964 年，整个技术实现期 19 年左右。从这样一个技术革命有一个超前期、产业革命有一个滞后期推断，我们真正迎接的是由科学技术革命新阶段所带来的产业革命。从 20 世纪 70 年代起，当代的科学技术革命进入了一个崭新的阶段，从 70 年代起一系列新技术产生了巨大的突破到引起世界范围内产业结构的调整，促发产业革命，要经过 14—15 年的滞后期来看，可以预见，90 年代末到 21 世纪初可能引起世界范围的产业结构的巨大调整、变革。作为先声，在美国、欧洲、日本等国家已经开始，但世界规模的产业革命从现在开始出现苗头到 90 年代出现一个新的高潮。科学技术革命进入新阶段以后，要引起未来世界范围的产业革命。

如前所述，科学革命、技术革命、产业革命之间存在着互动关系，而

它们分别地或综合地又同社会的生产、经济、文化、生活、环境等领域存在着互动关系，种种复杂的互动关联既推动了科学革命、技术革命、产业革命的形成和发展，又推动了社会的生产、经济、文化、生活等领域的发展变化。

（选自李惠国、吴元梁主编《高科技时代的社会发展》，中共中央党校出版社 1996 年版，导言）

科学技术的加速发展与急剧变革

20世纪后半叶，科学技术以惊人的速度和空前的规模向前发展，并正在经历着一场深刻的革命。当代科学技术发展的这一鲜明特点，表明了科学技术在当代社会经济发展中具有十分重要的地位和作用，并且对社会经济发展产生了巨大影响，它促使各国调整和重新制定科学技术发展及相应的社会经济发展的战略和政策。

一　当代科学技术发展呈指数增长的趋势

科学技术知识的迅速增长，是20世纪后半期引人注目的现象，近30年来，人类所取得的科技成果，即科学新发现和技术新发明的数量，比过去两千年的总和还要多。曾有人估算，截至1980年，人类社会获得的科学知识的90%是第二次世界大战后30余年获得的。到2000年，人类社会获得的知识还将翻一番。据统计，现代物理学中90%的知识是1950年以后取得的。生物学和生物工艺学近20年取得的飞速进展，远远超过了过去几百年的成果，并且根本改变了生物科学的面貌，对社会和经济发展将产生极其巨大的影响。科技论文是科学技术成果的最重要的载体。现在全世界每天发表的科技论文有6000—8000篇。当今发表科技论文的数量每隔一年半就增加1倍。据粗略统计，人类的科技知识，19世纪是每50年增加1倍，20世纪中叶是每10年增加1倍，当前则是每3—5年增加1倍。登记专利的数量，是衡量科技进步的重要指标，是一个国家研究和发展潜力的依据，现在全世界每年批准的专利数量达120万件。由于科学技术知识的激增，新学科不断涌现，现在学科总数已达到6000多门。战后兴起的电子计算机科学技术呈指数曲线的发展是相当具有代表性的。世界

上自1945年研制出第一台电子计算机以来，经历了电子管、半导体、集成电路、大规模和超大规模集成电路几代的发展，其性能提高了100万倍。当前，超级计算机最快运算速度已达到320亿次/秒。人们现在又开始研制光学计算机，它的信息处理速度将比电子计算机信息处理速度快1000倍，甚至有人预测快1万倍。还有人预测，25年后普通台式个人计算机将比今天的功率大100万倍。

随着科学技术的飞速发展，科学技术知识更新的速度也在加快。当今，一个工程师知识的丰衰期是五年，即五年内他掌握的知识中将有一半过时。在近十年内，一个工程师所掌握的知识的90%与计算机的最新发展有关。美国国家卫生研究所的计算机存储的科学技术资料每五年增加85%。

由于科学技术知识的加速度增长，科技知识的更新速度在加快，社会劳动结构和工作岗位不断变化，职业培训已成为一种终身教育。由于科学技术的急剧发展，在美国平均每10年，一个人就要改变一次职业。据美国统计，20世纪90年代，美国将向高技能职业提供600万个工作岗位，受培训的人员将达4%，美国各公司培训费80年代末已达800亿美元，到2000年还将翻一番。联邦德国每年的在职培训人员多达400万人，培训费达到270亿马克。进入90年代，“终身教育”已受到各发达国家的普遍重视。近年来，美、德、法、日等国家又兴起“职业大学”（短期大学）热，并把它视为经济增长的“秘密武器”。

科学技术成果如此飞快地增长，是由于社会对科学技术具有巨大的需求，社会对科学技术事业进行了大量的投入。现代科学技术作为社会生产的一个独立环节，一方面需要耗费大量人力物力资源，一方面又以更大的增长速度转化为巨大的社会生产力。各发达国家和新兴工业化国家普遍重视对科学技术的投入。由于社会对科学技术的投入不断增加，科学技术发展的规模也越来越大。战后，从事科学研究的队伍不断扩大，美国从事科学研究与发展的人数每10年翻一番，西欧发达国家是每15年翻一番。现在，全世界的科学家和工程师人数已达5000万人。1990年，联邦德国有230万人在研究和发展密集型领域就业。受过科学教育的就业人数已是衡量一个国家科技进步尺度的重要标志。美国劳工统计局估计，在未来10

年里，美国在技术领域里参加工作的大学毕业生人数将增加75%。每万名就业人员中科学家和工程师的数量，在发达国家都呈现不断上升的趋势，1981—1989年，美国从62人上升到77人，日本从54人上升到70人，德国从44人上升到56人。一个国家劳动者的科学文化素质，决定着创造技术的能力，也决定着使用技术的能力。因此，近年来各国普遍加强教育事业的投资力度。1990年，美国的教育经费已达到3587亿美元。目前工业发达国家的教育经费占国民生产总值的比例，一般在5%—7%，新兴工业化国家一般也可达到3%—4%。预计未来100年，全世界从事研究与发展工作的人数将占到世界总人口的20%，这说明丰富多彩的创造性科学劳动，将在21世纪普遍地成为人类的主要活动。

表1　　**各国科研经费投入情况**

国别 / 年份	美国		日本		德国		法国		英国	
	金额（亿美元）	强度①（%）	金额（亿日元）	强度（%）	金额（亿马克）	强度（%）	金额（亿法郎）	强度（%）	金额（亿英镑）	强度（%）
1980	25.94	2.29	52462	2.14	358.18	2.41	510.14	1.81	51.55	2.23
1985	1077.57	2.68	88903	2.77	508.70	2.76	1059.17	2.27	79.20	2.21
1990	1500.00	2.74	130783	2.99	704.55	2.90	1558.00	2.38	115.32②	2.20

第二次世界大战之后，科学技术研究经费投入在所有发达国家也呈指数增长。全世界用于科研的经费，20世纪60年代末比20世纪初增长了400倍，现在已达每年4000亿美元。发达国家的研究与发展经费通常占国民生产总值的2.5%—3%。有的研究结果表明，科学研究经费保持在年增长8%—10%，是现代条件下最佳的年增长速度。例如，自1972年以来，联邦德国经济界每年使其用于研究和发展的费用增加10%，以保持和赢得经济上的竞争力。当前除了政府的大量科技投入外，各国企业界也大量投资用于研究与开发活动。在这世纪之交，经济的发展越来越依赖科学技术

① 研究开发强度为研究开发经费占国民生产总值的百分比。

② 英国系1989年的数字。

进步。各国经济的竞争，实际上是商品技术水平的竞争。因此，工业发达国家和新兴工业化国家都在努力提高科技投资，力图使研究与发展经费的增长速度高于国民生产总值的增长率。1990年，研究与发展的经费，美国已达1500亿美元，日本已达到13万亿日元，联邦德国已达到705亿马克。

新兴工业化国家和地区，为实现产业结构由劳动密集型向技术密集型的转变，进入20世纪80年代以来，都大幅度增加研究与发展经费，努力提高研究开发强度。例如，韩国的研究与发展经费，1980年为3.2亿美元，占国民生产总值的0.61%；1988年则达38.8亿美元，占国民生产总值的2.1%；1992年更升至63亿美元，占国民生产总值的2.17%。1990年至1996年，研究与发展投资总额达560亿美元，计划在1996年，研究与发展投资将占国民生产总值的4%，2000年提高到5%。韩国的目标是争取在2000年进入世界十大科技强国之列，通过发展科学技术，使其产业结构达到发达国家的水准，跨入发达国家行列。

在研究与发展经费不断增长方面表现出的另一个明显趋势，是企业投资比重增加。1970年，美国的研究与发展经费中，政府投资占57%，工业界占40%；1989年，政府占46%，工业界占50%。1990年欧共体12国的研究与发展经费中，政府投资占41.2%，工业界占51.7%。世界各国中，研究与发展经费中政府投资所占比例最小的是日本和韩国。1990年，日本政府投资只占16.1%，工业界占77.99/6。1988年，韩国企业投资占81.9%。这一趋势说明，在发达国家和新兴工业化国家中，企业具有对科技进步的强烈需求，科技进步大大提高了企业在市场上的竞争力。日本、美国、欧洲许多发展迅速的工业企业，它们的研究与发展投资往往占年销售额的5%—10%，甚至更高。

从事研究活动的人数的增长和研究与发展经费的增长，反映了科学技术的物质生产作用不断加强的客观历史过程，即科学技术越来越成为当代社会的第一生产力。科学技术的发展对社会经济发展的贡献是难以用数字来表达的。世界各国的经验表明，科学新发现和技术新发明在实践中实现并加以应用后，所创造的价值，要超过研究与开发费用的10倍以上。科学技术对社会经济发展所做的贡献，远比社会对科学技术所进行的投资的

价值要大。社会从研究与开发中所得到的经济利益，与社会对研究与开发的投资相比，社会所得到的回报要大得多。科学技术对社会真可称之为“受人滴水之恩，定当涌泉相报”。统计资料表明，第二次世界大战后，工业产品的科技含量每隔10年增长10倍。在发达国家，科技进步在经济增长中所占的比重越来越大。20世纪初在经济增长诸因素中，科技进步所占的比重为5%—20%，20世纪70年代这一比重已上升到50%—70%，80年代进一步上升到60%—80%。

在考察科学技术加速增长这一趋势的过程中，我们注意到这样一个事实，即科学技术的发展在发达国家和发展中国家之间是很不平衡的，中间存在着巨大的差距。世界科研活动80%以上掌握在美、日、德、英、法等几个工业化国家的手中。它们的研究与发展经费占国民生产总值的2.5%—3%（许多发展中国家的研究与发展经费只是上述百分数的1/10，为0.2%—0.3%），它们的研究与发展经费约占世界的80%，其中以美国为最多。近年来，美国的科研经费一直等于日、德、英、法、加拿大五国科研经费的总和。用于科研的经费按人口平均，美国为600美元，日本约为700美元，欧洲共同体国家为300多美元，斯堪的纳维亚国家为400多美元。而大部分拉丁美洲国家人均为10美元或不到10美元，非洲的尼日利亚人均只有0.22美元。从事科研活动的人数，发达国家也远比发展中国家多。平均每1000人有科学家和工程师的人数，日本为4.7，美国为3.8，拉丁美洲为0.5，北非为0.3，中近东和撒哈拉以南非洲为0.1。由于用于研究与发展方面的经费和人力投入不同，因此得到的科研成果也不同。从发表的科技论文的数量来看，以1991年为例，美国发表的科技论文占世界科技论文总数的37.26%；英、日、德、法、加拿大、意大利和澳大利亚七国发表的科技论文占世界科技论文总数的35.65%（其中英国为8.15%，日本为7.04%，德国为6.37%）；其他西方工业化国家约占12%，独联体、波兰、捷克等国约占6%（据1991年《SCI》《ISTP》《ISR》《EI》统计）。以上的情况可以说明，一国的经济发展与它的科技发展是并驾齐驱的，富国和穷国之间的差距也是科学技术发展的差距、知识的差距。

值得注意的是，我国的科学技术发展尽管从新中国成立40多年来有

了飞快地发展，但与发达国家相比，还存在着相当大的差距。就科技投入来看，与亚洲新兴工业化国家和地区也存在不小的差距。我国的科研经费在国民生产总值中的百分比为0.8%，亚洲新兴工业化国家和地区为1.6%，我国力争在2000年达到1.5%，而韩国2000年的目标为5%。目前我国平均每1000人中科学家和工程师的人数只为0.4人，亚洲新兴工业化国家和地区为1.0人，拉丁美洲尚为0.5人。

当代科学技术的发展，在呈指数增长的同时，也开始走上了集约化的发展道路。科学技术的日益巨大社会作用及影响，不仅同科学技术发展的量变相联系，而且更重要的与科学技术发展的质变相联系。战后的科技进步不仅在数量增长上进入一个新的阶段，而且科技发展经历了深刻的革命性变革，不断进入发展的新质阶段。

二　当代科学技术发展的新质阶段

第二次世界大战以来，科学技术的发展经历了五次革命变革，每次变革的周期大致为10年，每一次变革不仅扩大和深化了人类对客观世界的认识，而且使人类掌握了强大的技术手段，从而使社会生产力的发展跃上一个新台阶。科学技术的每次变革都开拓了人类经济活动的新领域，对人类社会历史进程产生着深远的影响。

第一个10年，1945年至1955年，是以原子能的释放与利用为标志，人类开始了利用核能的新时代。

1939年原子核裂变现象的发现震惊了世界。人们迅速认识到这种现象可能被利用为巨大的动力源或大规模毁灭性武器，于是开始以国家的力量组织大规模的研究。在人类历史上和科学技术发展史上，实施了一个耗资20亿美元，动员了50余万人（其中有15万科技人员），其工厂遍布全美国的研制原子弹的曼哈顿工程计划，从此揭开了“大科学”时代。1954年第一座原子能发电站建成，许多核反应堆的相继建立使放射性元素可以大量生产，于是原子能在工业、农业、医学等广泛领域得到大规模应用。同时，从20世纪50年代开始，人们又从事受控制热核反应的研究，这是原子能的另一来源，人类进入了利用核能的新时代。这个巨大动力源的开

辟，必然在很大程度上提高社会生产力。有关原子核的科学技术涉及很多科学技术部门，需要各科学技术部门的大力协作，并带动了一系列相关科学技术部门的发展。原子核的研究使人类对客观世界的认识向微观与宇观两个方面延伸，推动了对微观的基本粒子及宇观的宇宙线的起源及天体演化的研究。

第二个10年，1956年至1965年，以人造地球卫星的发射成功为标志，人类开始了摆脱地球引力向外层空间的进军。

第二次世界大战后，在德国火箭技术的基础上，开始研制大推力的火箭。这也是一项涉及广泛科学技术领域的研究工作。1957年，洲际导弹和人造卫星发射成功，到1958年夏天，人们通过人造卫星已经能够对5000公里以下高空的地球外层空间进行实测。1961年，第一颗载人卫星发射成功。这一年，美国开始实施人类登月的阿波罗计划。这一计划历时11年，至1972年结束。在美国国家航空与宇宙航行局主持下，耗资300亿美元，投入人力达42万，共有2万多家大中小公司和厂商，以及120所大学和实验室参加了这项计划。这是战后最典型的“大科学”研究项目。空间运载系统和航天器的研制，是多种科学技术综合运用的结果，也是科学技术与工业结合的结果。它涉及空气动力学、材料结构力学、热力学、电子学、光学、化学、化工、冶金学、天文学、气象学、生理学、医学、机械、计算机和自动控制、遥感、通信等多方面科学理论和技术手段。它是一个国家科学技术水平和工业实力的体现。因此，空间科学技术是在冷战时期美苏军备竞赛的背景下发展起来的。空间科学技术的发展带动了一系列科技和工业的发展，它在国民经济中具有广泛的应用，它的及时推广和应用可获得巨大的经济效益和社会效益。美国已有2万—3万项空间技术成果在企业界获得应用，由此取得的经济效益可达1760亿—2640亿美元。而苏联由于军事技术的严格保密制度，其尖端技术未能很好应用于国民经济，其高投入未能产生经济效益，结果拖垮了国民经济。

第三个10年，1966—1975年，以1973年重组DNA实验的成功为标志，人类进入了可以控制生物遗传和生命过程的新阶段。

战后，一大批物理学家和化学家投身于生物遗传学的研究，新的科学方法被引入了古老的生物学领域，从而使生物学的研究进入分子水平，一

时间分子生物学成为十分活跃的领域。1953 年，发现了作为生命遗传物质基础的脱氧核糖核酸（DNA）的双螺旋结构，从而揭开了生命自我复制之谜，这是 20 世纪科学的最大发现之一。以建立 DNA 双螺旋结构模型为起点，遗传基因的研究开始迅猛发展。1973 年，首次在实验室进行遗传基因 DNA 的重组，把青蛙的 DNA 断片与大肠杆菌的 DNA 连接，成功地使大肠杆菌增殖出青蛙的 DNA。同样，用人类的 DNA 替代青蛙的 DNA 与大肠杆菌的 DNA 嫁接，大肠杆菌就可以增殖出人类的 DNA。这一实验之所以能取得成功，关键是因为发现了一种可将 DNA 任意剪裁与拼接的酶。这种连接酶是从大肠中发现的。这种在实验室重组 DNA 的技术开辟了具有广阔前景的遗传工程新领域。人类可以通过对 DNA 的任意剪裁、拼接，改变遗传信息，从而改变生命的遗传性状。DNA 重组技术生产的最初商品是胰岛素和生长激素。遗传工程在医疗卫生事业、化学工业和农业方面具有广阔的应用前景。遗传工程的发展使人类掌握了改变和控制生物遗传和生命生长过程的强大技术手段，并使人类对生命本质的认识更加清楚了。它不仅将开创出一系列新的产业部门，并改变医药、化工和农业的面貌，而且会引出一连串的社会伦理问题。

第四个 10 年，1976 年至 1985 年，是以微处理机（个人计算机）大量生产和广泛应用为标志，揭开了扩大人类智力劳动能力的新篇章。

1945 年研制成功第一台电子管计算机。人们最初使用的计算机，有 18000 只真空管，50 万条焊接导线，重量达 30 吨，而且不能连续工作 1 小时以上。这样的庞然大物不可能大规模广泛使用。从此以后，计算机经历了从电子管到半导体、集成电路、大规模和超大规模集成电路几代的发展。20 世纪 70 年代开始，在计算机发展历史上出现了一个重大突破，研制成功微型机。第一台微型机是 1971 年研制成功的。微机出现后，经过十几年的发展，计算机的性能提高了 100 万倍，价格降低 1 万倍。微机体积小、运算快、成本低、价格低、操作和维修都很方便，这就为计算机技术开辟了空前广阔的应用前景。微机的出现标志着计算机技术进入大规模的普及推广应用阶段，这一阶段是从 70 年代中期开始的。个人计算机普及速度之快，所完成功能之复杂，令人惊异。例如 1979 年美国市场上就销售了 25 万台个人计算机，1981 年就达到 200 万台。计算机技术的进步

是与微电子学的发展紧密结合的。它们向一切领域渗透，迅速改变着世界的面貌。电子计算机作为人类脑力劳动的辅助工具，极大地提高了脑力劳动的效率。

第五个 10 年，1986 年至今，是以软件开发大规模产业化和全球信息网络建设为标志，开辟了人类信息革命的新纪元。

计算机系统由硬件资源和软件资源两部分组成，计算机的硬件资源由中央处理器、内存储器、辅助存储器及其他各种输出入设备构成，它们只是无生命的硅芯片和电子元器件的结合。只有软件才能使它们活化而具有生命力。随着计算机在各领域广泛应用，社会对软件（系统软件和应用软件）的需求就越来越大。软件的编制是十分复杂的脑力劳动，尤其大型计算机系统，软件十分复杂，需要花费大量人力进行编制。大量的需求推动软件技术（主要有高级语言翻译技术、操作系统技术和数据库技术）的发展。随着软件越来越多，功能越来越强，规模越来越大，手工艺式的软件生产方式越来越不适应了。软件在成本、时间进度、维护，特别是在可靠性方面都无法与硬件技术取得的进展相匹配，于是提高生产率和保证质量成为软件发展的主要矛盾。在这种背景下，软件工程有了很大发展。软件工程是用于生产软件的理论、方法、技能和技术手段的总和，它既是一门涉及面很广的综合性学科，需要计算机科学、系统工程、硬件工程、市场学、统计学、财政、审计、法律等方面的知识，而且又是一个根据用户需要组织人力、物力资源开发软件的过程。20 世纪 80 年代中期以来，软件工程在标准化方面取得了很大进展，这样就使软件生产向产业化发展。80 年代中期以来的这 10 年间，是软件产业大发展的时期。到 1990 年，全世界软件产值已达 1200 亿美元（其中美国占 70%），预计到 2000 年可达 10000 亿美元。从 1995 年到 21 世纪初，软件的生产仍远远不能满足飞速增长的社会需求，除了不断扩大软件从业人员外，提高软件生产率，发展软件科学技术将是跨世纪的重大课题。研究开发“集成化软件工程支持环境”就是这一课题的一个方面。

在信息资源共享的社会需求推动下，计算机网络技术开始发展。1969 年美国五角大楼为着军事目的建立的 ARPA 网投入运行，是网络时代的开始。1986 年起，该网迅速发展，现在它已成为一条国际性高速传输信息网

络，即人们称之为 Internet 网（互联网络）。进入 20 世纪 90 年代，网络技术已逐步成熟、普及，联网的计算机日益增加，使网络的重要性大大上升。目前的网络技术是计算机技术和通信技术的融合。

20 世纪 90 年代，计算机网络技术面临着新形势的挑战，一方面是如何更有效、更迅速地传输并处理呈指数增长的数字、文字、声音、图像等各类信息；另一方面是 90 年代初出现的多媒体技术发展的非常快。多媒体技术是使计算机具有对声音、文字、图形、图像乃至电视图像等信息进行输入、识别、存储、处理、管理、输出的能力。这两个方面都对网络技术提出了更高和更新的要求。因此，发展网络技术，加快全新的信息网络建设成为世纪之交最迫切的重大高科技项目。为适应这种形势，1993 年 9 月，美国政府制定了《国家信息基础设施：行动计划》，即人们通常所说的“信息高速公路”计划。在这之后，各发达国家和一些新兴工业化国家也提出了自己的类似的“信息高速公路”计划。“信息高速公路”，从技术上讲，传输线路要实现光纤化，传输信息的方式要实现数字化，接收系统要实现多媒体化。它将把计算机技术、网络技术、通信技术、多媒体技术融合在一起，并广泛涉及其他科技领域。它的实现是一场深刻的科学技术革命，人类将真正进入信息社会的新纪元。

三 迎接 21 世纪的挑战

“潮平两岸阔，风正一帆悬。”在这世纪之交，科学技术的航船，正张满风帆，乘风破浪高歌猛进，将人类接连不断地带进一个又一个充满奇迹的新天地。21 世纪的曙光已经出现在地平线上。第六个 10 年、第七个 10 年将会怎样？今天，科学技术正在为迎接更光辉灿烂的 21 世纪做扎实的准备。

进入 20 世纪 90 年代以来，为了迎接 21 世纪的挑战，一些发达国家加强了对科学技术发展趋势的预测，并把对科学技术发展趋势的调研与预测作为调整科技发展目标，制定科技、经济和社会发展战略的依据。1990 年，日本经济计划厅设立了“21 世纪技术预测研究会”。1993 年，日本出版了科学技术厅邀请 3000 名专家参加研讨并撰写的《2020 年的技术预测》一书。1990 年 5 月，美国商业部发表了《尖端技术报告》，论述了 12

项重大技术进展。1990 年 3 月，美国国防部发表了《重大科研项目报告》，提出了 20 项重大技术项目，1991 年，国防部又对此报告作了修改。1991 年 4 月，美国又发表了《美国国家关键技术报告》，提出了 6 大领域 22 项关键技术。90 年代，欧洲也做了类似的科学技术发展趋势的调研与预测工作。如德国联邦研究和技术部倡议，在 1991 年开始了“21 世纪的技术”的系统的国际性研究。

未来是从今天开始的。当代科学技术的发展预示着世纪之交和 21 世纪初期将在下列领域取得重大进展，并对经济社会的发展产生深远影响。

从前面的分析中我们可以看到，微电子学、信息技术将是跨世纪的重大课题。超导器件的研制成果如果用于计算机，就能够突破现在的硅系器件的界限，达到超高速和低耗能，它将是划时代的器件。量子化功能器件的研制，将突破现在硅系器件加工精度 0. 1 微米的界限，实现超高速和超高密度的器件在计算机中的应用。生物器件的研制成果（研究生物的信息处理功能和利用有机物研制模仿生物体的器件）将在智能型计算机中得到运用，光电子学的研究将实现“光计算机”的突破。

人们普遍预测 21 世纪将是生命科学的世纪和生物工程的时代。遗传基因重组、仿生学和攻克癌症、艾滋病和痴呆症等难治病症，是人们普遍关注的三大领域，这三大领域的研究对智能计算机、人工器官、新医药和新的生物品种的开发将产生巨大影响。随着生物工程应用范围的扩大，将使产业结构发生革命性变革。很多国家都把生物工程视为 21 世纪的主导产业。

科学技术的发展正在步步逼近自然界的各种“极限”目标。超高温、超低温、超导、超强磁场、超高压、超真空、彻底失重等的研究已取得了很大进展。21 世纪，人类将超脱“尘寰世界”，进入一个奇妙无比的“超级”境界。在这种极限环境下物质的性质和自然界的现象所出现的特殊变化，利用它们可以开发各种具有特殊性能的新材料、新工艺和新技术。如超导技术，目前高温超导材料已进入开发阶段，一旦实现了常温下电阻为零的极限目标，将使从弱电到强电的整个电学技术领域产生根本变革。

纳米技术（超微技术）有可能成为下一个 10 年的核心技术。微细加工技术，目前已向着微米级前进，光刻可达 0. 15—0. 2 微米。量子级超微

细加工技术，即纳米级（毫微米）有望在10年内取得突破。未来的集成器件将是整个电子系统集成在一起，未来的纳米工程将制造出各种“微型机械”（“集成机器”），如比人的头发丝还细小的“微型马达”，微型的超声探子可在人的血管内活动。还可研制出被称为固体第三态的纳米材料。纳米技术的开发将引起21世纪的一场新的产业革命，给人类带来无数的新产品和新工艺。

空间技术和海洋开发技术的进展，预示着21世纪人类将进入宇宙工艺学和宇宙工厂的时代，人类的生产经营活动可深入海洋底部，从理论上讲，将无限地开拓人类生产活动和经济活动的新疆域。

21世纪的人传给后代的纪念碑将是核聚变反应堆。有人称它是“最终清洁能源”。聚变能近期内仍将处于研究阶段，离实用还有相当大的差距，预计21世纪中叶有希望获得商业应用。除了可控热核聚变的研究外，人们也开始了冷核聚变的研究。现在也有人开展聚变—裂变混合反应堆的研究，作为聚变能开发的一个中间阶段。一旦聚变能研究获得实用结果，人类就可以一劳永逸地解决社会发展中所出现的能源危机。

21世纪技术的主要特征是保护资源和环境，使经济依靠智力增长，从而使经济增长与资源大量消耗分开。

参考文献

1. 中国科学技术情报研究所编：《变通发展战略与实用技术》，科学技术文献出版社1984年版。

2. 国家科学技术委员会：《中国科学技术指标（1992）》，科学出版社1993年版。

（原载李惠国、吴元梁主编《高科技时代的社会发展》，中共中央党校出版社1996年版）

科学技术发展的综合化趋势

科学技术的综合化是现代科学技术发展的重要趋势和特点之一。科学技术的综合化表现为：门类繁多的各门自然科学和技术科学相互交叉和渗透，联系日益紧密，形成了统一完整的科学技术体系；各门科学技术的共同语言、概念和方法正在形成；一门科学或技术所取得的成果可以迅速地转移到其他的科学和技术中去，促进其他科学技术的发展；每一门科学或技术都是在与整个科学技术体系的紧密联系中发展的；当代人类所面临的重大科技问题都具有综合的性质，只有充分运用多种科学技术知识、方法和手段才有可能得到合理的解决；重大的科学突破和技术进步往往是多种科学技术融合的结果。

一　科学与技术的空前一体化

科学与技术在历史上是相对独立地分别发展起来的，它们追求的目的不同，表现形式不同，形成了各自独特的文化传统。自然科学是反映客观自然界的本质联系及自然界运动整体的知识体系。作为知识形态存在的自然科学，具有客观性、系统性、普遍性、精确性、预见性和探索性等特征。技术是实现社会和经济目标的一种手段，它是针对经济和社会的特定需要，用于控制社会各个生产要素以生产产品和提供社会服务的知识、技能和手段。

科学与技术有密切的联系，也有很大的不同。科学所追求的目的是达到一种对自然界的真理性的认识。科学的社会目标是发现客观规律，对客观世界的种种现象和过程做出描述、解释和预见。它只是回答“是什么”和“为什么”的问题。技术所追求的目的是提供某种技能和手段以满足社

会的某种特定需要。它回答的是“做什么”和“怎样做”的问题。

科学和技术都是一种社会资源，但特点不同。科学的价值是永远不会贬值的，科学原理具有普适性，不受时间和空间的限制。从空间来看，一个自然科学的原理无论在哪个国家都是普遍适用的，不能说牛顿力学原理和爱因斯坦的相对论，在美国和中国表现形式不一样，或需要什么补充和修改。从时间来看，任何时候科学真理都保持自己的价值不变，不能说爱因斯坦相对论确立以后牛顿力学就贬值或被淘汰了。前者只是为后者限定了适用的范围。技术这种社会资源则不同，它的特点是易于损坏，易于贬值。在某一领域新的技术出现后，原来的技术就要贬值，甚至被淘汰。所以新的技术出现以后，必须迅速地创造新技术发挥作用的条件，尽快推广这种新技术，把这种技术的潜力充分发挥出来，否则，一旦更新的技术出现，它就迅速贬值。技术的价值随时空变化而变化。从空间来看，任何一项技术都是在一定的社会经济、自然资源的条件下，为满足某种特定需要产生的，所以技术由一个国家转移到其他国家的时候，必须根据接受新技术的国家的资源、社会经济和劳动力的条件在形式上有所变化，才能发挥作用。任何一种技术只有和一定的社会经济条件相匹配，才能产生良好的社会经济效果。

科学和技术还有一点不同的是，科学所追求的只是先进性，即预见性和探索性，要努力站在认识的最前沿。技术不只要追求先进性，还要考虑到经济的合理性和社会的适应性。

明确了科学与技术的这种区别，下边我们就考察一下科学与技术的关系在历史上是怎样发展的。

19 世纪中叶以前，科学与技术是分离的，它们各自独立发挥社会作用，都有自己独特的文化传统，它们的发展往往是脱节的。技术的进步往往依靠传统技艺的提高和改进，只凭经验摸索前进。科学理论也经常是跟在实践之后来概括和总结人们在生产技术活动过程中积累起来的经验材料。因此，常常出现这样的情况：在科学理论上还没有搞得十分清楚的东西，在技术上却可以实现它；而科学上已发现了的东西，在技术上却很久不能实现。关键性的技术突破常常同理论科学没有直接联系。印刷机和蒸汽机的出现就是如此。1768 年瓦特研制出近代蒸汽机，而关于能量转换的

热力学理论却是在19世纪40—50年代才确立起来。18世纪和19世纪初期的种种划时代的发明都是一些小炉匠式的人创造的，他们没有受过专门科学训练，文化程度也不高，但他们在长期的生产实践中积累了大量经验，有独创性，有进取精神。基础科学刚一出现之时，科学和技术发明之间的联系常常是异常微弱的。

但是从19世纪30年代起，科学慢慢地使技术发明革命化了。科学的发现给技术发明指出了方向并提供了理论依据。例如，1831年法拉第发现了电磁感应现象。1866年，研制成了西门子发电机，1872年进入实用性阶段。1882年，建成了电站和电力分配系统，为电灯和电动机提供能源。此后，科学与技术的联系越来越密切了，从科学发现到技术上加以实现的时间也逐步缩短了。1905年，爱因斯坦发表了狭义相对论，阐明了物质和能量是怎样相互关联的。40年后，第一颗原子弹的爆炸有力地证明了这个原理。1957年，利奥·江崎发现了电子隧道效应。六年后，人们在商业上加以利用，制造了晶体二极管。

现代的技术发明明显地越来越依靠科学。科学与技术的关系已密不可分。现代技术完全是建立在科学理论的基础之上的，科学技术化、技术科学化是现代科学技术发展的鲜明特征。今天，基础自然科学研究的技术装备是非常复杂和庞大的，科学研究的进展依赖于很多技术上的突破。现代技术上的很多重要发明和技术进展都直接来自于科学研究的成果。现代科学与技术的紧密结合还表现在一系列技术科学的蓬勃发展上。技术科学的目标是探索在社会实践活动中应用自然科学知识的途径，研究业已发现的自然科学规律在技术设施中如何发挥作用。目前，科学与技术的相互渗透产生了一系列的技术科学。基础科学是技术科学发展的基础，为技术进步不断开辟新方向。技术科学的发展已成为生产发展的直接动力和源泉。自然科学的基础研究将导致生产发展途径的多样化，而技术科学则探索在社会生产中应用科学研究成果怎样为以后以生产为基础的研究与开发奠定基础。基础研究的成果变为技术，主要是通过各门技术科学实现的。当今，越来越多的基础科学领域与技术研究领域日益紧密融合。越是较新的科学技术领域，这种融合就越明显。在高科技领域，自然科学的基础研究与技术科学已融为一体。

科学与技术的紧密结合，还表现在这样一个事实上：今天，从形成一种新的科学知识到把这种知识运用于产品和工艺中去的时间正在非常迅速地缩短，一般已用不了几年，有的只有几个月的时间。在一定程度上，科学正在变成技术。越是新技术，包含的科学知识越密集。高技术就是包含着高密集科学知识的技术。现代科学与技术二者之间的界限变得越来越模糊不清。当代技术发明越来越依赖于科学的最新成果。

美国天地计算机公司曾作了一项统计分析，研究了1975年至1986年发布的专利中所用的技术，结果表明，从引用文献的平均次数增加的情况来衡量，获得专利的一切发明都越来越依靠纯科学。1975年至1980年间，各发达工业国的专利援引科学文献的次数增加的速度大致是相同的。1980年以后，美国一直处于领先地位，其后依次是英国、法国、西德和日本。这也反映了日本在基础科学方面相对落后于西方国家。这项研究还发现美国专利援引的科学思想越来越新。

现代科学与技术的结合已经形成了科学技术的统一体系，这是一个包括人认识、利用自然物和自然力的统一过程。在这个统一体中，基础科学的意义和作用正在不断增大，它的成果不仅使我们对世界的认识发生革命性的变化，而且可以开辟技术进步的新方向，引发新的技术革命，它成了对生产起革命化影响的基本环节。科学的发展走在技术进步的前面，成为不断产生新技术的源泉。当代技术又保证了科学能够起到领先作用，新技术不断以新的研究手段装备科学，使人们有可能借助极为复杂的技术装备洞察自然界的最深奥秘和做出改变关于世界的旧观念的新发现。现代科学与技术的密切结合具有重要的实践意义，大大加快了科学发现的实际应用，使科学成果迅速转化为现实的生产力。科学技术空前的一体化，使得现代科学技术成为经济增长的动力和源泉，它是现代国家兴盛的基础。

二　现代科学认识论的新特征

在当代科学技术综合化的发展趋势中，科学的发展正经历着整合化的进程，这是一个学科层次上的高度分化（专门化）和跨学科层次上的高度综合的辩证统一过程。学科的分化与专门化是物质无限多样性的反映，是

物质的无数特性、形式和层次的反映，是物质及其运动形式和它们的相互作用的静态反映。跨学科层次的综合，揭示了各种物质客体的基本属性和组成的同一性，表明了性质不同的现象领域的结构相似性、起源和发生的同一性，物质世界各层次的相互联系，各种物质形态及其运动形式的相互转化。当今，门类日益繁多的各门学科相互交叉和渗透，相互作用和结合，从而使人类的科学知识形成一个具有新的质的规定性的统一知识整体。这就是当代科学发展呈现的整体化趋势。从认识论上讲，当代科学具有如下的特征：

（1）研究的完整性。现代科学的认识正在向自然界的微观层次和宇观层次两个方面延伸，对自然界的层次的认识更加清晰。今天，人类对微观世界认识的尺度已深入到原子水平的10亿分之一（原子的尺寸为10^{-8}厘米，而轻子和夸克的尺寸都小于10^{-13}厘米）。人类对宇观世界的观测距离已达150亿光年。而且人类对自然界的认识从静态过程进入动态过程，深入到过程的动力学机制及与此相联系的结构功能。从层次、过程、结构和功能诸多方面揭示自然界的规律，使人类获得了对自然界的越来越完整的认识。而任何成熟的科学理论知识本身就转向为进一步研究的方法论。层次理论、过程的动力学理论、结构功能理论正在转化为当代的普遍的科学认识方法。

（2）研究对象的多学科性。采用多种学科的方法研究某一物质客体或某一课题，这是当代科学研究的一大特点。特别是在高科技领域，研究的对象和课题大都具有多学科的特点。组织多学科的联合攻关是高科技研究取得突破性进展的主要形式。综合运用各种科学方法研究某一特定对象，是当代科学发展最有前途的方向。当代最富有创造性的思维方式正是产生于各门学科相互交叉的切点上。当代科学发展最有前途和取得丰硕成果的科学流派大都具有综合研究的特色。当代杰出科学家的视野都没有囿于其狭窄的专业领域，而具有广博的知识和开阔的思路。当今的科学发展还需要涌现一批科学“通才”型人才，具有广博的学科知识、高度的综合能力和组织管理才能，承担科学研究的组织领导工作。

（3）学科的多对象性。它反映了各门学科之间横向联系越来越紧密。现代科学研究向横向和纵向两个方面延伸，各门科学不断扩展自己的研究

领域。特别是在高科技领域，各门科学的研究需要紧密配合。如计算机科学技术的研究，离不开材料科学的配合。人工智能的研究，必然要向认知科学、心理学、脑科学等领域延伸。当代科学研究具有高度的综合性质，必须是学科配套，同步前进，整体突破。当代科学的发展具有综合性课题领先而不是学科领先的新趋势，综合性课题的解决带动了学科的发展。在现代科学体系中出现了一些新的学科，如较早出现的控制论、系统论、信息论，及近来发展较快的远离平衡态的开放系统和自组织结构理论、非线性科学、“混沌”理论等，它们不是以客观世界的某种物质结构及其运动形式为对象，而是以多种物质结构及其运动形式中的某一个特定的共同方面为研究对象，因而它们的研究涉及十分宽广的领域。这些学科产生了许多新的特有的概念和科学认识方法。这类学科在科学方法上实现的革命的意义就在于，它们在相当难于定量把握的领域，找出引入定量描述的途径。它们不再企图用简单的系统解释复杂的系统，把复杂系统分解为简单系统，将简单系统近似地作为复杂系统对待，而是将复杂系统如实地视为复杂系统，力求找到适合复杂系统的方法。

（4）科学研究的信息化。计算机信息处理技术是当代科学技术发展的主导领域，信息处理技术的巨大进步是当代科学技术革命的核心过程。计算机信息处理技术已广泛渗透于各种科学技术领域。它已成为当代最重要的科学研究方法和手段。计算机信息处理技术广泛运用于科学研究，不仅大大提高了科学研究的效率和质量，而且加深了我们对复杂因果关系的理解、分析和处理能力，并可以把抽象思维形象化。多媒体技术和人工智能的发展不仅可以大大提高人类智力劳动的效率，而且增强了人类智能本身。现实世界的复杂的因果联系，没有计算机的帮助单靠人脑是很难获得清晰精确的认识的。计算机信息处理技术可以说是人脑的延伸。人脑难于胜任的繁杂的运算和逻辑推理过程，借助于计算机可以迅速地得出结果。自然界过去的漫长演化过程已经消逝了，重复它已不可能，但借助计算机可以“再现”这一过程。计算机进行的模拟实验可以代替很多耗时费力（人力、物力）的科学实验，迅速给出各种可能的结果。当今已经形成的计算机信息网络系统已把世界各主要研究机构和大学的数据库联系起来，科学信息可以跨越国界迅速流动。世界各地的科学家通过计算机信息网络

可以真正做到信息资源共享。计算机信息处理技术及网络的发展对科学研究事业具有不可估量的意义，它将使人类的智力劳动获得空前的解放，释放出巨大的智力能量。21世纪的科学技术发展的速度和规模将使今天相形见绌。

三 现代技术的融合化趋势

在当代科学技术综合化的发展过程中，与现代科学各门学科相互交叉渗透的整体化趋势相联系的是，现代各种技术的融合化趋势日益明显。当代，各种技术的相互交叉和渗透融合出一系列新的技术。重大的尖端技术、高新技术都具有多个领域的技术相互融合的性质。复合型和融合型技术是当代技术发展的主流。当代技术发展所表现出来的特点，无不与技术的融合化趋势有关。具体来说，当代技术的发展具有如下特征：

（1）技术一体化。机电一体化、光电一体化、生物技术与机械电子技术的一体化是当代技术发展的显著标志。机电一体化，即机械技术与微电子技术和计算机技术三者融合，从而导致数控机床、自动化生产线的产生，不仅实现生产过程的自动化，而且实现产品的智能化。光电一体化，是光学与电子技术的结合，20世纪70年代以来发展非常迅速。现代光电子技术已成为现代科学技术中的先导技术，它在各个学科领域都有广泛的应用，光纤通信和正在研制的光学计算机将产生革命性的变革。有人预测21世纪将成为一个光电子时代。现在光电子技术已形成相当规模的光电子产业，据估计，2000年其销售额将达到1000亿美元。90年代蓬勃发展的多媒体技术也是以集成性和交叉性为突出特征。迅速发展的生物技术正向各个技术领域渗透。如仿生技术与微电子和计算机技术的结合正用于研制生命计算机；仿生技术与材料科学技术的结合，可以依据生物材料的结构和功能设计出全新一代的人造材料。各种技术的交叉和渗透导致技术一体化的趋势成为当代和未来技术发展的重要特点。

（2）当代技术发展的方向是标准化、大型化、组合化、高速化、集约化和信息化。由于现代技术的融合化发展，各种高技术都具有组合技术的性质。技术的组合化发展，必然导致技术不断向大型化和复杂化方向发

展，标准化是技术组合化发展的必然要求。所谓技术的集约化，即技术的发展朝着节省劳动力、资源和能源的方向发展。开发 21 世纪的技术要达到两个目的：一是使智力变成增长率，提高商品的技术含量和高附加值，增强工业的竞争力；二是新技术可以使经济的增长与能源增长、资源消耗增长脱钩，有助于在环境生态有承受能力的范围内保持经济的持续发展。为达到这两个目的，不仅技术要集约化发展，而且还要发展废物的再生利用技术，有人预测 21 世纪废物再生利用技术开创的废物再生利用产业的规模可能比 20 世纪的钢铁产业还要庞大。保护资源和环境将是 21 世纪技术的主要特征。

微电子学、光电子学、计算机和通信技术是现代的核心技术，它们的融合发展将使现代技术具有信息化的特征。信息化实质上就是计算机普遍应用于一切技术领域，从而根本改变原有技术的面貌。计算机辅助设计在很多技术领域得到越来越广泛的应用。方兴未艾的技术信息化浪潮使现代技术经历着革命性的变革。

（3）从偏重硬件的技术发展路线转向注重整体的技术发展路线。各种大型化和复合化的高新技术是一种复杂系统，它们成功的关键就在于从机械技术向“智能技术”的提高。所以，从硬件技术转向软件技术，从注重有形产品的开发转向同时注重无形产品的开发，从偏重硬件的技术发展路线转向注重整体的技术发展路线，这是当前技术发展的新趋势之一。一个国家软件技术发展的水平，往往决定它研制尖端大型技术的周期长短和成败。系统工程和技术评估等智能技术的发展越来越受到重视，软件技术是当前发展最为迅速的领域之一，它对科学技术及社会和经济发展的重要作用与日俱增。

（4）高技术正在开创新的工艺革命。高技术不仅能保证最佳技术性能，而且能保证最优工艺质量，从而改造整个生产工艺方式。生物工艺学、激光工艺学、宇宙工艺学（高真空、微重力）、零污染工艺、无废工艺、无音工艺以及各种柔性生产系统开创的工艺革命，使新的“工艺纪元”正在到来。现代新工艺具有如下特点：少工序性；少废性或无废性；高度灵活性，柔性生产系统；高精密性和高可靠性；从宏观的机械加工向微观的改变物质结构的新工艺发展等。

当代科技发展有两种形式：一是突破，二是融合。突破是线性的，即以研究开发的新科技成果取代原有的科技成果；融合是组合已有的科技成果发展成为新技术。科技融合是非线性的，是互补和合作的，融合许多原先不同领域的科技，进而发展出新产品，造成革命性市场。科技融合需要三个条件促成：第一是以市场主导研究与发展，而不是由研究开发引导市场，科技突破是从实验室开始，科技融合则是从对市场的了解开始；第二是具有广泛收集信息的能力，随时掌握本行业内外科技发展动向，这需要有相当的知识广度，掌握的信息要横跨相当多的科技领域；第三是长期保持不同科技领域和不同产业间的沟通与合作，参与跨行业的研究开发计划。

20 世纪 90 年代和 21 世纪，将是不同领域科技创造性融合的时代。科学和技术更加接近，各种不同科技领域之间发生共鸣作用和共振现象，随时有可能产生爆炸性的波及效果。

近十几年来，科学技术发展的一个鲜明特征是日益求助于多学科融合战略解决各种问题，这就导致了新的跨学科研究领域的出现，最终结成了具有确定的特有概念和方法论的新学科和新领域，并开辟了一个全新的研究系列。

科学技术的综合化，要求按崭新的原则组织研究工作和生产过程，要求对科研、教育、生产体制进行革命性变革，这将引起一系列产业结构、经济结构和社会结构的巨大变革。

（原载李惠国、吴元梁主编《高科技时代的社会发展》，中共中央党校出版社 1996 年版）

现代科学技术的国际化趋势

编者按：如何有效地吸收、消化发达国家的先进科技成果，以推动我国的科技进步，提高综合国力，促进经济发展和社会的全面进步，这是早在前些年有关“科学技术是第一生产力”命题的讨论中就已提出但显然未引起足够重视的问题。这篇文章结合现代科学技术发展的国际化趋势，探讨了加强国际间科技合作的必要性和可能途径。应该说，这是一种有启发意义的尝试。当然，为使这方面的研究进一步走向深入，从而真正对我国的科技进步和经济社会发展有所助益，恐怕还应注意到这样几个问题：如何理解所谓经济的国际化、科学技术的一体化与贸易保护主义、技术垄断、意识形态上的民族主义的关系；在所谓国际科技合作与经济国际化的条件下，怎样看待各国之间尤其是发达国家与发展中国家之间垄断和反垄断、制裁和反制裁、掠夺和反掠夺的斗争，即所谓“南北冲突”；这种冲突的背后，从哲学上看，是否蕴含或蕴含着怎样的历史观、价值观的对立；在历史向世界历史的转变和交往的普遍化过程中，中国作为不发达国家，实现把自主地发展本国科技与创造性地消化、吸收别国先进的文明成果有机结合起来的现实途径和关键点在哪里？

科学技术国际化已成为近十年来的重要发展趋势，国际科技合作从数量和质量上都已进入到新的发展阶段。新的国际科技合作分工体系正在形成，并已深深影响到国家和企业的研究与开发的发展速度、规模、方向和效率。国际规模的科技竞争与合作不仅是世界经济发展的重要内容，而且是当代国际关系体系的重要组成部分。各国政府和各大企业集团面对这一新的发展趋势必须做出新的战略抉择。

一　科学技术是一种国际性事业

科学无国界，科学研究成果是人类的共同财富，这已是没有争议的事实。技术虽然也是人类所积累的知识，但从技术进步的过程分析，它具有两重性，既具有垄断性的一面，又具有共享性的一面。垄断性保证了新技术的创造者在为研究与开发投资的过程中获利。共享性使社会作为一个整体从技术进步过程中受益。从技术发展的趋势看，由于技术具有广泛的应用性，对新技术的垄断是暂时的，只能在一段时间内保护垄断。对技术创新努力的诱惑或奖赏就存在于创新者所获得的对新产品或新工艺的短期垄断之中。利润正是来自先于竞争者研制出具有市场效益的新产品或新工艺，并且利用这段时间上的领先优势。但是随着时间的推移，如果竞争对手进行所需的投资，总会通过各种途径和运用各种手段了解并掌握这种新技术。这时，新技术就会广泛地在社会中推广，垄断技术就会转化为社会共享技术，新技术成果最终为整个社会共享。在某些情况下，这种技术成果的共享是有意识地形成的；在另一些情况下，尽管开发者做了种种努力企图保守新技术的秘密，可共享还是不可避免地发生了，结果，个人或某个集体的创造或发明推动了整个社会技术水平和能力的提高。当然，这绝不意味着竞争对手可以不花钱而使用新技术知识。就技术的共享性和技术具有广泛的应用性而言，技术可以在国家之间转移，技术转让是可以跨越国界的。

二　科技引进与科技开发

人类社会历史发展表明，利用已取得的科学技术成果是成功发展的先决条件。远的不说，近代科技和大工业兴起以来，每个科学技术和经济强国在其发展的历程中，都经历过学习和借鉴别的国家科技成果，从而确立和发展自己的科技实力、促进经济和社会发展的过程。英国 18 世纪中叶开始的产业革命，是以棉纺织业、蒸汽机、钢铁和煤炭工业的发展为特征的。产业革命的先导是棉纺织技术的兴起。英国棉纺织技术的发展，首先

经历了学习和引进的过程，英国从意大利人那里学会了蚕丝纺织机械技术，又从荷兰模仿了精制的毛纺织技术，从而将它们转用在棉纺织技术上。在此基础上，英国进一步发明了“飞梭”、多轴纺织机、水力纺织机，最后完成了利用蒸汽机的动力纺织机。英国也是在向意大利学习青铜制炮技术的过程中开发出了用铸铁制炮技术的。至于钢铁技术，英国则是从德国和比利时学到了用木炭做燃料的高炉炼铁法，进一步研制了使用焦炭的高炉炼铁法。后又发明了将生铁精炼成可锻铁的搅炼炉，最后这一技术发展为轧制技术。这一系列技术使英国实现了第一次产业革命，成为当时的经济强国。19 世纪后半叶至 20 世纪初，德国发展成为科技和经济强国。在其发展的初期，也是大量学习了英国、间或有法国和比利时的技术成果。不仅购买了英国的机器设备，而且用高薪聘请英国专家，并大量派遣有才干的年轻人到英国收集和学习技术经验，甚至有个别的搞工业间谍活动。工业化前期普鲁士政府官员是较明智的，经济观念很开放，力主走仿效先进工业成果之路，通过一段学习、模仿国外先进技术的过程，发展了自己的工业，增强了科技基础。后来德国在有机合成化学、医学、钢铁、机械和电气方面做出了许多名冠全球的业绩。至于美国和日本，通过不断吸收、消化别国先进的科技成果，增强本国的科技实力，迅速发展经济，更是落后国家走向成功的典型（本文发表时，编辑部删掉下面一段，在此补上：美国作为一个移民国家，在其发展的过程中大量吸收了欧洲的科技成果。19 世纪末 20 世纪初成千上万的美国青年科学家到德国接受教育和从事研究工作。第二次世界大战前和战争中，许多科学家逃离德国和其他欧洲国家到美国寻求避难，美国做了最充分的准备，欢迎和安排了避难的科学家，并使他们融合进美国的社会，增强了美国的科学技术能力）。明治维新（1868 年）以来，日本的企业一直学习欧美的先进技术。学有目标，赶有先进，学到先进技术曾是日本企业研究战略的第一目标。日本一贯实行的是赶超既定目标型的研究开发体制。第二次世界大战以后到 70 年代，日本的研究发展主要是引进与消化西方的科技成果。通产省估计，那段时间约有 1/4 的研究发展经费是用在消化进口科技成果方面。战后 30 多年间，日本从五大洲 40 多个国家引进技术，其中美国约占一半。50 年代平均每年引进 233 项，60 年代平均每年引进 1090 项，70 年代平均每年

引进 2091 项。引进重点在 50 年代主要是钢铁、机械、石化等重工业项目；70 年代转向电子、计算机、原子能；80 年代进入航天、生物技术、海洋开发等高科技领域。随着经济的发展和科技政策的不断调整，日本在科技领域与发达国家的差距不断缩短。1950 年时，差距多达 20—30 年，到 1960 年缩短为 10—15 年，1970 年基本接近和达到世界先进水平，1980 年以后，在一些领域则处于世界领先地位。20 世纪 60—80 年代，30 年间韩国、新加坡及我国的香港、台湾地区经济之所以迅速发展、取得令人瞩目的成就，而其他发展中国家和地区相对说来比较缓慢，主要是由于这些国家和地区善于借鉴、引进和消化外国技术，提高生产效率，这是快速的技术变革的结果，而这种技术变革是当局的政策有意识地推动而促成的。当局的工业、贸易政策鼓励提高国际竞争力，为其迅速发展提供了动力。这种经济环境又刺激了技术活力。它们的发展，外国的技术起了重要的作用，但更为重要的是，有意识地引进技术并在此基础上进一步吸收消化。由于吸收消化了引进技术而提高了自己的科技能力，使自己研制开发的能力逐步增强，并能很快取代作为最初技术转让基础的外国技术能力。

国际经验表明，引进与吸收国际科技成果的能力是一个国家科技实力的重要内容。在观察某个国家技术力量的时候，不仅要看它的技术开发能力，而且其引进和吸收技术的能力亦应同样受到重视。在消化引进技术方面进行研究开发是极为重要的工作。只有成功地适应引进的技术，并且逐步地加强研究开发，才能充分消化和掌握引进的技术，从而才可以导致最终产生自己的新技术。历史上曾经相继取得过政治和经济霸权地位的英国、法国、德国和美国，以及第二次世界大战以后迅速发展成为超级经济大国的日本，无一不拥有引进与吸收技术的能力，在发展过程中，通过各种办法多渠道地引进大量先进技术，奠定了自己的强大工业基础。随着经济的发展，增强了本国研究与开发的科技实力，从而为世界科技知识宝库做出了重大贡献。

吸收别国的科技成果是通过国际科技交流实现的。科学的概念和成果，封锁不住，也难以保密。科学成果历来是通过专业期刊、专业性国际学术会议和学者的接触等形式充分传播的。技术是可以出售的商品，它为技术开发者所有，所有权受到专利法保护，开发技术既花钱又冒风险，因

此收回成本、实现利润，需要出售技术。技术的国际转让，最初是通过进口新产品、机器和设备的途径来实现的，后来扩大到转让许可证和专利权，以及购买设计图纸和支付技术指导费等。交换技术文献、互相考察和组织参观展览会等也是获得技术信息的途径。技术转移可分为设备转移、设计转移和能力转移。其中能力转移是最重要的。人员交流是获得能力转移的极重要的方式。国家之间和企业之间转让尖端技术是不可能的，技术发达国家的技术保护壁垒日益增高，转让尖端技术实际上是不可能的，除了向技术发达国家派留学生学习尖端技术之外，没有别的办法，而且通过留学生也可以获得贸易信息。技术转移往往是与海外投资相结合。对发展中国家来讲，积极吸引海外投资，选择适应技术，即适合该社会的环境和条件，并能最有效地解决其需要的技术，迅速增强本国的技术开发能力，这三个方面都是相当重要的。

国际科学技术合作与交流，只有在平等互利的基础上才可能顺利发展。但由于历史的原因，发达国家与发展中国家在经济发展和科技进步方面存在着巨大的差距，在相当长的一段时间内技术转移主要说来将是单向的。发达国家向发展中国家转移技术，总是尽量利用它们对先进技术的垄断优势获取高额利润，并力图永远保持发展中国家对它们在技术上的依赖性和经济上的依附性。发展中国家与发达国家之间在技术贸易方面的不平等性是一种客观存在。那种希望完全依靠引进技术实现发展中国家的现代化是一种幼稚的幻想，而且永远也不可能消除技术差距。因此，发展中国家要想争取实现国际技术贸易中的平等互利，应坚持自力更生为主的原则，加速发展自己的科学技术，努力增强自己的科技实力，舍此没有其他出路。只有具有强大研究与开发能力的国家才能更有成效地引进和利用国外的先进技术；因为只有这样，才有能力对国际技术市场上的各种技术的先进性、有效性和适用性做出准确的评估，从而有选择地引进自己迫切需要的技术；同时还可以根据本身研究所取得的资料数据来加强自己在价格谈判中的地位。技术是不可能简单地转让的。因为它既不能被详尽地列示于图纸中，也不可能在资本设备中完全体现出来，要掌握任何引进技术，必须在实际生产和管理中对技术本身做因地制宜的适应性改动，这是要付出相当大的努力和代价的。没有自己的研究与开发能力，引进技术不可能

真正被消化吸收和运用。技术引进的目的是学习别国之长补自己之短，从而增强和发展自己的研究开发能力。因此，对外国的技术取得的方式不是那么重要，重要的是取得的内容和为什么要取得，至于何种方式适宜，则取决于所要达到的目标。对国外技术，具体引进哪些部分，用何种方式引进，这是由目标决定的。技术引进必须有很强的选择性，避免盲目性。凡是可以采用某些国内技术来代替的外国技术，就没有必要引进。技术引进政策的灵活性就在于国内的研究与开发同引进技术两者之间应如何取得适当的平衡。

三 科学技术国际化的新趋势

20 世纪 80 年代开始的科学技术国际化潮流，进入 90 年代以其更加迅猛的速度冲击着世界的每一个角落，每个国家都不同程度地参与了超越国界的科技合作进程，从而使各国的科技发展进入了国际性战略调整的新阶段。科学技术的国际化趋势的最重要标志是研究与发展的跨国战略合作。

科学技术的国际化趋势的形成与发展，有科学技术内部的因素，也有外部环境的因素。

现代科学技术的发展具有科学与技术紧密结合，基础研究、应用研究和技术开发紧密结合的特点，科学研究设备大型化和复杂化，科学研究的规模越来越大，物质基础、经费和人力的巨大投入，使得任何一个国家单独承担都愈加困难。这就使得大型科研设备的国际化步伐进一步加快，坐落于日内瓦欧洲核能研究中心的世界最大的正负电子对撞机的建成，是这一趋势的重要标志。

近年来的研究开发日趋高级化和复杂化。现代科研的重大课题都具有广博性、多结构性、多学科性和综合性的特点，任何一个国家都不可能在每个科学技术领域里处于全面领先地位，靠自己的力量来解决全部科学技术问题。因此，当代研究开发的综合化在客观上就产生了国际合作的需要。

当代技术的急剧变化，使知识密集型产业中的产品生命周期大大缩短，而且市场的不确定性增大了技术开发风险。公司为了在所处工业领域

中保持技术领先，只能进行跨国合作，来分担日益增加的研究与发展的投资和风险。

当代的经济活动引发出了许多全球性问题，如环境污染、气候变异、土地沙漠化、热带雨林的破坏及大气臭氧层的破坏，人口、资源及能源等，这些问题的解决已超出了国家和区域的范围，并触及了全人类的利益，而且由于全球性问题的综合性和复杂性及需要巨额资金的投入，因此必须多国进行合作加以解决。

科学技术国际化趋势形成和发展的经济背景是生产的国际化和经济的全球化。规模经济会带来最大效益，追求规模效益是主导经济发展的一个重要原则。当代跨国公司的不断大量涌现，正是为了追求规模效益以便在激烈的国际市场竞争中取胜。跨国公司使经济活动超越了国界的限制，由原来在一国范围内组织生产和开发市场，迅速向在世界范围内组织生产和开发市场转变，从而使得生产的专业化与协作不仅表现在一个国家内部，而且越来越表现在国际范围内。科学技术的国际化导致国际科技分工协作新体系的建立，反映了生产国际化和经济全球化的要求，并且成为全球经济竞争的一种新手段。

科学技术国际化的动力机制就在于追求科技知识生产的最大规模效益。通过扩大国家之间或公司之间的科技合作，结成国际联盟，做到科技知识的共同生产和成果共享，以保证获得在更大的市场上竞争所必不可少的规模经济效益。科学技术跨国合作的目的是为了增强经济竞争所依赖的科技实力，所以竞争与合作在科技国际化中是并存的。当前，在高技术领域中的竞争愈演愈烈，各种形式的跨国科技合作正是为了适应激烈竞争的需要，增强本身的竞争能力。

当前，科学技术国际化的深入发展具有如下一些基本特征。

1. 国际科技合作从数量和质量上都进入新的发展阶段

十年来国际科技合作发展的速度和规模是空前的。20 世纪 80 年代以来，国际技术流量的主要指标，即对外的直接投资、资本货物进口、用于购买许可证和专门技术的资金、官方的技术援助等的增长速度非常快。例如 1983 年至 1987 年，美、日、英、法、德五个国家的技术贸易额，五年内增长 94%。世界高技术产品贸易的输出额，从 1980 年的 1122 亿美元扩

大到 1986 年的 2002 亿美元，六年中增长了 78%，大大超过了世界贸易输出额在同一时期的增长率（5%）。进入 90 年代，每年国际技术贸易成交额占世界贸易总量的 30%。各国用于国际科技合作项目资金投入的比重逐年增加，1989 年，法国研究与发展投资的 25% 用于国际合作项目。各国政府之间的双边和多边的科技合作项目激增，例如，美、德两国间截至 1991 年共签订了 50 多个政府间合作协议，每年科技合作项目大约有 2600 项。各国之间的科技合作形式繁多，合作的领域逐步扩大。

2. 国际科技合作和分工的新体系正在形成

科学技术合作已进入无国界的网络化时代，研究与发展国际间横向联系的加强改变了研究与发展的国内纵向联系的结构。科学技术的国际分工与协作渗透到基础研究、应用研究与技术开发的全部领域。技术开发的分工与协作已不只限于生产部门和最终产品，而是越来越多地渗透于单机生产、零部件生产乃至整个工序上。高技术的国际合作现在只限于发达国家之间。技术转移，已不限于发达国家向发展中国家的技术转让，发展中国家之间在中、低技术领域之间的技术合作与交流正在加强。技术转让已不再是单向的了，正逐步变成一种双向交流。随着第三世界国家认识到他们的知识的潜在价值，这种知识将在技术转让活动中成为一种强有力的商品。

3. 国际科技信息网络的形成

国际科技合作与交流，需要广泛地搜集各种各样的专利技术和市场信息，特别是竞争对手所关心的领域和它们的专利信息。现代计算机信息处理和远程通信系统已将各国的大学、研究机构和技术开发机构的信息交流联成网络，目前使用国际科技信息联机网络系统的科技专家已达 400 万名。

4. 跨国公司和民间企业之间在研究与发展方面的跨国合作日益增强

当今 35000 家跨国公司及其 17 万家子公司，掌握着 3.1 万亿美元的资金，占世界各国海外投资总额的 40%—50%。它们控制着世界所采用的新技术和新工艺的 80% 以上，经营着 70% 的技术转让，跨国公司对科学技术国际化的形成和发展起着极其重要的作用。非政府间的跨国科技合作已超过了政府间的合作。总投资 74 亿马克的尤里卡计划，最先就是以企业

联合的方式出现的。昔日竞争最激烈的对手，今天在研究与发展中结成了战略联盟。

5. 科学技术标准趋向统一

欧洲统一市场的逐步形成势将进一步促进欧洲各国之间及欧洲同其他各国之间的科技合作。因此，欧洲将统一制定它们的研究与开发的优先领域，并且准备建立统一的技术标准，跨国公司之间的科技合作也势将促进科学技术标准的统一。

6. 各国科技政策的国际协调

当前，参与国际科学技术合作，已成为参与国际竞争的一个重要先决条件。在科学技术国际化的发展进程中，政府可以发挥巨大的诱导、推动、扶植和保护作用。各国政府在研究其政策时，绝对不能不充分考虑其政策的国际性。20 世纪 90 年代，科技政策进入了国际性调整的阶段。这种国际性的调整不仅涉及科技政策的各个方面，而且由于科学技术已在国家的外交、安全保障、经济、社会、文化等各个领域占据了核心地位，因此，科技政策的调整也是与这些领域相关的。科学技术的国际化与社会经济管理体制的变革已紧密联系在一起，科学技术的国际化，必将使科学技术文明向世界现存的各种文明渗透，如何使科学技术文明的普遍性与世界上文化的多样性相互协调，也是当今科技政策调整需要研究的重要课题。

积极开展国际科技合作与交流是我国对外政策的重要组成部分，也是发展我国科学技术的重要内容之一。改革开放以来，我国确立的科技工作积极走向世界的政策是，在自力更生的基础上，加强国际合作与交流，吸收和借鉴人类社会的一切优秀文明成果，博采各国之长，为我国科技、经济和社会发展所用，并为世界科技发展做出我国应有的贡献。十几年来，我们广泛地开展了官方、民间、双边和多边的国际科技合作与交流，取得了令世人瞩目的成绩。一个多层次、多渠道、多形式的国际科技合作与交流的格局已初步形成。不仅迅速提高了我国的科技水平，有力地促进了我国经济和社会的发展，而且让世界了解了中国的科技发展成就，使我国的科学技术在世界上的声望和地位日益提高。据国家科委统计，截至 1991 年年底，我国已与 68 个国家缔结了政府间科技合作和经济合作协定，政府间和民间对外合作项目达 1 万多项。我国在联合国系统的 30 多个科技

机构中取得了合法席位，参加了280多个国际科技组织。中国科学院已与世界30多个国家和地区的科学研究机构签订了50多个科技合作协议与协定。1978年至1991年年底，我国先后向76个国家和地区派出了8.7万多位留学生和进修人员。1992年年初，邓小平同志在视察南方的讲话中说，十几年来我国科技进步不小，希望在90年代，进步得更快。90年代，随着我国经济发展和科技进步跃上一个新台阶，我国的国际科技合作与交流必将有一个更大的发展。

四 加强我国企业的跨国合作生产与经营

在当前科学技术国际化的浪潮中，企业之间的跨国合作超过了国家之间的合作，企业扮演了主角。扩大和加强我国的国际科技合作，就必须迅速提高我国企业参与国际竞争与合作的能力。

第一，要有强烈的国际化意识。在无国界的竞争时代，不仅要把企业的生产目标瞄准国际市场，而且企业的经营要走向海外，把整个世界变成自己开拓事业的空间。研究开发和生产的国际化，使国际分工与合作不仅在内容上，而且在性质上都发生了变化。在现代条件下，参加国际分工与协作本身已经开始成为生产的起始条件。不积极参与国际分工与协作的进程，企业就失掉了在世界市场上的立足之地。

第二，面对国际化的趋势，必须开发我国独特的技术和产品。为此，我们必须以研制和发展我国独创技术和独特产品为龙头，彻底打破地区、部门和行业的界限，在全国范围内组织和部署研究开发和生产，提高专业化、协作化、联合化的水平，提高产品质量、降低成本，形成规模生产，提高我国产品的国际竞争能力。只有这样，我们的企业才能更好地参与国际分工与协作，不受制于人，而立于主动地位，使国外的企业有求于我，离不开我。研制开发独创技术和独特产品，取得并保持在某些领域和产品方面的优势，这是参加国际分工与协作的前提和必要条件。

当今科学技术飞速发展，产品更新换代的速度不断加快，市场需求变幻莫测，今日的独创技术和独特产品，明日就会过时和被淘汰。所以惰性是头号大敌，必须使企业的技术进步保持不间断性并加快步伐。企业要具

有技术革新的压力、动力和实力，这是经济体制改革的重要课题。解决这一课题的根本办法就是把企业推向市场，特别是推向国际市场。市场的激烈竞争，使企业天天感到有压力。新产品占领市场带来的丰厚利润，赋予企业以动力；企业自身研制力量的增强及合作范围的扩大，是企业强大实力的源泉。

第三，追求规模效益。面对国际化，企业的最佳规模已不单纯由国内市场决定，而且主要由国际市场容量决定。生产规模最优化的标准，受工艺因素和该种产品及世界市场发展趋势所制约。对于超越国界的大规模专业化来讲，国内市场必然会日益狭窄，必须奋力开拓国际市场。现代技术的合理性（技术的和经济的合理性）是以特定的规模、水平和产出量为前提的。高于或低于它们都不合理。达不到它，越是高新技术，则规模效益就越差，经济效益就越低，必然会陷入高投入低效益，即所谓“高成本经济”。因此，在某些高新技术产业部门，要促进企业集团的形成和发展，并在此基础上进一步发展成为跨国公司。

第四，提高企业的管理水平。在企业从事跨国合作生产与经营的活动中，企业的组织结构和运行机制适应世界市场变化的能力及管理技术水平，是影响企业竞争力的重要因素。提高企业跨国合作经营的管理水平包括下述一些基本的方面：建立企业研发、制造、流通、销售、服务纵向结构的有效率的体制；增强企业发展国际网络的能力，包括市场信息网络、发明专利信息网络、销售服务网络等；提高企业多国经营的灵活性，以满足世界各地市场的需要；提高企业在国际上学习的能力和对国外企业、用户发生影响的能力；增强决策者的判断能力、决策魄力，及能成功地处理内外因素的互动，做出迅速灵活反应的组织能力；提高选择国际战略合作伙伴和灵活利用合作者优势补充自己不足的能力，国际合作要处理好互补性、共处性、有限性和独立性；企业的各项制度和运作机制必须与国际惯例接轨，产品的各项技术标准要与国外标准兼容。

在高科技时代，世界的变化是快速的，并且时常出现许多不可预见的因素。影响企业竞争力的因素也是错综复杂的，在国际市场激烈竞争中，企业要具有应变能力和承担风险的能力。独特的民族文化是影响企业国际竞争力的无形的实力资源。中华民族优秀的古老文化是我国企业增强国际

竞争力的重要的无形实力资源。在企业的跨国经营中，弘扬民族优秀文化；扩大中华民族文化的世界影响力和吸引力，也是增强我国企业国际竞争力的重要方面。

（原载《哲学研究》1994 年第 8 期）

科学技术与人文社会科学结合的趋势

当代社会历史的客观进程，当代任何重大的科学技术问题、经济问题、社会发展问题和环境问题等所具有的高度的综合性质，不仅要求自然科学、技术科学和人文社会科学的各主要部门进行多方面的广泛合作，综合运用多学科的知识和方法，而且要求把自然科学、技术和人文社会科学知识联结成为一个创造性的综合体。当代人类面临的需要解决的问题的高度综合性质，决定了自然科学和技术与人文社会科学相结合，是当今科学发展的新趋势和新特点。

一　历史的呼唤

科学技术已经成为影响社会和经济发展的决定性力量。

科学技术的发展给人类的未来带来了光明，使人对未来充满希望和憧憬；但也使未来笼罩上阴影，使人不无忧虑和担心。科学技术的进步和人类命运息息相关。科学技术的飞快发展像一把双刃剑，一方面为创造人类的幸福提供了空前未有的无限的能力；另一方面也使人类掌握了可以毁灭地球上一切生命的能力。狄更斯在描写第一次产业革命时代的英国时曾经写道：

这是一个最坏的时代，
这是一个最好的时代，
这是一个令人绝望的冬天，
这是一个充满希望的春天。
我们面前什么也没有，

我们面前什么都有。

借用狄更斯的这一描写，可以很好地说明当今人类面临的新的科学技术革命和产业革命的转折时代的问题。科学技术的深入发展提供了把每个人的智慧和才能转换为创造和发展能力的手段，依靠人的智力可以创造一切，人类掌握的创造财富的手段正呈指数曲线增长。如果人类把科技进步的成果全部致力于和平与发展，21 世纪将是一个最美好的时代，人类将迎来一个充满希望的春天，我们面前什么都会有。所以争取和平与发展，是当今时代最伟大而迫切的课题。这一课题的解决，单靠自然科学技术远远不够，还要依靠社会科学和人文学科的发展。因此，现代科学技术的发展，不仅要使科学与技术紧密结合起来，解决当前的重大科学技术问题；而且还要把科学技术与人文社会科学结合起来，解决当今时代的和平与发展的迫切课题。爱因斯坦在 20 世纪 40 年代初就讲过，科学“这个工具在人的手中究竟会产生出什么，那完全取决于人类所向往的目标的性质。只要存在着这些目标，科学方法就提供了实现这些目标的手段。可是它不能提供这些目标本身”。“手段的完善和目标的混乱，似乎是——照我的见解——我们这时代的特征。”① 这目标恰恰是人文社会科学研究的内容。

当代各种全球性问题的出现，如臭氧层的破坏、二氧化碳急剧增加形成温室效应造成全球性气候的变化，水、土壤和空气的被污染等，从一定意义上讲是由科学技术的广泛社会应用引发的。这些问题的解决超出了国家的范围，也超出了传统科学技术能力的范围。这些问题涉及经济增长的方向和目的，也引发了对科学技术的价值定向。

科学技术在当代社会中的地位和作用愈来愈重要，科学技术已成为第一生产力，成为经济和社会发展的原动力，成为一个国家竞争实力的标志。科学技术对于现代军事技术，对于一个国家的军事活动和国防实力具有极其重要的影响，已经成为决定军事技术和整个军事活动发展的最重要的力量，成为现代战争中取胜的决定性因素之一。它的发展影响着战略和战术的演变。科学技术已深深参与到解决经济增长、社会发展、国家安全

---

① 《爱因斯坦文集》第一卷，商务印书馆 1976 年版，第 397 页。

和对外政策的重大问题之中。这些问题的决策，需要人文社会科学知识，同时也离不开人们对科学技术知识的掌握和理解。

科学技术今天已发展成为一种庞大的社会建制，它占用了社会的大量人力、资金和设备。科学技术事业的规划和管理及政策的制定涉及许多的人文社会科学知识。科学家的社会责任问题及科学技术发展涉及的社会伦理问题都需要科学技术和人文社会科学合作加以解决。

社会的发展变化过程，传统社会的现代化过程，工业社会向未来后工业社会、信息社会的发展过程，不仅是生产力、科学技术、社会经济、政治、社会结构的变革过程，而且也是人的价值观念、信念和态度，行为方式的变革过程。以现代化过程来说，人的现代化是国家现代化必不可少的因素，人的现代化并不是现代化结束以后的副产品，它是现代化制度与经济能够长期发展并取得成功的先决条件，应该看到人的现代化是整个现代化发展过程自身的伟大目标之一。我们要培养一代具备现代观念的人，他们的价值观、行为方式、思维方法、思想和道德情操都要符合现代化的要求。无论哪个国家，只有它的人们从心理、态度、行为上都能够和各种现代化的经济和科学技术的发展同步前进、相互配合，这个国家的现代化才能真正实现。所以我们要培养一代新人，这一代新人要形成现代的态度，具备现代的价值观念、现代思想、现代科学的思维方式，符合现代社会历史发展的行为方式，并熔铸成这一代人的基本的人格。我们要从现代的科学技术发展、现代的经济发展、现代的组织管理对现代人的要求这个方面去认真研究怎样培养一代新人，这一代新人应当具有哪些基本的品格特征。因为整个社会日新月异，变化万千，几乎是瞬息万变。在这样的情况下，如果一个人不具有时刻去迎接变革的观念，他就无法生存下去。西方平均一个人一生中要变换五种职业，每变换一种职业他都要经过严格的技术训练，重新更换他的知识。所以，迎接变革，就要树立起终身不断更新知识、终身学习的观念。由于现代社会是一个信息社会，信息来自四面八方，而且各种各样的信息无时无刻地刺激人的头脑，所以这就要求现代人要思路开阔、头脑开放，有广博的知识和扎实的专业基础训练，要做到这一点就必须尊重和愿意考虑各种不同的意见和看法。信息来自四面八方，由于掌握信息的人阅历不同、地位不同、知识不同，在每一个问题上都存

在各种不同的观点，所以一个人如果不善于倾听不同的意见和看法，他就不是一个现代的人。现代人一定要具备民主的精神，宽容地对待不同的意见，考虑不同的看法，科学才能进步。近代科学一个最重要的精神和传统就是民主，所谓民主精神就是尊重不同意见。真理之泉是通过错误的渠道流出来的。一个认识不经过曲折、不经过许多错误就不能达到真理的认识。现代人一定要有一个知识的价值观。未来的社会是一个信息、知识的社会，整个劳动生产率、经济能力和竞争能力，决定于这个民族传播知识、掌握知识、创新知识的能力，决定于这个民族的智力水平。所以要充分认识知识的价值，同时有强烈的效能感和社会责任感。办任何事情要高度地讲究效率。现代化社会制度，是靠严格的制度来维系的，要求现代人要有一个严格的纪律观，学会和别人相配合进行工作，有严格的计划观念，这些都应熔铸在一代新人的品行和性格中，人文社会科学要很好地从这方面去研究。现在有一种忽视理论的倾向，是很不对的。现代社会、信息社会与工业社会相比较，从思想方法来看，工业社会主要的方法是经验方法，包括实验方法；现代社会主要是理性的方法，所以任何忽视理论的倾向都是与当前的信息社会、知识社会不协调的。要充分认识到，理论本身具有超前的功能，理论工作不能总跟在时代的后面、跟在读者的后面，应该有一个超前感，充分发挥理论的超前功能。新的时代需要高水平的文化信息。高水平文化信息的熏陶，导致人的本身的变化，成为一种时代的新人。在信息社会的条件下，一种新的知识，它不仅取决于采用信息的水平和信息的数量，而且也表现于提高人的智力，提高人的道德品质和善良程度。知识就是使人们变为更高尚的人的信息，道德面貌的变化往往开始于把文化和知识带给人们的这种意识。信息的作用增大，不但表现在一个人的智力的质量上，而且表现在一个人的道德品质上，在时代的历史范围内，文化信息在扩大人们知识的同时，使人们越来越完美。所以我们要传播高水平的文化信息，通过传播大信息量的文化信息来提高人的素质。还要看到，在未来的社会，信息传播工具也在变化。二十年来，随着科技发展，整个信息传播工具发生了很大变化，从书籍到期刊，从无线电收音机到电视，20 世纪 20 年代以后，期刊比书籍显得重要，美国书与期刊的比例是 1∶20。人们从期刊里获得的知识、信息量要比书大得多也快得多，有

些社会学家调查，80% 的奥地利人认为，没有书可以过得去，没有期刊不行。从第二次世界大战以后，发生一个变化，就是无线电收音机作为信息传播的工具越来越重要，从 1956 年开始，世界上拥有收音机的数量超过了日报的发行量，而且听广播的人数增加了一亿。无线电的发展使期刊、日报的发行量下降，1948 年至 1961 年，每一百人中平均得到的报刊数量在澳大利亚减少 3%、在北美洲减少 9%、在欧洲减少 17%。20 世纪 60 年代开始，电视又战胜了收音机。电视不但是单方面的视觉而且是视听结合的新的信息传播工具，所以电视超过了一切信息传播手段。每天晚上在电视机前度过夜晚的人超过十亿。在法国，每天晚上在电视前的观众超过全年在影剧院观众的一倍。电视发展的结果，是使读书的时间减少。法国统计的结果是每个人读一小时的书看三小时电视，美国是 1∶4。这样就提出一个问题，既然电视已经成为大众文化传播的工具，那么如何办好电视就成为一个很关键的问题了。要使电视真正成为提高民族的智力、道德修养的一个很好的信息传播工具。这样一种变化，我们要预先看到。电视转播卫星天天在天上转，一种新的接收卫星转播的电视天线价格便宜以后，任何一个人都可以收看世界上任何一个地方的各种电视节目，禁止收看是行不通的，只能靠高质量、高水平的电视节目吸引观众，这就要靠整个文化传播信息队伍质量的提高，所以从事文化信息工作的人必须具有现代的头脑、现代的品格、现代的观念，掌握现代化的信息传播手段，懂得现代的艺术，所以现在影视艺术、电视美学越来越兴盛。20 世纪 80 年代开始信息网络的飞速发展，将使人类社会进入一个新时代。在线阅读、电子读物迅速发展。上面的叙述表明，要解决人自身的发展问题，也必须将科学技术和人文社会科学结合起来。

总之，人类社会在当代的历史发展，呼唤着科学技术与人文社会科学的结合。

二　科学技术是现代文化的重要组成部分

文化水平是衡量人类发展的一个特殊尺度。文化既是人自身发展、人创造新事物能力的一种手段，又是一种标志。科学技术在人类文化进步中

占有重要地位，并且起着巨大的推动作用。科学发展和技术创新不能脱离它们产生的社会文化背景，并且科学技术本身就是一种社会文化因素，是一种社会文化力量。人类创造和发展了科学技术，而科学技术作为一种文明的力量，又不断完善着人类自身，在科学发展过程中形成的科学精神和科学方法不仅缔造了科学本身、推动了技术发展，而且改变着人的认识能力、创造着现代文明。科学技术是现代文明的一种主要创造力量。科学技术在人类文化进步中占有重要地位。科学技术作为一种特殊的认识活动，作为人的创造能力的一种社会表现和运用人的创造力的一个领域，是现代人类文化的重要组成部分。科学技术的发展对整个人类文化的内容、结构、形式以及发展方向都有着重大影响，现代科学技术与人文社会科学一同携手共建当代人类文明。

科学精神，作为科学在其历史发展中形成的思维方式、价值取向、行为规范和传统的总和，体现着科学作为社会现象的文化内涵，是科学实现其社会文化职能的重要形式。科学精神对人类精神生活产生了决定性的影响。它对人的正确的价值取向及一系列先进的行为规范的形成有着相当大的影响。科学精神深深地影响了人类近代文化的发展。在近代科学的发展中形成的实证精神、分析精神、开放精神、民主精神和革命精神已成为近代人类先进文化的重要组成部分。

20 世纪的科学技术发展，特别是第二次世界大战以后科学技术的飞快发展，在理论和思维方式上有革命性的进展，对人的认识从而对人类文化产生了重大影响。当代科学技术发展形成的认识论和思维方式的特点是：从绝对走向相对；从单义性走向多义性；从线性走向非线性；从因果性走向偶然性；从确定性走向不确定性；从可逆性走向不可逆性；从分析方法走向系统方法；从定域论走向场论；从时空分离走向时空统一。近 20 年来，自然科学对非线性问题的研究、对混沌这种貌似无规则运动的研究以及对远离平衡态的开放系统和自组织结构的研究，取得了突破性进展，并形成了一些新的跨学科研究领域。这不仅使人类对客观过程认识更加深化和全面，而且把人的认识水平提高到一个崭新阶段。这些崭新的思维方式的迅速扩散，也使作为研究对象的自然现象和社会现象之间的鸿沟日趋消失。新的视觉化技术的发展将使形象思维和抽象思维紧密结合起来，将使

人的认识能力产生一次新的飞跃。科学技术的概念、方法和手段向人文社会科学的渗透，以及人文社会科学的价值、伦理观念和理论在科学技术中的广泛应用，引起了当代思维方式的深刻变革。当代富有创造性的理论成果正是出现在各门自然科学、技术科学和人文社会科学相互交会之处。当代综合性课题的研究成为科学知识跨学科的综合体。

科学技术已经并且正在进一步丰富着人类文化的内容，改变着文化的结构和各种文化的表现形式。多媒体技术和正在兴建全球性的信息基础设施（即所谓的信息高速公路），对人类文化的发展将产生空前巨大的影响。

作为人类认识和改造世界的两大重要工具，自然科学与哲学社会科学在探索和认识自然界、人类社会的发展规律的历史进程中，各自有不同的功能，同时又互相渗透、互相促进，共同推动着人类文明的进步。

在科学发展史的初期阶段，自然科学和社会科学没有明确的划分，人类认识世界的能力也相对低下。随着人类文明的演进、科学知识的发展，逐渐显现自然科学和社会科学的分野。文艺复兴时期，人文主义和科学精神携手合作，摧毁了欧洲封建神学的统治，促使文化、科学、哲学和艺术呈现空前繁荣。随着工业化、现代化运动的蓬勃兴起，自然科学和社会科学获得更加强劲的动力，进一步推动各个学科的分化并创造出辉煌的成果。20 世纪尤其是第二次世界大战以后，自然科学和社会科学在各自领域高度发展的基础上，出现了更高层次上的相互渗透，形成了自然科学奔向社会科学和社会科学奔向自然科学的潮流。

马克思和恩格斯指出，历史可以划分为自然史和人类史，而且这两方面是密切相连的。只要人类存在，自然史和人类史就相互制约。当代人类社会的实践活动，把自然历史过程和社会历史过程有机地联系和统一起来。当代社会历史进程所面临的各种重大问题都具有高度的综合性，不仅要求自然科学、社会科学的各主要部门进行多方面的广泛合作，综合运用多学科的知识和方法，而且要求把自然科学和社会科学联结成为一个创造性的综合体。

研究对象的高度综合性，决定了研究主体的学科知识结构的高度综合性。作为研究主体的科研人员，不仅需要具有较高的自然科学素养，而且需要具有较高的哲学社会科学素养。作为研究主体的科研团队，也要具备

多种科学的知识结构和组织跨学科协作攻关的能力。

当代科学的发展，已从带头学科领先转变为更多的研究综合性问题领先，并通过这种综合性问题的跨学科研究促进新学科的生长。当代自然科学、社会科学的跨学科研究，要求和必将产生一大批跨越多学科领域的、融会自然科学和社会科学的新型科学家以及科学家群体。

三 科学技术与人文社会科学结合的机制和途径

科学技术知识的综合化发展，实质上就是科学研究的集约化发展。这是把更合理地使用科学研究力量作为在科技领域内以及在社会实践中更有成效地发挥科学研究成果作用的途径。从理论上深入研究自然科学、技术和社会科学结合的机制和途径，对我们在科学实践活动中组织自然科学家、工程技术专家和社会科学家们攻关协作，加强科技工作者和社会科学家的联盟具有现实的意义。

自然科学、技术和社会科学的相互作用，是在多层次上不断增强和相互渗透的结合的过程。其相互作用的机制是在下面一些层次上实现的。

1. 理论层次上的渗透与结合

自然科学、社会科学和技术科学的某些知识部门形成的理论和概念可以向其他部门渗透，而且被其他部门所吸收、融化，逐渐使一个学科的理论和概念变成各门学科通用的理论和概念，形成了一些一般的科学概念和理论。如自然科学中的层次概念和理论、结构概念和理论，后来被社会科学广泛采用。社会科学中的价值概念和价值理论、效益分析的理论、人道主义原则也被自然科学、技术科学所吸收，变成一般的科学概念和理论。过去像自然科学、技术科学的发展中对人道主义原则是很少加以考虑的，但现在则把它作为一个很重要的考虑问题之一纳入它的理论。任何一种技术设计特别是在高度自动化以后，一定要使整个的机器系统和人相适应，不能违反人的心理和生理条件。再如技术科学、工程科学中的模型放大理论、相似理论，方案选择的优化理论、可行性研究等，又逐渐被社会科学、自然科学吸收，变成一般的科学理论和概念。所以在当代整个科学技术革命的统一进程中，自然科学、社会科学、技术科学的每一个门类都可

以成为一切科学部门所共有的概念和理论所形成的源泉，而且当代科学发展中最有前途和取得丰硕成果的科学流派，都具有综合研究的色彩。所以综合研究是当前科学发展的一种最重要的形式。许多新的思想、理论都处于各门科学交叉的切点上。

当前，自然科学、人文社会科学、技术科学构成现代人类文化的核心。现代文化当中，物质的和精神的本源统一是自然科学、人文社会科学、技术科学密切联系的前提，物质和精神在人和社会发展中的现实统一又是通过自然科学、人文社会科学、技术科学的联系和结合而实现的。就整个文化的角度看，当今如果没有自然科学研究的发达形式，就不会有今天的社会科学；如果没有人文社会科学研究成果的广泛利用，也不会有自然科学的长足进步。技术作为人类文化的重要组成部分，它的发展不但依据自然科学和人文社会科学的理论成果，而且技术本身作为一种新的文化知识，已经和科学一样也成为人们思维的普遍形式之一。

2. 经验层次上的渗透与结合

一是在情报研究上，各门学科加强相互交流；二是当代科技革命，已把人类当前最主要的实践活动形式科学实验、技术革新、生产、社会管理四者紧密结合起来。当前的社会实践已经形成了一个体系，这个社会实践体系是由科学实验、技术革新、生产和管理结成的统一体。任何重大的社会实践问题的解决，都离不开综合运用自然科学、社会科学、技术科学的知识和手段。不但自然科学、技术科学变成了现实的直接的生产力，社会科学也参与到科学转变为直接生产力的过程之中。在当代整个知识领域里，形成了自然科学、社会科学、技术科学共同具有的研究课题，这些课题具有高度的综合性质和多学科的性质，它涉及多种专业知识，需要运用不同的方法去解决。当代社会里出现的重大社会实践问题，都具有综合性，而且这种综合性课题的研究特点就是要采用多种研究手段去解决、它的目的就是发现一些对解决有关经济、科技、社会发展有用的新的知识，这类综合性的问题在整个科学发展中的地位和作用日益提高，目前整个科学发展的趋势是综合性问题领先而不是学科领先。从整个科学发展过程来看，首先是社会实践提出了一类综合性问题，这类综合性问题需要运用综合的知识和多种的方法去加以研究，在此基础上，形成一类知识共同体，

在知识共同体的基础上，再发展分化出一些新的学科。

3. 在方法论层次上的渗透与结合

一是数学方法，电子计算机广泛向自然科学、社会科学各部门渗透；二是自然科学当中产生的实验理论方法包括假设、模拟、思想实验等已成为社会科学和技术科学所广泛采用的方法；三是形成一类综合性的学科，这类综合性学科本身具有一般方法论的特点，像符号学、现代逻辑、控制论、信息论、普通系统论等，它们本身就具有一般方法论的特点，这些学科本身就是方法学科；四是在综合运用自然科学、社会科学、技术科学的各种知识和方法去解决当代综合性问题的过程中，还形成了一套并且继续发展着的综合性方法和综合性评价原则，而且现代科学的一些方法和原则不但在知识范围内普遍发生作用，而且超出了学习和研究的领域，在日常生活、艺术领域、政治领域也在广泛地普遍地发生作用。现代科学方法已成为人的普遍的思维形式之一。所以我们必须了解当前已经进入了一个新的知识综合的时代，在这样一个新的综合时代，任何重大的科学技术问题、社会发展问题，包括一些重大的具有战略性的问题都必须靠综合性方法去研究解决。所以我们必须充分认识到，综合的方法和综合的观念是普遍的方法和普遍的观念，发展综合方法是当代科学的需要，这就要求每个人不但要扩展自己的知识领域，而且要学会和其他部门、学科领域的专家学者们积极协作。

科学技术与人文社会科学的渗透与结合，还在下述一些层次上实现，即在学科功能结构层次上的渗透与结合；在科研组织管理层次上的渗透与结合；在科学人才培养层次上的结合，以及在科学的目的、价值层次上的结合。

自然科学、技术和社会科学的相互渗透与结合形成了共同研究的重大课题。这些课题具有高度综合和跨学科的性质，这些问题的解决所产生的社会经济作用在日益显著地提高。这些课题多数具有应用研究的特征，旨在发现对解决与科技、经济、社会发展相关的问题有用的新知识，并可开拓新的科学研究领域。这种跨学科的研究对于取得高质量的研究成果是至关重要的，不但可以提高科学研究的效率，而且可以保证研究成果具有广泛的应用性。

21世纪前半叶，将是人类社会深刻变革的时代，也是我们全面建设小康社会、实现中华民族伟大复兴的时代。

当今世界，风云变幻，人类社会正在经历着一场迅速、广泛有时是难以预测的变化。由强国主导经济全球化和区域集团化势头强劲，国际经济合作与竞争呈现新态势，科学技术日新月异。大国之间综合国力的竞争对于国家的前途至关重要。发展方向的定位、发展目标的选择、战略和政策的调整，对一个国家乃至一个民族的生存和发展影响深远。

当代跨学科研究解决高度综合性问题的能力和水平，已经成为一个国家科学水平、集成创新能力及综合国力的重要标志。当前社会实践的发展给科技界和人文社会科学界提出了一系列需共同面对的新课题。多年来，我国的现代化事业快速发展，建设成就举世瞩目。但也应当看到，在经济发展上，增长方式落后、经济效益较低、经济结构不合理、经营方式粗放，造成经济整体素质不高、经济竞争力不强，经济发展与生态环境、自然资源的矛盾加剧。在社会发展上，城乡差距、地区差距、行业差距和居民收入差距持续扩大，就业和社会保障压力增加，教育、卫生、文化等社会事业发展滞后。这些都是高度复杂的综合性问题，需要综合自然科学与社会科学的知识，组织科技界和社科界联合攻关。

提高全民族的思想道德素质、科学文化素养和身体健康素质，促进人的全面发展，是我们社会主义建设的奋斗目标，同样是自然科学和社会科学的共同职责。随着经济发展和物质生活水平的提高，人们对精神文化生活的需求日益增长，自然科学和人文社会科学在满足人们的物质需求和精神文化需求、提高人们的科学素养和思想道德水平方面的作用越来越突出。在我国大力普及自然科学和人文社会科学知识，必将有效提高人们观察、认识、分析和处理各种问题的能力，进而提高人民群众参与国家决策和社会管理的能力。

总之，高度发达的自然科学和高度繁荣的人文社会科学，是中国特色社会主义建设和中华民族伟大复兴的两大支柱。我们必须大力推进自然科学和人文社会科学的协同发展和共同繁荣。只有依靠自然科学和人文社会科学的全面进步，才能全面系统地认识自然界和人类社会的发展规律，实现人与自然、人与社会的协调发展；只有依靠自然科学和人文社会科学的

不断创新，才能不断提高国家的综合实力。

中华民族的伟大复兴，既需要发达的自然科学，也需要繁荣的社会科学。顺应自然科学和人文社会科学相互渗透和融合的趋势，实现自然科学和社会科学的互动和结合，是一项历史性的任务，也是一项长期的工作。这需要自然科学界、人文社会科学界以及教育界通力合作。

（原载李惠国、吴元梁主编《高科技时代的社会发展》，中共中央党校出版社 1996 年版）

国外人文社会科学研究的趋势和特点

人文社会科学是人类共同智慧的结晶。虽然人文社会科学研究在每一个国家有其历史的、民族的特点，具有其研究社会过程的特有的价值观和方法论立场，但其发展却表现出许多相似的特点和趋势。在当今信息革命和经济全球化的强大浪潮中，人文社会科学研究的国际化趋势日益增强。在新世纪，为了借鉴国际经验和适应科学研究国际化的趋势，促进我国人文社会科学的发展，我们主要从科学研究的组织管理和科学政策的视角，对美国、英国、加拿大、澳大利亚、法国、德国、俄罗斯和日本这八个国家的人文社会科学在世纪之交的最新发展进行了考察，提供一些情况供大家参考。

一　关于人文和社会科学的界定

21 世纪 50 年代以来，我国一直把人文学科和社会科学的诸学科统称为哲学社会科学。近年来，学术界不少人提出用人文社会科学的称谓取代哲学社会科学的称谓。为此，我们对国外人文和社会科学的界定进行了考察。

联合国教科文组织曾于 1977 年制定了《教育分类国际标准》，并于 1997 年 11 月做了修订。根据 1997 年修订的分类标准，“社会科学和行为科学”领域包括 12 个门类，它们是经济学、经济史学、政治学、社会学、人口学、人类学（体质人类学除外）、民族学、未来学、心理学、地理学（自然地理学除外）、和平与冲突研究、人权研究，而史学、文学和哲学等则被划入“人文学科”。世界各国大都基本上参照这一国际标准，界定人文学科与社会学科。人文学科和社会科学的含义究竟是怎样的呢？

《不列颠百科全书》（1998 年版）对人文学科的阐释具有代表性。

人文学科（humanities）又作大学文科（liberal arts），系指涉及人类及人类文化的诸学科，亦指涉及研究此类学科的各种分析方法与评价方法的学科。它们源于对人类价值及其独具的表达能力的重视与鉴赏。

现代人文学科的概念来自古希腊语 paideia 一词，系指普通教育的一门课程。最早讲授这门课的是公元前 5 世纪中叶的一些讲授哲学及修辞学的教师，目的是培养青年人具备城邦公民的素质。15 世纪，意大利人文学者们用人学（studia humanitatis）来表示那些非宗教的及学术性的研究活动，即语法、修辞、诗学、历史、道德学、古希腊及拉丁文著作研究。他们认为这些学科要比宗教课程更具备本质上的人文精神和古典内容。19 世纪时人文学科的视野扩大了，并开始表现出一种新的性质。人文学科的当代概念与早期看法有相似之处，那就是人文学科提出一整套以宣扬自足的人类价值体系为基础的教育课程。不同之处则是人文学科既不同于社会科学，也不同于自然科学，而且人文学科本身也存在着为了发扬其宗旨究竟应以题材为重还是应以方法为重之争。19 世纪晚期，德国哲学家 W. 狄尔泰称人文学科是“精神科学”与“人类科学”之和，并简单地把它们归纳为自然科学题材之外并超越于自然科学题材之上的那些研究领域。19 世纪末 20 世纪初的新康德主义者 H. 李凯尔特提出，人文科学之特征在于其方法而不是其题材。他强调说，自然科学研究的目的是由个别例证而达于一般法则，而人类科学则是“表意的”——这些学科专门探讨一定文化背景和人类环境中的个别现象之独一无二的价值而不涉及一般法则。

当今有关人文学科的界定，有四种具有代表性的观点。

（1）普通才艺说，为 R. 克兰所倡。他认为，没有一门学科可被排除在人文学科的方法与技艺的调查研究范围之外。数学、自然科学、社会学、心理学等，都有其历史、语言和文献以及其基本哲学规律，这些可以应用人文学科一般技艺和方法加以讨论和分析。这些研讨包括四个方面，即概念分析、符号表达分析（其中包括语言分析）、描述和阐释、历史研究。

（2）语言功能说，为 W. T. 琼斯所倡。他认为人文学科以其所用语言为特征，并认为人文学科的语言学功能是相对非认知性的和富有表述性

的。相比之下，自然科学和社会科学的语言就更具认知性和分辨性。

（3）特殊智能说，主张要在推理（科学的）与想象（人文学的）两个研究领域之间截然划分开来，不仅要涉及其语言，而且要涉及其精神实质。因此，人文学科就要探讨举凡有关生命、命运、自由等方面的一些非线性的概念与想象，而不是其事实、客观观察与预见。推理与想象两种智能使用不同方法，这样就产生了详细分科的基础，如人文学科又可分为从事想象力创作的艺术与从事学术和教学的一般文科。

（4）普通经验说，强调人文学科与自然科学及数学在逻辑上的差别。前者属于“自然逻辑”，即芸芸众生日常所接触的逻辑，后者则属于高度专门化并有明确目的的逻辑。按照此说倡导者 H. B. 维奇的解释，“自然”逻辑仅仅是对于人和人性的认识，广义言之，是对于我们人类环境和我们置身于其中的这个真实世界的认识。

尽管这四种说法各自揭示出理解和评价人文学科的不同标准，却在一点上取得一致，即人文学科的研究应该成为普通教育的基础。人文学科一般说来包括文学并附加拉丁文、希腊文经典著作的译本，以及若干历史、哲学及神学课程和语言学。

《不列颠百科全书》对社会科学做了这样的阐释：社会科学研究的课题是人类在社会和文化方面的行为，包括经济学、政治学、社会学、社会和文化人类学、社会心理学、社会和经济地理学，也包括教育的有关领域，即研究学习的社会环境以及学校与社会秩序之间的关系。严格来说，社会科学是在 19 世纪才出现的，但对人类社会的理性探讨在古希腊时期就已存在。在中世纪的神学里就有根据人类和社会这两方面的观念塑造出来的综合物，这些观念其实就是政治、社会、经济、地理和人类学的概念。文艺复兴和宗教改革运动时期，学者们提出了不少关于人类思想和社会行为的想法。随着 17、18 世纪社会科学理想的传播如自然科学理想的传播一样受到重视，人们对世界上人类经验的复杂性，对人类社会行为的社会和文化特征的认识，都在逐步加深。当时社会思想的重大主题几乎都与社会革命和工业革命有关，如人口激增、劳动条件恶劣、财产的变化、都市化、技术与机械化、工厂制度、参政民众人数的变化等，这些都为 19 世纪严格意义上的社会科学的形成奠定了基础。此外，实证哲学、博爱精

神和进化观点三种思想倾向也影响了社会科学。社会科学初建之时，是想建立一门总体社会科学，而有些人则追求单个学科的专门化，结果是后者取得了胜利。经济学和政治学首先达到独立的科学地步，其次是人类学和社会学，社会心理学也具雏形，最后出现的是社会统计学和社会地理学。20 世纪社会科学获得了蓬勃发展。由下述变化特点可以看到社会科学的某些趋势：社会科学的专门化；多学科的相互补充与合作；新出现了政治社会学、经济人类学、选举心理学和工业社会学；某些单个概念也常运用于多门社会科学，并都获得了有益的效果；由于专业化，在社会科学内不可避免地出现了紧张关系；近几十年来从事社会科学研究工作的人身价倍增；数学方法和其他定量方法以及计算机已广泛应用于科学和教学之中。20 世纪在理论模式上可以看到如下变化：发展说又开始恢复活力；社会体系的研究由控制论推动起来；结构主义和功能主义着重于模式和动态方面；互动论则强调“他物”的影响。

关于 20 世纪的社会科学有必要考虑的一点是，它与有组织的社会、政府和工业等的关系。自从社会科学出现以来，人们一直想用知识来影响社会政策，但在试图影响现代重要的权力和职能机构的过程中，社会科学本身可能反而会受到这些机构所拥有的权力和财力的影响。关于社会科学的目的，它同政府和社会的共识和价值之间存在着另一种区别，它导致了社会科学的第五种模式。规定和描述（或理论）属于不同的论述范围。这种区分在当时是爆炸性的，而且后来一直都是如此，尽管政治理论、道德哲学、法学已分道扬镳，并且社会政策研究已从“规定的”转向“分析的”。

今天社会科学还有一些不同种类的方法论因素：具有描述性的经验主义的社会科学，在方法上越来越复杂。而方法本身也多种多样；理解的社会科学，也许最好称作对现状的历史分析，往往掌握了充分的经验材料，并且试图对之做出解释。

华勒斯坦等学者的著作《开放社会科学》，从不同学科间的关系以及社会科学与人文科学、自然科学之间的关系的视角出发对社会科学及其所发挥的作用进行了一番考察。他们认为，从 18 世纪到 1945 年社会科学的形成与发展，表现出如下五个特点。第一，社会科学的目标是要得出被假

定制约着人类行为的一般法则；第二，它们力图把握各种必须当作个案来加以研究的现象（而非个别事实）；第三，它们强调有必要将人类现实分割成不同的种类，以便对其进行分析；第四，它们认为，采取严格的科学方法不仅是可能的，而且也是应该的；第五，它们偏爱通过系统方法而获取的证据（如调查数据）以及受控的观察，而不大喜欢普通文献及其他支离破碎的资料。

到1945年，社会科学一方面与研究非人类系统的自然科学有区别，另一方面也与研究人类“文明”社会的文化、思想和精神产品的人文学科有了明显的区分。组成社会科学的全部分科基本上都已经在世界上的绝大多数大学里制度化了。社会科学的制度性结构充分地建立起来，并得到了明确的界定。然而，社会科学家的实践在第二次世界大战后却开始发生了一系列的变化。结果，社会科学家的实践和思想立场与社会科学的形式组织之间出现了一个越来越大的鸿沟。

20世纪下半叶，世界上一系列新的发展和所有人类活动范围的拓宽，深刻影响着此前所形成的社会科学结构，一系列新的跨学科、跨领域、跨文化的综合研究活动，破除了社会科学和自然科学这两个超级领域之间的组织分界，也破除了社会科学与人文学科这两个超级领域之间的组织分界。华勒斯坦等人认为，世纪之交，正处在现存学科结构分崩离析的时刻，正处在现存学科结构遭到质疑、各种竞争性的学科结构亟待建立的时刻。目前最紧迫的任务是，必须对一些基础性问题进行全面的讨论。他们还提出了21世纪初重建社会科学的任务。

二　人文社会科学在当代社会中的地位和作用

人文社会科学是人类认识世界、变革世界和完善自身的一种强大思想武器。人文社会科学研究关注着人类的前途和命运，不断揭示社会真理，为解决人类社会发展的各种问题提供知识、理论和方法论基础。人文社会科学的教育和知识的普及，对于人类美好道德风尚的形成、崇高理想境界的培育、民族精神的塑造，具有广泛而深远的影响。人文社会科学素养，是任何具有卓越的应变、创新和决策能力的现代民族所必备的。人文社会

科学和自然科学技术是现代知识社会的基石，是保障人类社会可持续发展的无尽的资源。人文社会科学的发展，体现着它所处时代的特点。它的内容、形式、结构和功能的变化等，反映着那个时代经济、社会、政治和文化的诸多特征和需求。它的研究成果，应当体现其时代可能达到的道德发展和理性认识的最高水平。人文社会科学的地位和作用，从根本上来说，取决于它把握、认识和解决其时代面临的重大课题的程度和水平。

华勒斯坦等人在《开放社会科学》一书中写道，我们能够对人类的本性、人类彼此之间的关系、人类与各种精神力量的关系以及他们所创造并生活于其间的社会制度进行理性的反思，这一想法至少同有记载的历史一样古老。在古代和中世纪，人们探讨这类问题的智慧果实，要么以启示的形式呈现出来，要么就是对某些永恒真理所作的理性演绎。社会科学是控制世界的一项大业，其根源在于，人们试图针对能以某种方式获得经验确证的现实而发展出一种系统的、世俗的知识。这一努力自16世纪以来逐渐趋于成熟，并且成为近代世界构建过程中的一个基本方面。若要对社会变革进行合理的组织，就必须去研究它，了解支配它的种种规则。同时，近代国家急需更加精确的知识来作为制定决策的基础。正是这些社会需求推动着社会科学这一知识活动的制度化进程。19世纪社会科学训练的制度化使其在大学里确立了它的地位。社会科学研究作为社会建制的制度化进程则始于20世纪，特别是在20世纪后半期得到迅速的发展。

20世纪40—70年代，西方社会科学迅速发展，获得了前所未有的社会威望和影响。可以说这是社会科学发展的黄金时期。按丹尼尔·贝尔的分析，这主要是由下列因素促成的：

第一，社会科学方法的革新，主要是定量分析方法的广泛采用，社会科学的理论不再仅仅是一些观念或辞藻，而是一些可以用经验和可检验的形式加以阐述的命题。社会科学正在变成像自然科学一样的“硬”科学，为社会政策和计划提供可靠的指导。

第二，是受自然科学光环的影响。由于自然科学在第二次世界大战中起了关键性的作用，科学获得了空前辉煌的社会形象。人们在寄希望于自然科学的同时，自然也对社会科学寄以希望。

第三，第二次世界大战后大学教育的迅速发展，也扩大了人文社会科

学教学和研究人员的数量。

第四，第二次世界大战后经济的高速增长和冷战的需要，刺激一些大国大规模投资发展大科学，这种投资自然也扩展到人文社会科学。例如，地区研究在第二次世界大战后的迅速发展，最初就是起源于冷战的需要。

第五，社会问题的重新发现（特别是在 20 世纪 60 年代）重新引起了对社会科学的重视和注意。诸如种族歧视和骚动、贫困、家庭破裂、居住环境恶劣、生态与环境问题等。

正因为这样，在 20 世纪 40—70 年代，社会科学成了公众最注意和最寄予希望的科学。社会科学已开始具备阐明理论和实践知识的手段，在学科、方法论和技术方面，以及在各种社会规划方面，展现了一系列的希望。甚至有人说，“社会科学的时代已经到来”。

社会科学的发展并不是一帆风顺的，英国和美国分别从 20 世纪 70 年代后期和 80 年代初进入了撒切尔、里根执政时的困境时期，这一困境时期一直持续到 80 年代末。其他西方国家社会科学的发展也遇到了相似的困境。经济衰退、社会问题尖锐化、政府的内外政策不断失败，使人们 60 年代所抱有的社会理想和期望破灭，悲观情绪不断加重。公众不再相信社会科学能提出合理的政策，一些政客攻击的矛头直指社会科学，一时间，社会科学变成了政府政策失败的替罪羊。美国参议员 W. 普罗克斯泰尔认为，几乎看不出社会科学能提供什么科学的或切实可行的成果，并明确地反对政府向社会科学研究提供资助。1982 年，任撒切尔内阁教育科学大臣的 K. 约瑟夫爵士认为，社会科学的价值有待证明，并对英国的“社会科学研究理事会”的名称提出异议，认为该理事会资助的领域并不具有科学的地位，它们无权自称是科学，应该易名。他特别指明，用“社会研究”来表述那些无权自称是科学的知识学科也许更为妥当。这位教育科学大臣的态度反映了当时英国政府中占优势的价值观念与社会科学研究结果相冲突的情况。如经济学领域凯恩斯的正统理论与推动政府制定政策的新货币理论不一致。另外，从住房政策到医疗社会学，从贫困问题到犯罪学的其他几个领域也存在明显分歧。

这种困境的最直接的表现就是大幅度削减了社会科学研究的预算。

到 20 世纪 80 年代初，在美国，联邦政府对社会科学、人文科学和艺

术研究拨款的审查越来越严。在1982财政年度，行政管理和预算局要求国家科学基金会的社会和经济科学部将预算削减75%；在行为科学和神经科学部，人类学项目预算被削减66%，认知科学和行为科学项目预算被削减60%。联邦政府对社会科学的拨款额，1979年为5.57亿美元，1982年被削减到3.86亿美元，1985年也只有4.6亿美元。

在1981—1985年间，英国政府将“社会科学研究理事会”的预算减少了近六分之一，并且将其中的部分预算划拨给其他几个科学研究理事会。

社会科学要想走出困境，必须用历史的事实回答公众的怀疑和舆论的责难，阐明社会科学的社会作用，重新赢得公众的信任和政府的支持。美国社会科学界在这方面的工作是具有代表性的。

1980年，应国家科学基金会的要求，在国家研究理事会的行为与社会科学和教育委员会的赞助下，来自美国各所名牌大学和社会科学研究理事会的社会科学家组成了行为与社会科学基础研究委员会。其任务是对行为和社会科学中基础研究的价值、重要性和社会效益进行评估，以答复国家科学基金会面对的主要是来自国会的提问。委员会工作的初期成果是出版了《行为科学与社会科学研究：国家的资源》（1982）、《行为和社会科学：50年的发现》（1986）和《行为科学与社会科学：成就和机遇》（1988）。

1980年，时任社会科学研究理事会主席的肯尼斯、普金伊特在向众议院下属的科学、研究和技术委员会的证言中，对社会科学的价值和作用做了如下阐述：首先，人们在日常生活中使用着大量从社会科学中产生的概念；其次，许多政府机关和私营公司都依靠着从社会科学的不同领域中产生的知识，甚至登月行动，也吸收了管理科学、信息处理理论和有关人的压力的概念。此外，虽然不能期待社会科学去解决长期困扰着一个国家的问题，但社会科学有助于引导争论走向深入，加深人们对问题的理解，而这正是集体处理人类事务之依据。社会科学的任务是推敲而不是解决社会难题，因为社会科学家们研究的是他们所观察到的世界，而这个世界是不断运动、变化、进步和不断变换方向的。美国社会科学界的这些工作对社会科学摆脱困境，取得公众的理解和政府的支持起到了积极作用。

社会科学所经历的困境，也促使人们考虑这样两个问题：一是人文社会科学研究，与自然科学不同，公众对它也应有不同的期望。要认识社会科学研究成果与自然科学研究成果的差别。二是社会科学研究者必须力求在研究中体现社会科学对于社会的价值。

在英国学术界，对于80年代政府对待社会科学的态度和做法也存在着一些不同的看法。著名学者M. 布尔默认为，撒切尔政府和里根政府对社会科学的态度在某种程度上被人们曲解了，实际上它们对社会科学本身并没有什么敌意。在他看来，问题的实质不在于要不要社会科学，而是要什么样的社会科学。他认为，这个问题在社会科学界一直没有被充分认识。这是一种在困境中反思总结经验教训的态度。

20世纪90年代以来，美国、英国以及西方各国社会科学的发展又逐渐恢复了生机。

21世纪伴随着技术、经济、社会、政治和文化的巨大变革来到人们面前，人类社会进入了一个崭新的时代，社会变革的加速对于人文社会科学研究的需求只能是有增无减。面对21世纪的社会问题和挑战，人文社会科学将发挥怎样的社会作用，这是世界各国共同关注的问题。

1998年，澳大利亚社会科学院和人文科学院完成的两项战略考察报告《社会科学和澳大利亚面临的挑战》和《认识我们自己和他人：面向21世纪的澳大利亚人文科学》，在阐述社会科学的作用方面具有典型的意义。

第一，基础研究对各门社会科学的研究对象提出系统的理解，为人们从不同视角认识和分析社会现象和问题，提供了方法论的基础。它以概率的形式描述人类社会生活的基本规律，为预测提供合理的依据。

第二，社会科学关于人类社会的各种制度及其评估标准的研究发挥了不可或缺的作用。关于社会制度的经验研究与根据价值标准对社会制度的评估，对于公共政策的制定和效果评估提供了理论和方法。

第三，涉及广泛领域的社会科学应用研究，与各种政策的制定和实施直接相关，往往应用于具有国际乃至全球影响的政府政策。它们可能有助于确定某项政策的内容和目标，或可能仅局限于解决某项政策在实施过程中的技术效率问题，也可能同时发挥两种作用。

社会科学研究在以上三个层面上取得的成就，可以为社会、政府及企

业带来即刻的和长远的效益，对许多重大经济问题以及相关的社会问题的解决提供可利用的公共信息。

报告特别强调，“企业与社会科学研究的关系越来越紧密”。社会科学研究与企业的关联主要体现在两个层面上：在微观层面上表现为与作为个体的公司的关系，在更高的即宏观的层面上表现为与企业政策和战略的关系。企业的需要即是社会科学研究的课题，社会科学研究对于企业的发展可以起到不可低估的作用。报告指出，近年来，澳大利亚社会科学研究在与企业相关的领域中有了长足的发展，并受到了政府的鼓励。

报告指出，在过去的半个世纪中，始终不渝地投身于人文科学事业的职业学者共同履行着三种职责，做出了不可否认的贡献：

其一，保护“为知识而知识”的知识，将这种知识作为一种活的遗产传承给下一代。

其二，恢复了某些已经“失传”的知识形式。

其三，产生了新的知识，确立新的研究对象，提出新的描述和评价方法。

报告还强调了人文学科的道德价值观对于认识和分析社会现象所具有的方法论意义，人文学科中文化研究的发展扩大了社会科学的方法和目的范围，社会科学的应用研究也要注意道德价值观的因素。

报告进一步指出，一种强大的人文学科研究将是左右社会未来发展的一个重要因素。人文学科研究所发挥的重要作用不仅在于设立重新培训课程和“终身学习”课程，而且更重要的是促使产生一个“素质更高”的群体。这个群体将以其创造力和知识在文化与教育相关的领域自立门户。开创小型业务。

人文学科研究通过对各种日常实际活动的探索来增进公众对公共文化的理解和认同，从而增强整个国家和民族文化的认同。人文科学的教育与研究对于民族价值观的形成，增强民族凝聚力具有直接的现实意义。

人文学科研究还促进了人们对各种社会现实问题的理解和思考。例如人文学者以不同的方式从不同的视角促进了人们对科技进步和社会变革的理解。对于科技进步和社会变革所引发的法律和伦理问题探讨，人文科学的贡献已是毋庸置疑的。人文学科对于认识人类在科学和技术方面的潜能

以及社会变革对于人们生活的影响，提供了有效的理解构架。

随着一个以知识经济和媒体社会为特征的时代的来临，公共文化的渗透力和生产力成为社会经济生活不可或缺的方面，文化产业化、产业文化化是当今时代的重要特征。公共文化在当今是一种强大的、有形的和具体的力量，形成了一个产业和机构网络，支撑着两个重要的经济活动领域，提供国际和跨国交流中介，从而开创和促进能在21世纪给国家带来巨大效益的经济和社会活动。人文学科研究走入文化知识市场，融入公共文化，不仅有益于整个社会，而且会增强竞争力。这是人文学科在21世纪发挥社会作用的崭新的重要方面。对于人文学科研究来讲，至关重要的是在生产和营销的层面上开发其知识资源。培养公众对于文化产品的认识和需求在很大程度上取决于人文学科研究的内容以及人文教育的普及。

三　当代人文社会科学研究的特点

世纪之交，国外人文社会科学研究呈现出以下特点：

1. 应用性研究显著加强

社会需求是推动科学发展的强大动力，科学理论满足社会需求的程度也是科学理论成熟程度的标志。近年来，人文社会科学在参与决策和社会管理，在解决各种经济、社会和政治问题方面发挥着越来越重要的作用。这种应用性的增强正在影响着人文社会科学结构体系的演进。社会科学在应用过程中已形成一套“社会技术”，即在经验和理论的基础上总结出调查、分析、研究社会问题，管理和控制社会过程的一系列手段和方法，并已成为现代智能技术的重要组成部分。社会科学理论和社会技术的进一步结合，使那些一向被认为是纯理论研究的领域和学科也呈现出实际应用的广阔前景。

应用性研究的增强明显表现在下述方面：

（1）积极参与和影响政府的决策

各国政府一直是人文社会科学研究的最大资助者和用户。20世纪90年代以来，政府出于缓解社会矛盾、增强国家的经济实力和国际竞争力的实际需要，加强了对人文社会科学研究的资助力度和导向作用，吸引人文

社会科学家对更多的与政府决策有关的政治、经济、社会和军事问题进行研究。这些年来，人文社会科学的研究内容与政府确定的各种战略目标和政策的联系更为密切。

人文社会科学影响决策的途径是：学者在政府机构任职并直接参与决策；在公共政策研究咨询机构任职；以自己的理论著述影响决策者。

在这方面较为典型的是美国。为政府决策服务是美国社会科学研究的一项重要任务。美国政府机关是社会科学家就业的重要部门之一。联邦政府中的职务系列主要分 17 类，其中 9 类要求任职者具备社会科学的学科背景。1994 年，在联邦政府中就职的社会科学家为 68900 人，占在政府中就职的科学家总数的 23%，占全美社会科学家的 26.63%。美国的公共政策研究机构（或称智囊团）在世界上也很有影响，估计目前有 1200—1400 个，其中独立于政府和大学的机构为 112 个。在其中任职的社会科学家人数也呈上升趋势，从事政策分析是其最基本的角色。

（2）和企业的联系与合作日益增强

经济学，特别是微观经济学和管理科学与企业的联系一直是较为密切的。随着知识经济的发展，知识已成为经济发展的最重要的战略资源，当今人文社会科学知识在经济发展中的作用越来越为企业所认识。当今的特点是人文社会科学全面加强了与企业的联系，人文社会科学知识渗透到企业的各个方面，从产品设计、生产、市场营销、人事管理、信息管理、发展战略到企业文化。

人文社会科学与企业联系的形式为：社会科学家在企业中任职或被聘为顾问；由企业出资，委托学者就某些重要问题展开研究；企业聘请学者培训员工。

近年来，企业已成为人文社会科学研究的重要资助人和用户。这种联系也影响到人文社会科学结构的变化。

（3）人文学科研究与文化产品的关系越来越密切

当代大多数文化组织要直接依赖于人文学科研究，而且它们经常是某些研究项目的委托人。文化产业赞助的活动往往决定着人文学科研究的议事日程。人文学科的研究与知识的普及培育着有素养的消费者群众，形成新文化组织的生长点，推动着丰富多彩的文化市场的革新和扩大。

人文社会科学应用性研究的不断增强改变着它在公众心目中的形象，赢得了公众的理解和支持，扩大了研究资金的来源，同时也改变着人文社会科学家的观念、研究方式、研究内容、成果形式和就业范围。

当然在与政府、企业和文化组织加强联系的过程中，如何保持人文社会科学研究的相对独立性，尊重学者个人的兴趣，加强基础性研究和学科建设都是需要认真研究的问题，如果处理不当，也会产生一些负面影响。

2. 跨学科综合化研究的发展趋势

这一特点是与人文社会科学应用研究的加强紧密联系着的。当今时代任何重要的经济、社会、政治问题都不是单一学科所能解决的，必须运用多学科的知识和方法，把各门科学知识有机结合成为一个创造性的综合体。

当代科学的发展出现了综合性课题领先而不是学科发展领先的趋势，正是这些综合性课题的研究形成了科学知识跨学科综合体，并由此逐渐发展出新学科。为适应这一趋势，当今各国政府和基金会资助重点从学科基础性研究转向以各种经济和社会现实问题为主要内容的综合研究。近年来，在人文社会科学研究中，跨学科的综合性研究大幅度增长。

当今世界范围内的一系列学术讨论会都表现出跨学科的综合性质，它们往往依主题邀请与会者，多半并不考虑学科上的密切联系。越来越多的主要科学评论杂志都有意识地忽视了学科的界限。最近出现的各种新的准学科和“研究规划”经常（甚至通常）都是由在多个学科里取得过学位的人组成的。

在大学的学科设置中，特别是在研究生的培养中，突破传统学科的界限，培养跨学科复合型高级人才也形成了一种趋势。在职人员的培训，采用跨学科的形式也越来越普遍。

跨学科趋势是人文社会科学领域的一种转型。也就是说，从旧的学科教学和研究的范式转向新的跨学科的范式，反映出当代理论思潮的发展，政治、意识形态和知识领域的变化，以及“社会思想的重构”或“社会理论的重构”。

跨学科研究对传统人文社会科学的学科体系结构提出了挑战，因而华勒斯坦等学者提出了“重建社会科学”的问题。他们认为，这不只涉及重

建社会科学学科内部组织边界的问题，还涉及重建所谓的学院这类更大结构的问题，有时可能还需要来一番大的重组。正像19世纪初出现了大的重组模式，21世纪初是否可能再度出现这样一个时刻？无疑，我们并不主张废除社会科学内部的劳动分工，这种分工或许还将以学科的形式继续存在，然而必须围绕学科界限的有效性达成一定程度的共识。我们只能要求更多的灵活性，去扩大学术活动的组织。

近年来，国外的研究实践表明，大力推动跨学科研究对于取得高质量的研究成果是至关重要的，不但可以提高科学研究的效率，而且可以保证研究成果具有广泛的应用性。

3. 人文社会科学研究作为独立的社会建制日益增多

长期以来，西方的人文社会科学研究是与教学活动紧密联系在一起的。人文学科一直是学校教育的科目，19世纪现代意义上的社会科学也是在大学里实现了它的体制化进程。研究与教学紧密联系，教学与研究相长，教授把教学与研究工作集于一身。在大学任教，即使不是人文社会科学家就业的唯一途径，也是最主要的途径。这种状况在西方大多数国家一直延续到20世纪上半叶。随着社会实践的发展，对人文社会科学研究的需求不断增长，研究工作与教学工作开始分离。正如华勒斯坦等学者描述的那样，“其结果是，研究活动飞速地上升到教育系统的越来越‘高’的层次上。1945年以前，有些研究者还在中学里教书，而到了1990年，这种情况再也见不到了，不仅如此，许多学者甚至还竭力避免在大学系统里从事初级或更低级别的教学工作。时至今日，有的人连博士生也不愿意教了。结果，各类‘高级研究院’以及其他非教学机构大量涌现”。

随着研究经济和社会现实问题的发展，研究活动作为一种独立于教学活动的社会分工日益迫切，人文社会科学研究作为一种独立的社会建制也相继出现。如今，政府的研究机构、企业的研究机构、各种基金会资助的公共政策研究咨询机构、大学里非教学的研究机构日益增多。目前发达国家的一般做法是，与政府和企业的政策与战略有关的重大现实问题和应用问题的研究由专门的人文社会科学研究机构承担；学科基本理论研究和学科发展则主要在大学里与教学活动紧密结合进行。这两类机构的人员是相互流动的。

伴随人文社会科学独立研究机构的发展，人文社会科学的研究方式也发生着变化。当今人文社会科学研究已不限于个人研究方式，重大课题研究具有明显的“大科学”模式，如越来越多的跨学科的集体研究发展了一系列新的方法、手段，新的软件系统用于处理和分析大量社会数据并建立标准的数据库，广泛进行的大规模社会实践和社会工程，社会指标系统，社会调查、预测和科学评估的研究等。这些具有相当规模的大型研究，对政府政策的制定和社会规划产生重大影响。不仅人文社会科学参与了“登月计划”这样的“大科学”项目，而且人文社会科学也有自己的类似“登月计划”的项目。一些国家进行的“重大项目研究”，动员国家多学科最优秀的研究力量集中研究国家面临的最紧迫的战略性问题，产生的新知识可带来理论和实践意义的发展，增强国际竞争力。

4. 研究的国际化

海涅曾形象地说过，思想如飞鸟一样是可以自由跨越国界的。科学研究从来都是一种国际性的社会现象。

当今在经济全球化和信息革命的强大潮流影响下，人文社会科学研究的国际化具有全新的内容和空前的规模。

当今人文社会科学研究的对象具有国际性，各种重大的经济、社会、文化、政治、军事等问题都具有全球性质，各国和各民族的社会发展进程紧密相连、相互影响。因此，要求人文社会科学在研究各自国家的社会现象和问题时必须有全球的广阔研究视角。

人文社会科学的国际合作研究日益增强，特别是全球性问题和区域性问题正吸引着各国人文社会科学家开展广泛的国际合作研究。

在人类社会发展中形成的不同文化类型的相互渗透、相互影响在逐步增强，跨文化研究、跨国研究广泛开展。

广大发展中国家的人文社会科学事业的发展正在打破西方发达国家的人文社会科学独霸世界学术界的局面。非洲学者恩格尔贝特·姆文指出，“除亚里士多德、托马斯·阿奎那式的推理法或黑格尔式的辩证法以外，通往真理的道路还有许多条”，“社会科学和人文科学本身必须实现非殖民化”。发展中国家的人文社会科学研究正在成为世界人文社会科学研究的重要组成部分，丰富着人类知识的宝库。

面向21世纪，世界各国都明确提出了进一步扩大科学研究的国际交流与合作的方针和政策。

四　世纪之交社会科学政策的重点问题

科学政策是为了对科学实行社会管理，国家有计划、有组织地制定推进科学事业的方针及实现这一方针的行动体系。科学政策包括确立科学发展的目标和重点，变革科研体制，调整科学研究布局，促进科研成果的社会应用，分配科学资源，培养科学人才，加强科学的国际交流与合作等。科学政策作为国家公共政策的重要组成部分，与国家的技术、经济、社会、安全、外交政策目标的实现紧密相连，因此科学政策构成了一个涉及多方面问题的研究领域。科学政策经过立法程序成为法规，并由有关行政机构实施。

人文社会科学进入公共政策视野的范围，开始于20世纪50—60年代。80年代人文社会科学陷入困境，关于社会科学是否对国家和社会有用的争论，促进了公共政策研究对人文社会科学的关注。关于社会科学研究的价值、重要性和社会效益的评估，促进了人们对社会科学政策进行系统的研究。但迄今为止，世界各国尚未形成比较全面的、相对完备的有关社会科学的公共政策体系。

联合国教科文组织1999年出版的《1999年世界社会科学报告》一书，公布了一份题为《经济合作与发展组织国家的社会科学》的研究报告。该报告考察了这些国家社会科学的基本结构与发展状况，为我们了解国外社会科学政策的现状，提供了下述一些颇有参考价值的情况：

其一，各成员国在社会科学的许多方面存在着较大的差异。例如，各国社会科学的地位和重要性因人员、经费和学科选择等方面的不同而有所不同。

其二，各成员国大学的社会科学研究日益依赖于公共基金的支持，有时90%以上的研究经费靠公共基金解决。

其三，各成员国社会科学面临的最大问题之一，是缺乏体制上的灵活性。在大学的社会科学研究和教育中，这种情况尤为严重。社会科学已日

益成为应用科学，并被用来解决日益复杂的社会问题，此类问题往往跨越社会科学各学科的边界。大学都是按系组成，每个系都有自己的学科，而且缺乏灵活性，预算的分配、研究成果的评估、研究人员的晋升等，都离不开一个分门别类的体系，体制上的障碍制约了研究上的合作，尤其制约了大学的系与系之间、机构与机构之间的跨学科研究。为了鼓励不同学科之间的合作，各成员国政府已制定了一些社会科学的研究计划，并成立了一些多学科的研究中心。这些做法在某种程度上有效地克服了体制上的不灵活性。有些专家主张全面重组社会科学学科。

其四，21 世纪伊始，许多成员国便面临大量的社会问题，不管问题属何性质，人们都越来越普遍地认为，在解决与政府政策有关的问题上，社会科学是有用处的。在大部分成员国里，科学政策通常集中在自然科学与工程学方面。寻找促进社会科学研究尤其是跨学科研究的途径，加强决策者与社会科学界的相互作用与相互联系，均取决于各成员国政府的努力。只有把这项工作做好，公共机构和私人机构才能利用社会科学来处理各种社会问题。

报告提出了政府要加强社会科学政策的制定和各国社会科学事业发展面临的政策性问题。

我们所调研的八个国家，在人文社会科学的管理体制方面，存在着很大的差异；但近年来都加强了国家对人文社会科学的宏观管理和调控，在社会科学政策方面采取了许多相类似的措施，注重人文社会科学的发展，促进人文社会科学社会职能的充分发挥。这些国家在发展人文社会科学方面的共同特点是：

1. 重视编制人文社会科学发展规划

通过编制人文社会科学的发展规划，确定国家未来发展人文社会科学的战略目标、战略重点和战略措施。

加拿大社会科学和人文科学研究理事会是“国家人文社会科学五年战略计划”的编制者，它编制的 1996—2001 年的五年战略计划充分考虑到新世纪来临的特点，它们的工作具有典型的意义。

1996 年，澳大利亚研究理事会委托澳大利亚社会科学院和澳大利亚人文科学院进行的两项战略考察规划，对澳大利亚人文社会科学的现状、近

期前景、中远期前景都作了勾画；界定了人文和社会科学研究的性质和范围；明确了人文和社会科学对于澳大利亚社会的重要意义；考察和评估了研究与教育的现状；确定国内和国外研究的趋向，尤其是新兴跨学科领域的形成；确定本国研究的强项和重点研究领域；确定需要、差距和机遇；规则未来国内社会科学研究的需求，其中包括研究生培训的提供与性质；探讨确立人文与社会科学研究与培训优先项目所依据的原则；规划资金需求与制度需求，其中包括国际联系的保持，图书馆资源以及机器可读资料的存取和使用技术；考虑对人文与社会科学研究成果进行转换和利用的可能手段，使科研成果服务于社会，报告为国家人文社会科学发展的战略构想确立了基本框架，同时对社会科学研究提出 32 条政策建议，对人文科学研究提出 27 条政策建议。他们这种认真、仔细、周详的工作作风，很值得我们借鉴。

1999 年，日本学术审议会向政府提交的《关于为科学技术创造立国综合推进学术研究》的报告，强调了在 21 世纪人文和社会科学对于日本的重要意义，及推进这方面研究的规划与措施。

2. 建立人文社会科学研究资助的多元化体制

20 世纪 90 年代以来，各国政府都逐年增加对人文社会科学的资金投入。虽然各国政府对人文社会科学的资助与对自然科学和工程科学的资助相比，始终只能占很小的比例，但其绝对额与过去相比是大大增加了。可是政府资金的投入远远满足不了人文社会科学发展的需要。随着企业和社会各界对人文社会科学研究需求的增长，人文社会科学完全有可能从企业和社会其他方面获得资助。目前，我们所考察的 8 个国家已基本建立了人文社会科学研究资助的多元化体制。过去完全依赖国家拨款的俄罗斯人文社会科学研究，其科研经费来源也已向多元化过渡，除俄罗斯人文科学基金会、俄罗斯基础研究基金会外，大企业、私人非营利组织、高等院校、国内外学术团体组织的资助与捐赠，也在一定程度上缓解了研究资金短缺的状况。英国的一些民间机构，尤其是各种慈善基金会，对人文社会科学的资助也是其研究资金的重要来源。如约瑟夫·朗特里基金会，平均每年为社会研究和发展提供约 800 万英镑的资助，1994—1995 年提供的经费高达 1260 万英镑。

美国是各种基金会最多的国家，其研究资助的多元化体制是人所共知的。政府拨款、基金会的支持、企业的资助、个人的捐赠、国际基金会的投入，形成了美国人文社会科学资金来源的多元化体制。

随着研究国际化趋势的发展，各种国际基金会的资助已成为推动国际合作研究的重要力量。20 世纪 90 年代中期以来，美国社会科学研究理事会下属 32 个委员会中，每个委员会都有国际基金会资助的国际研究项目。

3. 学科结构调整和研究体制的改革

如前所述，各国人文社会科学面临的最大问题之一是缺乏体制上的灵活性。学科结构调整，研究与教学体制的改革已成为 21 世纪初各国社会科学政策关注的热点问题。

20 世纪末，各国已经采取了各种措施，努力尝试消除体制上的障碍。

科学研究资源对各个国家来说任何时候都是稀缺的。稀缺的研究资源的合理布局和配置是社会科学政策的重点，也是研究体制改革依据的基本原则。合理配置研究资源，最大限度地发挥研究资源的社会效益，服务于社会重大而紧迫问题的研究，是体制改革的目标和方向。

促进科学研究的国际化，加强国际合作与交流，也是当前人文社会科学政策重点研究的问题。

鼓励创新，制定和完善研究人员的管理制度，加强研究成果的评估，建立激励机制，也都是各国科研政策研究的内容。

加强人文社会科学政策的研究，是各国当今面临的迫切课题。

科学政策以全部人文社会科学活动为对象，深入地考察科学的理论发展状况及内部规律性和趋势，是制定正确的科学政策的理论基础和前提。同时，它还深入探讨和研究外部社会因素对科学发展的作用，认识政策领域中的决策对人文社会科学的影响。科学政策的目标必须通过科学的特定发展，即通过体现科学自身发展方向的新专业或新研究前沿的建立来实现。

当前各国的人文社会科学研究都体现着下述一些基本原则：

（1）把利用人文社会科学研究解决社会现实问题，实现经济、社会和文化的国家目标，置于最优先的地位。

（2）尽最大努力增加人文社会科学研究的投资强度，建立多元化研究

投资体系。

（3）增强学术研究和教育的经济、社会、文化作用，全面发挥人文和社会科学的社会功能。

（4）加强人文社会科学知识的普及，提高国民的人文素养，让公众了解和支持人文社会科学。

（5）关注科学活动的质量、效率和利用。

（6）努力构建满足社会发展需要，体现科学发展规律的学科结构体系。

（7）加强人文社会科学的国际交流与合作，增强国际竞争力。

（8）确立新世纪人文社会科学人才培养标准，适应跨学科研究需要的复合型人才应是研究生教育的目标之一。

（原载李惠国、何培忠主编《面向21世纪的国外社会科学》，武汉大学出版社2003年版）

中国古代科技文化

研究中国古代科技文化的意义

《中国古代科技文化及其现代启示》是国家社会科学基金的委托研究项目，为此我们成立了课题组，现在出版的这部著作是我们课题组的一项成果。它旨在说明辉煌灿烂的中国古代传统文化具有着独特的科学技术文化传统；梳理出中国历史上科学技术文化发展的脉络及其特点；通过选取对数学、天文学、农学、医药学和工程技术等学科领域发展的研究，探讨中国古代科学技术文化具有怎样独特的认识论、方法论和价值取向；揭示传统文化中的儒家文化、道家文化、佛教文化和科学技术文化的关系；考察中外文化交流对我国科学技术发展的影响，这些方面的研究可以进一步昭示我国古代科学技术文化对我们当代科学技术的发展和社会的进步有哪些启示和借鉴。

在源远流长、辉煌灿烂的中华文化中，科学技术文化具有重要的地位和作用，对中华文明和人类文明的发展做出过杰出贡献，产生过深远影响。在历史上，中国曾经是许多重大科技发现和发明的发祥地，在许多学科和工程技术领域都取得过杰出成就。李约瑟在其名著《中国科学技术史》（第一卷）中指出，“在公元3世纪到13世纪之间，中国曾保持令西方望尘莫及的科学技术水平”，“中国的这些发明和发现往往超过同时代的欧洲，特别是15世纪之前更如此”①。这些发明和发现都推动了世界科技文明的进步，对世界人民的物质文化生活和社会发展做出了巨大的贡献。但16世纪以后，欧洲诞生了近代科学，中国的文明却没有能够产生与欧洲相似的近代科学。

据英国学者罗伯特·坦普尔《中国——发明和发现的国度》一书统

① 《中国科学技术史》第一卷总论第一分册，科学出版社1975年版，第3页。

计，现代世界赖以建立的基本的发明创造，至15世纪有一半以上源于中国，这充分说明中国古代科学技术的辉煌成就，只是在以后中国科技的发展由于种种原因发生停滞而远远落后了，这是一个沉痛的历史教训。情况如表2所示：

表2　**中外科技发明对比**

年　代	科技发明（件）	中国		世界其他国家	
		件	百分比（%）	件	百分比（%）
1—400年	45	28	62	17	38
401—1000年	45	32	71	13	29
1001—1500年	67	38	57	29	43
1501—1840年	472	19	4	453	96

中国古代科技成就的取得是与中华科学技术文化所具有的独特的传统、认识论、方法论和价值取向分不开的。梳理中国古代科学思想的独特历史道路，对其独特的观念、认识论、方法论和价值取向给以现代的科学阐释，揭示出它们对当代科学技术的发展所具有启迪和借鉴意义，这是我国传统文化研究不可或缺的重要内容。

远在16—18世纪在中国生活的欧洲传教士们就开始注意到中国传统文化中的科学技术有其独特的传统。意大利人利玛窦在1584年的一封信中讲，中国人有自己的一套认识自然和解释自然的知识体系，其发达程度并不次于西方。18世纪一些欧洲启蒙运动的思想家莱布尼茨、孟德斯鸠、伏尔泰、休谟、狄德罗等也注意到中国科学技术的独特传统。著名科学家和科技史专家李约瑟认为，不同的古代文明中都有可称之为科学的知识传统，它对近代科学的形成具有不可忽视的作用。他认为中国文化传统中保存着“内在而未诞生的最充分意义上的科学”，强调中国科学文化传统对未来科学的意义。他非常崇尚中国传统科技文化中的有机自然观，他认为未来的科学革命，会在一种有机自然观的基础上产生。美国物理学家卡普拉把现代物理学与中国传统科学思想作了比较，认为二者在好多地方相似。耗散结构创立人、诺贝尔化学奖获得者比利时科学家普利高津（Ilya-

Prigogine，1917—2003）作为“复杂科学”创始人之一指出，中国文化“具有一种远非消极的整体和谐，这种整体和谐是由各种对抗过程间的复杂平衡造成的”。协同学创立人、德国物理学家哈肯（Hermann Haken，1927— ）说，他创立协同学是受中医等东方思维的启发，认为协同学和中国古代思想在整体性观念上有深刻的联系。他们二人主张，新的自然观将是西方和东方两种传统综合。

世界著名数学家、中国科学院院士吴文俊的研究表明，中国的古代数学和西方的数学，走的是完全不同的道路，有不同的思想方法，是两个完全不同的系统。他认为，从内容来讲，西方的数学，就是证明定理，而中国的古代数学，主要内容是解方程。代表性的作品，西方就是《几何原本》，中国是《九章算术》。整个数学的体系，西方的数学其核心是推理论证，而中国数学的体系是一种为解决问题、侧重具体计算的一种算法的体系，与西方数学的演绎体系完全不一样。西方数学体系的目标是推理论证，中国古代数学的目标是解决各式各样的具体问题。西方数学的特色是公理化，中国古代数学的特色可以叫作机械化。中国为了解决各式各样的问题，引进各式各样的算法，中国古代的数学可以说是一种算法的数学。在这种意义上，中国的古代数学也就是一种计算机的数学。在我们进入到计算机时代，这种计算机数学或者是算法的数学，刚巧符合我们时代的要求，符合时代的精神。所以从这个意义上来讲，中国最古老的数学也是计算机时代最适合、最现代化的数学。中国古代和西方两种不同类型的数学，走的是不同的道路，有不同的体系，这两种不同的体系都有其非常成功之处，各有各的优点。现在，我们当然要兼容两家之长，要优势互补。①

在书中董光璧教授总结说，中国科学文化传统对于新科学范式的建立会有某种启迪。生成论的自然观、比类互补的逻辑推理和模型化的理论构造，可望对未来科学有所补益。在自然观方面，虽然构成论使现代科学取得了巨大的成功，但基于构成论的思维方式也遇到了很大的困难。早在20世纪50年代德国物理学家海森伯（Werner Karl Heisenberg，1901—1976）

① 吴文俊：《计算机时代的东方数学》，见路甬祥、郑必坚主编《世纪机遇——中国科学与人文论坛演讲录》第1辑，高等教育出版社2004年版，第183—194页。

就主张在粒子物理学研究中放弃构成论而采用生成论，尽管当今的大多数物理学家仍然沉迷在构成论的迷雾之中，但从构成论向生成论转变的趋势已成定局。在逻辑推理方面，虽然形式逻辑体系作为科学推理的基础迄今还没有发生动摇，但科学理论中的诸多悖论无疑表明了其局限性。以归纳法和演绎法为支柱的逻辑体系只包含了从特殊到普遍和从普遍到特殊的推理，需要补充从特殊到特殊和从普遍到普遍的推理，中国传统科学所普遍使用的类比推理和互补推理恰好能弥补形式逻辑的这种缺失。在理论构造方面，虽然公理化一直是众多科学家追求的目标，但美国数学家哥德尔（Kurt Gödel，1906—1978）的不完全定理实际上已摧毁了这一理想，模型化重新成为理论建构的主要方法的时代已经到来。

英国天文学家沙里斯（M. Shallis）1985 年在《复活》（*Resurrection*）第 109 期上发表题为《新科学的诞生》（“The Birth of a New Science”）的文章，主张新科学应是合乎伦理道德的科学。尽管建立新科学的中心暂时尚未找到，但他认定了前进的目标，他说：“你若问，是否有什么迹象表明，这样一种新科学将要问世，我的信念是：前进的唯一道路是转过身来重新面向东方，带着对它的兴趣以及对其深远意义的理解离开污秽的西方，朝着神圣的东方前进！唯有到那时，我们才算达到了一个新的转折点……不管怎样，重新面向东方是可能的。但是改变方向的代价将是巨大的和创伤性的。”

中国文化价值的精髓是“和谐理念”和“中庸之道”，它既是伦理价值也是一种方法论。作为伦理价值它强调和谐，作为方法论它避免极端。当代科学技术文明的困境要求科学与人文精神相结合。科学史家萨顿早就发出“科学必须人性化”的呼吁。李约瑟认为，“中国的伟大贡献或许可以通过恢复基于一切人类经验形式的人道主义准则，而从这种死亡的躯体上挽救我们”。如果说以儒学为主流的中国传统文化价值有其现代性的一面，那么中国伦理价值科学化就是必要的，给科学注入价值，以使科学精神和道德理想结合起来。

接近一百年前，国学大师王国维在《观堂别集·国学丛刊序》中就讲到，“中西之学，胜则俱胜，衰则俱衰。风气既开，互相推动。且居今日之世，讲究今日之学，未有西学不兴而中学能兴者，亦未有中学不兴而西

学能兴者。”百年后的今天，中学与西学、东方与西方、世界各国各民族的文化之间，相互学习、相互启发、相互借鉴、相互促进、共同繁荣，已开始成为科学技术和文化发展的大趋势。

我们课题组在研究过程中获得的共识和遵循的基本理论原则是：

第一，实事求是，不赶时髦。我们坚持研究工作必须贯彻历史唯物主义原理，坚持实事求是的原则。“一切划时代的体系的真正的内容都是由于产生这些体系的那个时期的需要而形成起来的。”① 任何一种思想和观点归根结底都是在一定历史条件下，为解决当时的问题而形成的，绝不能将古人的思想观点现代化，任意加以拔高。一个时代的科学，不但隶属于这个时代的传统，包括其自身的方法、价值和积累的知识在内，而且隶属于它的那个历史时代。本课题不是论述中国科学技术的历史，而是通过历史材料的研究，总结提炼出我国古代科学技术文化发展的独特传统及其认识论、方法论和价值取向。因此，研究中遵循的是，论为主线，史为辅线，史论结合，以史证论，论从史出的基本原则。每一观点，都要有确凿的历史事实为依据。

第二，文化多元论，科学一元论。要坚持文化多元论、科学一元论的观点。历史上，自然科学知识是分别在不同国家和民族的不同社会文化背景下发展起来的。古代埃及、巴比伦和希腊，中世纪的阿拉伯文明都对人类文化和科学技术的发展做出了贡献，从欧洲文艺复兴时代以来，许多国家的科学技术发展都是在与文化变革的交互作用下进行着。每个国家的科学技术进步和文化的创新都各有其特点，但都对人类所共有的科学大厦做出了贡献。我们要系统研究各国的经验，博采各国所长。我们既要看到科学是无国界的，比如科学的原理和公式，对每个国家来说都是一样的，是人类文明共同的成果和财富，它跨越各种文化的界限，将为越来越多的人所共有，同时还要看到每个国家独特的文化传统、价值观、思想和行为模式将构成其科学文化的各自独特的方面。正是各国文化传统的独特方面，决定了其独特的文化基因，进而将能促进其形成重要的文化优势。

第三，继承传统，改革创新。继承传统与改革创新相结合。世界上任

① 马克思、恩格斯：《德意志意识形态》，《马克思恩格斯全集》第3卷，第544页。

何一种文化都需要发展变革。无论是从历史来讲还是从现实来讲，没有文化的发展更新，就没有民族本身的发展进化。传统既有积极的一方面，又有消极的一方面，不能把它绝对化。只有发展传统才能维护传统，必须明确，文化传统和传统文化是两个不同的概念，文化传统是应该发展的，而传统文化是应该保存的。中国古代科学技术文化传统中蕴含的伟大的古老智慧，我们去研究它，绝不只是为了说明中华民族历史上多么辉煌，我们研究它们，是为了深入发掘它的伟大价值对于当代的意义，并给以现代的科学阐释，从而继承和弘扬它，以发展 21 世纪中国的创新文化，增强民族的文化自觉，即形成一种民族文化自觉的意识、民族文化自尊的态度、民族文化自强的精神，激发广大人民的创新热情和培育广大人民的创新能力。古老的智慧，只有赋予它以现代的内容与形态，才会被广大人民群众所掌握，才会变成推动社会进步的伟大物质力量。

第四，弘扬民族文化自觉，借鉴国际经验。任何民族在其现代化发展道路上，都必须唤起自己的民族文化自觉，在现代化的发展进程中，创造性地继承与发展自己民族的优秀文化。中华民族古代文明凝结了中华民族世世代代的智慧与理论成果和实践成果，中华民族在世世代代的历史发展中不断地从中汲取思想的智慧，应对世事变化。今天，中国现代化建设也要不断吸收历史智慧，继承与弘扬它，激发广大人民的创新热情和培育广大人民的创新能力。要有一种文化自觉的意识、文化自尊的态度、文化自强的精神，同时，也要看到每个国家和民族都有自己独特的文化传统和伟大的智慧。中国古代科技成就的取得是与中华文明特别是汉唐至宋元时期中华文明对世界文明具有的一种开放的心态、广阔的胸怀和强大的吸纳力分不开的，中国古代科学技术不仅对人类文明的发展做出了巨大贡献，而且在其历史发展中不断地吸纳世界各国的科技文化成果。重视中外文化交流也是我国古代科学技术文化传统的重要方面。它给我们的重要启示是，我们要有高远的全球视野，虚心学习各个国家和民族的伟大智慧。我们只有系统研究各国的经验，博采各国所长，才能充分吸收人类文明的科学成果。

近现代科学技术主要源于古希腊传统的数理科学，采取的是一条与中国传统科学技术不完全相同的进路。明末以来，近代科学在西方取得了长

足的进步，然而中国却没能跟上世界科技发展的步伐，近代科学在中国的传播和发展，经历了艰难曲折。其原因，既有封建王朝的自大心理、僵化思想、封闭心态和锁国政策，也有文化传统上的抵触和冲突。建设21世纪具有中国特色的有利于科技发展的创新文化，还必须充分借鉴和吸收世界各国创新文化发展中的经验和有益成果。每个国家和民族都有自己独特的文化传统和伟大的智慧。多元文化的共存和并茂，各种文化的相互尊重、相互交流、相互学习、相互融合，是创造一个美好和谐世界的前提和基础。我们弘扬中华传统文化的伟大智慧，同时要虚心学习各个国家和民族的伟大智慧。世界上每个国家和民族都是平等的。历史上，古代埃及、巴比伦和希腊、中世纪的阿拉伯文明都对人类文化和科学技术的发展做出了贡献，从欧洲文艺复兴时代以来，意大利、英国、法国、德国、俄国、美国和日本的科学技术发展都是在与文化变革的交互作用下进行着。每个国家的科学技术进步和文化的创新都各有其特点，但都对人类所共有的创新文化的发展做出了贡献。我们要系统研究各国的经验，博采各国所长。我们既要看到一种国际性的创新文化的核心内容正在出现，它跨越各种传统文化的界限，将为越来越多的人所共有；同时还要看到每个国家独特的文化传统、价值观、思想和行为模式将构成创新文化的各自独特的方面。正是我国文化传统的独特方面，决定了我们独特的创新文化，它将成为我国创新优势和竞争优势的重要源泉，进而将能促进其形成重要的专业化优势。我国可以充分发挥优秀的中华传统文化赋予我们的独特文化优势，不断创新我国的产品和服务。优秀的中华文化传统是我国确立创新优势和竞争优势的重要源泉，对此，我们必须要有充分和足够的认识，我们要树立高度的民族文化自觉，加强中国创新文化的建设，培养中华民族的创新意识，构建和倡导具有中国特色社会主义的创新文化体系，增强我们的民族自信心，振奋民族精神，激发民族创新活力。我们认为，中国古代优秀的科学技术文化传统是21世纪创新文化建设的一个重要的文化资源，有必要对它们进行深入的发掘和系统的整理，并通过创造性的历史转换，来充分汲取中华文化的精华，继承和发展民族的智慧，把其中的积极因素转换成为今天我国社会主义创新文化建设的宝贵财富。这对于21世纪中国和世界科学技术的发展具有重大的价值。

我们这个课题是一项跨学科的综合性研究，涉及内容较为广泛，课题的完成有赖于来自不同单位的各方面专家的通力合作。课题组成员都是本书所涉及的各个学科领域的专家，充分尊重每位专家的研究成果和见解，保持每位专家的独特的研究和写作风格，是我们课题组遵循的一个原则。在此书付梓之际，我们十分感谢并深切怀念课题组的两位顾问：中国科学院院士席泽宗教授和著名哲学家、中国传统文化大家任继愈教授。席泽宗教授在逝世前一个月，还参加了课题组召开的研讨会，并热情洋溢地做了两个多小时的学术演讲，这是他生前的最后一次演讲。我们根据录音整理成文，收入本书。我们还要感谢中国社会科学院的曹启璋女士和本书的责任编辑中国社会科学出版社的黄燕生、王琪女士，她们参加了课题组的许多工作，为本书的出版付出了辛劳和智慧。

（原载汝信主编、李惠国等著《中国古代科技文化及其现代启示》，中国社会科学出版社 2016 年版，“前言”作者汝信、李惠国）

《周易》辩证思维的特点

《周易》是一部重要的哲学著作，可以说它奠定了中国古代科学发展的哲学基础。《周易》由《易经》和《易传》两部分构成。

《易经》由六十四卦的卦辞和三百八十四爻的爻辞构成，它形成于殷周之际。它认为自然界也与人和动物一样，是由两性阴和阳产生的。它从各种复杂的自然现象和社会现象中抽象出阴（ -- ）和阳（—）两个基本范畴，阴代表阴性、柔弱、顺从、忍耐、包容、安静、退守等特性及具有这些特性的事物；阳代表阳性、刚劲、矫捷、运动、进取等特性及具有这些特性的事物，世界就是在这两种对立力量（阴阳）"相感""相推"和"相荡"的作用下生成着、变化着，向前推移。变化发展的观念是贯穿《易经》的一个基本思想。

起源于殷周之际的《易经》，作为一部供占卜、问吉凶祸福的书，其使用对象最初是国君，后来逐渐扩大到诸侯和士大夫阶层。这些使用者占卜的内容，不是一般的生活琐事，而是天下和国家的大事。可以说这是一部当时历史条件下的最高决策者的决策参考书。虽然这种决策方式是以一种迷信的形式表现出来的，通过占卜的方式做出行动的决断。但是，为了影响决策者的行动决心，必须给这种迷信的形式赋予理性的内容，说服决策者。《易经》是通过卦辞和爻辞所阐释的内容去影响决策者的。卦辞和爻辞，通过一些具体的自然、社会和人生中的现象和事件阐述一些道理，从而论证行为的吉凶祸福的后果及其原因。其目的是为了影响这些最高决策者的行动决心。正因为如此，卦辞和爻辞中蕴含了丰富的那个历史时代的最高智慧，它集中概括了那个历史时代的理论认识成果，体现了那个历史时代理论思维的特点。

《易传》是孔子的后代门徒陆续编撰至战国时期完成的，它对《易

经》的解释，形成了自己的哲学理论体系，成为战国时期一大哲学流派。《易传》的作者们虽然属于儒家，但其观点并非只是来源于以孔孟为代表的儒家，其哲学思想反映了战国时代哲学发展的面貌，并非孔孟正统派将《易传》的思想皆归之于孔子，这是汉代尊孔论的偏见。作为春秋战国至秦汉之际的学者们对《易经》的阐释，将《易经》所包含的丰富的哲学思想和辩证思维，做了进一步的深入发掘，并加以系统化和理论化。

东汉末年的郑玄和三国时期的王弼等学者在研究阐释《易经》和《易传》时，都是在《易经》各条目下，附以《彖》《象》《文言》等传的相应阐释，而将《系辞》《说卦》《序卦》《杂卦》等各传则附在《易经》之后，单独成篇。窃以为，如果不是对《易经》和《易传》做专门的历史发展脉络和源流的考究，而是要继承并弘扬它的光辉思想智慧，以启迪今人，就可以将《易经》和《易传》作为一个完整的思想体系，从整体上加以研究。本文就是将《易经》和《易传》作为一个完整的思想体系，对其辩证思维的特点进行考察的。

一

《周易》蕴藏着深刻的哲理和朴素的辩证思维。它从各种自然现象、社会现象和日常生活接触的事物中观察体认到运动变化是普遍的法则，并概括抽象出阴阳两种最基本的范畴，用以说明事物运动变化的原因。它认为世界上的一切现象都是在阴阳对立的“相感”“相推”和“相荡”的作用下生成着、变化着，向前推移。事物的运动变化遵循其固有的规律。事物变化有其阶段性。它还揭示了物极必反的道理。《周易》的辩证思维概括起来有以下方面：

1. 变化发展是事物的普遍规律

《易经》之易，既有“简易”之意，又有“变易”之意，探究和阐释事物的变化发展为《易经》之宗旨。《易经》有卦辞 64 条、爻辞 384 条。《系辞上传》讲，“爻者，言乎变者也”，“变化者，进退之象也”，“六爻之动，三极之道也”，子曰：“夫易何为者也？夫易，开物成务，冒天下之道，如斯而已者也。”“易简而天下之理得，天下之理得而成位乎其中矣。”“夫易，广矣大矣……以言乎天地之间则备矣。”这就是说，《易经》

主要是讲事物的变化，变化就是进退，即发展。六爻的变化，正体现着天、地、人的变化规律。孔子说，易经有什么用呢？它涵盖了世间所有事物的发展变化法则，人们懂得了它就可以开创成就事业。《易经》讲的发展变化的法则，真是宽阔伟大呀，天地间的一切事物概莫能外。《易经》64 卦的每一卦，都以其爻辞说明了这一卦所谈论的事情的变化发展。

《易经》对吉凶的说明和阐释，正是根据事物的变化与不变，人的行为能否顺应变化而作出的。一个事物中包含的阴阳对立，能够发生交互感应，它就会变化，由于它是合规律的，就是吉象；反之，事物中包含的阴阳对立，不能够发生交互感应，它就不会发生变化，它就是凶象。人们应该仿效和顺应事物的变化而行动，才能取得成功，否则就会带来恶果。

2. 阴阳的“相感”“相推”“相摩”“相荡”是事物发展变化的原因

《系辞上传》解释道：“一阴一阳之谓道”，“刚柔相推而生变化”，“日月相推而明生焉”，“寒暑相推而岁成焉”，“屈信相感而生利焉”，“爱恶相攻而吉凶生，远近相取而悔吝生，情伪相感而利害生”。“阖户谓之坤感，辟户谓之乾，一阖一辟谓之变，往来不穷谓之通。”“生生之谓易。”“天道为阴阳，地道为柔刚，人道为仁义。”《周易》把阴阳作为世间一切事物内部共同具有的相互对立而相互消长的两种基本力量或因素，它们“相感”“相推”“相摩”“相荡”使事物变化发展，而每种事物内包含的阴阳两种因素的相互作用方式，都各有其特点，在《易经》和《易传》中用下述这些词表示了它们相互作用的不同特点：“相感”“相推”“相摩”“相荡”“相攻”“相息”“相易”“相杂”“相取”“相取”“相射”“相错”“相逮”“相悖”“相求”“相应”“相薄”等。这说明《周易》认为，在自然界、社会和人的思想情感领域，每种事物所包含的阴阳两种力量的相互作用方式，既有其共同的方面，又有其各自不同的特点。我们要充分认识“阴”和“阳”的相互作用的复杂性和多样性。

3. 事物的发展变化是有其阶段性和规律性的

《系辞上传》讲，“乾知大始，坤作成物”。不仅说明乾、坤各有开创事物和完成事物的功能，而且表明事物有其开始，也有其完成。《系辞下传》讲，“几者，动之微，吉之先见者也。君见几而作，不俟终日”，“君子知微知彰，知柔知刚，万夫之望”。这表明事物的变化发展，有从初露

端倪到明显变化的过程。“几”就是事物变化的端倪。我们要善于发现变化的苗头，并且立即行动。“夫易，彰往而察来，而微显阐幽。”

“善不积不足以成名，恶不积不足以灭身。小人以小善为无益而弗为也，以小恶为无伤而弗去也，故恶积而不可掩，罪大而不可解。”（《系辞下传》）这里讲的正是事物发展由量的积累到质变的道理。

“物不可以终通，故受之以否。物不可以终否，故受之以同人。”（《序卦传》）这一段讲的是事物的发展变化不可能总是一帆风顺，也不可能总是障碍重重，往往是顺畅和障碍交替出现。

“物不可以久居其所，故受之以遁；遁者退也。物不可以终遁，故受之以大壮。物不可以终壮，故受之以晋；晋者进也。进必有所伤，故受之以明夷，夷者伤也。”（《序卦传》）这一段讲的是，事物的发展变化有时有退却，有时有前进；有时壮大，有时受挫折。

“道不可不革，故受之以革。……革物者莫若鼎，故受之以鼎。”（《序卦传》）“革，去故也；鼎，取新也。”（《杂卦传》）讲的是事物的发展变化，是一个革故鼎新的过程。

“易穷则变，变则通，通则久。”（《系辞下传》）说明事物必须经过变革才有发展的前途。

“日中则昃，月盈则食”（《易经·丰卦》）“无平不陂，无往不复”（《易经·泰卦》），讲的是事物的变化发展，达到顶点，就要向相反方向转变，物极则反。

《易经》64 卦的排列结构也充分体现它的辩证思维特点。64 卦依次“二二相耦，非复则变”（孔颖达《周易正义序卦疏语》）。《序卦传》阐释了卦序中包含的自然界和社会中事物辩证发展的历程，发展是无止境的。《系辞》进一步深入地阐述了发展的动因。

二

《周易》的辩证思维与它倡导的价值观和伦理观念是紧密相连的，它要求人们的思想、伦理观念及行为，要顺应阴阳交互感应引起的事物变化发展的规律。

“圣人有以见天下之动，而观其会通，以行其典礼。”“夫易，圣人所以崇礼而广业也。”（《系辞上传》）就是说，圣人根据观察到世间事物的变化发展，考察它们的交会贯通之理，制定社会的各种法典和伦理行为规范。易，正是圣人崇尚和弘扬道德成就事业的，与其辩证思维相联系的，其倡导的是：

1. “自强不息”的精神

“天行健，君子以自强不息。”《乾卦·象》这是《周易》所颂扬的最伟大的精神。这种精神正是从自然界不断变化发展，阴阳“相推”“相荡”，事物变化无穷，生命生生不息而得到启发的。

2. “厚德载物”的品格

“地势坤，君子以厚德载物。”（《坤卦·象》）“厚德载物”这是《周易》所尊崇的最伟大的品格。“至哉坤元。万物滋生，乃顺承天。坤厚载物，德合无疆，含宏光大，品物咸亨。”（《坤卦·象》）这是《周易》对大地的认识，从这种认识出发，要求人们要具有大地的这种品格。

“自强不息”，“厚德载物”，古今往来人们谈得很多，在此不复赘述。

3. “革故鼎新”的意识

“天地革而四时成，汤武革命，顺乎天而应乎人。革之时，大矣哉。”（《革卦·象》）“革，去故也；鼎，取新也。”（《杂卦传》）这是《周易》所倡导的最重要的变革意识。“《周易》以道阴阳”（《庄子·天下》），“一阴一阳之谓道，……生生之谓易，……通变之谓事……”（《系辞上传》），“易穷则变，变则通，通则久”（《系辞下传》）。这正是《周易》所揭示的自然现象和社会变化发展的法则，也是《周易》的辩证思维的鲜明特点。“天地变化，圣人效之”（《系辞上传》），因此，树立变革意识，革故鼎新，以顺应时代的变化。人的思想要“与时偕行”，“君子尚消息盈虚”（《剥卦·象》），注意观察事物消长盛衰的变化。“革之时大矣哉”，因此，《周易》对改革的时机选择、步骤、成功的条件，都做了详细说明，足以看出《周易》对革故鼎新的重视。“巩用黄牛之革，不可以有为也”（《革卦》），讲的是变革的前夜，即准备阶段，暂时循规旧章，不能有大动作。“已日乃革之，征吉，无咎。”（《革卦》）讲的是经过一些时日，选好时机，再进行改革，就吉利，不会出大错误。“革言三就，有孚”（《革

卦》)，讲的是对改革要反复宣传，造舆论，以取得群众的信任。“治历明时”（《革卦·象》)，讲的是建章立制。“悔亡。有孚，改命吉”（《革卦》)，讲的是一旦实行变革，就不能后悔，当然更不能后退。建立信用，变革才能顺利。“改命之吉，信志也”（《革卦·象》)，讲的是变革顺利进行的关键，是坚定并努力实现其信念和志向。“时止则止，时行则行，动静不失其时，其道光明。”（《艮卦·象》）这是人们的行动应遵循的成功之道。

窃以为，变革意识是《周易》的最重要的思想之一，遗憾的是，在后来儒家对《周易》的阐释中，对这一思想重视不够。而今，变革意识正是面对21世纪竞争和挑战所最需要的。

与变革意识紧密相连的是忧患意识。《周易》强调，“君子以思患而预防之”(《既济卦·象》)。“安而不忘危，存而不忘亡，治而不忘乱。是以身安，而国家可保也。”（《系辞下传》）为此，它要求人们要能够做到“终日乾乾，夕惕若”，“居上位而不骄，在下位而不忧”，“知进退存亡而不失其正”，“进德修业”，“学以聚之，问以辨之，宽以居之，仁以行之。”（《乾卦》)

作为中华传统文化之源的《周易》蕴含了中华民族那个历史时代辩证思维的最高智慧和理论认识的全部成果。中华民族在其后的历史发展中不断地从中吸取思想智慧以应对世事的变化。以探究和阐释事物的变化为宗旨的《周易》，应对当今世界的大变革时代，更有其重大的现实意义。当今世界，政治的风、技术的浪、经济的潮、信息的流，滚滚而来，汹涌澎湃，人类社会正经历一场迅速、广泛而深刻的变革。当今时代的基本特点是，世界上的一切事物都在飞速变化，所有的事物，在概念上和结构上都以不确切和不定型为特征。适时和应变，已经成为每个国家和民族乃至个人生存发展的关键。审时度势，及时做出方向、目标的选择，战略和策略的调整，选择何种价值观作为行动的准则，关系到国家和民族的存在和世界的安危。而《周易》所蕴含的“天行健，君子以自强不息”的伟大精神；“地势坤，君子以厚德载物”的崇高品格；“顺乎天而应乎人”“革故鼎新”的变革思想；“君子以思患而预防之”的忧患意识；“文明以健，中正而应”，“君子以非礼弗履”，“有孚惠我德”等，这些处世为人的原

则，不正是当今我们所需要的伟大智慧吗？正因为如此，当代世界各国有越来越多的人，把研究的注意力投向《周易》。

每个国家和民族都有自己独特的文化传统和伟大的智慧。多元文化的共存和并茂，各种文化的相互尊重、相互交流、相互学习、相互融合，是创造一个美好和谐世界的前提和基础。我们弘扬《周易》的伟大智慧，同时要虚心学习各个国家和民族的伟大智慧。我想起乔治·萧伯纳的一句话："我们发现了一个秘密，那就是世界上没有什么伟人。我们还发现另一个秘密，那就是，世界上没有什么伟大的民族，也没有什么伟大的国家。"我想他要表达的是，世界上每个人都是平等的，世界上每个国家和民族都是平等的。所有的民族都是伟大的民族，所有的国家都是伟大的国家。

伟大的古老智慧，我们去研究它，绝不像文物收藏家那样，只是为了去占有它，把它深藏起来，偶尔拿出来把玩欣赏一下。我们研究它是为了深入发掘它的伟大价值对于当代的意义，继承和弘扬它。

《周易》作为中国传统文化的宝贵历史遗产，对中华民族的思维方式、价值观有着深远影响。它的内容丰富、思想深邃，本文所涉所论十分浅显，不当和错误之处，敬请批评指正。

参考文献

1. 朱伯昆：《易学哲学史》，北京大学出版社 1986 年版。
2. 高亨：《周易大传今注》，齐鲁书社 1998 年版。
3. 金景芳、吕绍纲：《周易全解》，吉林大学出版社 1989 年版。

（原载《国际易学研究》第九辑，华夏出版社 2007 年版）

“和谐”理念是《周易》文化的核心价值

和谐是《周易》所尊崇和倡导的最高社会政治理念。“保合太和，乃利贞。首出庶物，万国咸宁。”“天地感而万物化生，圣人感人心而天下和平。”“君子以同而异。”“上下交而其志同也”，“上下不交而天下无邦也”。

《周易》的社会和谐理念，是其阴阳的“相感”“相推”“相摩”“相荡”的辩证思维在社会政治生活中的表现。

和谐理念是周易文化的核心价值。《周易》从各个不同的方面阐述了怎样在社会政治生活中践行和谐理念。

《周易》的社会和谐理念，是当时的社会的各种政治经济人际和诸侯国之间的关系的反映，我们必须对其进行具体的、历史的分析，传承和借鉴其精华。

构建一个和谐社会，从古至今一直是中华民族所梦寐以求的社会理想。倡导社会和谐的文化是推动和谐社会建设的精神动力，和谐文化是和谐社会的重要特征。和谐文化是中国传统文化的重要组成部分，和谐作为修身、齐家、治国、平天下的理想追求目标和处世的基本原则，是中国人文文化的精髓，它为中国传统文化的三大流派儒、释、道所共同推崇和倡导，这是中国传统文化的一大特色。

作为中国传统文化主要源头的《周易》，奠定了中国和谐文化的基础。《易经》，作为一部供占卜、问吉凶祸福的书，其使用对象最初是国君，后来逐渐扩大到诸侯和士大夫阶层。这些使用者占卜的内容，不是一般的生活琐事，而是天下和国家的大事，即如何治理国家的相关问题。为了影响决策者的行动决心，必须给这种迷信的形式赋予理性的内容，说服决策者。《易经》是通过卦辞和爻辞所阐释的内容去影响决策者的。卦辞和爻辞，通过一些具体的自然、社会和人生中的现象和事件阐述一些道理，从

而论证行为的吉凶祸福的后果及其原因。正因为如此，卦辞和爻辞中蕴含和总结概括了那个历史时代的有关治理国家的经验教训和最高智慧。所以，《周易》所阐述的和谐文化，是国君如何维护其统治、实现天下太平的和谐文化。正如宋代的易学家杨万里所说，"君臣父子无非易也，视听言动无非易也，治乱安危无非易也，取舍进退无非易也"（《诚斋易传·系辞下》）。

一 和谐是《周易》所尊崇和倡导的最高社会政治理念

和谐是《周易》所尊崇和倡导的最高社会政治理念。"保合太和，乃利贞。首出庶物，万国咸宁"（《乾卦·象》），意思是说，要保持这种本来的最高的和谐，就要坚定和忠贞。它们是产生万物的首要因素，使所有的国家都稳定安宁。实现了最高度的和谐，就可以使天下安宁和平。怎样才能实现社会和谐这个最高的社会政治理想呢？"天地感而万物化生，圣人感人心而天下和平"（《咸卦·象》），意思是说，天地交互感应使万物变化生生不息；圣人感动人心，才能使天下和平。怎样才能使圣人和平民百姓的心交互感应呢？"上下交而其志同也"（《泰卦·象》），"上下不交而天下无邦也"（《否卦·象》），这就是说，只有做到上下交流沟通，才能形成共同的意志；否则，上下不交流沟通，就不可能形成共同的意志，国家就不可能存在。

这种和谐的境界是什么样的呢？《易经》的睽卦讲得十分清楚。"天地睽而其事同也，男女睽而其志通也，万物睽而其志通也，万物睽而其事类也。睽之时用大矣哉"（《睽卦·象》），意思说，天地虽然是对立的，但它们化育万物的目的是相同的，男女虽然是对立的，但他们生儿育女、成家立业的志向是相通的，世间万物迥异，但都有着类似的变化规律。这种对立中求同是非常重要的。"上火下泽，睽。君子以同而异"（《睽卦·象》），这里讲的是君子同中见异，也就是孔子所说的，"君子和而不同"。

"天下何思何虑？天下同归而殊途，一致而百虑"（《系辞下传》）讲的是天下之事，途径虽然各异，其目的是同一的；人们的想法和见解各不相同，但其想要达到的结果却都是一致的。这里的"同归"，就是实现和

达到“保合太和”的最高社会和谐境界和目标；这里的“一致”就是人人都具有“保合太和”这种最高理想。同时，这里还承认了“殊途”和“百虑”是任何时间和任何空间都有的客观存在，人们必须承认它们和重视它们。异中求同，同中存异，求大同，存小异，这就是不同的乃至相互对立的事物之间保持和谐的一种境界。

二 “中和原则”是治理国家的最高准则

“中和原则”，既是治理国家的最高准则，又是为人处世的基本立场，还是一种道德精神修养的境界。中，就是中正，不偏于一方。和，就是步调一致，不搞对抗，不走极端。节制有度，掌握平衡，是“中和原则”的基本要求。“文明以健，中正而应，君子正也。唯君子为能通天下志”（《同人·彖》），意思说，文教昌明而健动，处心中正才能响应，这是君子的端正。只有君子能够使天下人的意志相通。“顺而巽，中正以观天下，观”（《观卦·彖》），意思是说，温顺而又谦虚，处心公正地观察天下，就是观。“九二利贞，中以为志也”（《损卦·象》），以坚守中正作为人的志向。“君子黄中通理，正位居体。美在其中，而畅于四肢，发于事业，美之至也”（《坤卦，文言》），意思是说，君子心中有美好的品德而且通情达理，本身处在最正当的位置。美德在心中，顺畅地体现于言行，表现于事业，这是美的最高境界了。

“昔者圣人之作易也，将以顺性命之理。是以立天之道，曰阴与阳；立地之道，曰柔与刚；立人之道，曰仁与义。”“和顺于道德而理于义”（《说卦传》），意思是说，用仁与义建立了人道，用道德教化人，使之和睦顺从；用义加以治理。

在处理人际关系时，怎样才能实现和谐原则呢？那就是要做到，各守其位，各尽其职。“圣人之大宝曰位。”（《系辞下传》）“天尊地卑，乾坤定矣。卑高以陈，贵贱位矣。”“方以类聚，物以群分，吉凶生矣。”（《系辞上传》）“天地设位而易行乎其中矣。成性存存，道义之门。”（《系辞上传》）“当位贞吉，以正邦也。”（《蹇卦·象》）在这里，把人人摆正自己的地位提高到关系治国安邦的高度。

三 和谐理念是《周易》文化的核心价值

和谐理念与"中和原则"，不仅是天地化育万物的宇宙法则，而且是人们的思维方式。保持和谐的境界，是指导人的行为的根本原则。

《周易》的社会和谐理念，是其阴阳的"相感""相推""相摩""相荡"的辩证思维在社会政治生活中的表现，"天道为阴阳，地道为柔刚，人道为仁义"。《周易》把阴阳作为世间一切事物内部共同具有的相互对立而相互消长的两种基本力量或因素，它们的"相感""相推""相摩""相荡"使事物变化发展，在自然界、社会和人的思想情感领域，每种事物所包含的阴阳两种力量的相互作用方式，都既有其共同的方面，又有其各自不同的特点。我们要充分认识"阴"和"阳"的相互作用的复杂性和多样性。这两种力量"相感""相推""相摩""相荡"，不是一方消灭另一方，而是形成一种和谐。"乾，阳物也；坤，阴物也。阴阳合德而刚柔有体，以体天地之撰，以通神明之德"（《系辞下传》），以阴阳处于高度和谐的境地为万物存在的根本条件。把和谐视为人类社会和自然界发展的基本法则。

"穷理尽性以至于命"（《说卦传》），是讲认识事物变易的规律，进而提高人的思想境界，为安身立命的依据。

"精义入神，以致用也；利用安身，以崇德也"（《系辞下传》），意思是说，人们精细地研求义理，进入神妙的境地，是为了运用；便利器用，身有所安，是为了提高道德境界。

"乐天知命，故不忧"（《系辞上传》），讲的是"顺乎理，乐天也；安其分，知命也；顺理安分，故无所忧"（程颐《易说·系辞》），"安土敦乎仁，故能爱"（《系辞上传》）。

和谐理念与"中和原则"，也是人们评判事物的价值标准，《系辞下传》中讲，"杂物撰德，辨是与非，则非中爻不备"。和谐理念是《周易》文化的核心价值。

四 和谐理念确立了处理各种人际关系的基本原则

和谐理念应用于社会，确立处理各种人际关系的原则，以实现人际关系和谐的旨归，以维系各种社会群体生活的和谐，减少和消除由于人与人之间的利益矛盾、冲突、争夺、对抗所造成的社会的紧张、对立、动荡局面，以维系社会的稳定。《周易》还从各个不同的方面阐述了怎样在社会政治生活中践行和谐理念。

“天地之大德曰生，圣人之大宝曰位。何以守位？曰人。何以聚人？曰财。理财正辞、禁民为非曰义”（《系辞下传》），意思是说，天地最根本的性质是化生万物，圣人最宝贵的是统治地位。怎样才能保护住统治地位？靠人们的支持。怎样才能集聚人呢？靠的是财富。治理财富，端正言论，禁止民众为非作歹，就是义。

和谐理念应用于政治，各种利益集团的利益的和谐，是维护政权统治的基本保证，靠武力不能征服人心。“君子体仁足以长人，嘉会足以合礼，利物足以和义，贞固足以干事。”（《乾·文言》）

“君子以多识前言往行，以蓄其德”（《大畜·象》），这是在告诫君主，要多多牢记前贤的教导和榜样，不断增进自己的德行。要“进德修业”（《乾卦·文言》），做到“坤厚载物，德合无疆”（《坤卦·象》）。

“上以厚下安宅”（《剥卦·象》），这里讲的是，要宽厚地对待下属，使他们能够安居。

“君子以裒多益寡，称物平施”（《谦卦·象》），意思是说，减多补少，权衡事物而公平施予。

“损上益下，民悦无疆。自上下下，其道大光”（《益卦·象》），这里讲的是，君主要自觉地减少自己的需求，给百姓增加福利，百姓就会无比高兴。君主尊重体恤百姓，其事业才能发扬光大。同样，“以贵下贱，大得民心”（《屯卦·象》），讲的也是这个道理。

“天地节而四时成。节以制度，不伤财，不害民”（《节卦·象》），这里是在规劝君主，要效仿天地，节俭要依据一系列的制度规定，既不能浪费财物，也不能伤害黎民百姓。

“君子以容民蓄众”，“能以正众，可以王矣”（《师卦·象》），讲的是要宽容民众，才能聚拢民众。能使民众归顺正道，才可以统治天下。

“君子以懿文德”（《小蓄·象》），这里讲的是要提高施政水平。那么怎样才能提高施政水平呢？《大有》一卦，讲的就是如何拥有最重大的事情。当然，对君主来说，就是要保持他的政权的长治久安。“遏恶扬善，顺天休命。”“厥孚交如，信以发志。”（《大有·象》）这就是说，抑恶扬善，信义昭著，这是最重要的。“孚乃化邦也”（《中孚·象》），意思就是说，诚信可以感化全国的黎民百姓。

临卦讲的就是如何治理的道理。“君子以教思无穷，容保民无疆”（《临卦·象》），这里讲的是，要时时刻刻考虑教化的问题，才能包容和保护百姓长治久安。“咸临贞吉，志行正也”，讲的是用感化的方式进行治理，是应实行的正道。“甘临，无攸利”（《临卦·象》）是告诫君主用甜言蜜语的许诺来治理，不会有好处。“知临，大君之宜”（《临卦·象》）说的是只有以智慧治理，才是天子应采用的好办法。

治理国家要刑罚与教化并行。“圣人以顺动，则刑罚清而民服”（《豫卦·象》），这就是说，圣人要顺情而动，司法公正清明才能服民心，人心欢畅。《解卦·象》中讲，“君子以赦过宥罪”。这就是说，要根据情况，赦免或宽恕有罪之人。

体察民情是执政之要务。《观卦·象》强调，“先王以省方、观民、设教”。巡视四方，观察了解民情，进而实行教化，先王是这样做的，后来人更应效法。它还说，“观我生，观民也”，即从观察自己的生活、行为和需求，从而体察到黎民的生活、行为和需求。

《周易》还告诫君主，要谦虚谨慎，不要居功自傲，要有居安思危的忧患意识。“人道恶盈而好谦。谦，尊而光，卑而不可逾，君子之终也。”（《谦卦·象》）“劳而不伐，有功而不德，厚之至也。语以其功下人者也。德言盛，礼言恭；谦也者，致恭以存其位者也。”（《系辞上传》）这里不仅把谦虚作为最高美德加以颂扬，而且提高到“以存其位”的高度来认识。“危者，安其位者也；亡者，保其存者也；乱者，有其治者也。是故君子安而不忘危，存而不忘亡，治而不忘乱。是以身安而国家可保也。”（《系辞下传》）在这里警示人们，凡是安于现状，故步自封，不求进取，

自以为天下太平，就会面临危险，招致祸乱，导致灭亡。只有居安思危，时时保持忧患意识和危机感，才可能使国家长治久安。

归根结底，执政的人要做到“吉凶于民同患”（《系辞上传》）。

“《易》之兴也，其当殷之末世，周之盛德邪？当文王与纣之事邪？是故其辞危。危者使平，易者使倾；其道甚大，百物不废。惧以终始，其要无咎，此之谓《易》之道也。”（《系辞下传》）这里讲《易经》兴起于殷朝末期，周德业兴盛之时，文王与纣王相争之时，因此它的卦爻辞满含忧患和危机的意思。忧患意识和危机感可以保国泰民安，疏忽大意就可能使王朝倾覆国家灭亡。这是天下所有事物都不能违背的大道理。始终保持意识和警觉，其目的是不犯大的过错，这就是《易经》所阐述的道理。

为了实现社会政治生活的和谐，就必须保持家庭关系、君臣关系、朋友关系、邻里关系的和谐，《周易》在这些方面的论述，本文就不探讨了。

《周易》的社会和谐理念，是当时的社会的各种政治、经济、人际和诸侯国之间的关系的反映，我们必须对其进行具体的、历史的分析，传承和借鉴其精华，并赋予其现代的阐释，而剔除其糟粕。和谐理念形成的历史条件，也是同中国古代农业社会追求风调雨顺以及家庭制度要求和睦的生活环境分不开的。

《周易》的社会和谐理念作为中国传统文化的宝贵历史遗产，对中华民族的思维方式、价值观有着深远影响。它的内容丰富、思想深邃，本文所涉所论十分浅显，不当和错误之处，敬请批评指正。

参考文献

1. 朱伯昆：《易学哲学史》，北京大学出版社 1986 年版。
2. 朱伯昆：《朱伯昆论著》，沈阳出版社 1998 年版。
3. 高亨：《周易大传今注》，齐鲁书社 1998 年版。
4. 金景芳、吕绍纲：《周易全解》，吉林大学出版社 1989 年版。

（此文是作者在 2007 年国际易学联合会在韩国首尔举办的易学与现代文明第三次国际学术研讨会上的演讲，原题目是《〈周易〉的社会“和谐”理念》，原载《国际易学研究》第十辑，中国戏剧出版社 2008 年版）

农耕文明时代中国的社会经济发展与科技进步

历史学家认为新石器时代的主要特征是开始制造和使用磨制石器，发明了陶器；出现了原始农业、养畜业和手工业。

农业的出现是人类历史上的一次伟大转变，狩猎者和采集者开始变成饲养者和种植者。原始农业出现后，农耕文明开始萌芽。后来，铜器和铁器出现，人类走出石器时代，进入农耕文明时代。进入农耕文明时期后，人类逐渐学会了驯养野生动物，种植植物，这就大大减少了人类对大自然的直接依赖。原始农业（种植业和畜牧业）的出现，也为发展其他领域的生产创造了条件。在原始农业发展的基础上，原始的手工业及其他一些家庭副业也逐渐发展起来。这样，由于生产的发展，就提出了定居的需要，并且提供了定居的可能，于是人类逐渐变为定居生活。长期定居的结果，便形成了村落，进而发展成城市和集镇。由于定居生活的需要还促进人们发明了陶器。起初，陶器用于盛水、煮食物和存储粮食，后来逐渐成为人们日常生活的必需品。

最早进入农耕文明的是尼罗河流域、底格里斯河—幼发拉底河流域、印度河—恒河流域、黄河—长江流域。这四大古老农耕文明中，我国是人类历史上农耕文明最发达并且延续时间最长的国家，创造了辉煌灿烂的中华文化，其中科学技术也是相当发达的，对人类社会发展做出了重大贡献。

一　先秦时期

大约在公元前6000年至公元前3000年之间，人类逐渐学会了开矿和

冶炼制造铜器。青铜发明后，人类历史逐渐进入新的阶段——青铜时代（the Bronze Age）。目前考古所发现的最早铜器出土于西亚地区。1975 年我国甘肃东乡林家马家窑文化遗址（约公元前 3000 年前后）出土一件青铜刀，这是目前在中国发现的最早的青铜器。我国的商代（公元前 1600—前 1046 年）已确切地进入了青铜时代。考古资料证明，商代已广泛使用青铜器。商周时期，我国的青铜冶炼和铸造技术达到了很高水平，出土了很多令人叹为观止的青铜器。农业在商代已占支配地位，实行了井田制，大量使用奴隶从事农业劳动，并且出现了青铜农具。在商代制陶业已经较发达，还出现了纺织业。在河南安阳殷墟出土的商代文字，是迄今发现的我国最早的文字，而且记载了一些当时人们观察到的日食、月食和新星等天文现象，并有十进制记数，一、十、百、千、万等。

西周（公元前 1064—前 771 年）建立了分封制度和宗法制度，并发展了商代的井田制度。农业技术有了进步，井田里开挖了排水引水渠，懂得了人工灌溉，农作物品种大量增加，产量也有提高。王室和各诸侯都拥有许多奴隶作为工匠在手工业作坊劳动，青铜器铸造和陶器制造是主要的手工业。西周历法和天象观测也有进步，开始创立观测天象变化的 28 宿。还有了我国历史上第一次关于日食的记录。

农耕和畜牧是人类生产方式的第一次革命，人类从此不再被动地依赖自然界提供的现成食物和生活资料。原始农业使人类劳动产品由“赐予接受”变成“主动索取”。农耕文明在人类社会的历史长河中又经历了一个漫长的历史发展过程，其中冶铁工程技术的出现和发展，使铁农具在农业上得到广泛应用，是生产力发展的一大飞跃。这一飞跃发生在春秋时期。我国是世界上最早发明生铁（铸铁）冶炼和铸造技术的国家。在公元前 6 世纪的春秋晚期，已能冶炼生铁和铸造铁器，在公元前 5 世纪的春秋战国之际，已能锻造铁工具。在公元前 4 世纪，铁器的使用已推广到社会生产和生活的各领域。铁器的大量广泛使用，使大面积开荒和兴修水利成为可能，春秋时期还发明了牛耕方法，这就大大提高了农业生产力。农业的发展，又促进了手工业和其他副业的发展，从而出现了农耕文明的经济繁荣和社会进步，致使春秋时期（公元前 770—前 476 年）成为中国社会制度大变动的时期，奴隶制度向封建制度转变。

战国时期（公元前475—前221年），中国已确立了封建制度。争雄的各国都先后实行了变法改革，使封建土地所有制的社会经济有了相当大的发展。

农业生产发展离不开防洪和灌溉，铁制工具的大量广泛使用，催生了大型水利工程技术的发展。公元前1000年的末期，石头和泥土修建的水坝在地中海地区、中东、中国和中美洲等地都出现了。中国是农耕文明最辉煌的国家，战国时期的水利工程技术有很大发展，各诸侯国都相继兴建了水利工程。如公元前256年修建的都江堰水利工程，以无坝引水为特征，变害为利，使人、地、水三者高度协和统一，是至今仍在使用的一项伟大的“生态工程”。

由于农业生产力的发展，有了较多剩余劳动力，就促进了手工业的发展，制陶和冶炼（铜和铁）技术发达起来了，纺织技术也有很大进步。由于冶炼（铜和铁）工程的需要，出现了采矿工程。由于农业和手工业的发展需要，人类对自然力的利用扩大到畜力、水力、风力等可再生能源。战国时期，手工业和商业都有很大的发展。官营手工业的衰落和私营手工业的发展，及民间商业的活跃和发达，大大提高了劳动生产的积极性，促进了手工业生产规模的扩大和品种门类的增加，导致了技术的进步。春秋战国之交的《考工记》记述了前此手工业技术的发展状况和器物制造的规程，其中也反映了当时人们在力学和声学方面获得的知识。

《韩非子·有度篇》记载，战国时人们已使用“司南”辨别方向，这是世界上最早发明的指南工具。

伴随手工业和商业的发展，作为经济、政治和文化中心的城市形成并逐步扩大，建筑工程技术有了很大发展。城市、封建君主宫殿等建筑工程技术集中反映了当时的经济活动规模、社会等级制度、科学技术水平、文化艺术和思想意识状况，成为农耕文明的综合性、标志性的“时代”工程。春秋战国时期各诸侯国的都城建筑都具有相当的规模和确定的形式。在中国古代，皇宫及皇城工程建筑，从秦朝开始就具有庞大规模和辉煌宏伟的气势，体现着封建帝王的至高无上的权力和严格的封建等级制度。春秋战国之交，出现了建筑机械方面的能工巧匠的代表人物鲁国人公输般（又称鲁班），人们把当时已有的土木工程器械的发明都归结到他的名下，

还传说他发明了攻城器械云梯和水战器械钩具，甚至还有能乘风飞行的木鸟和自动行走的木车马，可见当时土木工程建筑技术发展的状况。几千年来，人们都把他奉为土木工匠的鼻祖。

春秋战国时期，在社会制度大变革的背景下，各国竞相变法革新，争强称霸，于是就出现争夺出谋划策的人才的竞争，社会上出现了一大批“士”的知识阶层，民间讲学游说之风兴起。诸子百家学派形成的“百家争鸣”局面，大大激励起人们对自然界和社会生活的各种现象及其规律性进行探讨和研究的兴趣和热情。《史记·太史公自序》中，司马迁讲他的父亲司马谈在论《六家要旨》中把诸子百家分为六家，即“阴阳”“儒”“墨”“法”“名”“道德”。汉代历史学者班固（32—92年）在《汉书·艺文志》中讲，在刘歆（约公元前46—23年）的《七略》中，把诸学派分为“儒”“道”“阴阳”“法”“名”“墨”“纵横”“杂”“农”“小说”十家。他认为“小说”家不如前九家重要。

墨子（约公元前468—前376年）早年是制造器械的工匠，其弟子大多也属社会下层，代表着小生产者和小私有者的利益。在春秋战国时期影响很大，称为“孔墨显学”。其在各家中是最为重视科学技术研究的学派。《墨子》一书，据《汉书·艺文志》记载原有71篇，留下来的只有53篇。今本《墨子》为汉代刘向（约前77—前6年）校订，其中的《经上》《经下》《经说上》《经说下》《大取》《小取》六篇为战国时期后期墨家的著作，通称《墨经》（亦称《墨辩》）。《墨经》中探讨了许多科学技术、认识论和逻辑学的问题。《墨经》提出，“久”和“宇”作为时间和空间范畴，“异时”和“异所”构成“宇宙”，宇宙是无限的。它还提出了时间、空间和运动的统一的观点。探讨了力的平衡、杠杆和滑轮的工作原理。它还记载了光学的小孔成像实验，探讨了平面、凸凹镜成像，及光源与影子的关系等光学问题。

名家奠定了中国古代科学的逻辑基础，本书有专章论述。

阴阳家源自商周以来的方术。术数或法术原是迷信，但包含有古代科学的萌芽。阴阳家试图以自然的力量来解释自然界的各种现象。农家注重生产技艺，重视农事。

《周易》是一部重要的哲学著作，可以说它奠定了中国古代科学发展

的哲学基础。《周易》由《易经》和《易传》两部分构成。《易经》由六十四卦的卦辞和三百八十四爻的爻辞构成，它形成于殷周之际。它认为自然界也与人和动物一样，是由两性阴和阳产生的。它从各种复杂的自然现象和社会现象中抽象出阴和阳两个基本范畴，阴代表阴性、柔弱、顺从、忍耐、包容、安静、退守等特性及具有这些特性的事物；阳代表阳性、刚劲、矫捷、运动、进取等特性及具有这些特性的事物，世界就是在这两种对立力量（阴阳）“相感”“相推”和“相荡”的作用下生成着、变化着，向前推移。变化发展的观念是贯穿《易经》的一个基本思想。《易传》是孔子的后代门徒陆续编撰至战国时期完成的，它对《易经》的解释，形成了自己的哲学理论体系，成为战国时期一大哲学流派。《易传》的作者们虽然属于儒家，但其观点并非只是来源于以孔孟为代表的儒家，其哲学思想反映了战国时代哲学发展的面貌，并非孔孟正统派将《易传》的思想皆归之于孔子，这是汉代尊孔论的偏见。探究和阐释事物的变化发展为《周易》之宗旨，“一阴一阳之谓道……生生之谓易……通变之谓事……”（《系辞上传》），“易穷则变，变则通，通则久”（《系辞下传》）。这正是《周易》所揭示的自然现象和社会变化发展的法则。它认为，事物的发展变化不可能总是一帆风顺，也不可能总是障碍重重，往往是顺畅和障碍交替出现；事物的变化发展，达到顶点，就要向相反方向转变，物极则反；事物的发展变化，是一个革故鼎新的过程；“阴”和“阳”的相互作用是事物发展的动因，“阴”和“阳”的相互作用具有复杂性和多样性；这两种力量“相感”“相推”“相摩”“相荡”，不是一方消灭另一方，而是形成一种和谐；以阴阳处于高度和谐的境地为万物存在的根本条件，把和谐视为天地化育万物的宇宙法则，人类社会和自然界发展的基本动力。从《周易》开始，和谐理念、“中和”思想就逐渐成为中国哲学思想一以贯之的基本主题。老子哲学发展了天人合一的思想，主张人与自然和睦相处；在儒家思想里“中”“和”“中庸”“忠恕之道”成为儒家思想的基本理念。《周易》还认为人的思想行为要“顺动”“随时”和“与时偕行”。《周易》对中国古代科学和哲学的发展具有深远的影响。由此我们可以看到，战国时期的儒家学说是开放的、具有革新精神的。但是到了汉代，朝廷采纳了董仲舒的“罢黜百家，独尊儒术”以后，儒家学说就变得越来越

封闭和保守了。

春秋战国时期，天文历法有很大进步。《春秋》一书记录了37次日食的观察，其中30次已证明是可靠的，还记载了公元前613年出现的哈雷彗星。战国时期的甘德和石申观测了金、木、水、火、土五个行星的运行及其出没的规律。他们观测恒星的记录，是世界最早的恒星表。春秋末和战国时期通行的"四分历"，一年为365又四分之一日，早于欧洲几百年。一年划分为24个节气，对农业生产有重要的指导作用。

到战国时期，中医学有了重大发展。《黄帝内经》已成书，它由《素问》和《灵枢》两部分构成，共18卷，初步建立了中医学的理论体系，并一直指导着中医学的临床实践。

二 秦汉时期

公元前221年，秦始皇在兼并六国的战争之后，在全国范围内建立了封建专制主义的中央集权，彻底废除分封制，实行郡县制。在全国设立36个郡，后增至40余个。为了加强对全国各地的控制，大量修筑道路，即"驰道"。并统一车轨的宽度，车轮宽度不得超过6尺，即"车同轨"。由于战国时期，各诸侯国"言语异声，文字异形"不利于政令推行，秦始皇统一了文字，还统一了度量衡制度和统一了货币。秦始皇还北击匈奴，迫使匈奴北退700余里，修筑长城，有效地保护了中原的农业生产和人民的安定生活。统一开拓了东南沿海、岭南和西南地区，加速了民族融合。这些举措有利于经济的发展，有利于文化和科学技术的发展和交流。

西汉初期，为恢复遭受战争破坏的生产和社会经济，实行了"休养生息"政策，"稀力役而省贡献"（《汉书·陆贾传》）。及至文帝、景帝时期，出现生产和经济发展、社会稳定和富庶的局面，史称"文景之治"。当时，实行了这样一些值得注意的政策：减轻赋税和徭役，促进农业发展。刘邦实行十五税一制，即税额为农民耕作收入的十五分之一。景帝时减为三十税一，后来它就成为汉朝的经常制度。为了鼓励人口繁殖，在人口税上，惠帝实行了鼓励早婚的政策。文景时代，还实行了减轻徭役的制度。文帝"弛山泽之禁"，百姓可利用山林河湖，从事生产活动。为防谷

贱伤农，文帝采纳了晁错的“入粟拜爵”之策，即鼓励商人买粟输边，授予爵位。文帝还倡导节俭，以抑制奢靡之风，大大减少了国库开支和人民的负担。这些举措有利地促进了生产的恢复、发展和经济的繁荣。至西汉末年，国家人口达到5900多万，垦田800余万顷，国库充盈。

汉武帝开拓疆域，北征匈奴，统一西南，出使西域，开辟丝绸之路，沟通和开辟了汉朝与外域文明的经济、文化和科学技术的交流。张骞两次出使西域后，汉武帝每年派往西域的使节团，少则五六个，多至十余个，每团都由百余人至数百人组成。当时的丝绸之路有南北两条，南路可到大月氏（今中亚阿姆河）和安息（今伊朗）；北路可到大宛（今乌兹别克斯坦东部的费尔干纳）、康居（今哈萨克斯坦境内的巴尔喀什湖以西至咸海一带）和奄蔡（今咸海至里海一带）。汉朝的丝织品、先进的生产技术（如冶铁技术、耕作技术、凿井技术等）和文化传入西域和中亚；西域和中亚的技术和文化也传入中国。如苜蓿、葡萄种植技术、葡萄酒酿造技术和西域的一些作物牲畜品种（如胡桃、石榴、西瓜、骆驼、汗血马等）。自汉朝始，中国开始了走向世界的历史进程，不同文明之间的经济、技术和文化交流，加速了华夏文明的进步，为科学技术发展创造了较为有利的社会环境。

汉武帝重视农业生产，农业生产的兴盛，促进了农业科学技术的进步。汉武帝的搜粟都尉赵过发明了“代田法”，大力推广先进的耕作方法和新农具。汉成帝时，氾胜之发明了“区种法”，还编写了一部农书《氾胜之书》。

汉武帝为发展农业生产，大量兴建水利灌溉工程，坎儿井就是这时发明的。

汉武帝时期，实行盐、铁、酒官方专卖制度，冶铁作坊的规模都很大，有利地促进了冶铁生产的发展和冶铁技术的进步。西汉时期已出现了一种炼钢新技术，比欧洲早1900多年。

西汉时期的纺织业非常发达，纺织技术也有很大进步。

汉武帝时期，由于经济的发展和社会的稳定和富庶，形成了科学技术发展的一次大发展。

汉武帝之后，官僚、贵胄、地主和富商大量兼并与掠夺农民的土地，

政治腐败致使水利工程年久失修，水旱虫灾不断，大量农民破产流亡，社会阶级矛盾加剧，导致农民起义在各地频繁发生。王莽的复古改制，非但未能缓和社会矛盾，反而导致赤眉、绿林的更大规模农民起义，推翻了王莽政权。刘秀打败了赤眉、绿林的农民起义军，先后荡平了地方封建割据势力，于公元40年，建立了统一的东汉政权。

东汉初年，吏治清明，恢复了三十税一等薄赋轻徭制度，精兵简政，节约开支，释放奴婢，发展农业生产，兴修水利，治理黄河，很快使东汉的经济在西汉的基础上又有所发展。由于人口向南方流动，北方的先进生产技术传入南方，江南地区的经济发展起来，中国经济重心从东汉开始逐渐向南方转移。东汉时期，农业生产技术和耕作方法有很大进步。水力鼓风炉的发明，是冶铁技术的一大进步，降低了成本，扩大了产量，使铁农具大大普及，出现了许多新农具，促进了农业生产的发展，进而促进了手工业和商业的发展。水力鼓风炉的发明和使用，比欧洲早1300多年。风车也在农业和手工业中得到运用。机械制造技术有了较全面的发展。自动记载行车里程的里鼓车、指南车、鼓风器械、纺织器械等的发明，都促进了生产力的发展。

东汉大败匈奴，及班超出使西域，重新恢复了与西域的交通，使东汉与西域在经济、技术和文化方面的交流继续发展。

东汉前期，形成了科学技术的又一次大发展。

在天文学和历法方面，秦汉时期有了很大的发展。司马迁（前145年或前135年—?）的《史记·天官书》中，不仅详细完整地记述了此前人们对天象的观测和记录，收录了558颗恒星，而且总结为五宫二十八宿的完整星系体系。汉代出现了大科学家张衡（78—139年），在他的《灵宪》这一科学著作中提出了宇宙生成和演化理论，并指出，“宇之表无极，宙之端无穷”。在他的《浑天仪图注》中，发展和进一步完善了战国时期提出的“浑天说”，并为浑天仪的制作提供了理论依据，他还发明制造了测量天文演示天象的浑天仪和测定地震的地动仪。公元前104年，汉武帝启用了学者们制定的新历法《太初历》，这是天文学发展的一项重要成就，是当时最先进的历法，是当时社会发展和生产力水平提高的一个重要标志。东汉初年又实行了四分历，东汉末年天文学家刘洪又编制了《乾象

历》，它代表了秦汉四百余年历法修订的最高水平。

汉代在数学方面也取得重大进展。《周髀算经》中的第一部分，一般认为是春秋以前的人留下来的，只有265字，其余的主要部分是汉朝人写的，成书的年代约在西汉成帝与东汉桓帝的百余年间。该书不仅是天文学“盖天说”的代表著作，也是重要的数学著作。《九章算术》是秦汉时期数学方面的集大成之著作，标志着中国古代数学体系的形成。其基本内容在西汉后期（公元前1世纪中叶）形成，最后成书于东汉前期（公元1世纪）。

秦汉时期，实现了国家统一，开拓了疆域，域内外的交通方便许多，域内外的经济文化和科技交流频繁起来，为地理学的发展提出了社会需求并提供了条件。秦代相当重视地图的绘制和收集工作，汉代制作有较为精确的地图。汉代地理学有了较大发展。

秦汉时期，医学和药物学有了长足发展，基本形成了古代中医体系。成书于西汉时期的《难经》，概括、总结并进一步丰富了先秦时期流传下来的大量的、内容丰富而零散的医疗经验。它以问答的形式探讨了81个疑难问题，提出了“奇经八脉”和“右肾命门”的中医经络脏腑理论，还提出了“七冲门”和“三焦无形”的人体结构说。东汉早期，中医药专著《神农本草经》问世，它是经过秦汉以来许多医学家的收集、整理，全面系统地总结了战国以来药学知识和用药经验的集大成之作。全书收录365种药物，其中植物药252种、动物药67种、矿物药46种。它将药物分为上、中、下三品，主治病症达170余种。东汉末年，名医张仲景（2世纪中叶至3世纪初）的《伤寒杂病论》问世（《金匮要略》是其中的杂病部分）。

秦汉时期，炼丹术有了很大发展，秦始皇和汉武帝为了“长生久视”，使炼丹术大行其道。虽然它的目的和理论是荒诞的，但也给人们提供了对自然现象进行观察研究的机会，客观上起到促进化学、冶金学、药物学的发展，产生了一些发明创造。

西汉时期已有了用蚕丝和植物纤维造的纸。东汉前期，公元105年，宦官蔡伦改进了西汉以来的造纸技术，扩大了造纸的原料，把造出的纸献给和帝。从此造纸技术广泛推广产量大增，并逐步传播到世界各国。它对

文化和科学技术的发展和传播有着非常大的意义，是中国技术发明对世界的四大贡献之一。

秦汉时期，也发生了一些不利于和阻碍社会发展和科学技术进步的事件，而且其历史影响是深远的，教训是惨痛的。

秦始皇的“焚书坑儒”。公元前213年，秦始皇采纳丞相李斯的建议，实行禁绝私学，焚烧书籍。凡私人所藏《诗》《书》、百家语及其他各国历史记载，皆于三十日内烧之；有敢谈论《诗》《书》者杀头，“以古非今者”灭族；禁绝私学；凡《秦记》、医药、卜筮、种树之书及国家博士官府所藏的《诗》《书》、百家语，皆不烧。公元前212年，由于方士侯生和卢生不满秦始皇派人寻求仙药的行为而发议论，引起秦始皇大怒，在咸阳捕杀了460人。这是文化专制的野蛮行径，使中国古代文化典籍遭受巨大毁灭性损失，压制了思想、学术自由，严重阻碍了思想、学术、文化的发展。

秦始皇焚书，禁止民间私藏书籍，《诗》《书》和六国历史记载等几乎全被销毁，嗣后项羽的军队火烧咸阳，秦朝的官藏书籍也被焚毁，致使西汉初年，难觅古本文献，诗、书和历史知识的传授，全凭教师和学者的记忆进行口授，再记录形成文字成书。这样形成的书籍，不可能完全客观真实地恢复过去诗、书、历史记载的原貌，往往带有口授者个人不同理解的主观色彩。依据不同口授者的讲述，记录而成的同样题目的书，内容和观点也就各不相同。

罢黜百家，独尊儒术。公元前134年，汉武帝采纳了董仲舒的意见，以儒术治理天下，将原来政府中的非儒家的博士遣散。至此，只有接受儒家思想教育的儒生才能在政府中供职。公元前124年，汉武帝从公孙弘、董仲舒之请，在长安设立太学，为太学生传授儒家经典，毕业后可入仕途。自此，中央和各级地方政府的官员多为受过儒学教育的人，从而确立了儒学的官学地位，居统治地位的儒学掌控了教育事业。儒家一家独尊，取得了思想文化正统地位。汉武帝明令要求朝廷议政“具以《春秋》对”，“以经义对”，儒家经典成了国家政治和施政的理论指导。非但如此，董仲舒还积极倡导“《春秋》决狱”，这样儒学经典就具有了法律效力。“经义断狱”，为实施思想文化专制开了先河。罢黜百家，独尊儒术，

对中国科学技术的发展产生了非常不利的影响，教育事业以传授儒家经典进入仕途为宗旨，科学技术就不被读书人所重视，科学思想和理论研究不可能取得应有的地位。曾与儒家同为显学的墨家，最为关注科学技术研究，并对科技发展做出过重大贡献，但从秦汉时期起，就被尘封了，直至清代晚期，才又引起学者的注意。

董仲舒的“天人感应”和西汉末年谶纬迷信的流行，也是不利于社会发展和科学技术进步的因素。东汉时期的唯物主义哲学家王充（27—97年）对谶纬迷信和天人感应进行了尖锐的批判，其著作《论衡》对力学和磁学及雷电等自然现象也有涉及。

汉代的教育分官学和私学两类。秦代严禁私学和游宦，汉初，特别是在公元前191年正式废除秦代的“挟书律”后，私学很兴盛。汉武帝罢黜百家，独尊儒术，兴太学，教学内容主要是儒家经典，同时下令各地方设立官办郡国学校。但中央太学和地方官学招纳生员有限，并且官学中缺乏蒙学教育机构，所以大多数青少年不得不就读于私学。且由于古文经学不能在官学讲授，这样古文经学的学者，只能从事私人讲学，以抗衡官学。结果私学学校在数量和就读人数上大大超过官学。私学有较大的独立性和自主性，教学内容多种多样，医学及各种方技也多由私学传授，古代的科学技术知识是依靠私家传授才得以延续和发展的。汉代的私学还特别重视气节修养，不慕禄位，不畏强权，敢于批判社会现实。

三　三国、晋、南北朝时期

三国时期（220—280年）魏、蜀、吴均注意增强国力，奖励农桑，兴修水利，重视手工业的发展，经济都取得了一定的发展。蜀在西南民族地区推广汉族的先进生产技术，为其经济开发做出贡献。吴国为开发江南和东南沿海地区，及开辟与台湾、海南岛、辽东的海上交通做出贡献。魏对中原经济发展做出努力并重新把辽东收入版图。

西晋（265—316年）短期统一了全国的政权，但十分荒淫、腐朽和残暴。以占田制取代了屯田制，加强了对农民的剥削。晋武帝分封王国的制度，又酿成16年的八王之乱（291—306年），给人民带来贫穷、痛苦

和灾难，几十万人死亡。西晋后期，匈奴、鲜卑、羯、氐、羌等民族（史称“五胡”）的反抗斗争和八王之乱、连年大旱饥荒所造成的流民起义此起彼伏。

公元316年，西晋灭亡。北方分别被“五胡”等少数民族的贵族统治者占领，形成五胡十六国（304—439年）的长达135年的分裂局面。长江以南是东晋的偏安王朝（317—420年）。东晋政权内部北方世族地主与原来的江南大族地主之间存在激烈矛盾；同时在扬州的中央政权与在荆州的镇将形成了“荆、扬之争”，这两大矛盾，使东晋政权无心也无力北伐。公元383年的淝水之战，东晋获胜，阻止了北方入侵，使江南的经济文化免遭摧残。但统治者内争不断，盘剥人民，社会矛盾激化，酿成持续十余年的农民起义，终致东晋灭亡。

南北朝（420—589年）继续南北分裂的局面。北方先后经历北魏、东魏、西魏、北齐、北周几个朝代，史称北朝。南方先后经历了宋、齐、梁、陈四个朝代，史称南朝。

西晋末，大量北方汉族人不断流入南方，把先进的农业技术和纺织技术传入南方，南方经济逐渐地有了很大发展，到南朝时已出现了一批手工业和商业较为繁荣的城市。

在北魏短暂统一北方期间，孝文帝为缓和阶级、民族和各种社会矛盾，实行了均田制和新的租调制的经济改革，及三长制的社会组织形式户籍制度改革。并迁都洛阳和推行汉化政策。这样，在一定程度上减轻了农民负担，解放了一大批被大族地主压榨的农户，对恢复北方的农业生产发挥了积极作用。并有助于减少民族矛盾，促进民族融合，推动北方少数民族经济文化发展。

政权大分裂的时代，同时也是民族大融合的时代。这几百年来，华夏文化并没有在政权的不断更迭地方的分裂和连年的战乱中被中断，恰恰是华夏文化消解着民族的对立和冲突，促进了民族的大融合。民族的大融合必然促成新的大统一，华夏文化的大繁荣和社会经济的大发展，为隋统一全国和盛唐的到来奠定了基础。

从三国到南北朝这360余年间，华夏文化没有中断，科学技术也在艰难中行进。

三国期间，有许多技术发明。诸葛亮设计制造的所谓“木牛”“流马”，就是独轮车和四轮小车。独轮车在欧洲千年后才得到应用。诸葛亮还设计了一种新型的一次发射十支箭的连弩。魏国的马钧改进了提水用的翻车，名为龙骨水车，大大提高了灌溉效率。他还改进了纺织机械织绫机，提高了生产效率四五倍。他又设计制造了指南车。其时，水力磨坊已广泛使用。魏、蜀、吴都有不少运河、水库等水利工程建设。

裴秀（224—271 年）可以说是中国古代科学制图学之父，他在《禹贡地域图》中创立“制图六体”，即绘制地图的六项基本原则。他主持完成了见于文字记载的最早的地图集《禹贡地域图》18 篇。

三国时期的魏国和西晋之间的大数学家刘徽为汉代的《九章算术》作注，完成了九卷本的《九章算术注》一书，之后他又写了第十卷单独成书，为《海岛算经》。

西晋时期对南方的植物学和矿物学也进行了广泛的研究，有嵇含的《南方草木状》、万震的《南州异物志》和杨孚的《南裔异物志》等著作问世。

三国西晋的名医皇甫谧写了《针灸甲乙经》，西晋的太医令王叔和写了《脉经》。

战乱期间，人们生活艰辛漂泊不定，需要精神和心灵的安慰，于是佛教由印度传入中国，宣扬避世的道教兴盛。道教的养生术和炼丹术流行，客观上促进了化学和医学的发展。东晋的葛洪（283—364 年）是道教学者、炼丹家和医药专家。他的著作有《抱朴子外篇》50 卷、《抱朴子内篇》20 卷、《神仙传》10 卷和医药专著《肘后救卒方》。他的炼丹术对化学也有贡献。南北朝时期的道教学者陶弘景（约在 456—536 年）著有《本草经集注》和《肘后百一方》等医药专著。

南朝的科学家祖冲之（429—500 年）在数学、天文学和历法方面都有杰出贡献。郦道元（？—527 年）是杰出的地理学家，其著作《水经注》是中国和世界古代的地理学名著。

北朝的贾思勰（约 473—551 年）是杰出的农业科学家，其著作《齐民要术》系统地收集、总结和论述了此前黄河中下游地区的农业生产经验和农业科学技术成果。

四 隋唐时期

隋朝（581—618 年）虽然只有短暂的 37 年的历史，但它结束了 360 余年的割据分裂局面，实现了全国统一，有巨大的历史意义。隋文帝先后实行了一系列改革措施。首先是定都长安，把南方门阀豪族迁到长安，并平定了南方豪族的叛乱，打击和削弱了门阀豪族势力，巩固了中央政权。在经济上实行均田制，对土地兼并加以限制，并减轻租徭役，扩大了自耕农民的数量，提高了农民的生产积极性，促进了农业生产力的发展。在社会上实行三长制，以加强户籍管理，隋朝先后进行了两次人口检查，隋文帝颁布了“输籍之法”，由政府规定各级民户应缴的赋税徭役数额，减少了豪强地主对农民的盘剥，调动了农民向政府纳税的积极性。隋文帝还实行了改革官制，在中央政权设三省六部制，地方官员由中央异地任免，三年一换，加强巩固了皇权。还把东汉末年以来的州、郡、县三级制改为州、县两级制，并县裁冗员，精简了机构，提高了工作效率。隋文帝废除了魏晋以来的九品中正制，隋炀帝设立进士科，实行分科取士的科举制度，改变了“上品无寒门，下品无世族”的局面，扩大了封建政权的阶级基础，巩固了中央政权。唐代进一步发展完善了这一制度。隋文帝还制定了新法律《开皇律》，废除一些酷刑，规定可逐级上诉至朝廷，死刑须经三次奏请，由中央的大理寺复按。它奠定了以后各朝代的法律基础。

这些改革措施的实行，促进了隋朝的经济社会发展，人民生活较为安定。人口由 410 万户增加到 890 万户，耕地面积由 1900 万顷增至 5500 万顷。到隋文帝晚年，粮食物资储备，“计天下储积，得供五六十年”（《贞观政要》卷八《论贡赋》）。隋炀帝继位，有了经济基础，就在洛阳建筑东都城；开凿南起余杭北至涿郡全长 2000 多公里的大运河，促进了南北交通经济社会文化的交流和发展，加强了国家的统一。

隋朝存在的时间不长，但在科学技术上还是取得了一些成就。在天文历法方面，刘焯（544—610 年）制定了当时最精密的《皇极历》，由于保守派的反对，未被隋朝采用，但后从唐朝起他的许多创新为后人所采用。耿询制造了用水力转动的浑天仪和可移动的精巧的记时仪器刻漏。7 世纪

初，王孝通著有数学著作《缉古算经》，主要解决土方体积和勾股问题，及一元三次方程的数值解法。隋炀帝期间，巢元方等人奉诏主持编撰《诸病源候论》（50卷），是中国现存的第一部不载方药以论述各科病症病因和症候为主的医学著作，书中还记述了肠吻合术、大网膜结扎切除术、血管结扎术等外科手术的方法和步骤。隋晚期，孙思邈（约581—682年）著有《太清丹经要诀》，这是一部炼丹术的著作，列出18种秘方，可炼制14种不同的丹药。隋朝设立了太医署，不仅是医务行政机构，而且还招收学生，传授医术，兼有医学院的作用。

在工程方面，李春设计建造了世界闻名的中国现存的赵州（今河北省赵县）安济桥。在隋朝最终开通了大运河，全长2500余公里。

由于隋炀帝大兴土木，过度消耗了人力、物力和财力，加重了人民负担，他的骄奢淫逸挥霍无度的巡游生活，炫耀武力三次征伐高丽，使得民不聊生，酿成隋末农民大起义。617年，太原留守李渊起兵反隋，于618年称帝，建立唐朝，隋朝灭亡。

唐朝（618—907年）建立后，于624年最后平定了各地的农民军和地方割据势力，统一了全国。唐朝初期，接受了隋后期的教训，励精图治。627—649年唐太宗在位期间，基本承续了隋文帝改革举措，并进一步改进，制定推行了一系列政治、经济、军事等制度和法令，使社会经济得到巨大发展，人民生活安定，史称“贞观之治”。

经济上，唐王朝继续实行均田制，农民得到“受田”，出现不少自耕农，调动了生产积极性，促进了农业生产的恢复和发展。颁布租庸调法，租庸调按丁征收，规定了徭役的最高役期，使农民有较多时间从事生产活动。轻徭薄赋的政策，使农业获很大发展，农业生产技术有很大进步。贞观时期，全国耕作技术和灌溉技术显著提高，大力兴建引水、排水、蓄水等水利工程。耕地扩大，粮食产量大增，国家粮库充盈，至公元749年，国家粮库达9600万担。人口增加，“贞观之治”二十余年间，增加一百万户。

政治上，完善了隋朝的官制改革。中央政府仍为三省六部制，中书省掌制令决策，门下省掌封驳审议，并增有讽谏之职，鼓励群臣犯颜直谏。地方政府仍为州（有时为郡）、县两制。同时设立中央对地方的监察制度。

唐完善了隋的科举制度，设制举和常举，前者由皇帝亲自主持不定期举行，后者年年由吏部（后改礼部）主持。士人可不拘门第资格。虽然算学也列为一科，但考试科目重点在儒家经典和诗赋。武则天时还增设了“武举”考试。科举比九品中正制是一大进步，但忽视经济和科学技术等实用之学，不利于创新人才的培育。

唐代重视教育，普遍设立官学，有中央官学和府、州、县的地方官学。中央官学最盛时达八千人，不少邻国也派人来唐求学。所授科目均以经学为主，也有算学科目。地方官学也含有医药方技学校。

实行府兵制，设置了一套庞大的、经常的而又能自给的兵力贮备体系，服现役者可免租税劳役，收到寓兵于农之效。兵力的强盛，使唐得以恢复在西域的统治，加强和巩固了西部边防；收复辽东加强了对东北的管辖；加强了唐朝对西藏和云南的权力，促进了汉、藏两个民族的友好团结，开发了云南地区，促进了西南各民族的融合。

农业的大发展，不仅使物资丰富起来，而且提供了更多的劳动力，这就促进了手工业发展和技术的进步。唐朝的手工业比以前各朝都要发达。分官营和私营两类。官营的手工业，是为满足皇宫、政府、军队所需和营造，其规模庞大，按部门设立机构由官员掌管。中央政府设有少府监、将作监、军器监等。少府监，职掌纺织、印染、朝廷日用品、工艺品、仪仗、祭祀品等的生产，下设中尚署、左尚署、右尚署、织染署、掌冶署。还职掌训练工匠，根据不同工种的技术复杂和难易程度，培训期分别定为一年至四年等，由教者传授家传技艺，并由考官进行季考和年终大考，工匠的制品都署本人的姓名。由此可见唐代手工业分工很细，技术要求很高。将作监职掌土木工程的政务，木工、土工、舟车工、石工、陶工等分别设专署管理。少府监和将作监从全国的工匠中选拔技术水准最高的工匠。军器监职掌军械制造。

唐代私营手工业比以前朝代有显著发展。南北方交流频繁和对外贸易的扩大，是手工业发达的重要原因。纺织业是民间最广泛的手工业。织妇和农夫对盛唐的经济发展，做出同样的贡献。纺织技术有很大进步，民间出现一些具有卓异的特技，缭绫、轻绢、轻纱等。染色业也有了新技术，有柳氏女所创的印花法。

冶铸业也很发达。冶炼技术和铸造技术都有很大提高。

伴随着商业和对外贸易的发展，海运和河运交通促进了造船业的发展和造船技术的进步。唐德宗时，造出人力踏两轮的战舰。还发明了海船的涂漆加固并降低摩擦系数。

陶瓷业发展到新阶段，技术进入了由陶到瓷的完成阶段。社会上已普遍使用瓷器，制瓷窑遍布各地，邢州窑和越州窑是南北诸窑的代表。唐三彩就是唐代的一种名瓷。

磨面、制糖、印刷、造纸业的发展，也带动了技术进步。已出现一轴能转动五具磨的大型水磨。雕版印刷技术已达到较高水平。雕版印刷术，唐初已发明，后期已经大量印刷书籍。

在建筑工程方面，有许多重大成就，城市、宫殿、寺塔等工程都称著于世。

唐朝的水陆交通和海上交通很发达，进一步发展了驿传制度，在水陆交通要道上，每 30 里设一驿站，备有船只或马匹，全国共有 1600 多驿站。伴随着农业和手工业的发展，商业和对外贸易也繁荣兴盛起来。西北的陆路“丝绸之路”和东南海上从广州直到阿拉伯的商船队及山东、江浙往来日本、朝鲜的商船队使海上贸易也兴旺起来。

唐代，伴随社会经济的发展，不仅技术有了显著进步，科学也取得许多成就。

在天文学和历法方面，天文学家僧人一行（张遂，683—727 年）在唐玄宗时，主持大衍历的测算和编撰工作，完成了有关历法方面的巨著 52 卷，大衍历成为直至明朝末历代修历所效仿的格式。他还是世界上发现恒星移动现象的第一人，比哈雷早千年；他也是世界上实际测量子午线长度的第一人。他还与人合作制造了有记时功能的水运浑天铜仪。李淳风（602—670 年）也先后制成《乙巳元历》和《麟德历》，并著有《天文大象赋》和《晋书·天文志》，还制作了黄道浑仪。758 年，改太史监为司天台，有人员 800 余。

唐代较为重视数学。李淳风还奉诏与他人合作注解算经十书（《周髀算经》《九章算术》《孙子算经》……《缉古算经》等），后颁布为国子监算学馆教材。唐高宗于 655 年在国子监内设算学馆收学生 30 人专门学习

数学，就以十部算经为主要教材。唐代在科举中设明算科，及第者在吏部铨叙，给以从九品下的官阶。

在医学方面，孙思邈（581—682 年）总结前人著述，结合自己的临床经验，著有《备急千金要方》（30 卷），《千金要方》和《千金翼方》（30 卷），收集了 5300 多个药方和 800 余种药物。高宗时，苏敬（599—674 年）等 23 名医官奉命编撰了《新修本草》54 卷，收载 850 种药物，是世界上第一部由国家颁布的药典。公元 739 年，陈藏器为增补、解纷、考辨《新修本草》撰写了《本草拾遗》10 卷。王焘（约 670—755 年）汇集了前此的医学资料编撰了《外台秘要》40 卷收录 6900 余个药方。吐蕃医学家宇陀·元丹贡布（藏族，708—833 年）结合汉医理论，吸收外来医学成果，编撰了藏医学经典著作《据悉》，即《四部医典》。

公元 755 年，爆发了安史之乱，唐朝走向衰落。藩镇割据，宦官专权，朋党之争，黄巢起义，907 年唐朝灭亡。五代十国（907—1279 年）是唐朝末年藩镇割据的继续和发展。北方黄河流域经历了梁、唐、晋、汉、周五个朝代；十个国，一个在太原，其余九个在长江流域及其以南地区。

五代十国期间，战乱和暴动频仍，社会动荡，人民流离失所，经济衰退。此时，南方比北方相对稳定一些，战祸少一些，北方人民向南方流动，给南方带来生产技术和劳动力，经济重心逐渐南移，从此南方的经济发展超过了北方。只要社会安定，经济就会发展，技术就会进步。此间，南方的农业发展，促进了水利工程建设。著名的钱塘江捍海石塘就是一例。

五　宋元时期

五代的乱局到后周时有所好转，周世宗柴荣进行了经济、军事、吏治改革，国力充实，力图实现统一。公元 960 年，后周的禁军统帅赵匡胤发动兵变，建立北宋王朝。

北宋（960—1127 年）于公元 963 年开展了军事行动，以结束割据纷争的局面，统一全国。至公元 979 年，实现了全国大部分地区的统一。但

与北宋形成对峙的有北面契丹族的辽政权和西北面党项族的西夏政权。云南的大理和西藏的吐蕃也未在中央政权的管辖范围。同时，北宋兴修水利工程，开垦荒地，广拓田亩，发展生产，整治运河水陆交通，增加财政收入。为防止割据局面再重演，实行了“强干弱枝”政策，竭力加强中央集权，将政权、兵权、财权、司法权均集中于皇帝一人。提倡文人政治，严禁军人干政，守内轻外。这些政策措施对维护国家统一和发展社会经济发挥了作用。但北宋一直长期实行这样的政策，后来就致使兵多将弱，作战能力不强，行政效率低下，地方无所作为。北宋中叶社会矛盾尖锐，公元1069年王安石实行变法。他在财政上推行青苗法、农田水利法、募役法、市易法、方田均税法；军事上实施置将法、保甲法；教育上颁行“三经新义”，改革科举制度，他主张应举的员生要放下经典和诗文，而勤学历史、地理、经济、法律和医学等。他很重视科学技术，在中国历史上是难能可贵的。变法的目的是以期改变“积贫积弱”局面，振兴经济，富国强兵。变法虽然因遭受保守派阻挠而失败，但在新法推行的前后十几年间，还是起了些作用。

北宋消除了割据纷乱的局面，实现了全国的统一，前期社会较为安定，社会经济就有了进一步的发展。农业有大的发展，农民开辟了许多新农田，南方以山田、圩田为多，垦田面积大大增加。1021年，全国垦田面积达524万余顷。到1064—1067年间，垦田约为1000余万顷。农业生产工具进一步改进，出现人力推动的踏犁、插秧的秧马。南方已普遍使用龙骨车戽水和引水上山的筒车。各种农作物品种得到推广，水稻抗旱力强、成熟快，可不择地而生。经济作物的种植如茶、棉、甘蔗等都有发展。农业亩产量也有提高，一般农田一担，稻田在2—3担。

宋朝有发达的手工业，技术进步显著。丝织业很发达，出现一些专业作坊，丝织品品种繁多，蜀锦的技术水准很高。制瓷业发展迅速，官窑和私窑都很发达。

伴随农业、手工业的发展，商业出现前所未有的繁荣，城市经济发达，乡村的集市贸易十分活跃。北宋政府征收的商税比唐朝增加许多，宋太宗时每年为400万贯钱，宋仁宗时增加到2200万贯钱。铸币量从唐朝较高年份每年32万贯铜钱，到宋神宗时达到600万贯。对外贸易也比唐

朝发达。

北宋期间，在黑龙江和松花江一带的女贞族逐渐强大起来，1115 年，大败辽军，称帝立国，国号为“大金”。金灭辽之后，大举南下，于 1127 年，俘虏宋朝的徽、钦二帝，掠走百姓 10 万余人，北宋灭亡。

同年，宋高宗即位，后迁都于临安，这个南方的偏安的政权，史称南宋。

南宋（1127—1279 年）与北方的金形成隔江对峙的局面。北方人民不断大量流入南方，使南方人口大增。1159 年为 1684 万人，到 1179 年已达 2950 万人。在相对稳定中，南宋的经济有所发展。农业、手工业、商业均很发达。

整个宋朝的经济发展超过了唐朝，又重文轻武，十分重视教育的发展，还改进了科举制度。宋初，国子监是全国最高学府，到仁宗后成为掌管全国学校的总机构。官学较唐朝更加平民化。宋朝的中央官学中设律学（法律）和医学。王安石变法，大举兴学，提出以学校养士替代科举取士，宋太学生最多时达 3800 人。宋神宗时，在州府设立学官管理学校。宋朝确立了书院制度，有公立也有私立，可以自定教材、自由讲述，不受官府条例约束。著名的书院有白鹿洞、岳麓、应天府、石鼓、嵩阳等书院。南宋时书院多达 40 余所。

宋朝科学技术的发展达到中国农耕时代的最高峰。宋朝丝棉纺织业发达，技术有很大进步，已经有了纺车、弹弓、织机。宋代制瓷技术相当高超，景德镇、龙泉等名窑的瓷器堪为精品。制纸技术的提高，不仅拓宽了原料来源，而且能生产出各种品质优良的书写和印刷书画用纸。冶铁技术已广泛采用煤，提高了铁的质量。北宋时造船业已有较大发展，到南宋就更为发达，技术已达到制造大型海船的程度，配有指南针，宋的造船技术和航海技术居世界领先地位。在建筑工程方面，李诫（？—1110 年）在 1100 年完成的著作《营造法式》堪称中国古建筑工程的经典之作。

最著名的是印刷术、指南针和火药的三大技术发明。在唐初发明雕版印刷术的基础上，北宋中叶，1041—1048 年，毕昇又发明了活字印刷术，用胶泥刻成一个个单字烧硬，用它们排版印刷，这一革命性的技术发明，后传入东亚和欧洲，在四百多年后，德国的符腾堡才制成字母活字。

在战国时，已发明“司南”。到北宋时，已广泛使用指南针，沈括还发现了地磁偏角。北宋末年，指南针已应用于航海。到南宋时，发明了罗盘针，即把指南针装置在刻有度数和方位的圆盘上，广泛用于海上航行。后传入阿拉伯和欧洲。

火药最初是道家在炼丹过程中发明的，唐末用火药制造了“飞火”，是用抛石机发射的攻城火器。宋朝改进了火药的配方，大量用于制造火器。1044 年，曾公亮（999—1078 年）与丁度（990—1053 年）编撰的《武经总要》（全书 40 卷）成书，其中记载了三种主要的火药配方和工艺流程，及各种火器的制造方法。1132 年，陈规发明了长竹竿火枪。1259 年，安徽的寿春府又制出了能发射弹丸的突火枪。火药的制作大约在公元 13 世纪传入阿拉伯，欧洲在 14 世纪初才从阿拉伯获得这一技术。

宋朝在科学上也获得了很高的成就。宋朝是中国数学高度发展的时期，其成就远远高于同时代的欧洲。北宋数学家贾宪的《黄帝九章算法细草》创立了“增乘开方法”，可以进行任意高次幂的开方，还制成了一个二项式定理系数表。南宋大数学家秦九韶（约 1195—1264 年）精通天文历法，于 1247 年完成了《数书九章》，共 18 卷 81 题。杨辉在 1267—1275 年这 15 年间完成了《详解九章算法》《日用算法》《乘除通变本末》《田亩比类乘除解法》《续古摘奇算法》这五种共 21 卷数学著作。他还总结自己的多年经验，写成了《习算纲目》这一数学教育著作，具体给出各部分数学知识的学习方法、时间顺序和参考书目。北方金代的数学家李冶（1192—1279 年）著有数学著作《测圆海镜》，对“天元术”（一元高次方程）做了系统论述。中国的代数学在宋朝时期达到最高峰，遥遥领先于世界。

北宋时期，杰出的科学家沈括（1031—1095 年）的著作《梦溪笔谈》，总结了北宋及其以前的各门科学的成就。著名科学技术史家李约瑟列表分析了该书的内容，论述到的科学技术有：易经阴阳和五行、数学、天文学和历法、气象学、地质和矿物学、地理和制图、物理学、化学、工程冶金及工艺、灌溉和水利工程、建筑、生物科学及植物学和动物学、农艺、医药和制药。他认识到“这本书作为中国科学史的里程碑的重要性”①。

① ［英］李约瑟：《中国科学技术史》第一卷第一分册，科学出版社 1975 年版，第 290—291 页。

宋朝医学也有杰出的成就。沈括和苏东坡合著了《苏沈良方》。北宋王惟一设计铸造了两个针灸铜人，标定穴位和穴名，并写成《铜人腧穴针灸图经》，制成石刻流传。北宋杨子建的《十产论》和南宋陈自明的《妇人大全良方》均为妇产科名著。宋时国家曾命令全国著名医家进献效验秘方，经太医局验试，然后制成药剂出售。宋代经百年几代人的努力，编撰了《太平惠民和剂局方》。北宋民间医生唐慎微编撰了《经史证类备急本草》，收录药物1746种，后屡为政府修订颁行。南宋法医学家宋慈著有《洗冤录》，为世界首部法医学著作。1111年前后，12位名医编撰了御医百科全书《圣济总录》。

元朝（1271—1368）蒙古族是一个有悠久历史的民族，成吉思汗统一了蒙古大草原上的各个部落后，于1206年，建立了奴隶制的蒙古汗国。先后灭西夏、金、西辽，西征至欧洲的匈牙利、地中海，中东至巴格达、叙利亚、伊朗，南抵印度洋。1271年，忽必烈改国号为“大元”，命名新都城为大都（今北京）。多次伐宋，1279年南宋彻底灭亡。人民遭受民族和阶级双重压迫，南北方人民不断进行反抗活动。

元统一全国后，改变了轻视农业的态度和做法，在恢复和发展农业生产上采取了一些措施。政府设立管理农业的机构，规定不得打猎践踏农田，不得占农田为牧场，开垦荒田，兴修水利，推广种植棉花。忽必烈命令组织人编写《农桑辑要》，并颁行全国。元比较重视手工业的发展。总的说来，元的社会经济还是有所发展。元的水陆交通发达，是历史上古代驿站最发达的时期。商业和对外贸易也很兴旺。与亚洲其他国家及欧洲、非洲都有经济、文化和科技交流。

元代科学技术的发展也未中断。大科学家郭守敬（1231—1316年）在科学技术方面主要有三大贡献：“一曰水利之学，二曰历数之学，三曰仪象制度之学。”他奉命修历，为了实测，制作了一系列观测仪器，又在全国设立了27个测景所，在观测的基础上研究制定了《授时历》，确定365.2425日为一年，误差仅为26秒。还在北京建了天文台。数学家朱世杰著有《算学启蒙》和《四元玉鉴》。

金元时期有四大医家，金代是刘完素、张从正、李杲，元代是朱震亨（1281—1358年）。朱震亨的医学著作有《伤寒论辨》《外科精要发挥》

《格致余论》《局方发挥》和《本草衍义补遗》等。

王祯是元代著名的农学家和农具专家。他于1313年完成《农书》，这是中国农学史上第一部兼论南北、注重技术方法比较、从全国范围总结农业生产经验的农书。书中的“农器图谱”部分，也是流传至今的中国最早的图文并茂的人畜（水）力农具典籍。鲁明善著的《农桑衣食撮要》也是重要的农书。

六 明清时期

在元末农民大起义中朱元璋取得政权称帝，于公元1368年建立明朝。为消除元末战乱造成的社会经济破坏，明初实行了一些恢复发展社会经济的政策措施：放还战乱中的奴隶为民，庶民之家不准养奴婢，解除佃户的贱民身份，改善手工业匠户的地位，以提高劳动生产积极性；奖励垦荒，鼓励种植桑棉；实行军队屯田自养，减少军费开支；兴修水利，减轻商税。这样社会经济得以恢复和发展，出现了繁荣景象。

明中期以来，政治日趋腐败，宦官专权，剧烈的土地兼并、赋役和地租加重，民怨沸腾，农民起义此起彼伏。这就导致出现了张居正的改革。张居正从1572年为内阁首辅起，执政十年，实行种种改革。整顿吏治，整饬边防，兴修水利，清丈土地，推行一条鞭法，减轻了农民负担，摆脱了部分劳役束缚，对封建国家的人身依附关系有所松弛，赋役一概征银，促进了商品经济的发展。这就使得明朝中后期社会经济蓬勃发展。

明前期社会经济的发展主要还是耕织结合的传统经济的发展，而张居正改革后社会经济的发展则主要是商品经济的发展。商品经济在农业经济中也逐渐发展起来，农业生产从前期的量的增长和规模扩大，转变为劳动生产率的提高、经济作物的扩大，促进了商业性农业的发展。这样，手工业生产的规模、能力、工具、工艺、分工、劳动组织、管理经验都比前期大有提高和改进。手工业已从农业的副业转变为独立的手工业，有的手工作坊已转变为手工工场。在农业和手工业新的发展基础上，出现了商业的空前繁荣，商人的群体和集团出现了，各地市场连为一体，商品交换空前活跃，全国性商业市场形成，国外贸易大有发展。城市、市镇、集市的发

展和兴起是明代商品货币经济繁荣的综合体现。明代中后期发达的商品流通、雄厚的商人资本和贸易自由程度的增大，促进了社会分工和产品向商品的转化，促进了商品生产者分化为资本所有者和劳动力所有者，对传统的封建经济结构和运行机制产生了较强的分解和冲击作用，为资本主义生产关系萌芽提供了历史前提。

遗憾的是明末的黑暗政治、党争、社会和阶级矛盾加剧酿成农民起义，明朝灭亡，满族入侵，丧失了社会经济向资本主义发展的可能。

明代的科学技术发展出现了一个新情况。西方传教士陆续来到中国，传入了西方的科学技术知识，对中国古代的科学技术开始发生影响。崇祯年间，徐光启、李天经主持修订历法，就聘请传教士汤若望、罗雅各等参加，著成了《崇祯历书》。书中较系统地介绍了欧洲的天文学著作，吸收了欧洲历法的成果。它比《大统历》准确，和日月星辰的运行及节气的变化都相符合。但明未来得及实行，到清初，由汤若望进呈颁行，改称《时宪历》，一直用到清末。

徐光启（1562—1633 年）不仅主持完成了《崇祯历书》，还和传教士利玛窦合作翻译了《几何原本》，又翻译了《泰西水法》，介绍了欧洲取水、蓄水等的方法和器具。他在农学方面完成了巨著《农政全书》60 卷，70 余万字。他深谙欧洲的先进技术，多次上疏，建议引进欧洲的火炮制造技术。

与徐光启同时期，利玛窦和李之藻合作翻译了《同文指算》，传入了中国以前所没有的西方笔算法。汤若望还著有《远镜说》，传入了西方光学知识，解释了望远镜的原理、制法和用法。《远西奇器图说》（由传教士邓玉函口授，王征笔译）介绍了西方力学原理及其应用器械。西方的地理知识和火炮制造及使用等知识也都传入中国。

李时珍（1518—1593 年）完成的《本草纲目》52 卷，190 余万字，记载了 1892 种药物，有动植物插图 1100 余幅。不仅对药物学和医学做出重大贡献，而且对博物学和植物分类学也做出了贡献。

宋应星（1587—1666 年）的杰出著作《天工开物》共 16 卷，全面真实地记述了中国古代农业和手工业各个部门所取得的技术成就及其生产过程和工艺。他对物理学的一些理论问题也有探讨。

徐霞客（1586—1641 年）不应科举，一生游历考察各地山川，写成《徐霞客游记》20 卷，40 万字。该书不仅是重要的地理学著作，而且对西南地区的石灰岩地貌的记载也是世界上最早的，在科学上有很高的价值。

明朝在工程技术方面取得许多成就。北京的皇城（今故宫）、天坛、明长城堪称建筑工程技术成就的代表作品。明代的冶炼技术有很大提高，已使用焦炭炼铁。造船技术已是世界先进水平，郑和七下西洋的巨大海船及其庞大舰队也创造了当时航海技术的奇迹。

1644 年，清军击溃李自成的农民起义军，进占北京，多尔衮于 10 月 1 日颁诏称帝建立清朝。清军先后消灭了李自成和张献忠的军队，及明朝的残余势力，镇压了各地人民的反抗斗争。1662 年抗清的郑成功军队击败荷兰军队，收复台湾。1681 年，清朝历经 8 年平定了三藩之乱。1683 年，台湾归顺清朝。历经康熙、雍正、乾隆三代完成了统一大业。

明末清初，长达几十年的战乱，社会经济遭受严重破坏，恢复农业生产是当务之急，为此，康熙、雍正、乾隆采取了一系列的政策措施。为鼓励人民开垦无主荒地，康熙把垦荒免税放宽到 10 年。全国耕地面积不断扩大，1661 年为 540 余万顷，到 1766 年已达 780 余万顷。清政府还治理战乱造成的河患，修筑海塘。施行减免赋税，摊丁入亩，废除子孙世代为匠户的匠籍制度。颁令允许八旗家奴“独立开户”、赎身为民和出旗为民，有利于解放生产力和社会进步。

以上这些政策措施使康熙、雍正、乾隆三朝社会经济得到恢复和发展，粮食产量明显增长，经济作物种植面积扩大，手工业也迅速发展起来，特别是民营手工业有较大发展。丝织和棉织业、制瓷业都有新的发展，技术和工艺水平也有提高。制盐、糖业、造纸、印刷、造船业、矿冶业等均有发展。

清朝时期，正是西方资本主义发展和工业革命蓬勃展开的时期。1651 年，霍布斯出版《利维坦》，提出“社会契约”论。1690 年洛克出版《政府论》，认为统治者只拥有有限权威，他们的统治必须受到平衡的政治体制和权力分立的制约。18 世纪欧洲思想启蒙运动深入发展，大多数国家的王室统治者遭受到严厉批评和反对，社会上民主情绪高涨。而清朝统治者却在加强封建思想统治，推行文化专制主义，提倡尊孔与推崇理学，大兴

文字狱，不许对清朝有任何怨望之言。文网之密远超前代，人民动辄以文字得罪，横遭奇祸，家亡族灭。科举的八股文考试严重束缚人的思想和才智的发展。禁海和闭关锁国政策不仅限制了贸易和经济发展，也限制了科学技术和文化的交流。吏治败坏，统治集团奢侈腐化，社会和阶级矛盾尖锐，各族人民起义此起彼伏。

清朝这一时期，西方的近代科学蓬勃发展，技术革命和产业革命风起云涌，西方从 17 世纪开始进入工业文明时代，但中国的社会经济和科学技术总体上仍在农耕文明时代的水平上。

清代在天文历法和数学方面取得了一些成就。天文学家王锡阐（1628—1682 年）兼采中西之长，著有《晓庵新法》（6 卷）等书。他提出了日月食初亏和复圆方位角计算的新方法，发明了计算金星、水星凌日的方法，还提出了细致计算月掩行星和五星凌犯的初、终时刻的方法。他特别重视天文观测的实践。

梅文鼎（1633—1721 年）不肯为官，毕生从事天文和数学研究。他的天文学著作有 40 余种。其主要成就在数学方面，《梅氏丛书辑要》收有他的数学著作 13 种 40 卷，取中西之长，建树颇多。在康熙帝的支持下，于 1690—1721 年在法国传教士译稿的基础上，由梅文鼎的孙子梅珏成等人编成了《数理精蕴》这部介绍西方数学知识的百科全书。

明安图（？—1765 年）蒙古族，著有《割圆密率解法》，证明和扩充了用解析方法求圆周率的公式。他在天文学和大地测量学方面也有贡献。

在医学方面，王清任（1769—1832 年）所著《医林改错》一书，对脏腑解剖学大胆探索，对活血化瘀理论进一步充实，并广泛应用于临床各科诊治。

清朝在建筑工程技术方面取得很大成就。宫殿、园林、皇陵、庙宇独具风格和特色。古代中国的建筑工程技术发展到清代已日趋程式化，在建筑设计方法上有重大创新，即建筑式样的设计立体模型化、形象化。在这方面做出最大贡献的是宫廷匠师雷氏家族。雷氏家族从事了整个清朝的所有宫廷、皇家陵园建筑，人称“样式雷”。

从明朝万历帝至清康熙百余年间，西方传教士把西方的科学技术知识传入中国。康熙皇帝对自然科学有浓厚兴趣，他向传教士南怀仁学习几何

学、天文、物理、测量和医学，还在宫中设立研究化学和药学实验室，请传教士在内廷讲学。康熙皇帝组织领导全国地图的测绘工作，由朝廷派员与西方传教士组成测绘队，从1708年开始，到1718年，终于绘制成了《皇舆全图》。这不仅在中国是创举，当时在世界也名列前茅。后来，乾隆皇帝派人测绘新疆各地，完成了《西域图志》。1762年，乾隆皇帝又命人在这两个图的基础上，最后绘制成了《皇舆全览图》。这一成就说明了中国古代科学吸收近代西方科学技术，中学与西学结合是一条发展科学技术的正确道路。

可是，1723年雍正皇帝下令把西方传教士赶出中国，从此，西方近代的科学技术知识的传入停顿了百余年。而此时正是西方近代科学技术飞速发展的时期，中国的科学技术被远远地甩在后面。

1840年的鸦片战争中国战败了，后来的第二次鸦片战争也战败了，对中国是个极大的警醒。一些具有进步思想的知识分子提出了改良朝政和向西方学习的主张，如龚自珍（1792—1841年）、魏源（1794—1857年）、林则徐（1785—1850年）等人。

19世纪60—90年代，清朝上层统治集团内部出现了“洋务派”，掀起一股兴办洋务的热潮。“洋务运动”的主要代表人物是曾国藩、李鸿章、张之洞和恭亲王奕訢等人。他们不仅向西方购买近代的武器和战舰，还兴办各种近代的工厂、矿山、铁路、电报和电话等实业。清朝公派留学生去国外学习西方的科学技术，并设立译书馆，翻译出版有关西方进代科学技术书籍。近代科学技术和近代工业在中国逐渐发展起来。中国开始了从农耕文明向工业文明转变的艰难的历史进程。

从工业文明时期近现代世界科学技术发展的历史经验来看，科学技术的发展与社会文化变革具有深刻的关联。近现代科学的出现，源于欧洲文化内部的巨大转折，之后，世界科学技术中心的每一次形成，以及由此而导致的新的经济中心的形成，无不伴随着文化变革。欧洲文化传统之外的其他民族，在接受、发展科学技术的同时，也都伴随重大的有时候甚至是剧烈的文化变革。近代科学主要源于古希腊传统的科学思想，通过欧洲文艺复兴运动和启蒙运动，获得了长足的发展。14—16世纪，始于意大利的欧洲文艺复兴运动，在观念上直接对中世纪以来的思想文化禁锢，具有巨

大的突破和解放作用。它在倡导回复历史传统的同时实现了推进人类文明的进步。这是一个发现“人”和“自然”的时期，“人”的发现，人性的高扬是对“神性统治”的反叛；“自然”的发现，对自然规律的探索是对“上帝万能”的否定。前者是在人文领域中发动的思想解放运动；后者是在科学领域中发动的科学革命运动，二者互动交融、相互支持、互相配合、互相激荡，极大地推动了社会历史的进程。直至现今，这种多元、互动和开放的整体文化氛围以及人文主义价值观，仍渗透在政治、科技、法制等方面，对世界具有巨大的文化影响。随后，英国、法国、德国科学技术的发展，是与欧洲的启蒙运动相伴随的。科学理性和人文精神在启蒙运动时期得以高扬和广泛传播，使得从文艺复兴开始的反对宗教神学统治的斗争取得了彻底的胜利，为科学的发展营造了良好的思想文化氛围。

清代末期的洋务运动只想在保持清朝的腐败制度的情况下，通过购买西方的科学技术实现工业化，是根本行不通的。农耕文明向工业文明的转变，农耕文明时期的古代科学技术向工业文明时期的近现代科学技术的发展，必然伴随着经济、社会、思想和文化的变革。

戊戌变法就是在这种变革的形势要求下发生的。1895 年，康有为和梁启超等联络了在京应试的举人 1300 余人议论天下大事，草拟了一万数千言的条陈，这就是有名的《奏请拒和迁都练兵变法以保疆土延国命书》（又名《公车上书》）。这篇充满爱国激情的上书，有一个基本观点，就是以“开创之势”而不是以“守成之势”去应对变革的要求。它说：“窃以为今之为治，当以开创之势治天下，不当以守成之势治天下；当以列国并立之势治天下，不当以一统垂裳之势治天下。盖开创则百度更新，守成则率由旧章；列国并立则争雄角智，一统垂裳一则拱手无为。”面对列国并立的激烈竞争，必须以开创和竞争的态势去应对挑战，它反映了 19 世纪末一批知识分子的基本看法。它还讲：“凡一统之世，必以农立国，可靖民心；并争之势，必以商立国，可侔敌利，易之则困敝矣。”“且夫古之灭国以兵，人皆知之；今之灭国以商，人皆忽之。”它还特别强调教育的重要性，提出教育强国的观点，它讲：“才智之民多则国强，才智之士少则国弱。”认为应改革科举制度，遍开书院，分立学堂，大力提倡西方的科

学技术知识和经济贸易知识，培养各类实用人才。[①] 这些思想在当时的中国起着振聋发聩的作用。但戊戌变法失败了，中国从农耕文明向工业文明的转变仍在艰难痛苦中缓慢前行。

参考文献

1. ［英］亚·沃尔夫：《十八世纪科学、技术和哲学史》（上、下册），商务印书馆1997年版。

2. ［美］爱德华·麦克诺尔·伯恩斯菲利普·李·拉尔夫：《世界文明史》（1—4卷），商务印书馆1987年版。

3. ［英］斯蒂芬·F. 梅森：《自然科学史》，上海人民出版社1977年版。

4. ［英］李约瑟：《中国科学技术史》，1990年全译本，科学出版社1975年版。

5. ［美］罗伊·T. 马修斯和德维特·普拉特：《西方人文读本》，东方出版社2007年版。

6. 克里斯·弗里曼和弗朗西斯科·卢桑：《光阴似箭（从工业革命到信息革命）》，中国人民大学出版社2007年版。

7. ［法］保尔·芒图：《十八世纪产业革命》，商务印书馆1983年版。

8. 郑师渠总主编：《中国文化通史》，北京师范大学出版社2009年版。

9. 范文澜：《中国通史》，人民出版社1965年版。

10. 卢嘉锡总主编：《中国科学技术史》（年表卷），科学出版社2006年版。

11. 吕思勉：《白话本国史》，中国友谊出版公司2009年版。

（原载汝信主编、李惠国等著《中国古代科技文化及其现代启示》，中国社会科学出版社2016年版）

① 丁守和等主编：《中国历代奏议大典》第4卷，哈尔滨出版社1994年版，第786—795页。

研究中医哲学　推进科技发展

昨天我们国际易学联合会在京的常务理事开会，易联的同仁得知中医哲学专业委员会成立的消息都非常高兴，让我趁这个机会代表国际易学联合会及会长朱伯昆教授，向中国哲学史学会中医哲学专业委员会成立表示衷心的祝贺，同时希望中医哲学专业委员会也多多参加我们国际易学联合会的活动，我们相互一起更好地切磋学问。

刚才张其成教授讲了中医哲学专业委员会成立的意义，他讲了两点：一是对中国哲学的意义，二是对中医的意义。我想还补充一点，他很谦虚没讲，我想就是中医哲学的研究对当代科学发展的意义，这一点我们应当充分的重视。

从2003年开始我国启动了中长期科学和技术发展规划的战略研究和规划的制定工作，2006年中国中长期科学和技术发展规划纲要公布了。我参加了规划的战略研究工作，我们研究并提出了一些问题。我们认为，21世纪中国科学技术的发展离不开中国文化的创新，必须大力加强创新文化建设。中国文化的创新，就是要为21世纪中国科学和技术的发展创造一个良好的社会文化环境。

文化的创新是以文化的传承为基础的。我们知道，中华文化源远流长，在历史上，中国曾经是许多重大科技发现和发明的发祥地，在数学、天文学以及在农学、医学、建筑学、冶金学、植物学等许多学科都取得过杰出成就，在技术则有闻名中外的“四大发明”。这些科技成就的取得是与中华文化独特的传统、认识论、方法论和价值取向分不开的，也是与汉唐至宋元时期中华文明对世界文明具有一种开放的心态、广阔的胸怀和强大的吸纳力分不开的，科学文化一直是中国传统文化的重要组成部分。中国的科学文化有其独特的传统。中国古代的科学思想和方法对现代科技发

展具有重要借鉴意义。当前，世界的科学技术正经历着一场极为深刻的革命变革，人们将集中力量在自然统一性的基础上将科学统一起来。最近几十年的科学研究向我们展示了自然和社会组织的更深层次的根本统一，它以一套新原理和理论开创一个新的复兴运动，在更高层次上回到科学认识的整体观。中国传统文化中的有机自然观与当代科学认识的整体观的一致性，表明中国古代的科学思想、方法和价值取向对当代科技发展有着重要的借鉴意义。李约瑟对中国科学和技术史的研究，有助于理解中国科学技术传统的价值，他非常崇尚中国传统文化中的有机自然观，他认为未来的科学革命，会在一种有机自然观的基础上产生。美国物理学家卡普拉把现代物理学与中国传统科学思想作了比较，认为二者在好多地方相似。作为"复杂科学"创始人之一的普利高津指出，中国文化"具有一种远非消极的整体和谐，这种整体和谐是由各种对抗过程间的复杂平衡造成的"。哈肯说，他创立协同学是受中医等东方思维的启发，认为协同学和中国古代思想在整体性观念上有深刻的联系。深入发掘中华文化独特的科学文化传统是中华文明伟大复兴的重要组成部分。在21世纪，要实现中华民族的伟大复兴，必须加强创新文化建设，使以创新为主导的价值观成为普遍社会风尚，形成有利于创造力的思维品格，使科学精神和人文精神融会贯通于民族文化之中。我们既要有高远的全球视野，重视不同文化的沟通、借鉴与合作，更要提倡高度的民族文化自觉，注重充分利用本土的知识资源与文化养料。充分吸收五千年中华文明的精华，深入发掘中国传统文化中的科学文化传统，使其独特的认识论、方法论和价值观为中国的科技进步和社会发展服务，在完成中国传统文化向现代中国文化的创造性历史转换中发挥其独特的作用。中医药学是中国古代科学技术中取得非常辉煌成果的十分重要的部分，我想中医哲学专业委员会的成立，将有力地推动中医药学中蕴含的独特的认识论、方法论和价值观的研究，对这个方面的研究一定会做出很大的贡献。

我们在研究21世纪各个国家的科学技术发展规划的时候，特别注意到印度。印度在制定21世纪初的科技规划当中特别强调了一点，就是说要认真地研究印度古代的整体的科学思维方法的现代意义。刚才任继愈先生也讲了，印度古代哲学发展也是有整体观的。印度在制定21世纪科学

技术规划的时候，提出了这个问题，就是要研究印度古代的整体的思维方式，及其对现代科学发展的意义和启发作用。我想我们中国人更应当有义务，我们哲学工作者更应当责无旁贷地把中国古代传统文化当中优秀的，能够有利于当代科学发展的价值取向、价值判断、认识论和方法论的研究整理出来，作为创新文化的一个重要组成部分。我们要有高度的民族文化自觉，增强我们民族的自信心，提高我们民族的创新能力。

中医和西医都是人类文化、人类科学的宝贵的遗产，它们应当是相互补充、共同进步的。这里我想起来，已逝的著名社会学家费孝通讲的一句话，他说对世界文化和各个民族文化要“各美其美，美人之美、美美与共，世界大同”，所以我们要美我们中国的传统医学，同时也要很好研究世界的医学的发展，美美与共，相互学习和借鉴，共同为整个 21 世纪人类科学的发展做出应有的贡献。

我对中西医都很重视，没有偏见，有病一时治不好，就中西医都看一下。我觉得有一个问题应当注意，现在我到中医研究院看病的时候，医生根本不给我号脉，也不看舌苔，望闻问切是中医综合诊断的手段，现在只剩问了，简单地问了几句，然后就开点中成药和西药，就看完了。我的一个德国朋友到中国来看中医，他跟我说，你们中医很重要的一个特点，原来是开汤药，汤药是要根据每一个病人的特点，同样的病每服药都是根据每个人自身的具体情况开的，药方是不一样的，这叫对人对症下药。可是现在都是开点中成药就完了，他很失望。由此，我就感觉这是一个很大的危机，就是我们原生态的中医面临着消亡的危险。我赞成中成药规模生产片剂化。我认为，现在发展中医应该有两条路，一个是要把我们原生态的中医完完整整地保存下来，这是继承、传承和发展最重要的基础，如果原生态都没有了，大家望闻问切不会了，开汤药不会了，中医的治疗技术失传了，类似这些东西，中医理论又不学习了，因为整个的中医是在自己的哲学基础和文化背景下成长起来的，这些都没有了，那么中医的特点就没有了，中医也就不存在了。这样下去很危险。中国的医药学的发展是与中国哲学的发展紧密联系在一起的，辨证施治是中医的优良传统，中医药学的理论基础就是古代的中国哲学，是中华民族宝贵的思想财富，对科学技术发展的意义不可小视。中医哲学就是整体和谐的哲学。所以我就想，我

们的教育要传承中医，首先我们的教育要完完整整地把原生态的中医保存下来，在这个基础上第二步我们才能创新，如果形态不是原生态了，本都没有了，那么还谈什么创新。所以我说发展中医是两条路，第一，就是我们通过教育，要使得原生态的中医，中医从理论教学一直到诊病的方法，一直到开汤药，治疗技术要完整地保存下来。为此，我建议建立中医历史博物馆，把原生态的中医完整地保存下来，供人们研究和参观。第二，进一步吸收现代科学的理论和方法、现代医学的全部成就，把中医进一步提高和发展。这两个方面都要高度重视，如果第一个方面没有了的话，中医将来就可能不复存在了。这是我的一个感想，敬请批评指正。中西医结合，要相互尊重，而不是相互排斥；相互学习，取长补短；相互交流，建立共同会诊机制。医药体制改革要在制度设计上体现对发展中医的重视，充分发挥中医的独特优势。

另外，我们最近在搞一个课题，就是中国传统文化当中有利于科学技术发展的价值取向、认识论和方法论的研究，由汝信同志和我牵头，我们希望并欢迎搞中医哲学的人参加我们这个课题，我们这个课题是开放的，像刘长林的研究成果，我们感到很有价值，所以我们就支持，作为我们的一个课题，他可独立进行研究。研究要有充分的自由，同一个课题组，每个人都可以有各自不同的观点和看法，而且都应充分体现在研究成果中。谢谢各位，不对的地方请大家批评指教！

（在中国哲学史学会中医哲学专业委员会成立会议上的讲话，原载张超中主编《中医哲学的时代使命》，中国中医药出版社 2009 年版）

精义穷理通变知常

——应对21世纪大变革时代的几点启示

《周易》是中华民族最早的哲学著作，它是中华民族早期智慧的结晶。蕴含了中华民族那个历史时代的最高智慧和理论认识的全部成果。它探究和阐释的事物的变化发展法则，和周易文化所蕴含的核心价值——和谐理念，已成为中华民族世世代代应对时事变化的宝贵思想财富，它对于我们应对21世纪大变革时代也不无启示。

哲学是对人生的系统的理性反思，即把人生作为思考的对象。哲学所关注的问题，都离不开对人类生命和生存的思考。自然界和人类社会是人生戏剧演出的大舞台，哲学对人生的反思，自然离不开对自然界和人类社会进行系统的思考。哲学通过哲学家们创立的思想范式，阐释对人类基本境况的体验以及对人类使命的澄明，人类存在的经验与原动力都得到了极致的发挥，并试图在看来无序的世界之中借助于一套规则建立一个合理的可理解的世界。哲学是生命的体验。哲学要从生命的体验中探求正确的人类行为的基本原则，获得有益于现实生活的必要的道德约束。正是在上述意义上，哲学是智慧之学，赋予人以智慧。《周易》是中华民族最早的哲学著作，它是中华民族早期智慧的结晶，蕴含了中华民族那个历史时代的最高智慧和理论认识的全部成果。它探究和阐释的事物的变化发展法则，和周易文化所蕴含的核心价值——和谐理念，已成为中华民族世世代代应对时事变化的宝贵思想财富，它对于我们如何应对21世纪大变革时代也不无启示。

一 事物的变化发展法则

探究和阐释事物的变化发展为《周易》之宗旨。它认为世界上的一切现象都是在阴阳对立的“相感”“相推”和“相荡”的作用下生成着、变化着、向前推移着的。“一阴一阳之谓道……生生之谓易……通变之谓事……”(《系辞上传》),“易穷则变，变则通，通则久”(《系辞下传》)。这正是《周易》所揭示的自然现象和社会变化发展的法则。

(一) 变化发展法则涵盖了世间所有事物

《易经》有卦辞 64 条，爻辞 384 条。《系辞上传》讲，“爻者，言乎变者也”，“变化者，进退之象也”，“六爻之动，三极之道也”。这就是说，《易经》主要是讲事物的变化，变化就是进退，即发展。六爻的变化，正体现着天、地、人的变化规律。《易经》64 卦的每一卦，都以其爻辞说明了这一卦所谈论的事情的变化发展。《系辞上传》中讲，孔子说过:“夫易，广矣大矣……以言乎天地之间则备矣。”“夫易何为者也?夫易，开物成务，冒天下之道，如斯而已者也。”“夫易，圣人所以崇德而广业也。”“易简而天下之理得，天下之理得而成位乎其中矣。”孔子这些话的意思是说，《易经》讲的发展变化的法则，真是宽阔宏大呀，它涵盖了世间所有的事物的发展变化法则，天地间的一切事物概莫能外，《易经》告诫人们只有尊崇道德才能开拓事业，人们懂得了它才能成就事业。

(二) 事物的发展变化不是一帆风顺的

“物不可以终通，故受之以否。物不可以终否，故受之以同人”(《序卦传》),这一段讲的是事物的发展变化不可能总是一帆风顺，也不可能总是障碍重重，往往是顺畅和障碍交替出现。

“物不可以久居其所，故受之以遁；遁者退也。物不可以终遁，故受之以大壮。物不可以终壮，故受之以晋；晋者进也。进必有所伤，故受之以明夷，夷者伤也”(《序卦传》),这一段讲的是，事物的发展变化有时有退却，有时有前进；有时壮大，有时受挫折。《周易》还认为事物的发

展变化是有其阶段性和规律性的，事物发展是由量的积累到质变。

（三）事物的发展变化是一个革故鼎新的过程

“日中则昃，月盈则食”（《易经·丰卦》），“无平不陂，无往不复”（《易经·泰卦》），讲的是事物的变化发展达到顶点后，就要向相反方向转变，物极则反。

事物的发展变化，是一个革故鼎新的过程。“道不可不革，故受之以革。……革物者莫若鼎，故受之以鼎。”（《序卦传》）“革，去故也；鼎，取新也。”（《杂卦传》）《易经》第49、50卦，专门讲述革故鼎新。“天地革而四时成。汤武革命，顺乎天而应乎人。革之时大矣哉。”《周易》对改革的时机选择、步骤、成功的条件，都做了详细说明。一旦实行变革，就不能后悔，当然更不能后退。建立信用，变革才能顺利。“改命之吉，信志也”（《革卦·象》），讲的是变革顺利进行的关键，是坚定并努力实现其信念和志向。

《易经》64卦的排列结构和卦序也充分体现了事物变化发展的规律。64卦依次“二二相耦，非复则变”（孔颖达《周易正义序卦疏语》）。

《序卦传》阐释了卦序中包含的自然界和社会中事物发展的历程，发展是无止境的。《系辞》则进一步深入地阐释了发展的动因。

（四）“阴”和“阳”的相互作用是事物发展的动因

“天道为阴阳，地道为柔刚，人道为仁义。”《周易》把阴阳作为世间一切事物内部共同具有的相互对立而相互消长的两种基本力量或因素，它们的“相感”“相推”“相摩”“相荡”使事物变化发展，在自然界、社会和人的思想情感领域，每种事物所包含的阴阳两种力量的相互作用方式，是既有其共同的方面，又有其各自不同的特点。我们要充分认识“阴”和“阳”的相互作用的复杂性和多样性。这两种力量“相感”“相推”“相摩”“相荡”，不是一方消灭另一方，而是形成一种和谐。“乾，阳物也；坤，阴物也。阴阳合德，而刚柔有体，以体天地之撰，以通神明之德。”（《系辞下传》）以阴阳处于高度和谐的境地为万物存在的根本条件。把和谐视为天地化育万物的宇宙法则，人类社会和自然界发展的基本动力。在

自然界和社会生活的任何事物中所存在的相互对立而相互消长的两种基本力量或因素，它们相互依存、相互制约、相互激荡、相互摩擦、相互推动，从而达到一种和谐的平衡，并且在一个更高的程度上使对立的双方和谐统一起来。从《周易》开始，和谐理念、“中和”思想就逐渐成为中国哲学思想一以贯之的基本主题。老子哲学发展了天人合一的思想，主张人与自然和睦相处；在儒家思想“中”“和”“中庸”“忠恕之道”成为儒家思想的基本理念。

（五）人的思想行为要“顺动”“随时”和“与时偕行”

《周易》对吉凶的说明和阐释，正是根据事物的变化与不变、人的行为能否顺应变化而做出的。一个事物中包含的阴阳对立，能够发生交互感应，它就会变化，由于它是合规律的，就是吉象；反之，事物中包含的阴阳对立，不能够发生交互感应，它就不会发生变化，它就是凶象。人们应该仿效和顺应事物的变化而行动，才能取得成功，否则就会带来恶果。“与时偕行”，人的思想、行为要随时代变化而变化。

《周易》阐发的事物变化发展的理论与它倡导的价值观和伦理观念是紧密相连的，它要求人们的思想、伦理观念及其行为要顺应阴阳交互感应引起的事物变化发展的规律。

人们根据观察到的世间事物的变化发展，考察它们的交会贯通之理，制定社会的各种法典和伦理行为规范。“圣人有以见天下之动，而观其会通，以行其典礼。”其倡导的是“自强不息”的拼搏精神，“厚德载物”的宽厚品格，“革故鼎新”的变革意识，“安不忘危”的忧患意识。

（六）《周易》不是占筮之书

如何阐释《周易》？虽然《周易》以卦爻辞的形式阐述事物的变化，但不能把它看作向神灵卜问吉凶祸福的占筮之书。从历史上看，对《周易》的研究，一直有一种强大的理性力量，主要是义理学派。这一学派的大多数思想家认为《周易》不是讲卜筮迷信的书，而是一部充满宇宙、人生哲理的典籍。研习《周易》，是为了认识事物变易的规律，进而提高人的思想境界，为安身立命的依据。“穷理尽性以至于命”（《说卦传》），

“精义入神，以致用也；利用安身，以崇德也”（《系辞下传》），意思是说，人们精细地研求义理，进入神妙的境地，是为了运用；便利器用，身有所安，是为了提高道德境界。“乐天知命，故不忧”（《系辞上传》），讲的是“顺乎理，乐天也；安其分，知命也；顺理安分，故无所忧”（程颐《易说·系辞》），“安土敦乎仁，故能爱”（《系辞上传》）。

义理学派的代表人物，譬如魏晋时期的王弼，北宋时期的程颐、张载，南宋初期的杨万里，明末清初的王夫之等。张载在其《易说》中，尽量从道德修养的角度解释卦爻辞，把卦爻辞看成是从事道德修养的格言。杨万里在其著作《诚斋易传》中，将《周易》归结为研究人事变化法则的书，认为学习《周易》的目的是“以已往之微，知方来之著也……已往之盛，知方来之衰也”，于人事得失、社会治乱的变化中，掌握其法则，转灾为福，转危为安，转乱为治，实现正心、修身、齐家、治国和平天下之道，使万事万变归于“中正”，《周易》一书并无神秘的意义。王夫之认为，《周易》既教导人以仁德，又启迪人以智慧，他反对宋易中的象数学派，特别是洛书学和邵雍的数学，进而反对汉易的象数之学，全面阐释周易经传中的哲理，来解释世界和处理人类生活。主张《周易》之占同占术决裂，同占问个人的祸福决裂，他试图以儒家的道德原则代替古老的占筮迷信。他认为孔子作《易传》的目的即在于教人了解《周易》中之义理，学易的主要目的是提高人的道德水平，而不是简单地用占筮推断吉凶祸福。他主张，“精其义，穷其理……以为静存动察、修己治人、拨乱反正之道”。他认为，事物的变易，虽然千变万化，但总有规律可循，变中有常，常中有变，认识和处理事物的变化，既要知常，又要通变；既不能守常而不知变，也不能因变而不知常。

二　和谐理念是周易文化的核心价值

《周易》的社会和谐理念，是其阴阳的“相感”“相推”“相摩”“相荡”的发展观在社会政治生活中的表现。和谐是《周易》所尊崇和倡导的最高社会政治理念。“中和原则”是治理国家的最高准则，又是为人处世的基本立场，还是一种道德精神修养的境界。《周易》从各个不同的方

面阐述了怎样在社会政治生活中践行和谐理念。作为中国传统文化主要源头的《周易》，奠定了中国和谐文化的基础。

（一）和谐是《周易》所尊崇和倡导的最高社会政治理念

“保合太和，乃利贞。首出庶物，万国咸宁”（《干卦·象》）意思是说，要保持这种本来的最高的和谐，就是要坚定和忠贞。它是产生万物的首要因素，实现了最高度的和谐，就可以使天下安宁和平。怎样才能实现社会和谐这个最高的社会政治理想呢？（《咸卦·象》）说，天地交互感应使万物变化生生不息；圣人感动人心，才能使天下和平。怎样才能使圣人和平民百姓的心交互感应呢？（《泰卦·象》），（《否卦·象》）说，只有做到上下交流沟通，才能形成共同的意志；否则，上下不交流沟通，就不可能形成共同的意志，国家就不可能存在。

这种和谐的境界是什么样的呢？《易经》（《睽卦·象》）说，天地虽然是对立的，但它们化育万物的目的是相同的，男女虽然是对立的，但他们生儿育女、成家立业的志向是相通的，世间万物迥异，但都有着类似的变化规律。这种对立中求同是非常重要的（《睽卦·象》），讲“君子以同而异”君子同中见异，也就是孔子所说的，“君子和而不同”。

（《系辞下传》）讲天下之事，途径虽然各异，其目的是同一的；人们的想法和见解各不相同，但其想要达到的结果却都是一致的。这里的“同归”，就是实现和达到“保合太和”的最高社会和谐境界和目标；这里的“一致”，就是人人都具有“保合太和”这种最高理想。同时，这里还承认了“殊途”和“百虑”是任何时间和任何空间都有的客观存在，人们必须承认它们和重视它们。异中求同，同中存异，求大同，存小异，这就是不同的乃至相互对立的事物之间保持和谐的一种境界。

（二）“中和原则”是治理国家的最高准则

“中和原则”，既是治理国家的最高准则，又是为人处世的基本立场，还是一种道德精神修养的境界。中，就是中正，不偏于一方。和，就是步调一致，不搞对抗，不走极端。节制有度，掌握平衡，是“中和原则”的基本要求。（《同人·象》），说，文教昌明而健动，处心中正才能响应，

这是君子的端正。只有君子能够使天下人的意志相通。（《观卦·彖》）说，温顺而又谦虚，处心公正地观察天下，就是观。（《损卦·象》）说，以坚守中正作为人的志向。（《坤卦·文言》）说，君子心中有美好的品德而且通情达理，本身处在最正当的位置。美德在心中，顺畅地体现于言行，表现于事业，这是美的最高境界了。

《说卦传》说，用仁与义建立了人道，用道德教化人，使之和睦顺从；用义加以治理。

在处理人际关系时，怎样才能实现和谐原则呢？那就是要做到，各守其位，各尽其职。“圣人之大宝曰位。”（《系辞下传》）“天尊地卑，乾坤定矣。卑高以陈，贵贱位矣。”“方以类聚，物以群分，吉凶生矣。”（《系辞上传》）“天地设位而易行乎其中矣。成性存存，道义之门。”（《系辞上传》）“当位贞吉，以正邦也。”（《蹇卦·彖》）讲，要把人人摆正自己的地位提高到关系治国安邦的高度。

（三）和谐理念与“中和原则”是人们的思维方式

和谐理念与“中和原则”，不仅是天地化育万物的宇宙法则，而且是人们的思维方式。保持和谐的境界，是指导人的行为的根本原则。

与和谐理念及“中和原则”相适应，在思想方法上，必然与任何形式的片面和极端都是不相容的。“中和原则”要求的不是非此即彼，“不是—就是”的思想方式，而是亦此亦彼，“不仅—而且”的思想方式。它不是排斥自己的对立面，而是寻求一种综合之路，去化解矛盾；它不是停留在对立物面前裹足不前，而是能看到对立面相互之间的制约性，并且在一个更高的角度上使对立的双方和谐统一起来。它要求人们具有宽容大度的处世态度。

和谐理念与“中和原则”，也是人们作为评判事物的价值标准，《系辞下传》中讲，“杂物撰德，辨是与非，则非中爻不备”。和谐理念是《周易》文化的核心价值。

（四）和谐理念确立了处理各种人际关系的基本原则

和谐理念应用于社会，确立处理各种人际关系的原则，以实现人际关

系和谐的旨归，以维系各种社会群体生活的和谐，减少和消除由于人与人之间的利益矛盾、冲突、争夺、对抗所造成的社会的紧张、对立、动荡局面，以维系社会的稳定。《周易》从各个不同的方面阐述了怎样在社会政治生活中践行和谐理念。

“天地之大德曰生，圣人之大宝曰位。何以守位？曰人。何以聚人？曰财。理财正辞、禁民为非曰义”（《系辞下传》），意思是说，天地最根本的性质是化生万物，圣人最宝贵的是统治地位。怎样才能保护住统治地位？靠人们的支持。怎样才能集聚人呢？靠的是财富。治理财富，端正言论，禁止民众为非作歹，就是义。这段话给以现代的诠释，就是说，发展生产，繁荣经济，是保持社会和谐稳定的基础，让民众生活富裕，才能集聚民心，让民众奉公守法。

和谐理念应用于政治，各种利益集团的利益的和谐，是维护政权统治的基本保证，靠武力不能征服人心，只有身体力行仁德之政，才能领导民众；多做美好的事情，才能彰显礼仪；造福万物，才能实现和谐正义；忠贞坚定，才能成就事业。

《大畜·象》告诫君主，要多多牢记前贤的教导和榜样，不断增进自己的德行。

《剥卦·象》讲，要宽厚地对待下属，使他们能够安居。

《谦卦·象》说，减多补少，权衡事物而公平施与。

《益卦·象》讲，君主要自觉地减少自己的需求，给百姓增加福利，百姓就会无比高兴。君主尊重体恤百姓，其事业才能发扬光大。

《节卦·象》规劝君主，要效仿天地，节俭要依据一系列的制度规定，既不能浪费财物，也不能伤害黎民百姓。

《师卦·象》讲要宽容民众，才能聚拢民众。能使民众归顺正道，才可以统治天下。

《小蓄·象》，讲要提高施政水平。那么怎样才能提高施政水平呢？《大有》一卦，讲的就是如何拥有最重大的事情。当然，对君主来说，就是要保持他的政权的长治久安。《大有·象》说，抑恶扬善，信义昭著，这是最重要的。《中孚·象》说，诚信可以感化全国的黎民百姓。

临卦讲的就是如何治理的道理。《临·象》，讲的是，要时时刻刻考虑

教化的问题，才能包容和保护百姓长治久安。用感化的方式进行治理，是应实行的正道。《临·象》告诫君主，用甜言蜜语的许诺来治理，不会有好处。只有以智慧治理，才是天子应采用的好办法。

治理国家要刑罚与教化并行。《豫卦·象》说，圣人要顺情而动，司法公正清明才能服民心，人心欢畅。《解卦·象》中讲，要根据情况赦免或宽恕有罪之人。

体察民情是执政之要务。《观卦·象》强调，巡视四方，观察了解民情，进而实行教化，先王是这样做的，后来人更应效法。它还说，从观察自己的生活、行为和需求，从而体察到黎民的生活、行为和需求。

《周易》还告诫君主，要谦虚谨慎，不要居功自傲，要有居安思危的忧患意识。《系辞上传》不仅把谦虚作为最高美德加以颂扬，而且提高到“以存其位”的高度来认识。《系辞下传》警示人们，凡是安于现状，故步自封，不求进取，自以为天下太平，就会面临危险，招致祸乱，导致灭亡。只有居安思危，时时保持忧患意识和危机感，才可能使国家长治久安。

归根结底，执政的人要做到“吉凶于民同患”（《系辞上传》）。

《系辞下传》讲《易经》兴起于殷朝末期，周德业兴盛之时，文王与纣王相争之时，因此它的卦爻辞满含忧患和危机的意思。忧患意识和危机感可以保国泰民安，疏忽大意就可能使王朝倾覆国家灭亡。这是天下所有事物都不能违背的大道理。始终保持这种意识和警觉，其目的是不犯大的过错，这就是《易经》所阐述的道理。

为了实现社会政治生活的和谐，就必须保持家庭关系、君臣关系、朋友关系、邻里关系的和谐，《周易》在这些方面的论述，本文就不探讨了。

《周易》的社会和谐理念，是当时的社会的各种政治、经济、人际和诸侯国之间的关系的反映，是国君如何维护其统治、实现天下太平的和谐文化。正如宋代的易学家杨万里所说：“君臣父子无非易也，视听言动无非易也，治乱安危无非易也，取舍进退无非易也。”（《诚斋易传·系辞下》）我们必须对其进行具体的、历史的分析，传承和借鉴其精华，并赋予其现代的阐释，而剔除其糟粕。

《周易》的社会和谐理念作为中国传统文化的宝贵历史遗产，对中华

民族的思维方式、价值观有着深远影响。

作为中国古代文化源头的《周易》，以和谐理念为其核心价值，奠定了中国和谐文化的基础。构建一个和谐社会，从古至今一直是中华民族所梦寐以求的社会理想。倡导社会和谐的文化是推动和谐社会建设的精神动力，和谐文化是和谐社会的重要特征。和谐文化既是中国传统文化的重要组成部分，又是中国传统文化的一大特色。和谐作为修身、齐家、治国、平天下的理想追求目标和处世的基本原则，是中国人文文化的精髓，它为中国传统文化的三大流派儒、释、道所共同推崇和倡导，中国人常说：三教为一家，意思是儒教、道教和佛教能够和睦相处和兼容共存。

三　应对21世纪大变革时代的几点启示

作为中华传统文化之源的《周易》蕴含了中华民族那个历史时代的最高智慧和理论认识的全部成果。中华民族在其后的历史发展中不断地从中吸取思想智慧以应对世事的变化。以探究和阐释事物的变化为宗旨的《周易》，对于应对当今世界的大变革时代，更有其重大的现实意义。当今世界，政治的风、技术的浪、经济的潮、信息的流，滚滚而来，汹涌澎湃，人类社会正经历一场迅速、广泛而深刻的变革。当今时代的基本特点是，世界上的一切事物都在飞速变化，所有的事物，在概念上和结构上都是以不确切和不定型为特征。适时和应变，已经成为每个国家和民族乃至个人生存发展的关键。审时度势，及时做出方向、目标的选择，战略和策略的调整，以什么样的价值观作为行动的准则，关系到国家和民族的存在和世界的安危。而《周易》所蕴含的“天行健，君子以自强不息”的伟大精神；“地势坤，君子以厚德载物”的崇高品格；“顺乎天而应乎人”“革故鼎新”的变革思想；“君子以思患而预防之”的忧患意识；“文明以健，中正而应”，“君子以非礼弗履”，“有孚惠我德”等这些处世为人的原则，《周易》所尊崇和倡导的社会“和谐”理念和思维，不正是当今我们所需要的伟大智慧吗！这里，我简略谈谈《周易》给予我们的几点启示。

（一）当今世界处在人类文明转变的历史关节点

新的科技革命和新的产业革命是引领人类文明进步的主导力量，将形成一种崭新的经济形态，这将是资源和能源节约型的绿色的经济形态，使人类社会从工业文明向生态文明过渡。农业文明、工业文明和生态文明是人类社会发展的三个文明形态。前两年引发的金融危机及其诱发的一系列的问题，必将加速人类社会从工业文明向生态文明的过渡，我们正处在人类社会从工业文明向生态文明过渡的历史转变的关节点上。遵循新的科技革命和产业革命发展方向，依据生态文明时代先进生产力发展的要求，实施可持续发展的新的增长方式，正在成为国际社会的共同选择，而新的科技革命将不断为实施可持续发展的增长方式提供新的技术手段和开辟新的途径。大量的低碳投资、创新措施和注重生态效率的商业模式，将形成新的经济增长点，提供大量新的就业机会，刺激经济增长，保持世界经济的长远可持续发展。“绿色创新”“低碳技术”“低碳发展”“低碳生产方式”“低碳生活方式”“低碳消费模式”“低碳城市”“低碳社会”及相应的新政策应运而生。而能源与经济以至价值观实行大变革的结果，必将为逐步迈向生态文明走出一条新路。这正是中华文明伟大复兴所处的时代背景。

确立人与自然和谐的新理念，树立新的生态文明观，以环境伦理和生态伦理规范人们的行为，逐步形成新的绿色的生活方式和消费模式，已经成为人类社会发展的迫切需要。

（二）对外和平与对内和谐相结合

这是中国的基本国策，同时也是指导我们分析和应对许多现实问题的理论原则和方法论原则，是与中国传统的和谐文化一脉相承的。

中国的发展已深深融入经济全球化的发展之中，互利共赢，和平发展是中华文明的伟大复兴的必由之路。

中华文明的伟大复兴不但是中国人民为之奋斗的切身事业，而且也是需要世界各国人民理解、支持和帮助中国人民实现的事业。我们要调动国内和国外的两个积极性，集中来自国内和国外的两方面的智慧，共同推动

一个爱好和平、讲信修睦、协和万邦的中华文明的复兴。中华文明的复兴不意味着世界范围内文明冲突的再起，而正如联合国通过的“文化多样性公约”所展示的那样，不同文明的共存、不同文明的沟通，才是世界真正的大和平和大稳定。各种文明之间、各个国家之间应该本着开放的思维、和谐的思维，实现共赢。我们的已故著名社会学家和社会活动家费孝通教授说得很好，每个国家和每个民族都要“各美其美，美人之美，美美与共，世界大同”。

在经济高速发展的过程中，中国已进入问题和矛盾凸显期。秉持和谐理念，以冷静平和的心态，积极化解矛盾，通过改革，促进发展，逐步达到新的平衡。

（三）培植健康的国民心态

在经济全球化时代，在实现中华文明伟大复兴的进程中，中国将以“和平的大国”“市场的大国”“文明的大国”“负责任的大国”的形象出现在世界的舞台上。我们每一个中国公民同时也是世界的“公民”，我们每个人的言行都关系国家的形象。提高自身的素质是每个国民维护国家形象的责任和义务。我们要培植健康的国民心态，摒弃狭隘的民族主义。在世界上，我们既要反对霸权主义，也要反对狭隘的民族主义。狭隘的民族主义在一定的条件下可以是霸权主义的表现形式，在另外条件下它可以是弱国心态的表现形式。健康良好的国民心态就是要有广阔的包容胸怀，自强而不自大，谦虚而不自卑，自爱而不欺外，坚持原则而不失灵活。有了这种健康良好的国民心态，就不会只喜欢夸大自己的成就和优点，不喜欢提及自己的缺点和不足；就不会只喜欢听人家的赞扬，不喜欢人家的批评和逆耳之言。

越是取得成就的时候，就越要有谦虚的心态。“人道恶盈而好谦”，“谦，尊而光”，要时刻以谦卑来约束自己。邓小平的“韬光养晦”绝不是一时之策。

（四）高度的民族文化自觉和博采众长的宽广胸怀

任何民族在其现代化发展道路上，都必须唤起自己的民族文化自觉，

在现代化的发展进程中创造性地继承与发展自己民族的优秀文化。我们既要有高度的民族文化自觉，又要有吸收世界各国优秀文化的博大宽广的胸怀。中华优秀传统文化的高度民族自觉，本身就包含着研究和借鉴国外文化和国际经验的高度自觉。源远流长、博大精深的中华传统文化的形成和发展，是与它对世界上其他各民族和国家的文明具有一种比较开放的心态、广阔的胸怀和强大的吸纳力分不开的。多元文化的共存和并茂，各种文化的相互尊重，相互交流，相互学习，相互融合，是创造一个美好和谐世界的前提和基础。每个国家和民族都有自己独特的文化传统和伟大的智慧。我们要继承和弘扬中华民族的文化传统和伟大智慧，同时要虚心学习和吸纳各个国家和民族的优秀文化传统和伟大智慧。每个国家和民族都会对世界的发展和文化繁荣做出自己的贡献。我们不但要努力推进科技创新，而且要努力推进文化创新，用先进的文化陶冶人，塑造民族精神，增强中华民族的凝聚力，激发中华民族的创造活力，焕发国民的崭新精神风貌。

（五）高速发展中要树立危机意识

上面已讲到，中国已进入问题和矛盾凸显期。多年来，我国在快速发展的同时，也积累了不少深层次的矛盾和问题，这些问题都具有高度复杂性和综合性。归纳起来，我们当前和今后面对的，就是三大挑战。一是物质资源包括能源资源短缺的挑战；二是生态环境恶化的挑战；三是经济社会发展一系列两难问题的挑战，我们面临深层次的改革攻坚任务。中国的前途命运日益紧密地同世界的前途命运联系在一起，影响世界经济、政治的变数十分复杂，我们必须随时准备应对国际上突发事件对我们的影响。还要随时准备应对各种自然灾害和国内的突发事件。在 21 世纪上半叶，我们面对的困难和挑战实在是够多够大的了。可以毫不夸大地说，我们面临的问题，是世界近代以来一切工业化现代化国家历史上所从未遇到过的问题。

世界上没有不令人担忧的繁荣，也没有看不到希望的苦难。学者和政治家的智慧和使命就在于让人们在繁荣中看到令人忧虑的问题，在苦难中看到希望的曙光。

（六）易学研究要把握时代脉搏、站在科学前沿、具有国际视野

本文开始我已讲过，哲学是对人生的系统反思，是生命的体验，因此，每个时代人们对哲学经典的诠释，必然都包含着那个时代的人的生命的体验和对人生的反思，具有那个时代的鲜明特点。一切重大理论认识成果，都是由于产生这些认识的那个时代的需要而形成的，所有这些认识又都是以本国过去的整个发展为基础的。

当今，巨大的历史变革、伟大的社会实践必将提出多方面的课题，提供极为丰富的研究资料，开拓广阔的研究思维空间，并呼唤着科学理论的突破和创新。我们应在对时代重大问题和中华文明复兴的历史进程的灵敏反映、准确把握和科学解答中寻求理论和实践的创新。

我们要积极探索研究方法和组织形式的创新。因为，当今跨学科研究解决高度综合性问题的能力和水平，已经成为一个国家科学水平、集成创新能力的重要标志。站在科学研究的前沿，集成科学和人文研究的成果对《周易》予以现代诠释。

当今，科学与人文研究的对象大都具有国际性，各种重大的问题也都具有全球性。各国和各民族的社会发展进程和各种文化紧密相连、相互影响，因此，科学和文化研究必须有全球的广阔研究视角。《周易》研究是让中国走向世界、让世界了解中国的重要窗口和桥梁。独具特色的中华传统文化研究，是世界文化研究的重要组成部分，丰富着人类知识的宝库。

伟大的古老智慧，我们去研究它，绝不像文物收藏家那样，只是为了去占有它，把它深藏起来，偶尔拿出来把玩欣赏一下。我们研究它是为了深入发掘它的伟大价值对于当代的意义，继承和弘扬它。思想只有被广大人民群众所掌握，才会变成推动社会进步的伟大物质力量。我们要本着先贤提出的“识易之真，探易之理，致易之用”的治学精神和态度，从事易学的研究，努力践行“学以聚之，问以辨之，宽以居之，仁以行之”。“探赜索隐，钩深致远”，我们要以科学的精神和现代人文的理念，研究《周易》，继承和弘扬《周易》的伟大智慧。

参考文献

1. 朱伯崑:《易学哲学史》第1—4卷,北京大学出版社2005年版。

2. 朱伯崑:《朱伯崑论著》,沈阳出版社1998年版。

3. 高亨:《周易大传今注》,齐鲁书社1998年版。

4. 金景芳、吕绍纲:《周易全解》,吉林大学出版社1989年版。

(本文是作者2010年在中国香港举行的第五届国际易学与现代文明研讨会上所做的主题演讲。原载《国际易学研究》第十一辑,线装书局2011年版)

工程与哲学

工程演化与人类文明进步

工程是物质化的人类文明，每个时代的工程都体现和承载着那个时代的科学技术文明和社会人文文明，集中反映了那个时代人类社会的生产方式和生活方式。工程是人类文明不可或缺的重要组成部分，在人类文明进步中起着巨大作用。一部工程演化的历史就是人类凭借着自己的智慧，巧妙利用自然物和自然力建造一个个工程来满足人类物质和精神需求的历史。

文明是人类社会实践活动的产物，是人类社会整体演变进化的一种状态。人类社会的演变、进化过程，既是一个人类应对自然环境的挑战和冲突的过程，也是一个处理人类社会内部的矛盾、冲突的过程。在这个过程中，人类要想掌握主动权、争取生存和发展，就必须认识和顺应自然界的发展规律，把握和顺应社会历史的发展规律。文明作为人类社会历史实践活动的标志，包括物质文明、制度文明、精神文明、社会政治文明和生态文明。人类社会文明，在时间上是动态的、连续的，是一个有其起源、成长、衰落进而向新文明过渡的历史过程；在空间上是分立的、多元的，是一个由不同地区、不同国家、不同民族形成的多种文明形态共生、共存，进而相互影响、相互渗透、相互作用形成的一个统一整体。

文明演变、进化的动力是人类社会物质生产方式的变革，而物质生产方式的变革是由社会生产力的发展推动的。科学是社会生产力的知识形态，它要通过技术和工程才能转化为社会生产力的物质形态，而工程则是直接的、现实的生产力。因而，工程是人类文明演变的强大动力。工程演化的历史在一定意义上可以说就是人类社会文明进步的历史。在工程演化的历史上，那些产生过巨大作用、有着巨大影响的历史性工程，就是社会文明演化的时代标志。

人类社会文明史，经历了原始文明、农耕文明、工业文明，现在开始向生态文明过渡。关于社会文明史的这种划分，需要做两点说明：首先，这是从科学、技术、工程、产业的技术特征和人类社会生产方式特征的角度对人类社会历史进程所做的阶段划分规定，本书的论述并未涉及由生产关系组成的一个社会的经济基础及在经济基础上形成的上层建筑和意识形态等方面。作为一个时代，自然意味着在人类发展史上曾占据一段历史过程和一定的历史地位，因而它不可能是某种单一的历史过程，它必然充满着复杂性、多样性，存在着多方面的本质规定性。因此我们这里的论述决不意味着否定、排斥从政治、经济、文化等角度对社会文明史的各时代的不同内容、本质、特征的更多揭示和把握。其次，这种划分是就人类社会发展总的历程来说的，世界的各大洲、各个国家和民族进入各时代的具体时间是存在很大差异的，各个国家和民族的每个文明时代的科学特征、技术特征、工程特征、产业特征也有很大不同。

一　原始文明和农耕文明与工程演化

古人类学研究表明，人类最早的祖先原始人（hominid）可能发源于东非，约在200万年以前，从原始人中进化出了人类（genus Homo），他们制作并使用工具，创造了最初始的文明，人类学家将这个最早的文明时期称作旧石器时代（paleolithic）。在旧石器时代早期，发明了粗糙的石制工具，使用了火，可能还发展了简单的语言。大约到了公元前20万年之时，又进化出了现代人（homo sapiens），现代人的身体和智力发展得更加全面，他们慢慢扩展到了整个东半球，并且经西伯利亚与阿拉斯加之间的地峡扩展到了西半球。

旧石器时代大约为公元前200万年至公元前1万年，其中又可分为早期、中期和后期，公元前20万年以前为早期，公元前20万年至公元前4万年前为中期，公元前4万年至公元前1万年为后期。中石器时代（Mesolithic）大约为公元前1万年至公元前8000年。这期间人类创造了原始文明。

（一）原始文明与人类的早期工程活动

原始文明时期，人类生活完全依靠大自然赐予，狩猎采集是人类社会的主要活动，也是最重要的生产劳动。石器、弓箭、火是原始文明的重要发明，当时的工程就是制造石器和简单的生活用具、简陋的居穴等。原始社会的物质生产活动是直接利用自然物作为人的生活资料，对自然的开发和支配能力极其有限，形成听天由命的被动观念。人类考古发现的洞穴就是人类原始文明的综合性、标志性的时代工程，洞穴中的岩画，集中反映了当时人们的生产方式、生活方式、社会的组织形式以及社会意识乃至精神信仰。

打制石器可以说是人类最早的工程活动，原始文明时期的工程活动经历了漫长的演化过程。在旧石器时代早期，人们最初的工具是一些简单砸打的器具，稍后才有了用手磨制的石斧。在旧石器时代中期，出现了较为细致地雕凿出的带尖角和刃面的工具。在旧石器时代后期，双面刀刃已经很普遍了。后来，又出现了较为复杂的工具弓箭、鱼钩和针线等。工程活动由单一的砸打，逐步演化为砸打和磨制的结合，再演化为砸打、磨制和雕凿的结合。至此，工程活动的对象物是单一的，工程活动的主体是个人。及至弓箭、鱼钩和针线等的出现，工程活动的对象物就不只是一个了，工程活动就演化为把两个以上的对象物结合成一个自然界从未有过的人造物的过程。这时工程活动的主体，可能就不只是一个人了，弓可能是一个人制作的，弦可能是另外一个人制作的，箭头和箭杆可能又有另外的人制作。工程活动的结果产生的人造物，是一个具有结构的复合体；而工程活动的过程也变成较为复杂的几种工作按一定程序组合的过程。这时的工程活动就包含着一些经验和技巧。

（二）农耕文明与工程的经验形态

大约从公元前 8000 年开始，出现了人类历史上第一次最重大的转变，狩猎者和采集者开始变成了饲养者和种植者，开始出现了原始农业。原始农业的出现，人类社会就进入了新石器时代（Neolithic period），农耕文明由此开始。人类逐渐学会了驯养野生动物，种植植物，这就大大减少了人

类对大自然的直接依赖。原始农业（种植业和畜牧业）的出现，也为发展其他领域的生产创造了条件。在原始农业发展的基础上，原始的手工业及其他一些家庭副业也逐渐发展起来。这样，由于生产的发展，就提出了定居的需要，并且提供了定居的可能，于是人类由游牧生活逐渐变为定居生活。长期定居的结果，便形成了村落，进而发展成为集镇。由于定居生活的需要，人们发明了陶器。起初，陶器是用来盛水、煮食物和存储粮食的，后来逐渐成为人们日常生活的必需品。

在新石器时代晚期，大约在公元前6000年至公元前3000年之间，人类逐渐学会了开矿和冶炼制造铜器。流行久远的有关禹铸九鼎的古代传说，表明我国在夏代可能就有了青铜器。我国的商代（公元前1600年至公元前1046年）已确切地进入了青铜时代（the Bronze Age）。考古学的资料证明，从商代开始已广泛使用青铜器。在安阳殷墟发现的一处青铜作坊遗址，其面积达1万平方米以上。农业在商代已占有支配地位，并且出现了青铜农具。在商代制陶业已经较发达，还出现了纺织业。

农耕和畜牧是人类生产方式的第一次革命，人类从此不再被动地依赖自然界提供的现成食物和生活资料。原始农业使人类劳动产品由“赐予接受”变成“主动索取”。农耕文明在人类社会的历史长河中又经历了一个漫长的历史发展过程，冶铁工程的出现和发展使铁农具在农业上得到广泛应用，是农耕文明生产力的一大飞跃。我国是人类历史上农耕文明发展最早和最发达并且延续时间最长的国家之一，也是世界上最早发明生铁（铸铁）冶炼和铸造技术的国家，又是世界上最早发明生铁柔化处理技术的国家。在公元前6世纪的春秋晚期，已能冶炼生铁和铸造铁器，在公元前5世纪的春秋战国之际，已能锻造铁工具。铁器的大量广泛使用，使大面积开荒和兴修水利成为可能，春秋时期还发明了牛耕方法，这就大大提高了农业生产力，农业的发展，又促进了手工业和其他副业的发展，从而出现了农耕文明的经济繁荣和社会进步。

农耕文明时代，人类工程活动的演化史充分体现了人类生产方式的第一次革命和社会生产力长足发展的状况。发展农业生产离不开防洪和灌溉，于是就出现了相应的水利工程，水利工程的发展就成为农耕文明的一个显著标志。考古发掘表明，大约在5000年前的新石器时代晚期，中国

就出现了凿井工程，在河北邯郸涧沟遗址发现了圆形水井，井径约2米，深5—6米。在河南汤因白营龙山文化遗址中，发掘出了一口方形水井，井深12米，井口5.7米见方，井底1.2米见方，井内四壁有“井”字形木结构支撑。凿井工程的出现，作用很大，可以使人们在离开河湖等地表水源较远的地方定居，表明人类有了利用地下资源的认识和手段。考古发掘在美索不达米亚地区发现了8000年前的引水灌溉工程遗迹，有水坝和灌渠。铁制工具的大量广泛使用，催生了大型水利工程。公元前1000年的末期，石头和泥土修建的水坝在地中海地区、中东、中国和中美洲等地都出现了。中国是农耕文明最辉煌的国家，那时的水利工程相当发达。公元前256年修建的都江堰水利工程，以无坝引水为特征，变害为利，使人、地、水三者高度协和统一，是全世界迄今为止仅存的一项伟大的“生态工程”。由游牧转变为定居，就出现了住宅建筑工程。由村落发展为城镇，以及经济社会生活和防御上的需要，就由住宅建筑工程演化出城堡建筑工程。随着城市的扩大，城市的输水和排水工程也逐渐发展起来。农业生产力的发展，使社会生产关系发生了变革，宗教文化得到了发展，这样就进一步演化出现了封建君主宫殿和宗教神庙的建筑工程。可以说，城堡、封建君主宫殿和宗教神庙的建筑工程，集中反映了当时的经济活动规模、社会等级制度、科学技术水平、文化艺术和思想意识状况，成为农耕文明的综合性标志性的“时代”工程。

由于农业生产力的发展，有了剩余劳动力，就促进了手工业的发展，于是制陶工程和冶炼（铜和铁）工程发展起来了，纺织工程也出现了。由于冶炼（铜和铁）工程的发展，就出现了采矿工程。由于农业和手工业的发展需要，人类对自然力的利用已经扩大到某些可再生能源（如畜力、水力、风力等）。由于社会生活中阶级分化及国家的出现，以及作为经济、政治和文化中心的城市的形成，于是就出现了攻打和防御城市的战争形态，这样就出现了军事工程。

农耕文明的工程演化历史表明，在工程演化的进程中，工程的门类、形态和样式在增多，工程的规模在扩大，工程的内涵在逐步丰富和发展，工程的功能和社会作用及影响在逐渐增强。以水坝工程为例，由最初进行围耕的矮的土堤演化为土石坝，不仅规模越来越大，而且形态和样式越来

越多，结构也复杂起来，先后有填筑坝、重力坝、拱坝、支墩坝等，各地区的坝型多有不同。水坝工程的功能也在演化，其功能经历了从供水、防洪、水土保持逐步发展到农业灌溉功能，后来又开发了利用水位落差的动能推动水车的动力功能，以及保障航运的功能等。水坝工程的科学技术内涵也经历着从无到有的演化过程。最初，人类只是在自然堤的启示下，建造一些低矮的土堰坝，逐渐积累了一些经验。随后，水坝多凭工匠的经验建造。在古代，科学与技术是分离的，尽管在阿基米德时代科学家就发现了水文学和水力学的许多现象，但在科学家的眼里筑坝工匠的工作是低下的，他们不屑于参与水坝工程工作。如阿基米德就意识到了水坝的最佳断面是三角形，以及水库压力由顶至底增加的实际情况，但他认为，用一定数量的低级坝工以及不太完善的工艺就可以满足筑坝的需要。这种把科学与技术分割开来的态度，在古代很有代表性，一直持续到中世纪以后很长一段时间。在工程的演化历程中，科学原理在工程中的应用有着一个较为漫长的从不自觉到自觉的过程。科学所追求的目标是发现客观世界的事物和事件的本质和规律，使人们能够理解和解释它们，从而使人们可以利用科学知识达到某些满足社会生活的目的。但是，人们必须在获得对事物和事件的本质和规律性认识之前首先要生活，为了满足基本生活需要，就要从事一些最基本的工程活动。这些工程活动只能凭以往在实践中积累的经验，依靠试错的方法，探索着进行。因而，试错的探索方法和工程实践经验，一直是工程活动中必不可少的。

在农耕文明的工程演化历程中，可以清楚地看到工程不仅体现着其所处时代的生产方式，而且与其所处时代的社会生活方式及文化有着紧密的联系。这在土木建筑工程演化历程中表现得最为明显。土木建筑工程在工程演化历程中是最为古老的工程，从搭建居屋开始，发展到建筑城堡、宫殿、神庙、教堂等。城堡、宫殿、神庙、教堂等的土木建筑工程，都是由王室、宗教机构、政府等承担的，力图体现这些统治者和权力集团的威严及他们所倡导的文化与价值观。从农耕文明起，工程就具有了其文化内涵。每个时代的建筑，都体现和承载着那个时代的技术文化和社会人文文化，集中反映着那个时代人类的生产方式和生活方式。神庙作为希腊人最高的建筑成就，在所有的希腊艺术形式中，最强有力地体现了古希腊时代

的古典理想，最清晰地反映了他们的文化传统。它的立柱加横梁式三角架构，体现了毕达哥拉斯通过数理规则以求和谐的哲学思想和艺术审美情趣。它成为建筑构件、装饰细节和审美原理诸要素的源泉，这些要素合在一起，深刻影响了从古至今的西方建筑，包括21世纪初的后现代主义风格。在欧洲中世纪生活中，教堂建筑的地位高于其他艺术，艺术没有独立的地位，艺术被当作教堂装潢的纯辅助源泉——壁画、雕像和染色玻璃窗，大都描绘圣徒和圣经中的英雄，这一切都要体现基督教精神。罗马式教堂，突出地表现了教会权力对人们生活的影响。罗马式教堂，突出地表现了教会权力对人们生活的影响。中国的皇宫及皇城工程建筑，从秦朝开始就具有庞大规模和辉煌宏伟的气势，体现着封建帝王的至高无上的权力和严格的封建等级制度。

农耕文明从公元前8000年起，一直延续到17世纪。

二　工业文明与工程演化

工业文明是人类运用科学技术控制和利用自然资源取得空前胜利的时代。工业文明经历了几次产业革命。第一次产业革命是纺织机、蒸汽机的革命，它们成为第一次产业革命的标志性工程。第二次产业革命是电力、内燃机的革命，它的标志性工程是电力工程、内燃机工程和石油化工工程。第三次产业革命是原子能、微电子、空间技术的革命，它的标志性工程是计算机及其网络工程、核能工程、航天工程等。伴随工业文明的发展，农耕文明时代的主要以经验知识为基础的工程演化为主要以科学知识为基础的现代形态的工程。

（一）工业文明的兴起与演进

发生在1760—1830年的第一次产业革命是人类社会发展史上的一个分水岭，在第一次产业革命中形成的大工业生产取代了农业成为社会经济发展的最坚实的基础，它实现了从传统农业社会转向现代工业社会的最重要变革。第一次产业革命，既是人类社会发展史上的一次生产方式的巨大变革，同时也是一场深刻的生产关系和社会关系的巨大变革。

产业革命是指由于一系列技术的巨大创新引起的社会生产力的飞跃及生产的组织管理形式、经济结构、生产方式方面的革命性变革，从而导致社会的全面变革。它表现为社会经济的发展中具有一定质的规定性的特定阶段。

产业革命本身包含着技术革命，技术革命是它的前提也是它的技术内容。技术革命的价值不通过产业革命是实现不出来的。产业革命的概念渊源于马克思主义经典作家，19 世纪 40 年代恩格斯在《英国工人阶级的状况》和《共产主义原理》中最早提出了产业革命概念。恩格斯当时讲，18 世纪下半叶，由于蒸汽机和各种纺纱机、织布机及一系列其他机械装备的发明引起了产业革命，它最早发生于英国，后来相继发生于世界各文明国家。产业革命改变了以前的生产方式，引起了市民社会的全面变革。1848 年，约翰·斯图亚特·穆勒在《政治经济学原理》中也使用了产业革命这个概念，1850 年，卡尔·马尔洛也用过这个概念。在这以后，马克思在《经济学手稿（1861—1863 年）》和在《资本论》1867 年德文版第一卷里谈了产业革命问题。马克思说明了第一次产业革命的内容、本质及其技术经济特征，指出产业革命既改变了生产方式也改变了生产关系。在此之后，1884 年英国历史学家阿洛德·托因比在《英国产业革命讲话》这部书里，对历史上发生的英国的产业革命做了比较详细和系统的分析。

第一次产业革命从 18 世纪 60 年代延续到 19 世纪中期，有其远期和近期的原因，这样算来，它就是一个历时较长的历史过程。这次产业革命发源于英国，以珍妮纺纱机、瓦特改良蒸汽机等为代表的一系重大技术创新展开的技术革命引发了从手工劳动向机器生产转变，新的能源如水力和蒸汽动力取代了畜力和人力，大量新原材料，如铁矿石和煤，开始广泛应用到工业领域，并且引起了生产组织形式的重大变化，以机器生产为主的工厂制取代了手工工场。这场变革随后传播到整个欧洲大陆，19 世纪传播到北美地区，后来，又传播到世界各国。产业革命的发生是经济发展的客观要求，其经济发展的前提是农业发展的重大变化、资本的积累和大量流动劳动力的形成。从 15 世纪末起，世界新航路开辟，英国正处在大西洋航运的中心线上，对外贸易大大发展，羊毛出口和毛纺织业迅猛发展。16—

17 世纪，英国工场手工业得到发展，城市兴起，对农产品的需求大增，掀起大规模圈地运动的高潮。结果，消除农业中的封建制度和小农经济，使资本主义经济深入农村，对农业进行了资本主义改造，促进了农业和农村生产力的发展；为资本主义发展提供了自由劳动力；加快了英国城镇化的进程；为英国资产阶级革命准备了阶级条件；为英国产业革命的出现奠定了经济社会基础。从 1640 年开始的英国资产阶级革命，废除了封建制度，消除了不利于资本主义发展的束缚，为产业革命创造了政治前提。在工场手工业长期的发展过程中，以生产经验为基础，积累了大量的生产技术创新，为大机器生产的出现准备了技术条件。工业机器生产体系的形成，从 16 世纪就开始孕育。可以说，文艺复兴和 16—18 世纪的科学革命为产业革命创造了有利于技术进步和创新的文化氛围。被当作第一次产业革命基础的那些著名的发明，虽然都是来自那些伟大工匠总结出来的半正式的实用知识，但是科学上的革命其意义在于它帮助拓展了经验技术的知识基础，并因此创造了一个有利于技术可持续发展的环境。不仅仅如此，它们也从多方面扩大了知识的范围，并且由于人们能更加方便和便宜地获取知识，它也促进了知识的深化。历史学家阿斯顿认为：发端于弗朗西斯·培根、被天才的波义耳和牛顿发扬光大的英国科学思想巨流，是工业革命的主要源泉。18 世纪的人们对于通过观察和实验的方法求得工业进步的可能性的信念，在很大程度上是受了牛顿的影响。①

从农耕文明向工业文明的转变是一个较长的历史过程，既然产业革命的远因，可以追溯到文艺复兴和大西洋新航路的开辟，那么从农耕文明向工业文明的转变也应从此开始，第一次产业革命完成了这一历史性的转变。生活在第一次产业革命时期的人们并没有充分意识到他们正处于一场剧烈的不可逆转的大变革之中，把产业革命看作一系列突然大幅提高经济增长率的事件是不符合历史事实的，产业革命所带来的经济社会效益增加刚开始大都是缓慢的，其效应是在长时期中慢慢显现的。在产业革命中，工程上的大变化已开始逐步显现，如通用零件、连续加工工艺、标准产品

① 克里斯·弗里曼、弗朗西斯科·卢桑：《光阴似箭（从工业革命到信息革命）》，中国人民大学出版社 2007 年版，第 182 页。

的规模生产等，但一直到19世纪后半叶才得到大规模的广泛应用。19世纪中叶以前的英国经济没有受到大的影响，1830年以前，生产力增长较小，人均收入的增长缓慢，真正的经济增长直到19世纪40年代中期才实现。

工业文明从19世纪70年代起开始了第二次产业革命的历程。1871—1914年第一次世界大战爆发前这一期间，欧洲各国间没有发生军事冲突，出现了前所未有的和平发展时期。科学研究取得长足进展，获得了一系列的重大技术成果，并直接应用于工业生产。原有的工程有了坚实的科学理论支撑，不仅规模扩大，而且有重大革新面貌改观，在科学技术成就的基础上出现了许多新型的工程，这些工程形成的一批新兴产业迅猛发展，使产业和经济结构产生了巨大变革。第二次产业革命在欧洲大陆以德国为中心扩展开来，随后美国也发展成为工业文明的中心。数学和自然科学的长足发展，直接导致了一系列的工业技术发明创造。在电磁学发展的基础上，发明出了发电机和电动机，电能作为最方便的能源迅速普及开来，电力和电网工程出现了，开启了人类“电气化”的新时代。热力学的发展，不仅提高了蒸汽机的热效率，还导致了内燃机的发明，这样才有了汽车工程及后来的航空工程，从而促进了石油的开采和炼制；化学的发展又为石油化工工程的发展奠定了科学基础。电磁学的发展，导致了电话、电报和无线电的发明，从而在人类历史上通信也成为一种工程。这一时期，炼钢技术的改进，化学在工业中的广泛应用，尤其是内燃机的发明与应用，不仅使原有的重工业部门（钢铁、采煤、机器制造等）有了进一步发展，作为科学技术革命直接产物的一系列崭新工程的崛起，形成和发展起来的一系列新的产业部门，如电力、电器、化学、石油、汽车、飞机制造、邮电等，使世界工业生产又有了崭新的发展。这样就形成了世界范围内的第二次产业革命。第二次产业革命几乎影响了世界经济的每一个方面，经济的发展，促进了交通运输和国际贸易的发展，同时也推动了农业生产的发展。生物学、化学及农业机械的发展，使各工业化国家的农耕技术有了进一步提高，粮食产量有了显著增长。19世纪末至20世纪初，新兴工业几乎在所有工业化国家迅速扩张，大规模生产和“流水线”的生产形式也已形成。大企业的组织结构的出现和生产组织管理形式的创新，泰勒主义崛

起，是这一时期的一大特点。20 年代，美国资本主义工业文明展示了前所未有的繁荣和极度的贪婪，30 年代美国的经济大萧条，对世界经济产生负面影响，德国是欧洲受害最深的国家。20 世纪上半叶，两次世界大战给世界人民带来巨大灾难和痛苦，同时推动了科学研究与军事技术进步的紧密结合，大力发展了各种军事工程，汽车、装甲车辆、飞机、水面舰艇、潜艇、雷达、原子弹等，并带动了冶金工程和石油化工工程的发展。战后这些军事工程技术迅速向民用扩散。汽车的大规模生产、石油勘探开采和石化工程的大发展，推动了 20 世纪经济的机械化。第二次世界大战及以前积累起来的技术不断创新和进一步的工程化，这些工程不断体系化、系统化、结构化形成的产业的空前大发展，形成了 20 世纪 50 年代至 70 年代中期的长达 25 年的世界经济的高速增长和繁荣。

第二次产业革命与第一次产业革命相比较，一个最大的特点就是科学的作用大大增强。进入“电气化”时代以后，科学与技术的联系越来越密切，工程演化为以科学为基础的现代形态。工程的发展与科学日益紧密地联系起来了，这主要表现为三个方面：一是科学技术的成果直接导致新的工程的诞生；二是科学技术的新成果迅速被原有的工程采纳；三是科学理论扩大了原有工程的科学知识基础。

19 世纪科学获得了长足发展，科学逐步确立为一种社会事业，在第二次产业革命历程中，科学研究作为一种独立的社会建制发展起来，科学家与工程师成为两种不同的社会职业。19 世纪末和 20 世纪初开始的现代物理学革命拉开了 20 世纪现代科学技术革命辉煌发展的序幕。第二次世界大战以后，科学技术革命迅猛发展。原子能得到广泛地和平利用，核电工程迅速发展，虽然核电工程在发达国家已形成庞大的产业部门，但社会的整个产业结构未有重大变化。

20 世纪 70 年代科学技术革命进入新阶段，以微电子学、计算机信息科学、分子遗传学等为代表的高科技的发展，使工业文明发展进入第三次产业革命新时期。高技术迅速形成一系列崭新的工程，如微电子工程、计算机信息工程、生命遗传工程、航天工程、海洋开发工程、激光光导纤维工程等。这些高科技工程展现出广阔的经济前景，迅速体系化、系统化、结构化，形成了高科技产业群，并且有些高科技产业进一步发展成为国民

经济的主导产业。不仅如此，高科技还广泛向传统工程领域渗透，使传统工程及其产业旧貌换新颜。第三次产业革命的浪潮席卷全世界，深刻地改变着产业结构、经济结构。计算机信息技术的广泛应用，改变着第二次产业革命中形成的生产组织管理结构和生产组织管理方式。第三次产业革命正在改变着社会结构和人们的工作方式、交往方式及生活方式，虚拟现实、虚拟社会正在变为社会的现实。在第三次产业革命的进程中，工程的演化和新产业的形成完全是以高科技成果为基础，因此，技术创新的产业化发展就成为第三次产业革命的主要特征。工程的演化具有了深度科学化、高度复合化和迅速产业化的趋势。技术创新的产业化发展，形成了一系列的知识工程，进而发展出各种知识产业，人类的工业文明就开始进入了“知识经济”的新时代。

当今世界处在人类文明转变的历史关节点上，新的科技革命、工程革命和正在兴起的新的产业革命是引领人类文明进步的主导力量，将形成一种崭新的经济形态，这将是资源和能源节约型的绿色的经济形态，使人类社会正在从工业文明向生态文明过渡。2008 年引发的金融危机及其诱发的一系列的问题，必将加速人类社会从工业文明向生态文明的过渡，我们正处在人类社会从工业文明向生态文明过渡的历史转变的关节点上。遵循新的科技革命、工程革命和产业革命发展方向，依据生态文明时代先进生产力发展的要求，实施可持续发展的新的发展方式，正在成为国际社会的共同选择，而新的科技革命、工程革命将不断为实施可持续发展的增长方式提供新的技术手段和开辟新的途径。大量的低碳投资、创新措施和注重生态效率的商业模式将形成新的经济增长点，提供大量新的就业机会，刺激经济发展方式的转变，保持世界经济的长远可持续发展。“绿色创新”“低碳技术”“低碳发展”“低碳生产方式”“低碳生活方式”“低碳消费模式”“低碳城市”“低碳社会”及相应的新政策应运而生。而能源与经济以至价值观出现大变革的结果，必将为逐步迈向生态文明走出一条新路。确立人与自然和谐的新理念，树立新的生态文明观，以环境伦理和生态伦理规范人们的行为，逐步形成新的绿色的生活方式和消费模式，已经成为人类社会发展的迫切需要。生物工程、生命工程、信息工程及各种新的和可再生能源工程将是这一时代的标志性工程。从今往后，一切工程将

具有全新的特质，那就是具有全面智能化、绿色低碳化、资源节约化、高度人性化的特质。

全面智能化、绿色低碳化、资源节约化、高度人性化将作为新时代工程活动的最为重要的理念，引导其发展方向。

（二）工程的现代科学形态及其内涵

人类的工程活动经历了从农耕文明向工业文明的历史转变。通过三次产业革命的洗礼，人们可以清楚地看到工程演化具有这样一些特征：工程的形态，从原始的工程形态演变为经验形态，再到半经验半科学的形态，最后到现代的科学形态；工程活动的范围和领域不断扩大，现代科学形态的工程已覆盖了人类经济社会生活的全部领域，范围从陆地、天空到海底世界，从微观世界、宏观世界到宇观世界；工程的规模和体量越来越大；工程的组织和管理结构越来越复杂；工程的样式和种类越来越繁多；工程的内涵不断丰富；工程的社会功能越来越多，社会影响越来越大；社会对工程性能和品质的要求越来越高。工程演化与人类文明演化的研究表明，科学技术、经济、社会和文化对工程有着巨大影响，这种影响是“嵌入”式的，即科学技术、经济、社会和文化“嵌入”到工程内部，作为工程演化的内生变量，表现为工程的内涵。因此，我们在讨论工程演化与人类文明进步的关系时，对工程的内涵要作详细一些的说明。现代工程具有丰富的科学技术内涵、经济内涵、文化内涵和社会内涵。

1. 工程的科学技术内涵

每个时代的工程都是那个时代的科学技术发展水平的重要标志。现代工程是一个多种现代科学技术的集成，也是现代管理理论和方法的结晶。现代工程的一个重要理念是广泛采用各种科学技术成果，要把当代先进的科学技术成就和历史上积累起来的行之有效的工程经验有机地结合起来。要把先进的科学技术成果运用于从规划、设计、建造直至工程的运行、管理的工程全生命周期。

在前文我们已讲过，在工程的演化历程中，科学原理在工程中的应用却有着一个较为漫长的从不自觉到自觉的过程。人们必须在获得对事物和事件的本质和规律性的科学认识之前首先要生活，为了满足基本生活需

要，就要从事一些最基本的工程活动。这些工程活动只能凭以往在实践中积累的经验，依靠试错的方法，探索着进行。因而，试错的探索方法和工程实践经验，一直是工程活动中必不可少的，就是在科学高度发达的今天也是如此。

工程是当代科技的结晶，工程的一个重要理念就是要广泛采用各种科学技术成果，要把当代先进的科学技术运用于从规划、设计、建造直至建成后运行、管理的全工程生命周期。但是，现代工程对科学技术的应用，绝不是就技术而谈技术，仅仅考虑技术是否先进，而是必须与工程实践的现实相结合。工程的技术应用就包含了对基本经济要素和社会因素的考量，如何在满足功能性的要求下节约工程投资，如何使工程设计具有一定的前瞻性，即不仅适应当时当地的客观要求，而且能为长期的可持续发展预留出足够的空间。这里需要明确的是，一项工程采用哪些和什么样的科学技术成果，一定要从工程的功能和需要出发，最适用的而又节约成本的就是好的，绝不能片面地单纯追求所谓的全部采用最先进的科学技术成果。有时有的工程项目综合集成运用各种已有的通用成熟技术就完全可以产生出整体的、优化的功能。工程问题具有各种不同的解决方案，其中最优化的方案，要考虑多方面的因素，谋求最可靠、最经济的方法。

2. 工程的经济内涵

工程演化的历史进程充分表明，工程不仅是科学技术活动，而且是经济活动。当代工程投入巨大，其经济效益也十分显著，工程归根结底是要达到满足某种经济和社会需求及目标的。工程的经济内涵，可分为微观经济内涵和宏观经济内涵两部分。

（1）工程的微观经济内涵。工程建设本身具有复杂的经济结构，工程运营后还会产生巨大的经济效果，以最优的投入—产出比作为工程所追求的目标，这是工程建设秉持的基本观点。它包括工程的投资融资、工程的成本核算、工程的财务管理、工程的投资回收，以及工程的经济效益等。

（2）工程的宏观经济内涵。工程作为一种社会的经济体，与社会的经济活动紧密联系着。工程蕴含着社会经济新的增长，重大的工程建设是经济社会发展的重大战略举措。一项重大的工程可以发展成为社会新的经济增长点。重大工程往往可以促进产业结构优化升级和经济的产业结构调

整。一项重大工程建设必然会带动周边地区的经济社会发展，必须从更高层次、更广领域、更大范围研究该工程在周边地区发展中所扮演的角色，充分认识工程对经济发展的近期、中期和长期的影响，为工程有序和可持续发展确立明确的功能定位，同时也为下一步区域开发明确方向。每个时代的工程都在不同程度上反映了那个时代的经济发展规模和经济发展水平。每一项工程都与其周边的经济环境紧密联系，并且发生着互动。工程的设计和施工都必须充分研究工程的宏观经济内涵。在工程演化的进程中，工程的宏观经济内涵越来越丰富，其辐射的范围逐步延伸。

当今，经济全球化趋势已不可逆转，经济市场化、贸易与投资国际化的步伐不断加快，生产要素在全球范围内广泛流动，各国经济联系日益紧密。因此，重大工程是在新的历史条件下国家做出的新的战略部署，工程的宏观经济内涵就不仅是一个地域或国家的概念，更重要的是要充分认识和确定它的国际经济战略定位和作用。重大工程的规划、立项和设计，需要突破单纯按专业、行业和地域行政区划思考问题的传统思维模式，依据经济发展的内在需要和逻辑，大胆探索在经济全球化新形势下工程发展的新途径。赋予其新的经济内涵，使其发挥强有力的集聚、辐射、结构调整和产业整合的新作用和新功能，增强国家整体竞争力。

3. 工程的文化内涵

广义的文化，是指一定时期某个社会或社会群体的全部生活方式的总和，包括器物形态的文化、制度形态的文化和观念形态的文化三个形态层次。器物形态的文化将制度形态的文化和观念形态的文化固化于其中。工程作为人类创造的物质客体，即物质存在物，它本身就是器物形态的文化。在人类历史的长河中，不同时期、不同民族所建造的工程，就成为研究那个时期、那个民族文化的重要依据。以下讨论的文化，特指观念形态的文化和制度形态的文化。

工程作为人的创造能力的社会表现，是人类文化的重要组成部分。工程在其历史发展中形成的思维方式、价值取向、行为规范和传统，体现着工程作为社会现象的文化内涵，是工程实现其社会文化职能的最重要的形式。作为观念形态的工程文化，包括能够促进和有利于工程发展、创新活动的相关的价值取向、思想、态度、信念、行为规范和从事工程活动的人

们所普遍持有的见解等。其中最重要的是工程理念和工程师精神，它们集中反映了从事工程创新活动的人们所持有的价值取向、思想、态度和信念，以及由此形成的应该共同遵循的道德准则和行为规范，如工程共同体内部的工程道德准则、行为规范、工程伦理、和工程师的社会责任等。作为制度形态的工程文化，包括工程设计、施工建设、运行管理和工程创新活动等作为一种社会事业和社会建制，其本身所具有的体制、运行机制、管理制度、法律、法规和政策等，以及国家和社会对工程及其创新活动给予支持、进行管理的一系列的相关体制、协调机制、管理制度、法律、法规和政策等。前者诸如在工程共同体内部的评价、荣誉、奖励、竞争、成果共享等各项制度和规则，后者如国家的各项有关工程的政策、规划、各种投入等。制度构成了工程行为的最重要的环境选择和保障机制，它调节着工程资源的配置，导引着工程行为主体的价值取向，规定着相应的评估标准和激励方式，通过持续不断的作用，逐步形成工程共同体成员的行为模式，并影响着全社会对工程活动的态度和看法。

4. 工程的社会内涵

工程源于人们社会生活的物质、文化和精神方面的需求，它一旦建成就成为社会建构的一种形式，对社会生活产生多方面的影响。工程的组织管理是社会管理的重要组成部分，社会管理的形式和水平直接影响着工程效益的发挥。工程是吸纳社会劳动的重要渠道，而社会劳动的规模、质量和能动性又在相当程度上规定着工程的质量和效益。每个时代的工程都反映着那个时代的社会生活方式。

工程的社会内涵包括两方面的内容：一是工程共同体成员组成的小社会的社会组织架构及其运行管理；二是工程与其周边的社会环境的互动关系。第一方面的内容，都很熟悉，不复赘述。第二方面的内容需加以说明。

每项工程都会对其周边的社会环境产生一定的积极（正面）或消极（负面）的社会影响，创造对工程友好的社会环境，是工程从设计到实施建设直至运行的全生命周期始终要关注的问题，取得社会公众对工程的理解和支持是至关重要的。

强调工程对社会、环境友好的观念是极为重要的现代工程理念的内

涵，它要贯彻于工程的全生命周期。将工程对周边社会环境的负面影响降低至最低限度，通过一系列工作取得社会公众对工程的理解和支持，必须作为工程设计、建造及运营所要思考和研究的重要内容。

工程的科学技术内涵、经济内涵、文化内涵和社会内涵的紧密联系、相互渗透、相互作用、相互促进、相互制约共同构成了完整统一的工程体系。工程对科学技术的选择绝不仅仅是考虑技术的先进性，而必须与工程实践的具体经济社会和文化现实相结合，因此，工程对科学技术的选择就必须包含对经济、社会、文化因素的适应和影响。它们的互动是紧密的、互为补充的，并决定了工程的功能性、先进性、经济性、前瞻性，构成了一个有机的统一整体。工程的功能性是第一位的，是它的基础，而先进性、经济性、前瞻性是为了保障工程当前和未来功能性的充分发挥，因此，工程在整体上追求的是要在功能性、先进性、经济性和前瞻性中求得一种整体的优化、协调和平衡而不是单纯追求某项指标的所谓领先。当今的工程是“复杂巨系统”，它要满足人们多种多样的经济社会需求，应当把人类科学技术和文化艺术的成果凝聚于其中。

三 工程是人类文明进步的强大动力

人类社会文明演变、进化的动力是物质生产方式的变革，而物质生产方式的变革是由社会生产力的发展推动的。科学是社会生产力的知识形态，它要通过技术和工程转化为社会生产力的物质形态，而工程则是直接的、现实的生产力。因而，工程是文明演变的强大动力。工程演化和人类文明发展的历史表明，工程对人类社会文明进步的强大推动力，体现为工程的基本功能的充分发挥。

工程在其演化的历史进程中，逐渐具有了科技功能、经济功能、社会功能和文化功能，这些功能不断增强，共同发挥作用，使工程成为经济发展、社会文明进步的强大动力。

（一）工程促进科技进步和创新的功能

工程为了实现满足某种经济、社会、政治、军事、文化等需求的目

标，必须将已经取得的科学技术成果系统综合集成于其设计、构建、运行和管理之中，进而要求并在科技综合中酝酿创新。科技进步和创新，在工程活动中，通常表现为两种形式：一种是突破；一种是集成。以往原始性突破多在实验室研究中取得；而工程则更多的是通过将各种科学技术成果的集成并进而实现科技进步和集成创新。在工程演化的历史上，曼哈顿工程、登月工程、国际宇宙空间站工程等，都充分表明通过工程实现各种科学技术成果的高度集成，大大推动了科技进步和创新。这些工程建设还在科学技术研究活动、生产和工程活动诸领域的组织管理形式和方法方面实现了重大创新和变革。

每一时代的重大工程往往都是那个时代的代表性科学技术成果的结晶，并成为工程发展史上具有时代标志性的里程碑。

重大工程常常是一个国家科学技术发展速度、水平、规模、科技成果实际应用程度和效益的标志。重大工程是一个国家科技实力乃至综合国力的体现。

（二）工程的经济功能

每一时代的经济发展状况，是由这一时代的社会生产力所决定的，工程把科学技术变为直接现实的生产力，推动了经济社会的发展。每一时代的重大标志性工程，都体现着那个时代生产力的规模、发展状况和水平。工程演化的历史表明，科学技术是通过工程来推进生产力发展和实现生产力的革命性变革的。科学技术的进步和发展，推动了工程的演化并不断产生出新的工程形态，从而扩大了生产力的规模，改变了生产力的结构和生产力的布局，使生产力发展具有新的特征。

工程是产业（行业）形成的基础，各种不同形式的工程发展成为各种不同形式的产业（行业），产业（行业）是国民经济的基础。工程的演化促进了不同产业的升级和社会经济中产业结构的变动，进而带动了国民经济规模的扩大、经济结构的调整、经济质量的提升和经济效益的提高，乃至经济增长方式的变革，进而形成崭新的经济形态。

譬如，计算机和网络技术的飞速发展，萌生和促进了现代信息工程的迅猛发展，进而形成庞大的信息产业；其中的软件产业是历史上崭新的非

物质形态的生产力，从而使当代的生产力发展呈现出新特点。生产力不仅表现为物质形态，还表现为非物质形态，而且在现代非物质形态的生产力迅速发展，越来越显示出其巨大作用和价值。

现代生产力质的飞跃不仅表现在生产力的客观要素上，而且表现在生产力的主观要素上；不仅表现在生产力的“硬件”因素上，而且表现在生产力的“软件”因素上。社会生产力的要素结构和作用方式发生了巨大变化，劳动者的智力因素和生产工具的“软件”因素在生产力系统中的地位日益突出，当代先进生产力日益凸显智能化特点。如今低碳、绿色技术的发展，促成绿色工程和绿色产业的大发展，形成了绿色经济和循环经济，使当代生产力又具有了人性化的发展方向。

当代新的科技革命，不断促成各类新的工程的诞生，形成新的产业和产业群，必将引发和推动一场广泛而深刻的产业革命。正像体现信息科学和信息技术全部成果的信息工程推动信息产业的飞速发展一样，体现生命科学和生物技术全部成果的生物工程，在 21 世纪头 20 年，必将形成与信息产业相媲美的、生机勃勃的生物技术产业。如今，纳米科学方兴未艾，纳米技术展示出广阔的开发应用前景。21 世纪的多技术融合，将以纳米水平上的材料统一和技术整合为基础，形成各种形式的纳米工程，从而将引发材料领域和制造领域的革命性变革。可以预期，21 世纪前半叶，以一系列新的工程形式为基础的新的产业群势将崛起，并将推动全部产业的技术进步和经济发展方式的转变。

正在酝酿的产业革命影响广阔而深远，将形成一种崭新的经济形态，这将是资源和能源节约型的绿色的经济形态。新的科技革命和工程革命是引领人类文明进步的主导力量，使人类社会从工业文明向生态文明过渡。

当代科学技术革命的发展趋势决定了当代工程革命具有崭新的特点：智能化、低碳化、资源节约化、高度人性化。

（三）工程的社会功能

工程作为一种社会建制，具有越来越重要的社会地位和作用。工程作为人类社会生存和发展的基础，其最基本的社会功能表现为满足人们社会生活中物质和精神的需求。工程的演化直接推动着人们社会生活方式的变

革。工程活动的演化发展，会不断创造许多新的社会职业形式和大量就业岗位，不断改变着劳动力结构和布局。随着工程演化进入新的阶段和新的水平，必然会提高社会劳动力的素质、提升社会劳动力的层次、改变居民的成分结构，从而改变区域的社会成分、社会结构、社会布局、社会功能和社会文明。

人类文明进步和工程演化的历史表明，工程作为一种社会建制，在整个社会建构中，是一种积极的、活跃的、革命的因素。工程作为一种社会建制，在诸多的社会建制中，其组织结构、运行机制相对说来是比较先进的、合理的，它对其他的社会建制的发展起着某种示范和带动作用。从一定意义上讲，工程也是推动社会变革的强大力量。

工程对社会既可以发生巨大的积极的正面影响，也可能发生负面的消极影响。例如重大的核电站事故，不仅造成了严重的生态和社会灾难，而且引发了一种反核电站的社会思潮。深入研究工程对社会的影响，已成为重要的课题。工程的决策者、全体工程的设计者、施工和运行管理人员，肩负着艰巨的社会责任和道义担当。工程必须是对环境友好、有利于社会和谐的工程，同时也要建设对工程友好的环境和社会。工程必须是“透明”的，要形成社会公众理解工程、参与工程、支持工程、监督工程的对工程友好的社会氛围。

（四）工程的文化功能

人类社会发展的历史和工程演化的历史表明，工程是文化的物化形式，每个时代的工程都凝结着那个时代人类对自然和社会的认识成果。工程演化的历史从一个侧面揭示了人类文化演化的历史进程，它包含着对不同时代人类文化的继承和创新。在工程演化的历史上，那些具有时代标志的伟大工程，无不体现着那个时代的文化精神气质，并且至今对人们的精神文化生活持续地发生着一定的影响。

工程不仅改变了世界，也改变了人类本身。在工程漫长的历史演化中形成的其所特有的思维方法、严谨精神、优良传统、认知方式、行为规范和价值取向，已成为作为文化形态的工程的最重要的组成部分，并深深地影响了人类文化和社会的发展，表现为作为工程推动社会进步的巨大革命

力量。工程作为一种文化形态提高着人的认识能力，影响着人的价值取向，形成了一系列先进的行为规范，对人类精神生活产生了决定性影响。工程作为一种精神生产方式，其发展对整个人类文化的内容、结构、形式及发展方向有着日益巨大而深刻的影响。同时，工程发展和工程创新也须臾离不开相应的文化支撑，离不开良好的社会文化氛围。在现代社会中，与科学文化、人文文化、技术文化一样，工程文化也成了一种重要的文化形态。

（五）工程作为思维方式的功能

工程既是社会实践的物质活动，也是社会实践的精神创造活动，这种精神创造活动有其不同于科学思维和艺术思维的独特的工程思维方式，这种独特的工程思维方式已经随着工程内涵、形式和理念的发展成为人类的一种普遍思维方式。

工程设计就是工程特有的思维方式。工程的本质往往凝聚于工程设计之中，工程设计的过程就是设计师在头脑中对资源、工艺、设备、程序和系统等进行规划，通过有序的设计方案，来解决问题和满足需求的过程。由此，可以把作为知识的工程，定义为关于怎样设计、构建、运行、制造出有用的人工制品、人工系统或程序的系统知识。这些人工制品等影响着人类的思想和意志。设计是工程的核心，是工程项目的竞标竞争的起始点，全部工程活动都要围绕工程设计展开。设计可以大致描述为在知识能力范围基础上尝试用思想解决问题。工程设计是在花费精力（脑力）的同时节省精力（体力）。在当代的工程设计理论中，工程设计的行动结构已被当作一种实际行动的方法。工程是一个受价值驱动的经济—社会过程。工程学的内部知识组成及其发挥作用的内在价值成分是效率理想，因此，对效率的追求就决定了外在的经济、机构、政治、社会或个人价值观对工程的影响方式。简单地讲，任何影响工程的外在价值观必须以输入和输出的形式表达出来。工程演化和人类文明进化的历史表明，在复杂多样的社会变迁过程中，工程不可避免地会和非技术性理想产生冲突。工程师的思维和知识常常表达出超越民族和超越文化的倾向，而事实上，由于利益之争，工程师难免要受到某种文化的影响，这就暗示了一个不同寻常的有影

响力的工程师精神，工程师必须用哲学的和伦理的思维考虑技术和社会价值观。工程有一定的自主性，并对社会生活和价值观产生重大影响。追求工程的结构—功能—效率优化是工程重要的内在特征，是工程师精神的重要内容和体现。要运用哲学特别是伦理思想来驾驭工程，使之更好地为人类服务，体现善良、正直、美和真理的要求。因此，工程师在工程设计中既要运用工程科学的全部知识，又要拥有一个比较完整和清晰的工程伦理的逻辑和分析思路，在现代设计中，要特别重视人性化设计。所谓人性化设计，就是一个比较完整和清晰的工程伦理的逻辑和分析思路，是一种先进的工程理念。人性化是指设计者在工程设计时力求从工程学、生态学和美学等多角度追求工程的完美，从而真正实现科学技术、工程和美学相结合的，旨在使工程与自然、工程与社会、工程与人和谐发展的、以人为本的目的。人性化的设计要求在设计过程当中，根据人的行为习惯、人体的生理特点、人的心理状态、人的思维方式等，在原有设计基本功能的基础上，对工程和设施进行优化，使人们感觉到非常方便、舒适和惬意，同时要使工程符合保护生态环境和社会和谐的基本要求。在设计中对人的心理需求、生理需求和精神追求的尊重和满足，是设计中的人文关怀，是对人性的尊重。人性化设计是科学和艺术、技术与人性的结合，科学技术给设计以合理的结构和良好的功能，而艺术和人性使设计富于美感，充满情趣和活力。

人性化在很大程度上和实用性设计紧密联系在一起，或者说人性化设计就是实用性设计的一个思路和原则。

人性化要体现在工程的全部硬件和软件系统之中。在规划层面上对人性化要有高度自觉的认识，确实将“人性化”理念充分融入任何一个流程规划、结构设计和设施布局中。每个时代的工程都凝结着那个时代的文化成果。现代人文理念融会于工程的全生命周期是现代工程必须坚持的一个基本理念。

工程的创新功能、经济功能、文化功能、社会功能和工程的思维方式功能不是相互孤立地发生影响的，而是相互渗透、相互作用作为一个统一的整体对人类社会的各个方面产生影响的，推动着人类文明的进步。可以在一定意义上说，工程是一个国家的科技实力、经济实力、国防实力、社

会治理的能力乃至精神和文化的软实力，即综合国力的一种体现。我们要从战略高度充分认识到，在21世纪，在这人类社会从工业文明向生态文明转变的历史关节点上，工程创新不仅是经济社会持续发展的动力，还是人类开拓未来的强大力量。经济竞争、综合国力竞争的焦点越来越聚焦于科学技术和工程创新能力的竞争，竞争力取决于利用科技进步成果推进工程创新的速度、规模、范围和效果。增强科技创新和工程创新能力已成为世界各主要国家的首要国家战略目标。紧紧抓住人类从工业文明向生态文明转变的历史机遇，迎接挑战，开拓进取，勇于创新，造就一支具有高度的现代科学技术水平、深厚的人文素养、丰富的工程实践知识、勇攀世界工程高峰的庞大的工程队伍，遵循和把握工程演化的方向，推进我国的工程创新，全面推动经济发展方式的转变，落实科学发展观，为中华文明的伟大复兴做出无愧于时代的贡献，是我们肩负的历史使命。

参考文献

1. ［德］Walter Kaiser、Wolfgang Koenig 主编：《工程师史——一种延续六千年的职业》，高等教育出版社 2008 年版。

2. ［美］罗伊·T. 马修斯、德维特·普拉特：《西方人文读本》，东方出版社 2007 年版。

3. 克里斯·弗里曼、弗朗西斯科·卢桑：《光阴似箭（从工业革命到信息革命）》，中国人民大学出版社 2007 年版。

4. ［英］雷蒙德·威廉斯：《文化与社会》，北京大学出版社 1991 年版。

5. ［美］约翰·S. 戈登：《财富的帝国》，中信出版社 2007 年版。

6. ［法］保尔·芒图：《十八世纪产业革命》，商务印书馆 1983 年版。

7. ［美］本·斯泰尔戴维、维克托理查德·内尔森编：《技术创新与经济绩效》，上海人民出版社 2006 年版。

8. 郑师渠总主编：《中国文化通史》，北京师范大学出版社 2009 年版。

9. 张仁忠：《中国古代史》，北京大学出版社 2006 年版。

10. ［美］爱德华·麦克诺尔·伯恩斯、菲利普·李·拉尔夫：《世界文明史》（第1—4 卷），商务印书馆 1987 年版。

（原载殷瑞钰、李伯聪、汪应洛等著《工程演化论》第七章，高等教育出版社 2011 年版）

关于工程设计方法论的几点思考

工程既是社会实践的物质活动，也是社会实践的精神创造活动，这种精神创造活动有其不同于科学思维和艺术思维的独特的工程思维方式，这种独特的工程思维方式具有其独特的方法论特征。工程思维及其方法随着工程的内涵、形式和规模及其作用的演进已越来越成为人类普遍思维方式的重要组成部分。工程思维方式的内容是十分丰富的，但以往对它的特点和功能的认识不够，很少有深入的研究成果。这种情况是应该尽快改变的。这里不可能全面分析工程思维方式问题，仅就工程设计探讨其方法论的某些特点，只是一些不成熟的粗浅认识。

一　工程方法论

（一）方法论的层次结构

工程作为人类社会生产实践活动中历史最悠久的形式，涵盖社会生活的所有领域。工程的领域、工程的形态、工程的样式和种类越来越繁多，其方法都具有共同的方面，也有其独特的方面。方法论按其层次划分，有哲学方法论、一般科学方法论和各门具体科学方法论。我认为一般科学方法论还可以进一步划分为自然科学方法论、工程技术方法论、社会科学方法论和人文学科方法论。

（二）工程方法论的特点

现代的工程是应用数学和科学技术原理（包括各种工程学）使资源（自然和人工资源）和其他各种生产要素，力求最佳地转化为结构、机械、产品、系统和过程以满足人类生活需求的社会实践活动。工程形态已从经

验形态、半经验半科学形态演进为现代的科学形态。

现在，科学、技术和工程的相互关系出现四大特点：一是科学、技术和工程紧密联系的整体化趋势，大科学工程化，工程科学化；二是科学技术的新成果直接导致了一系列新工程的诞生；三是科学技术的新成果迅速被原有的工程采用，改变了原有的工程面貌；四是新的科学技术的理论和方法不断扩大着工程的科学技术知识基础。

现代工程的知识内涵越来越丰富，其科学技术内涵、经济内涵、社会内涵和人文内涵紧密联系、相互影响、相互促进、相互制约。工程的社会功能和影响越来越大，社会对工程的需求越来越多、越来越高。在工程设计的思维方式和内容中，不但涉及科技内容，而且涉及经济、社会、文化、价值、伦理、法律等方面的内容，这就决定了工程设计不但是面向自然的设计和思维过程，而且同时也是面向社会和人的设计和思维过程。

这几个方面就决定了工程技术方法论是一个跨领域和跨学科的综合方法论。

（三）工程设计

所有一切领域的各种工程都离不开设计，工程设计的类型也很纷繁复杂，根据各种不同的要求和标准可以划分为不同形式的设计，每种设计又有其不同的内容、要求、部分和层次结构。但都具有共同的方法论特征。工程设计思维及其方法集中体现着工程思维的特点。

工程设计是工程方法论研究的核心内容。科学思维的过程是从自然客体到思维抽象的过程，其中介是科学方法，科学方法的核心是科学假说和科学实验。工程思维的过程是从思维抽象到人造客体的过程，其中介是工程方法，工程方法的核心是工程设计和工程实施。

一项工程从任务的提出到交付运行、使用或出产品，大致要经历这样几个阶段：可行性研究论证（技术可行性、经济可行性、环境可行性）、工程决策、工程设计、工程施工、工程运行、工程管理、维护改造等。

工程设计不但是工程活动的先行环节，而且贯穿工程的全部过程，指导和规定着工程的各个部分。工程设计还是工程思维的典型表现形式之一。工程的本质往往凝聚于工程设计之中，工程设计的过程就是设计师在

头脑中对资源、工艺、设备、程序和系统等进行规划，通过有序、有效、可实施的设计方案，来解决问题和满足需求的过程。由此，可以把作为知识的工程，定义为关于怎样设计、构建、运行、制造出有用的人工制品、人工系统或程序的系统知识。设计是工程活动的核心内容，是工程竞争的起始点和关键点，它还要贯穿于工程的全过程，指导和规定着工程的各个部分的活动和程序。

二 工程设计的内容和程序

工程设计可以大致描述为在知识能力基础上尝试用思想解决工程实践问题。工程设计是复杂的脑力劳动，是创造性的思维活动，是知识生产的一种形式。在当代的工程设计理论中，工程设计的行动结构已被当作一种实际行动的方法。

工程设计的内容和程序大致如下。

（一）工程的需求分析

深入和详细了解社会对工程项目的需求，研究分析诸多需求合理性和重要性程度，明确主要需求，形成工程的目标和基准指标，确定设计的范围和任务。

提出工程设计要求，包括工程的功能要求、环境要求、成本要求、人文要求和法规要求。一项成功的设计需要做到平衡地满足这五方面的需求。详细界定设计要求之后，要建立合适的设计模型，以设定设计参数。在需求分析时要尽可能详细，不要有遗漏，进而形成工程的设计项目和任务。

编制设计要求任务书。这是工程设计的依据，这是设计中最严格的阶段。说明必须清楚、明确、严谨、简洁，绝不能有含混不清、模棱两可的要求。对设计要求要进行权重排序。

（二）设计阶段

这一阶段的内容和程序分为概念设计、初步设计和详细设计。

1. 概念设计

这是工程设计中最重要、最困难、最具挑战性和创造性的思维活动。要对设计要求提出的问题，寻求解决的办法和途径，形成一系列解决问题的概念和思路。这里体现着设计者或设计团队知识的广度和深度、长期工程实践积累的经验和形成的观察能力、直觉判断力和对工程的理解和驾驭能力。隐含经验类的知识可以发挥很大作用。

对已提出的诸多概念设计，要进行比较、分析、判断、评估和选择。

2. 初步设计

对通过评估选择出来的概念设计，进一步充实、完善和具体化，进而将工程的各个组成元素相互联系起来形成工程设计体系，提出工程的总体方案。在这个阶段要发现和解决原来设计要求之间隐含的问题、矛盾和冲突。对工程体系的各个部分进行分工，对工程的程序和进度做出安排。

3. 详细设计

对工程系统的各个子系统要分层次地由不同的设计小组进行详细设计，要具体到每一细部的施工的具体工艺要求。这是工程的最终设计，详细设计一定要具有完全的可操作性。施工人员完全可以按着它一步步有序地和相互配合地进行工作。作为知识生产的工程设计的产出是一系列详细的设计图、工程规范、标准、工序、工艺要求的说明手册、检查验收和评审标准、施工进度表等。

（三）设计在施工中的改进

工程设计完成之后进入工程实施阶段。工程设计是工程的思维过程，是知识生产活动；实施是工程的物理过程，是物质生产活动。能否实现从蓝图到人造客体的转化，考验着工程实施主体的技术能力和物质装备水平。施工的重要性及其方法，本文暂不讨论。

“智者千虑，必有一失”，设计中考虑不周的问题，在施工中就会被发现，施工中也可能出现新情况，这就必须把情况及时反馈给工程设计人员，由他们决定是否对设计做出补充和修改。在设计未修改前，施工人员是不能擅自处理的。设计的修改是十分慎重的事情，要权衡各种因素，做出选择。

整个设计过程是一个不断地反馈信息，反复研究、分析、比较、权衡、协调、抉择的过程。

（四）工程设计的信息化手段

既然工程设计是知识生产活动，而知识就是“组织起来的信息”，这样工程设计就可视为信息的获取、处理、集成、输出的过程，除了隐含经验类知识不能编码数字化外，都可数字化。于是计算机信息处理技术就成为工程设计的最好工具。工程设计数据库和计算机辅助设计等大大节省了人的脑力劳动并提高了设计效率。工程设计的数字化是大数据时代的重要发展趋势。

三　工程设计的几个方法论原则

工程是一个受价值驱动的经济—社会过程。工程学的内部知识组成及其发挥作用的内在价值成分是效率理想，因此，对效率的追求就决定了外在的经济、机构、政治、社会或个人价值观对工程的影响方式。简单地讲，任何影响工程的外在价值观必须以输入和输出的形式表达出来。在复杂多样的社会环境中，工程不可避免地会和非技术性理想产生冲突。工程师的思维和知识常常表达出超越民族和超越文化的倾向，而事实上，由于利益之争，工程难免要受到某种文化的影响，设计师必须用哲学的和伦理的思维考虑工程的经济社会影响，工程设计不可避免地渗透着某种价值观的影响。

工程设计的知识基础是科学技术理论和工程实践经验。工程设计的方法是跨学科的综合方法。工程设计的方法论要求研究解决好五大关系，即工程内部的系统与要素的关系、系统与结构的关系、结构与功能的关系、工程的凝固性与可变动性的关系及工程与外部环境的关系。工程设计的重要原则是人性化原则、技术先进性原则、经济合理性原则、与自然和社会环境和谐的原则，以及符合规制要求的原则，从而达到综合优化的设计目标。工程设计的方案不是唯一的，同一项工程可以设计出几个方案，供决策者选择。

（一）人性化原则

工程的目的是满足人的需求，因此在设计中，要从人文的视角审视工程。在现代设计中，特别重视人性化设计。所谓人性化设计，就是一个比较完整和清晰的工程伦理的逻辑和分析思路，是一种先进的工程理念。人性化是指设计者在工程设计时力求从工程学、生态学和美学等多角度追求工程的完美，从而真正实现科学技术、工程和美学相结合的，旨在使工程与社会、工程与人和谐发展的，以人为本的目的。人性化的设计，要求在设计过程当中，根据人的行为习惯、人体的生理特点、人的心理状态、人的思维方式等，在原有设计基本功能的基础上，对工程和设施进行优化，使人们感觉到非常方便、舒适和惬意，同时要使工程符合保护人的身心健康和社会和谐的基本要求。在设计中对人的心理需求、生理需求和精神追求的尊重和满足，是设计中的人文关怀，是对人性的尊重。人性化设计是科学和艺术、技术与人性的结合，科学技术给设计以合理的结构和良好的功能，而艺术和人性使设计富于美感，充满情趣和活力。人性化很大程度上和实用性设计紧密联系在一起，或者说人性化设计就是实用性设计的一个思路和原则。人性化要体现在工程的全部硬件和软件系统之中。在规划层面上对人性化要有高度自觉的认识，切实将“人性化”理念充分融入任何一个流程规划、结构设计和设施布局中。每个时代的工程都凝结着那个时代的文化成果。现代人文理念融会于工程的全生命周期是现代工程设计必须坚持的一个基本原则。

工程有一定的自主性，并对社会生活和价值观产生重大影响。追求工程的结构—功能—效率优化是工程重要的内在特征，是工程师精神的重要内容和体现。要运用哲学特别是伦理思想来驾驭工程，使之更好地为人类服务，体现善良、正直、美和真理的要求。因此，工程师在工程设计中既要运用工程科学的全部知识，又要拥有一个比较完整和清晰的工程伦理的逻辑和分析思路。

（二）技术先进性原则

从科学技术的视角思考工程和工程设计，工程就是多种技术有机结合

形成的技术组合体系，每个时代的工程都是那个时代的科学技术发展水平的重要标志。现代工程是一个多种现代科学技术的集成，也是现代管理理论和方法的结晶。工程设计就是依据某种社会需求，选择相宜的各种技术，将其有机联系起来建构成一个技术系统，这个技术系统具有可以满足这种社会需求的相应功能。现代工程设计的一个重要原则就是广泛采用各种科学技术成果，要把当代先进的科学技术成就和历史上积累起来的行之有效的工程经验有机地结合起来。要把先进的科学技术成果运用于从规划、设计、建造直至工程的运行、管理的工程全生命周期。

现代工程是现代科技的结晶。但是，在工程设计中对科学技术的选择应用，绝不是就技术而谈技术，仅仅考虑所选择的各种技术是否先进，而是必须与工程实践的现实相结合。工程的技术应用就包含了对基本经济要素和社会因素的考量，如何在满足功能性的要求下节约工程投资，如何使工程设计具有一定的前瞻性，即不仅适应当时当地的客观要求，而且能为长期的可持续发展预留出足够的空间。这里需要明确的是，一项工程采用哪些和什么样的科学技术成果，一定要从工程的功能和需要出发，最适用的而又节约成本的就是好的，绝不能片面地单纯追求所谓的全部采用最先进的科学技术成果。工程设计追求的技术目标应该是，综合集成运用各种已有的成熟技术，进行组合从而产生出整体的、优化的功能。工程设计可以提出各种不同的方案，选择最优化的设计方案，要考虑多方面的因素，以谋求最可靠、最经济、最适用为目的。

工程为了实现满足某种经济、社会、政治、军事、文化等需求的目标，必须将已经取得的科学技术成果系统综合集成于其设计、构建、运行和管理之中，进而要求并在科技综合中酝酿创新。科技进步和创新，在工程设计活动中，更多的是通过将各种科学技术成果的集成并进而实现科技进步和集成创新。在工程发展的历史上，曼哈顿工程、登月工程、国际宇宙空间站工程等，都充分表明通过工程实现各种科学技术成果的高度集成，大大推动了科技进步和创新。这些工程建设还在科学技术研究活动、生产和工程活动诸领域的组织管理形式和方法方面实现了重大创新和变革。

每一时代的重大工程往往都是那个时代的代表性科学技术成果的结

晶，并成为工程发展史上具有时代标志性的里程碑。同时，工程创新也是推动科技发展的强大动力。

（三）经济合理性原则

从经济学的视角思考工程和工程设计，工程不仅是科学技术活动，而且是经济活动。当代工程投入巨大，其经济效益也十分显著，工程归根结底是要达到满足某种经济和社会需求和目标的。工程建设本身具有复杂的经济结构，工程运营后还会产生巨大的经济效果。工程设计必须充分考虑工程的经济成本要求，以最优的投入—产出比作为工程所追求的目标，这是工程设计秉持的基本观点。它包括工程的投资融资、工程的成本核算、工程的财务管理、工程的投资回收，以及工程的经济效益等。经济的合理性，不仅要求考虑工程建设的成本，而且还要考虑工程运行和维护维修的经济合理性。

工程是社会经济活动的组成部分，整个社会的经济发展水平和状况、社会的经济组织管理、社会管理的形式和水平直接影响着工程效益的发挥。工程是吸纳社会劳动的重要渠道，而社会劳动的规模、质量和能动性又在相当程度上规定着工程的质量和效益。工程的决策和设计必须充分考虑这些因素对工程的影响。

工程作为一种社会的经济体，与社会的经济活动紧密联系着。工程蕴含着社会经济新的增长，重大的工程建设是经济社会发展的重大战略举措。一项重大的工程可以发展成为社会新的经济增长点。重大工程往往可以促进产业结构优化升级和经济的产业结构调整。一项重大工程建设必然会带动周边地区的经济社会发展，工程的决策和设计必须从更高层次、更广领域、更大范围研究该工程在周边地区发展中所扮演的角色，充分认识工程对经济发展的近期、中期和长期的影响，为工程有序和可持续发展确立明确的功能定位，同时也为下一步区域开发明确方向。每个时代的工程都在不同程度上反映了那个时代的经济发展规模和经济发展水平。每一项工程都与其周边的经济环境紧密联系，并且发生着互动。工程的决策和设计都必须充分研究清楚工程的经济内涵。

当今，生产要素在全球范围内广泛流动，因此，重大工程是在新的历

史条件下国家做出的新的战略部署，工程的决策和设计更要充分认识和确定它的国际经济战略定位和作用。重大工程的规划、立项和设计，需要突破单纯按专业、行业和地域行政区划思考问题的传统思维模式，依据经济发展的内在需要和逻辑，大胆探索在经济全球化新形势下工程建设的新方法和新途径，使其发挥强有力的集聚、辐射、结构调整和产业整合的新作用和新功能，增强国家整体竞争力。

（四）与自然和社会环境和谐的原则

每项工程都会对其周边的社会环境产生一定的积极（正面）或消极（负面）的社会影响，创造对工程友好的社会环境，是工程从设计到实施建设直至运行的全生命周期始终要关注的问题，取得社会公众对工程的理解和支持是至关重要的。

强调工程对社会、环境友好的观念是极为重要的工程设计的指导原则，它要贯彻于工程的全生命周期。将工程对周边社会环境的负面影响降至最低，通过一系列工作取得社会公众对工程的理解和支持，必须作为工程设计、建造及运营所要思考和研究的重要内容。构建工程与社会的和谐友好界面是工程设计的重要内容。

保护自然界的生态环境和实现可持续发展已成为当代最为重大的课题。必须使工业经济发展与生物圈相兼容，成为一个封闭的循环系统，不对环境造成危害。为此，工程设计必须将提高生态效率作为其重要内容，使工程的施工、运行及其产品或服务都符合保护生态环境的要求。工程的全生命周期的生态设计已成为当今工程设计的发展趋势，工程设计要以实现最大的环境效率为目标。工程的全生命周期的生态设计的核心是把工程的环境表现、对人体健康的风险与工程的功能、成本、法律法规要求结合在一起，作为工程的设计要求和工程的评价标准，必须在工程设计中就杜绝使用对环境有害的物质和工艺，并使工程的运行生产或服务不对环境造成危害。工程的全生命周期的生态设计是从源头上进行环境治理的重大措施。全生命周期的生态设计的要求是以预防污染和节约资源为核心，将环境与资源效益的分析方法运用到工程的设计中，同时将法规、性能、环境、人文和成本的设计要求相平衡，实现工程的功能性、环境性和成本性

相协调，以达到最佳的环境效益和经济效益。工程的决策和设计人员、肩负着艰巨的社会责任和道义担当。工程必须是对环境友好、有利于社会和谐的工程，同时也要建设对工程友好的环境和社会。工程必须是“透明”的，要形成社会公众理解工程、参与工程、支持工程、监督工程的对工程友好的社会氛围。

（五）符合规制要求原则

工程作为一种社会事业和社会建制，工程的决策、设计、施工、运行和工程创新活动其本身具有相应的体制、机制、制度、规范和标准等，还有国家和社会对工程及其创新活动给予支持、进行管理的一系列的相关的体制、协调机制、管理制度、法律、法规和政策等。它们构成了工程活动的最重要的环境选择和保障机制，它调节着工程资源的配置，导引着工程行为主体的价值取向，规定着相应的评估标准和激励方式，通过持续不断的作用，逐步形成工程共同体成员的行为模式，并影响着全社会对工程活动的态度和看法。工程设计必须满足各种工程的规范和技术标准的要求，工程设计中大量的工作是在各种规范和标准的要求之间进行协调和平衡。

工程设计还必须考虑满足工程所在地的地方法规和国家法规的要求，同时还要考虑正在制定的和将要制定的法规的要求，以及现有法规可能进行的修改。注意法律法规的要求及考虑到法规不断发展的要求是工程设计中的一项十分重要的工作，如必须注意国家的各种环境保护法规、生产和安全方面的法规、职业健康要求法规、有害化学品使用和管理的法规、资源综合利用与回收法、能源法、清洁生产促进法和事故预防和应急准备法规等，许多法规是强制性执行的。这些法规集中反映了从事工程创新活动的人们所应持有的价值取向、思想、态度和信念，以及由此形成的应该共同遵循的道德准则、行为规范和工程师的社会责任等。

以上所述的工程设计的这些方法论原则，即人性化原则、技术先进性原则、经济合理性原则、与自然和社会环境和谐的原则，以及符合规制要求的原则，不是各自独立的，而是紧密联系、相互渗透、相互作用、相互促进和相互制约的。工程设计对科学技术的选择绝不仅仅是考虑技术的先进性，而必须与工程实践的具体经济社会和文化现实相结合，因此，工程

设计对科学技术的选择就必须包含对经济、社会、人文因素的适应和影响。这些设计方法论原则是紧密联系的、互为补充的，并决定了工程的功能性（包括生态功能）、先进性、经济性、前瞻性，构成了一个有机的统一整体。工程的功能性是第一位的，是它的基础，而先进性、经济性、前瞻性是为了保障工程当前和未来功能性的充分发挥，因此，工程设计在整体上追求的是要在功能性、先进性、经济性和前瞻性中求得一种整体的优化、协调和平衡而不是单纯追求某项指标的所谓领先。

工程全生命周期生态设计是当代工程设计的一场革命，在大数据时代的条件下，这场工程设计革命使现代工程具有崭新的特点，这些特点是：生态化（即低碳化、资源节约化）、高度人性化、全面数字化和高度智能化。

（中国工程院中国工程科技论坛《工程思维与工程方法论》会议上的报告，收入中国工程院《论坛学术报告集》2014 年）

上海虹桥综合交通枢纽工程的经济社会意义

目前，虹桥综合交通枢纽工程的建设正在热火朝天地进行，明年3月将开始试运行。虹桥综合交通枢纽庞大建筑群拔地而起，越来越引起上海、全国乃至全世界对它的关注。人们不禁要思考和提出这样的问题，这样一个庞大工程的建成将会产生什么样的影响？它将具有怎样的经济社会发展意义？上海市委和市政府，高瞻远瞩，最近做出的建设虹桥商务中心区的决定，就明确回答了这个问题。

虹桥综合交通枢纽是航空、高速和城际铁路、磁浮（预留）、城市轨道交通、高速公路和城市公共交通等多种运输方式的交汇和换乘枢纽，是上海面向长三角区域和国内外的门户，是上海功能性的地标建筑。

虹桥综合交通枢纽是为满足全国特别是长三角地区的经济发展和上海经济发展战略重大调整的需要应运而生的。虹桥综合交通枢纽的建设，必将带动虹桥周边地区的经济发展，形成一个“大虹桥”——虹桥商务中心区及其周边辐射区，成为未来上海城市经济社会发展的重要战略中心之一。它的建成不仅把上海和长三角紧密地联系在一起，并进一步通向全国和世界，而且根据上海市经济发展战略布局，逐步开发为一个重要的商务中心区，成为上海和长三角地区经济增长的新引擎。“大虹桥”和“大浦东”相互配合、相互呼应，将成为上海经济社会发展的“双核心”。

一　虹桥综合交通枢纽工程建设拉开了“大虹桥”商务区建设的序幕

建设综合交通枢纽的目的是在寸土寸金的上海节约宝贵的土地资源，使远距离的各种交通运输方式可以共用城市交通基础设施，并实现多种换

乘方式自由选择和短距离换乘的便利。虹桥综合交通枢纽主要由三部分构成，它的第一部分是铁路站，它是京沪高铁、沪宁高铁、沪杭甬高铁和京沪铁路、沪昆铁路的始发站和终点站，总投资超过360亿元人民币，总占地面积超过130万平方米，相当于200个足球场的面积。虹桥铁路枢纽站将在2010年上海世博会召开前投入使用。它的第二部分是虹桥机场扩建工程，主要包括新建西航站楼、第2条跑道、西货运区及其他配套工程。鉴于虹桥机场与浦东机场的不同定位，虹桥机场以起降国内航班为主。它的第三部分是城市交通枢纽，该枢纽将5条城市轨道交通线（2号、10号、13号，再预留2条）、20多条城市线路公共巴士、磁浮交通以及20多条来自长三角地区的长途汽车，还有出租车、社会车辆等多种交通方式会聚在一起，形成一个现代化大型城市交通枢纽。虹桥综合交通枢纽建成后的客货流规模预计将达到：机场吞吐量3000万—4000万人次/年，货邮吞吐量100万吨和飞机起降量30万架次的需要；铁路、磁悬浮到发量1.2亿—1.4亿人次/年；高速巴士1000万人次/年。预测虹桥综合交通枢纽人流集散规模为110万人次/日左右。

以方便快捷、安全顺畅、舒适亲切、高效运行为基本设计理念，充分满足了功能性、先进性、经济性、前瞻性要求的虹桥综合交通枢纽工程，将成为上海21世纪人性化、智能化、低碳化的标志，成为带动周边地区发展的龙头。它不仅可以直接服务世博、拉动内需、扩大就业，还将使上海、江浙的经济发展与长江流域及广大北方地区的经济发展更紧密地联系起来，而且必将强有力地带动整个“大虹桥”的发展，具有巨大和深远的经济社会意义。“大虹桥”将成为上海新的西部经济中心，进而使上海和长三角的经济社会发展更紧密地联系起来，为未来世界第六大城市群的发展奠定基础。

历史经验表明，大型综合交通枢纽建设是适应经济社会发展的需要应运而生的，它的建成又将进一步推动和扩大地区的经济社会快速发展。

随着世界经济增长重心向亚太地区转移，我国正在成为世界经济新的增长极，参与国际分工的领域日益拓展，配置资源的区域范围日益扩大，迫切需要将上海建设成国际经济中心城市。作为我国重要的经济中心和航运中心，上海有基础也有条件逐步建设成一个国际经济、金融、贸易、航

运中心，跻身现代化国际大都市的行列。虹桥综合交通枢纽工程正是为适应和满足这一需要而开发建设的。正如中共中央政治局委员、上海市委书记俞正声在视察虹桥综合交通枢纽规划区域时指出的，它的重要性不仅在于其换乘功能，更在于是否能建成一个新的现代化服务集聚区。在这个地区建成新的商务中心，使其成为面向江浙两省的总部经济聚集地，成为城市新的商务活动聚集地，成为未来上海城市发展的亮点。它的建成必将是上海未来发展的重要战略机遇。

规模宏大的虹桥综合交通枢纽工程建设必然会带动周边地区的发展，必须从更高层次、更广领域、更大范围研究虹桥综合交通枢纽在上海和长三角地区发展中所扮演的角色，充分认识虹桥综合交通枢纽建设对上海和长三角地区发展的影响，为枢纽地区有序和可持续发展确立明确的功能定位，同时也为下一步枢纽区域开发明确方向。

虹桥综合交通枢纽的建设拉开了“大虹桥”经济社会开发建设的序幕。虹桥综合交通枢纽区域即“大虹桥”，包括虹桥综合交通枢纽本身及其周边地区，共有26.3平方公里的核心区以及60平方公里的辐射区，这个区域不仅将形成上海发展的西部重心，而且是整个上海经济增长的新引擎，由此我们必须明确树立“大虹桥”的概念。

“大虹桥”不仅是一个地域概念，更重要的是要充分认识它的经济社会发展的战略地位和作用。大虹桥商务中心区的建设，是上海经济和产业结构战略调整的一个新的重大举措，将改变上海经济发展布局，形成新的西部经济中心，进而促进上海和长三角经济发展的一体化。虹桥商务中心区的建设，是在新的历史条件下做出的新的战略部署，从而确定了“大虹桥”新的战略地位，赋予其新的经济社会文化发展内涵，发挥其强有力的集聚、辐射、结构调整和文化融合的新作用和新功能，增强上海和长三角的整体竞争力。

建设虹桥商务中心区有良好的“天时、地利、人和”条件，是历史的必然选择。上海经济和产业结构调整为其提供了难得的历史机遇。虹桥综合交通枢纽工程的建设为其提供了便利的交通条件。“大虹桥”有良好的区位优势，它不仅紧密连接江浙，并可以集聚大量江浙的民间资本，从而有利于民间资本向更高层次发展。上海良好的智力资源和管理经验不仅是

虹桥商务中心区发展的重要前提，而且可以通过虹桥商务中心区服务于江浙的发展。

二 虹桥商务中心区的开发建设理念

虹桥商务中心区的开发建设理念体系是它所要达到的理想目标和指导思想的高度理论概括，是它的交通功能、经济功能和社会功能的集中体现，是它的开发建设的灵魂、出发点和归宿。它贯穿于开发建设的策划、设计、建设、运营及管理的全过程。它的内涵随着开发建设的进展和经验的积累，日臻丰富和完善。

虹桥商务中心区开发建设的理念是：充分发挥综合交通运输体系的作用，建设有利于商务活动的经济社会环境和优美的自然环境，逐步建成上海高起点、现代化、具有国际水平、独具特色的现代服务业的集聚区，形成上海经济发展的西部中心，服务长三角，促进上海和长三角经济发展的一体化，实现江浙沪共赢共荣。

要突破单纯按行政区划思考问题的传统思维模式，依据经济发展的内在需要和逻辑，大胆探索新形势下经济社会文化发展的新途径。在规划、体制、机制、运营等诸多方面谋划大手笔，做大文章，形成“大虹桥”鲜明特色。

“大虹桥”经济开发的功能定位是：建设虹桥商务中心区，着力发展现代服务业，尤其是现代物流业，面向长三角，成为上海与江浙经贸交流的新平台，进而向长江流域延伸，并承接国际现代服务业和最先进的服务产品向国内转移，从而有力地促进上海和长三角地区的产业升级和产业结构调整。

“大虹桥”开发建设的科技内涵是：“大虹桥”的开发建设要全面体现21世纪最先进的高科技成果。交通设施、交通工具和各类建筑广泛采用节能和低碳技术，实现经济社会管理的信息化和智能化，以高科技引领和打造现代服务业。“大虹桥”要成为现代服务业的科技研发中心。

“大虹桥”开发建设的经济内涵是：打造直接服务于综合交通枢纽的

相关产业中心发展维护空港、铁路站场及其他交通设施的正常运转所必需的配套产业；为百万旅客提供相应的配套服务，包括票务中心、零售、娱乐、商住、餐饮、旅游等。

打造长三角协作园通过总部、商会、驻沪办等的集聚，形成长三角协作平台，带动相应的金融、保险、中介、咨询、法律服务等现代服务业的发展。

打造国际会议中心配备现代化的、专业型的各种国际会议设施，包括配套的产品展示与采购、会议、住宿、健身与休闲设施等。

打造现代物流业集散中心包括物流的信息中心、交易中心、集散中心。

“大虹桥”开发建设的文化内涵是：打造促进虹桥商务中心区发展的良好文化环境。在思考和规划“大虹桥”开发建设时，要深刻认识和准确把握文化对经济发展所具有的战略意义。文化是综合实力的重要组成部分，是保障可持续发展的最具潜力的重要战略资源。要切实把文化建设摆在“大虹桥”开发建设的重要战略地位上，着眼于经济与文化的互动和协调发展。

海派文化与吴越文化有历史渊源，改革开放以来，在经济上苏南模式和浙江模式的迅猛发展，使吴越文化呈现了新的特点。海派文化海纳百川，在改革开放中，中外文化在这里进一步交会。虹桥商务中心区的开发建设，由于它的地理区位和经济区位优势，苏浙沪在经济发展一体化的进程中，使吴文化、越文化和海派文化将进一步融会于虹桥，从而形成“大虹桥”文化。

创建独具特色的高水平的“大虹桥”文化，对于提升“大虹桥”的知名度和美誉度，提升其凝聚力、辐射力和吸引力，具有深远的、重要的历史意义。

从历史上看，苏浙沪在经济发展一向有密切联系。近30年来，这一区域的发展有了更加密切的联系。今后，“大虹桥”的开发建设，会从规模、范围、内容、方式各个方面，将这一区域经济发展的联系提高到一个崭新的水平。

“大虹桥”开发建设的社会内涵是：“大虹桥”的开发建设将会创造大量就业岗位，扩大就业范围，从全国乃至世界各地吸纳大量人才，必然要求提高社会劳动力的素质和提升社会劳动力的层次，从而改变区域的社会成分、社会结构、社会布局和社会功能，和谐社会的建设面临一系列崭新的课题。要在“大虹桥”营造一个安全、有序、繁荣、和谐、人人心向往之的社会环境，使出行者可选其乘，就业者可谋其位，居住者可租其屋，投资者可谋其利，创业者可展其图。

“大虹桥”的建设开发具有深厚的科技内涵、经济内涵、文化内涵和社会内涵。科技、经济、社会、文化发展的相互渗透、相互作用、相互促进，是落实科学发展观、实现可持续发展的基本内容和有力保障。

“大虹桥”开发建设的服务功能有：国内外商务中心区发展的经验已经证明，为保证各项商务活动高效顺利地开展，虹桥商务中心区必须有良好的生态环境和政策环境，并不断加强和完善其各项服务功能。

生态环境：立足生态优先，实现现代商务与自然环境的良好融合，打造绿色虹桥。

政策环境：按照国际惯例和通行规则进行开发和管理，制定具有吸引力的各项优惠政策，按照市场运行规律进行规划和建设，积极探索、建立高效的管理体制和相应的开发建设模式，为投资者提供安全、高效、便捷的服务。

交通服务：搞好虹桥综合交通枢纽周边路网建设，充分发挥综合交通枢纽与国内外紧密联系的交通功能，建设商务中心区内外便捷、顺畅、安全的交通网络。

信息服务：建设完善的数字化信息网络和卫星通信系统，保障电子商务和电子政务的需要，以适应网络经济对现代商务区的要求。

生活服务：建设并完善充满人性化的、满足不同层次需求的各类生活服务设施。

文化服务：构建各地区、各民族、各国家多元文化交会，和谐共处的文化氛围，实现商务和文化的紧密联系和相互促进，逐步形成独具特色的虹桥文化。

三 虹桥商务中心区发展的战略目标

虹桥综合交通枢纽和虹桥商务中心区发展的战略目标是实现“六个一体化”，即多种交通方式运营的一体化，虹桥和浦东两个机场的一体化，交通功能和经济功能的一体化，服务世博和世博后长远发展的一体化，虹桥和周边区县经济发展的一体化，上海和长三角经济发展的一体化。

（1）实现多种交通方式运营的一体化。综合交通枢纽工程要实现多种交通运营方式的紧密衔接和顺畅运营。由于我国各种交通方式分属于各系统和部门管理，其规章制度、标准、标识是各自独立制定的，在设计和施工过程中要实行规章制度、标准和标识的协调。在分别施工的过程中，要进行密切的统筹、协作、配合。在运营管理过程中，更需要有统一的指挥，这一切都要求我们进行管理体制、运行机制的创新，将行政管理职能和市场运作机制有机地、紧密地结合起来。

（2）实现虹桥和浦东两个机场的一体化。上海在其“航空发展战略”的实施过程中，采取浦东机场以国际航线为主、虹桥机场以国内航线为主的模式。在两个机场之间尽快建设高速交通通道，充分整合两场资源，使虹桥机场具备浦东机场城市航站楼的功能，国际航线和国内航线紧密联系在一起；还可以将虹桥航空物流中心建设成浦东机场的中转处理中心，让长三角地区的部分散货可以在虹桥物流园区内完成浦东机场的货物交运业务，从而，实现虹桥和浦东两个机场的一体化。

（3）实现交通功能和经济功能的一体化。枢纽的交通功能的充分发挥必然带动区域经济的发展，使得枢纽的交通功能和经济功能紧密结合，实现一体化。虹桥综合交通枢纽所具备的区位优势和产业腹地的优势，将会成为上海经济社会发展新的增长极，为上海城市功能向高层次、可持续发展提供新空间，成为上海西部经济中心崛起的新引擎，树立中国高端商务区的新标杆。

（4）实现服务世博和世博后长远发展的一体化。世博会期间外地客流主要使用三种交通方式：飞机、铁路、高速公路。虹桥综合交通枢纽可以让来参加世博会的旅客都能够非常便捷地换乘城市各种交通工具到达世博

会场。同时，长三角地区的参观者可以实现当日往返；非长三角地区的参观者也可以“住在苏杭、当日往返”。这会大大减轻上海旅店、交通、服务业等的压力，使世博会真正办成长三角乃至全国的盛会。世博会结束后，虹桥综合交通枢纽的交通功能和经济功能得到更充分的发挥，为上海建设交通中心、贸易中心、金融中心、经济中心和长三角及全国的经济发展提供服务。

（5）实现虹桥和周边区县经济发展的一体化。周边区县（闵行区、青浦区、嘉定区、长宁区等）为虹桥枢纽的建设和发展做出了重大贡献。虹桥枢纽和商务中心区的建设将形成新的经济增长极，有力地提升周边区县经济发展的区位优势，有力地促进优势产业集聚，周边地价势必升值，带动房地产业发展，从而实现虹桥和周边区县的共赢局面。在实现虹桥和周边区县经济发展的一体化的过程中，要协调和处理好方方面面错综复杂的利益关系，以保证社会稳定、和谐发展。

（6）实现上海和长三角经济发展的一体化。虹桥综合交通枢纽的建设将加速推进长三角地区现代化综合运输体系的形成和完善，从而达到“以区域交通一体化，促进区域经济一体化”的目的，为长三角的经济繁荣和结构优化提供有力支撑。虹桥综合交通枢纽使长三角城市群产生“同城效应”。高速、大容量、便捷的客运通道通过虹桥综合交通枢纽快速连接、集散人流，将令上海与其周边地区不同空间的城市处在同一“时间序列”之中。实质上，它在驱动区域同城化的同时，还将改变长三角经济格局，大大缩短二线城市与区域中心的距离。汇集多条区域铁路线路的虹桥综合交通枢纽将促使枢纽区域成为长三角区域的一个重要中心。将加快长三角地区交通一体化进程，建设畅通、便捷、安全的区域交通以及城乡交通运输网络，完善各种运输方式有效衔接的综合运输体系，建立互通、互联、共享的交通信息网络体系，健全公平、开放、统一的交通运输市场，建立统一的交通管理体制和政策法规体系，以实现资源的优化配置，最终达到促进上海与长三角区域经济一体化的深入发展。

为实现“六个一体化”，必须处理好三个基本关系。国务院关于进一步推进长三角地区改革开放和经济社会发展的指导意见明确指出，要把长三角地区建设成为亚太地区重要的国际门户、全球重要的先进制造业基

地、具有较强国际竞争力的世界级城市群，提出要坚持科学发展、和谐发展、率先发展、一体化发展等一系列新的发展思路和要求。据此，要从国家发展战略的高度，协调好上海市和国家相关部委的关系；从上海服务长三角战略的高度，协调好上海市和长三角各省、市、地区的关系；从上海市发展战略的高度，处理好虹桥综合交通枢纽和周边区县的关系；以达到统筹兼顾、协调发展、和谐共赢的目的。

在虹桥商务区的开发建设中，要着力处理好下述三大关系：

（1）与已有的虹桥经济技术开发区的关系。虹桥开发区是外资企业进入上海的窗口，而大虹桥商务区则是内地企业走向世界的门户。两者相互配合和补充，形成一个整体。虹桥商务中心区的开发，要充分借鉴虹桥开发区的经验，引入虹桥开发区的政策和机制。

（2）与上海市中央商务区之间关系。浦东新区作为中国乃至国际的金融中心，人民广场地区作为行政、文化、商业中心，虹桥商务中心区将作为现代商务和物流业中心，直接服务于长三角地区，与中心城区和浦东地区错位发展、相互补充。

（3）与长三角城市群的关系。虹桥商务中心区与长三角城市群的关系为：前者为后者提供交通、交易、交换、交流的服务平台。虹桥交通枢纽到达浦东国际机场的便利性，有助于积极促进长三角地区企业向国际发展。虹桥商务中心区将在两个层次上对长三角地区的发展产生影响：一是在物理上提高了区域内各城市之间的连接能力，加速和扩大了人流和物流在整个区域内的流动。二是增强区域内的商务关系和活动，进而向内地和世界展示、推出长三角地区的产品和服务。通过服务长三角的虹桥商务中心区的发展，将上海与长三角的经济发展更加紧密地联系为一个有机的整体，实现一体化，从而带动整个长江流域的经济社会发展，为我国新形势下拉动内需的发展战略和经济转型做出贡献。

处理这些关系遵循的基本原则是，取长补短、相互促进、协调发展、共赢共荣。

“大虹桥”的建设对上海来说是全新的事业，虽然有国际、国内各种商务区的经验可以借鉴，但每个商务区都是在一定历史条件下形成的。面临当前错综复杂的世界经济形势以及国内经济转型和结构调整带来的机遇

和挑战，“大虹桥”的定位和内涵必然具有鲜明的特点和崭新的内容。为此，“大虹桥”的开发建设必须进行模式创新、体制创新、政策创新、管理创新、功能创新。所有这些创新，最后归结为一点，必须冲破传统思维定式的束缚，首先要大胆地进行思想创新。

“大虹桥”的建设和发展要有缜密的全面科学规划，高起点、高层次、分阶段地推进，逐步改变上海的经济发展战略格局，促进产业结构调整，形成“大浦东”和“大虹桥”的新型双核结构，成为上海经济社会发展的新引擎，促进长三角地区的新繁荣。

我们相信，“大虹桥”定将成为上海和长三角腾飞的彩虹之桥。

（原载《解放日报》2009 年 11 月 30 日理论版，原标题为《“大虹桥”——上海和长三角腾飞的彩虹之桥》，作者为上海虹桥综合交通运输枢纽工程研究课题组李惠国、李伯聪、丘亮辉）

游刃于工程与哲学之间

主要讲三个问题：是提供各位思考，敬请批评指正。

一是哲学是什么，二是什么是工程哲学，三是工程哲学的一项案例研究。

一 哲学是什么

从历史上那些伟大的哲学家那里我们得到的是各不相同的答案。因为不同的哲学家所关注的哲学问题也都不尽相同。哲学概念在历史的发展过程中也是不断变化着的。但是，无论哲学家们的看法怎样不同，哲学的历史发展怎样不断变化，哲学所关注的问题，都离不开对人类生命和生存的思考。伟大的哲学家康德在晚年回顾自己一生的作品时，在一封信中说，他一生的全部努力都只是为了回答三个问题：

我们能够知道什么？

我们应该做什么？

我们应该信仰什么？

（一）哲学是对人生的系统的理性反思

由此，我们是否可以这样回答“哲学是什么”的问题。我们可以说，哲学是对人生的系统的理性反思，即把人生作为思考的对象。人类生存于自然界之中，自然界就是人生戏剧演出的大舞台，对自然界进行系统的思考，就形成了哲学的关于自然的学说，即自然观，这就是所谓的自然哲学。人类要能够生存，就要认识其生存的外部环境，趋利避害，才能更好的生存。人类是怎样认识其生存的外部环境的呢？人类的认识能力有没有

界限？人在认识过程中怎样组织和利用已获得的知识？对人类的认识进行系统的思考，就形成了哲学的关于认识和知识的学说，即认识论和方法论。人类是以社会生活的形式存在和发展的，社会生活的组织形式是怎样形成和发展的？人们之间发生怎样的关系，人类社会生活中遵循什么样的共同准则？对人类社会进行的系统思考，就形成了哲学的关于社会的学说，即所谓社会历史哲学。康德试图努力回答的三个问题，都在这个范围之内。

（二）哲学是询问自我的思维

所谓系统的理性反思，即哲学家更多的是借助于概念并使用概念来进行思考的。哲学是询问自我的思维。它区别于科学的思维方式乃是将思维本身作为一个根本问题。哲学家们以批判的怀疑态度、科学的批判精神，审视事物。康德认为理性是哲学研究的核心，其主要职责是规定理性能做什么和不能做什么。为此，哲学须有自己的方法，康德认为这就是“先验方法”，或“批判方法”。批判考察须有相应的结构，这就是：（1）分析论，分析理性的有效功能；（2）辩证论，展示理性的可能失误；（3）方法论，列举实用的各种规则。这是康德的看法，现代各种哲学流派的认识已比康德深入细致了许多。

哲学家们是思想范式的创造者，思想范式的创造者真实性的内涵是对人类基本境况的体验以及对人类使命的澄明。在他们那里人类存在的经验与原动力都得到了极致的发挥。他们试图在看来无序的世界之中借助于一套规则建立一个合理的可理解的世界。与别的科学学科不同的是，在进行哲学思考时人的自我存在是作为整体而被考察的，但是在别的科学学科中却只考虑其中的一部分。哲学是循着其固有的思维方法并且以各类知识作为其前提而存在的。哲学和知识有联系，但它同时又超越了知识。

（三）哲学是生命的体验

哲学提供的不仅是知识，更重要的，它是生命的体验。哲学要从生命的体验中探求正确的人类行为的基本原则，获得有益于现实生活和必要的道德约束。由于哲学的思考是把人的自我存在作为整体来把握的，因此，

在世界各地，彼此隔绝的思想家会说出相同的真理。哲学作为生命的体验，任何民族在任何时代的哲学里，总有一些内容只对处于当时经济条件下的大众有用；但是，除此之外，还会有一部分哲学思想具有持久的价值。我们在学习哲学时，应当对其中哪些是有永久价值的、哪些是随时代而变化的，进行合乎逻辑的分析。每一种哲学中，都具有永久性价值的内容，各种哲学也总有其共同性的东西。因此，不同的哲学才能互相比较，并进行翻译诠释。哲学乃是由其所处的时代精神所决定的，而各个历史时期的精神氛围都在变化着，因此，将哲学和哲学家放到历史事实中并联系到精神的时代去研究，是十分有意义的。

（四）哲学不崇拜权威

哲学思维方法的作用在于使每个人能自己进行思考，并且能透过思维知道对于不同专业的界限，我们最好说，那是同一个真理的各种表现形式。哲学思想希望能指导人们，让他们确信自己能进行思考，不是跟在别人屁股后面减少自己的责任，而是通过智慧提高这种责任感。哲学的特征明显与宗教是不同的，哲学本身仅仅是让每个人透过独一无二的哲学家而完全自由地发挥作用，宗教则是通过教会的组织机构、代表性的官员，通过限制以及审查，皈依以及服从发挥着作用。哲学的思想不是封闭的，而是以哲学家们的著作为根源提供无止境的思维的可能性。真正的哲学著作蕴藏有力量，是因为能够将其他的思想也吸收进来的缘故。哲学的思想不允许被认为是已经完成了的，而是迫使着人们继续向前思考。

伟大思想出现在伟大的时代，在精神空白的深渊里，是不会独立地冒出伟大来的，这不可以归功于某一个伟大的人物或某一人物的伟大性。没有政治上的自由是不可能产生伟大思想的。每位大哲学家，无论他如何出色，都有自己的局限、多义性以及缺陷，因为他们每一个还是人而不是神。从哲学思维方面来讲，他们是人。既然是人，他们必然会在各自的性格特征中有着局限性，在他们的历史性中缺乏对所有时代的所有人的普遍有效性。没有一个人可以在任何时候都站在哲学的最高峰。每位哲学家有他的局限，这产生于他的具体情况、他的天赋，也由于所有人类行为的有限性以及哲学家的失误。在人的身上去寻找完美的典范，要求完美存在于

现实之中，这一切都是错误的。没有谁是完美无缺的，每个真理在其实现过程中都有着它的局限，对人物的神化会使我们自己看待人物和真理的目光变得混浊。

在精神世界里并没有一个按多数表决的权威机构。哲学的真理并不能通过抽象和简化成教科书而变得清楚。所有时代的伟大思想家及其作品都会对我们有所裨益。诚然每位哲学家在才能方面、在力量方面、在理解力方面、在精神的创造性方面、在对待存在的严肃态度方面、在理智的广度方面，是各不相同的。

（五）当今哲学的主题和问题范围

当今哲学与科学的关系发生了变化。

最初的哲学是涵盖当时所有的知识领域的（指的是理论知识，而非“实践知识”）。自近代开始，物理学、化学、生物学，简言之，自然科学从哲学母亲的怀抱里挣脱了出来。到了18—19世纪，如今被称为人文学科和社会科学的学科如历史学、社会学（孔德曾经是哲学家）、经济学（亚当·斯密曾经是道德哲学教授）、心理学以及语言学也独立出来了。

当然哲学家们仍然思考所有这些问题——这是他们的本职工作。除了自然科学之外，还有自然哲学，除了法学之外，还有法哲学等。哲学家们当然也必须以各门具体科学所取得的知识为基础，他们至少要了解这些知识，并考虑到这些知识对哲学产生的影响。

另外，科学家们也越来越多地遇到他们专业的基本问题，并因而面对过去本来更多的是属于哲学领域的问题。于是就出现了这样的情况，不管是在某个个别学科中，还是在哲学领域内，一些基本问题被重新提了出来加以研究，当然这些问题也在个别学科与哲学之间引起了讨论。哲学家们对此能够做出重要的贡献吗？只要他们对于相关的问题有足够的认识，此外还拥有足够的思想史方面的知识，在科学方法论问题上有判断力，并且能够在各学科间做对比，那么他们就能够做出自己的贡献。

在专门科学与哲学之间也能够就一些重要的问题展开富于成果的讨论。这样的一些讨论对于哲学家们也是富于启发意义的，这会使他们更加关注具体问题。由于获得了一些更具体的论据，或者获得了一些新的研究

结果，他们常常不得不改变或修正自己过去的观点。卡尔纳普和维特根斯坦就是其中的两个典型例子。

当今，哲学研究主要集中在以下几大领域。

（1）人的概念（哲学人类学）：哲学人类学是对人、人的本质以及人在宇宙中的位置的反思。

（2）语言：在20世纪，语言成为哲学研究的主要问题之一，某些观察家甚至说，语言已经成为哲学的中心主题。

（3）认识与知识：从康德开始产生影响到新康德主义的繁荣，在这一百多年的时间里，认识论构成了哲学的焦点问题。认识取得了越来越多的成就，从认识论发展到科学理论。其主要流派有：新实证主义、现代逻辑、分析哲学、科学哲学、解释学、"结构主义"、进化认识论等。

（4）当代重大跨学科问题：20世纪的人类历史上发生的一系列的重大事件和问题，使当今人类面临危险和挑战，因而也是当今哲学所面临的问题、危险和挑战。这一切都促使人们去重新深刻地思考正义与非正义、善与恶的问题、科学的意义和目的、环境和生态及人类的责任等。

（5）大脑、意识和精神问题：大脑结构与功能，认知工程模拟，人工智能，机器人的身心问题等的哲学研究。

今日之哲学若想取得成果就必须与经验科学紧密合作，通过科学家与哲学家的共同努力，推进哲学和科学事业的进步。于是科学哲学、技术哲学、工程哲学、医学哲学、经济哲学、环境和生态哲学等应运而生。

二　什么是工程哲学

（一）工程哲学是对工程的反思

工程哲学就是人们对人类进行工程建设的全部活动（理论和实践活动）做全面系统的理论反思，即做哲学式的系统的、历史的思考。

工程哲学是从技术哲学中逐渐分化出来的。因为，工程是多种技术的集成，它不完全同于技术。整体大于部分之和。

《不列颠百科全书》是这样定义工程的：工程是应用科学原理使自然资源最佳地转化为结构、机械、产品、系统和过程以造福人类的专门技

术。传统上有四个主要的工程学科，即土木、机械、电气和化学工程，每个学科又有若干各具特点的专业分支。四个主要学科中以土木工程最为古老，它是由古代社会所采用的技术发展而来的。它涉及诸如桥梁、道路、隧道、港口、机场等所有各种结构和设施的设计、场地整治和施工。大多数牵涉土木工程的事业都是由公共部门承担的，并且同城市、地区和国家的基础设施的发展有关。所有的工程师都必须对把理论转变为实践持积极的态度。

《不列颠百科全书》对技术是这样阐释的：当它17世纪在英国首次出现时，仅指各种应用技艺。到20世纪初，技术的含义渐渐扩大，它涉及工具、机器及其使用方法和过程。到20世纪后半期，技术被定义为“人类改变或控制客观环境的手段或活动”。人类在制造工具的过程中产生了技术，而现代技术的最大特点是它与科学相结合。

工程哲学从技术哲学中分化出来，作为一个学科，是晚近的事。如在德国，工程哲学就一直包含在技术哲学中，并未作为一个学科分化出来。工程哲学作为独立学科目前尚在形成阶段。我这里着重介绍一下卡尔·米切姆（Carl Mitcham，1941— ）关于工程哲学的基本构想。卡尔·米切姆为美国科罗拉多矿业大学人文与国际研究系教授，曾任美国哲学与技术学会（SPT）第一任主席（1981—1983），是学术界公认的技术哲学重大成就；著有《通过技术思考》《哲学与技术》《工程伦理》等。

（二）工程哲学的理论架构

卡尔·米切姆认为技术哲学一直存在着各自独立发展的工程主义和人文主义两种传统，技术哲学的经验转向导致工程哲学的产生。他指出，工程师通过思考“什么是更好的设计”，和“工程体现一种新的生活方式”越来越明显，就使哲学对工程变得越加重要了。米切姆强调，在过去，由历史和社会建构的工程疏远了哲学，哲学也没有眷顾工程。但是，随着时代和世界已经发生改变，工程也已经改变了。我敢说，工程已经变得越来越哲学化了。工程的成熟不仅体现在哲学问题上，而且体现在哲学意义的生活方式上。工程正在形成一种新的生活哲学。而哲学也变得越来越向工程思想和工程实践敞开。工程师开始用概念分析和严谨的反思来跟大众分

享他们的设计生活。“为什说哲学对工程是重要的？最终和最深刻的原因在于。工程就是哲学，通过哲学，工程将更加成为工程自身。”

米切姆提倡要用多元主义方法研究工程哲学，目标不单是理解工程，而是使之成为一种改造工程本身的方法。多元主义不单是指哲学分成不同的分支，更是指哲学要汲取来自不同流派的养料，这才是更丰富和更强壮的多元主义。

米切姆阐释了他的工程观、工程认识论和工程伦理学思想。他界定了工程和技术的概念，认为工程就是一个以制造为主的偏重效率的动态过程。工程的本质就是设计，在头脑中规划设备、程序或系统，将有效解决问题或满足需求。把作为知识的工程，定义为关于怎样设计有用的人工制品或程序的系统知识。人工制品影响着人类的思想和意志。他探讨了从发明到系统发明的过程，指出现代工程作为固定化和系统化发明性过程的学科，是“发明的发明家”。发明家创造新事物，工程师计划和发现可能性。19 世纪最大的发明就是发明了发明的方法，发明方法才是破坏了旧文明基础的关键所在。他论述了设计方法论，认为设计是工程的核心。如果对比工程方法和自然科学方法，设计往往是一个分水岭。设计可以大致描述为在知识能力范围基础上尝试用思想解决问题。工程设计是在花费精力（脑力）的同时节省精力（体力）。在工程领域，设计方法论得到了高度发展。工程设计偏重理性，工程设计的制图和想象都是通过经典物理学实现的，服从于数学分析和判断。在当代的工程设计理论中，工程设计的行动结构被当作一种实际行动的方法。他明确指出工程的非中立与非自主性。工程是一个受价值驱动的社会过程。工程学内部组成和发挥作用的内在价值成分是效率理想，因此，对效率的追求就决定了外在的经济、机构、政治、社会或个人价值观影响工程的方式。简单地讲，任何影响工程的外在价值观必须以输入和输出的形式表达出来。因此，在复杂多样的社会变迁过程中，工程不可避免地和非技术性理想产生冲突。工程师和科学家常常表达出超越民族和超越文化的倾向，而事实上，由于利益之争，工程师难免要受到某种文化的影响，这就暗示了一个不同寻常的有影响力的内部性特征。工程师们必须用哲学的和伦理的思维考虑技术和社会价值观。工程有一定的自主性，并对社会生活和价值观产生重大影响。追求效率是工程

重要的内在特征。但是不能将效率这一标准夸大化，要运用哲学特别是伦理思想来驾驭工程，使之更好地为人类服务，体现善良、正直、美和真理的要求。他提出了一个比较完整和清晰的工程伦理的逻辑和分析思路。

他指出工程师应该承担特殊的社会责任，伦理需求是工程职业的内在本质。在从业实践中要充分考虑公众安全、健康和福祉的基本准则。工程师应该承担社会责任，但现在技术过于复杂，让工程师个人或群体来单独承担决策责任，并没有合适的理由。根据风险和公众同意模式，工程师应该积极促进工程决策的公众参与，并为可能受影响的人提供完整、准确、易懂的信息，且尽力保证他们的活动不会带来伤害。他指出设计伦理是工程伦理的核心，强调要深入加强对设计本身的研究，认真思考什么是更好的设计，并在工程设计中就将其与灾害预防相结合，使设计更好地为大众服务。

（三）关于土木工程的哲学思考

前面我们引的《不列颠百科全书》的工程条目中讲，工程学科中“土木工程最为古老，它是由古代社会所采用的技术发展而来的。它涉及诸如桥梁、道路、隧道、港口、机场等所有各种结构和设施的设计、场地整治和施工。大多数牵涉到土木工程的事业都是由公共部门承担的，并且同城市、地区和国家的基础设施的发展有关”。这里就包含着土木工程与哲学和社会学有着密不可分的联系的思想。有人戏谑地说，“土木工程又土又木”，非然也，一项好的建筑可以说是真、善、美的完美体现。

建筑作为人类最古老的同时又是最基本的工程，是物质化的人类文明。每个时代的建筑，都体现和承载着那个时代的科学技术文化和社会人文文化，集中反映着那个时代人类的生产方式和生活方式。例如神庙作为希腊人最高的建筑成就，在所有的希腊艺术形式中，最强有力地体现了古希腊时代的古典理想，最清晰地反映了他们的文化传统。它的立柱加横梁式三角架构，体现了毕达哥拉斯通过数理规则以求和谐的哲学思想和艺术审美情趣。它成为建筑构件、装饰细节和审美原理诸要素的源泉，这些要素合在一起，深刻影响了从古至今的西方建筑，包括21世纪初的后现代主义风格。在欧洲中世纪生活中，教堂建筑的地位高于其他艺术，艺术没

有独立的地位，艺术被当作教堂装潢的纯辅助源泉——壁画、雕像和染色玻璃窗，大都描绘圣徒和圣经中的英雄，这一切都要体现基督教精神。罗马式教堂，突出地表现了教会权力对人们生活的影响。哥特式建筑源起于12世纪的宗教复兴，当时神职人员想把上帝的存在更加有声有色地带给城市大众。因此，神职人员开始要求教堂比相对阴暗的罗马式教堂更高，窗户更多。哥特式的另一个刺激因素是中产阶级的兴起，他们希望教堂反映他们日益增强的经济力量。于是，精神力量和经济力量结合起来，推动建筑师们去寻求新型的建筑。

我国当代著名建筑学家吴良镛院士，在建筑与科学、哲学及艺术的关系方面有许多精辟的观点，值得我们认真研究。在这里我作些介绍。他认为当今是“大转折”的时代，我们正处于变化之中，更为根本的是哲学思想的变化和发展，它将成为影响建筑与城市发展的主要因素。建筑学与城市科学的发展也处在十字路口。一方面，形势在变化，建筑大发展，建筑学涉及的领域在扩大；另一方面，专业化和过细的职业分工又局限了建筑师的视野，束缚了建筑学的扩展。一方面，优秀的建筑作品、杰出的理论研究不断涌现，繁多的理论、形形色色的“主义”炫人眼目；另一方面，有些人却对许多新事物的发生、可贵思想的萌芽视而不见，无动于衷。时代需要“大科学”，也在孕育“大艺术”。法国作家福楼拜曾经说：“越往前进，艺术越要科学化，同时科学也要艺术化；两者在塔底分手，在塔顶会合。”建筑既是科学，又是艺术，这是它的本质内涵、表现手段与形式所决定的，优秀的建筑更是科学与艺术相结合的奇葩。今天，科学的发展需要“大科学”，有人称之为“大科学时代”。人居环境，包括建筑、城镇、区域等，是“复杂巨系统”；在其发展过程中，面对错综复杂的自然与社会问题，需要借助复杂性科学的方法论，通过多学科的交叉从整体上予以探索和解决。时代也在孕育“大艺术”。有人称大地、城乡聚落是“最巨大的艺术品”，即是自然、人工的综合创作，需要通过更为综合的艺术，进行丰富的、有机的结合。文艺复兴时称建筑、绘画、雕刻为三艺，有称“综合艺术”，如今仍可作为人居环境塑造之凭借。进一步讲，人居环境的灵魂即在于它能够调动人们的心灵，在客观的物质的世界里创造更加深邃的精神世界，使得我们的生活环境更加丰富多彩。科学、人文需要

结合，“广义建筑学”与“人居环境科学”的探索就是一例。必须整体地认识建筑，建筑不仅仅是房子，有关居住的社会现象都应该是建筑所覆盖的范围。这样，从普遍存在的就建筑论建筑，通过对聚居、地区、文化、科技、经济、艺术、政策法规、业务、教育以至哲学方法论来论建筑，形成“广义建筑学”，在专业思想上得到解放。进一步着眼于“人居环境”的思考，将涉及影响人居环境的有关方面作整体思考，尝试将相关学科创新初步建构“人居环境科学”，以期探讨建立在多学科基础上的科学范式。建筑学是一门具有多元特性的知识体系，任何反映人工环境整体的认知都属于建筑学的研究范畴；同样，建筑职业应理解成一种综合多种学科的实践。

他认为，当前在中国的建筑领域，中国的一些城市成了外国建筑大师或准大师“标新立异”的建筑设计的“试验场”。只顾形式，忽视功能，不顾造价与结构的合理性，已经将中国建筑创造引入歧途，到了不能不加以正视的地步。“这样一个怪圈”出现的原因在于建筑失去了人文精神，而现在却在希图采用与人文背道而驰的途径去获得它，这怎能不令人担忧？与此同时，对本土文化又往往缺乏深厚的功力，甚至存在不正确的偏见，因此尽管中国文化源远流长，博大精深，面对全球强势文化，我们一时仍然显得“头重脚轻”，无所适从，而在新的建设中，特别是有人文内涵的建筑中，我们多么渴望能多一点民族的文化精神。失去建筑的一些基本准则，漠视中国文化，无视历史文脉的继承和发展，放弃对中国历史文化内涵的探索，显然是一种误解与迷茫。成功的建筑师从来就不是拘泥于国际式的现代建筑的樊笼。我们要有更为宽阔的地域视野，在全方位地发展区域政治经济社会文化的同时，发展建筑地域文化，促进建筑创作的繁荣，而不能流于建筑表面样式的追求。我们在全球化进程中学习吸取先进的科学技术，创造全球优秀文化的同时，更要有一种文化自觉的意识、文化自尊的态度、文化自强的精神。中国学者要想对祖国有所作为，对世界建筑文化有所贡献，必须中西之学两者并进。人文精神并非虚无缥缈，历史上中国有丰富多彩的建筑文化遗产，中国数千年的建筑与城市文化，有极为丰富的人居环境科学和人文思想。要发扬我们的文化内涵，推进规划设计创作。面对史无前例的浩大的城市化洪流，我们理应根据地区实际的

问题、条件和基础，不断创造性地探求城市化道路的地区模式，其成果也将成为中国乃至世界城市史上的光辉一页。迎接新世纪中国建筑科学艺术的伟大复兴。①

三 工程哲学的一项案例研究

工程理念，是工程哲学的重要的基本概念之一。它体现着工程的本质，它是工程所要达到的理想目标和指导思想的高度理论概括，是全部工程活动的出发点和归宿，是工程活动的灵魂。它贯穿于工程的策划、设计、建设、运营及管理的全过程。它的内涵随着工程活动的进展和经验的积累，日臻丰富和完善。工程理念决定着工程的优劣和成败。

我们课题组以上海虹桥综合交通枢纽工程为案例，进行了其工程理念体系的研究。在这里我作一简要介绍。

虹桥综合交通枢纽是为满足全国特别是长三角地区的经济发展和上海经济发展战略重大调整的需要应运而生的。它是航空、高速和城际铁路、磁悬浮、城市轨道交通、高速公路和城市公共交通等多种运输方式的交会和换乘枢纽，是上海面向长三角区域和国内外的门户。

虹桥综合交通枢纽工程的理念体系是它所要达到的理想目标和指导思想的高度理论概括，是它的交通功能、经济功能和社会功能的集中体现，是全部工程活动的出发点和归宿，是工程活动的灵魂。它贯穿于工程的策划、设计、建设、运营及管理的全过程。它的内涵随着工程活动的进展和经验的积累，日臻丰富和完善。

（一）虹桥综合交通枢纽工程是历史的选择

原拟定的京沪高铁上海七宝站的选址方案，遇到土地和动迁等困难，而虹桥机场扩建方案的优化，节约了大量的市区土地资源，为高铁站和磁悬浮站建设提供了可能。同时，虹桥机场靠近市区的区位优势，使建设航

① 吴良镛：《科技发展与人文精神》，载路甬祥、郑必坚主编《世纪机遇——中国科学与人文论坛演讲录》第一辑，第43—66页。

空港、高铁站和磁悬浮延伸站的综合交通枢纽的方案成为可供选择的方案中的优化方案：节约了土地资源；各种交通运输方式共用城市交通基础设施；多种换乘方式的可选择性。

巨量客货流，使得枢纽工程十分庞大和复杂，它的建设和运营管理成为一个复杂的巨系统工程。

综合交通枢纽的工程建设，不仅可以直接服务世博、拉动内需、扩大就业，而且必将强有力地带动整个“大虹桥”的发展，具有巨大和深远的经济和社会意义。“大虹桥”将成为上海新的西部经济中心，进而使上海和长三角的经济社会发展更紧密地联系起来，为未来世界第六大城市群的发展奠定了基础。它还将使上海和江浙的经济发展与长江流域及广大北方地区的经济发展更紧密地联系起来。

（二）虹桥综合交通枢纽的设计运营理念

虹桥综合交通枢纽是各种交通网络交会在上海的最重要的节点，实现不同运输方式的紧密衔接和换乘是它的最基本功能，所有的建设和运营都要为实现这一基本功能服务。因此，必须坚持“一切为了旅客的换乘”，其基本理念应该是：方便快捷、安全顺畅、舒适亲切，从而使过往旅客获得一个印象：“难忘虹桥——十二种换乘方式的全新感受。”

（三）虹桥综合交通枢纽工程的建设理念

在设计和建设过程中遵循的理念——处理好功能性、先进性、经济性、前瞻性四者的关系，使虹桥综合交通枢纽工程成为21世纪人性化、智能化和低碳化的标志。

人们常说“建筑是遗憾的艺术”，我们要在充分借鉴国内外经验教训的基础上，尽量减少乃至消除隐患和遗憾于设计和建设过程中。

大型交通枢纽完全超出了单一的交通设施功能，它已经成为一个以交通功能为基础的综合性的城市功能区。在虹桥综合交通枢纽工程的各种功能中，换乘功能是第一位的，在设计上多层面、多通道、多出入口、多车道边为其显著特点，充分发挥和优化其换乘功能。

功能性、先进性、经济性、前瞻性是紧密联系、互为补充的，构成一个有机的统一整体。功能性是第一位的、基础性的，先进性、经济性、前瞻性是为了保证当前和未来功能性的充分发挥。虹桥综合交通枢纽工程追求的是要在功能性、先进性、经济性、前瞻性中求得一种整体的优化、协调与平衡，而不是单纯追求某项指标的所谓领先。

人性化赋予了工程以鲜活的生命，没有文化的建筑只是一堆冰冷的钢铁和混凝土的堆砌物。虹桥综合交通枢纽工程的人性化不但体现在“硬件”上，更表现在“软件”上。

在“四性三化”基础上，形成虹桥综合交通枢纽的独特气质——造型宏大而平实，色彩醒目而淡雅，建筑风格气象宏伟而不豪华夸张。虹桥综合交通枢纽的建筑体型变化相对丰富，同时彰显各类建筑的个性，机场和车站造型虚实结合，寓意虹桥，充分体现枢纽建筑的时代感和速度感，从而创造一种使旅客在繁忙的流动中舒适亲切的氛围，留下的印象是“梦幻虹桥——科技与艺术的完美结合”。

（四）虹桥综合交通枢纽区域开发的理念

规模宏大的虹桥综合交通枢纽工程建设必然会带动周边地区的发展，必须从更高层次、更广领域、更大范围研究虹桥综合交通枢纽在上海和长三角地区发展中所扮演的角色，明确功能定位和开发方向。

虹桥综合交通枢纽的建设拉开了“大虹桥”经济社会开发建设的序幕。虹桥综合交通枢纽区域即“大虹桥”，不仅是一个地域概念，更重要的是要充分认识它在经济社会发展中的战略地位和作用。建设虹桥商务中心区有良好的“天时、地利、人和”条件。

“大虹桥”经济开发的功能定位是：建设虹桥商务中心区，着力发展现代服务业和现代物流业，直接服务长三角，成为上海与江浙经贸交流的新平台，进而向长江流域延伸，并承接国际现代服务业和最先进的服务产品向国内转移，从而有力地促进上海和长三角地区的产业升级和产业结构调整。

“大虹桥”开发建设的理念是：建设适于商务开发的有利环境，逐步建成上海高起点、现代化、具有国际水平的新的商务中心区，形成上海经

济发展的西部中心，服务长三角，促进上海和长三角经济发展的一体化，实现苏浙沪共赢共荣，要突破单纯按行政区划思考问题的传统思维模式，依据经济发展的内在需要和逻辑，大胆探索新形势下经济社会文化发展的新途径。在规划、体制、机制、运营等诸多方面要有大手笔，做大文章，形成“大虹桥”鲜明特色。

“大虹桥”开发建设的科技内涵是：全面体现21世纪最先进的高科技成果。以高科技引领和打造现代服务业。“大虹桥”要成为现代服务业的科技研发中心。

“大虹桥”开发建设的经济内涵是：打造直接服务于综合交通枢纽的相关产业中心；打造长三角协作园；打造国际会议中心；打造现代物流业集散中心。

“大虹桥”开发建设的文化内涵是：文化是保障可持续发展的最具潜力的重要战略资源。从战略地位上，着眼于经济与文化的互动和协调发展。中外文化在这里交会，吴文化、越文化和海派文化融会于虹桥，从而形成“大虹桥”文化。创建独具特色的高水平的“大虹桥”文化，对于提升“大虹桥”的知名度和美誉度，提升其凝聚力、辐射力和吸引力，具有深远的、重要的历史意义。

“大虹桥”开发建设的社会内涵是：提高社会劳动力的素质和提升社会劳动力的层次，改变区域的社会成分、社会结构、社会布局和社会功能。营造一个安全、有序、繁荣、和谐、人人心向往之的社会环境，使出行者可选其乘、就业者可谋其位、居住者可租其屋、投资者可谋其利、创业者可展其图。

“大虹桥”开发建设的服务功能是：良好的生态环境和政策环境，并不断加强和完善其各项服务功能（交通服务、信息服务、生活服务、文化服务）。

（五）虹桥综合交通枢纽和虹桥商务中心区发展的战略目标

虹桥综合交通枢纽和虹桥商务中心区发展的战略目标是实现“六个一体化”：多种交通方式运营的一体化；虹桥和浦东两个机场的一体化；交通功能和经济功能的一体化；服务世博和世博后长远发展的一体化；虹桥

和周边区县经济发展的一体化；上海和长三角经济发展的一体化。

虹桥商务中心区的建设必须处理好以下几大关系：与已有的虹桥经济技术开发区的关系；与上海市中央商务区之间关系；与长三角城市群的关系。

处理这些关系遵循的基本原则是紧密联系、相互促进、共赢共荣。

“大虹桥”的建设对上海来说是全新的事业，面临当前错综复杂的世界经济形势以及国内经济转型和结构调整带来的机遇和挑战，“大虹桥”的定位和内涵必然具有鲜明的特点和崭新的内容。为此，“大虹桥”的开发建设必须进行模式创新、体制创新、政策创新、管理创新、功能创新。所有这些创新，最后归结为一点，必须冲破传统思维定式的束缚，首先是要大胆地进行思想创新。

“大虹桥”的建设和发展要有缜密的全面科学规划，高起点、高层次、分阶段地推进，逐步改变上海的经济发展战略格局，促进产业结构调整，形成“大浦东”和“大虹桥”的新型双核结构，成为上海经济社会发展的新引擎，促进长三角地区的新繁荣。

我们相信，“大虹桥”定将成为上海和长三角腾飞的彩虹之桥。

当今，我国的工程建设正在突飞猛进，为工程哲学的研究提供了十分有利的条件。工程师和哲学家要携起手来，通过在工程建设的丰富实践活动中的共同努力，促进工程哲学的研究和工程科学的繁荣。

［在中国土木工程学会（总工程师）咨询工作委员会第四次会员大会上的演讲，选自《中国土木工程学会（总工程师）咨询工作委员会第四次会员大会文件汇编》2010 年 4 月］

增进战略共识　推动务实合作

——第二届中美清洁能源务实合作战略论坛总结报告

2011 年 1 月 18 日至 19 日，国家创新与发展战略研究会与布鲁金斯学会在华盛顿共同主办了《第二届中美清洁能源务实合作战略论坛——未来十年中美关系》。中国国家主席胡锦涛、美国总统奥巴马分别专门致信祝贺。全国政协副主席董建华，全国政协副主席、科技部部长万钢，国家创新与发展战略研究会会长郑必坚，中国能源研究会理事长柴松岳，中国发改委原副主任、国家能源局原局长张国宝，中国工程院副院长谢克昌，以及美国能源部部长朱棣文、美国驻华大使洪博培、美国布鲁金斯学会董事会主席约翰·桑顿、世界银行高级副行长兼首席经济学家林毅夫，中国神华集团、国家核电技术公司、中国国电集团公司、中国投资有限责任公司、中国国家电网公司和美国西屋电气公司、通用电气公司、杜克能源公司、第一太阳能公司等企业负责人，中国能源研究会、中国可再生能源研究会、美国可再生能源学会等机构负责人及其他战略研究界、政界、企业界人士共 200 余人出席论坛。大家就未来十年中美战略合作前景、中美清洁能源领域合作，及中国投资美国清洁能源基础设施建设的合作可行性等问题进行研讨。郑必坚会长就未来十年构建中美新的“利益会合点”和“利益共同体”问题作了开幕式演讲。会议期间还举行了中美企业清洁能源合作协议签字仪式和中美清洁能源研究中心研究成果发布仪式。中美两国企业签署了 18 份总值超过 130 亿美元的能源合作协议。论坛既有战略层面的深入探讨，又取得了务实合作的丰硕成果。

一　论坛议程

1 月 18 日上午的开幕仪式，首先宣读了中国国家主席胡锦涛和美国总统奥巴马致论坛的贺信，由布鲁金斯学会主席约翰·桑顿致欢迎辞。国家创新与发展战略研究会会长郑必坚作了题为《二十一世纪第二个十年的中国发展方向和中美关系展望》的主旨演讲。美国驻华大使洪博培也发表了演讲。随后举行了《中美清洁能源技术与研究合作》专题会议。由国家能源专家咨询委员会副主任、国家创新与发展战略研究会副会长、中国能源研究会常务副理事长周大地和美国布鲁金斯学会著名研究员约翰·杜奇主持。白宫科技政策办公室主任约翰·霍尔德伦，全国政协副主席、中国科技部部长万钢，美国能源部助理部长大卫·桑德罗，中国能源研究会理事长柴松岳，中国工程院副院长谢克昌演讲。

上午还由中国科技部、中国国家能源局、美国能源部举行了清洁能源研究中心成果发布会。美国能源部部长朱棣文，全国政协副主席、中国科技部部长万钢，中国国家能源局副局长钱智民等出席。

午餐会上，布鲁金斯学会会长斯特罗布·塔尔伯特致欢迎辞，全国政协副主席、中美交流基金会会长董建华，和世界银行首席经济学家、高级副行长林毅夫发表了演讲。

18 日下午举行圆桌会和分会场讨论。由国家创新与发展战略研究会常务副会长吴建民主持，博鳌亚洲论坛秘书长周文重，美国前国家安全顾问桑迪·伯杰，美国前驻华大使普理赫，美国和平研究所国际事务资深顾问史蒂芬·哈德利，国防大学战略研究所原所长潘振强将军，北京大学国际关系学院院长王缉思，外交部前大使施燕华，国务院发展研究中心金融所所长夏斌，上海社会科学院副院长黄仁伟等先后发言，并展开了热烈坦率的讨论。

“中美清洁煤领域合作前景”分会场，由劳伦斯·利弗莫尔国家实验室碳管理项目负责人胡里欧·费雷德曼，和神华集团有限责任公司副总经理、中国神华能源股份有限公司总裁凌文担任联席主席；“中美可再生能源领域合作前景”分会场，由美国可再生能源理事会主席迈克尔·艾克哈

特，中国可再生能源学会理事长石定寰，和龙源电力集团股份有限公司总经理谢长军担任联席主席；“中美核能领域合作前景”分会场，由布鲁金斯学会能源安全倡议中心资深研究员、主任查尔斯·埃宾杰和国家核电技术公司副总经理马璐担任联席主席。

同时还举行了中美企业清洁能源协议签字仪式，万钢、朱棣文、张国宝等出席。

晚宴由布鲁金斯学会常务理事威廉·安东里斯致辞，美国能源部部长朱棣文和中国国家能源局局长、中国国家发展与改革委员会副主任张国宝发表演讲。

19 日分会场继续研讨。同时举行了“中国投资美国清洁能源基础设施建设的合作前景”圆桌会议，由中国国家创新与发展战略研究会常务副会长吴建民主持，中国投资有限责任公司董事长兼首席执行官楼继伟做了主旨演讲，美国六位州、市长专程赴会，与会者展开了热烈研讨。

最后论坛全体与会者参加了“中美政府与产业在清洁能源领域合作”专题会议。会议由中国能源研究会副理事长、国家气候变化专家委员会副主任、清华大学前常务副校长何建坤做主旨演讲，劳伦斯·利弗莫尔国家实验室碳管理项目负责人胡里欧·费雷德曼主持。演讲人有：杜克能源公司董事会主席、总裁兼首席执行官詹姆斯·罗杰，神华集团有限责任公司董事长张喜武，西屋电气公司首席运营官里卡多·佩雷斯，国家核电技术公司董事长王炳华，美国电力公司总裁、主席兼首席执行官迈克尔·莫里斯，中国国电集团公司总经理朱永芃，新奥集团股份有限公司董事会主席王玉锁等。

闭幕宴会由布鲁金斯学会中国中心主任李侃如主持，美国能源部副部长丹尼尔·庞曼和中国国家电网公司总经理刘振亚发表了演讲；布鲁金斯学会主席约翰·桑顿和国家创新与发展战略研究会会长郑必坚分别致闭幕词。论坛圆满谢幕。

二　期待与关注

论坛是在中国国家主席胡锦涛访美期间举行的，并纳入胡主席访美的

大盘子，引起中美各界和媒体的高度关注。中美两国元首的贺信表明了对论坛的重视和殷切期待。

胡锦涛在贺信中指出，当前，面对人类社会发展的一系列重大课题，中美两国拥有更加广泛的共同利益、肩负着更加重要的任务。中方愿同美方一道，在相互尊重、互利共赢的基础上，推动积极合作全面的中美关系深入发展，以造福两国人民和各国人民。中美两国同为能源生产和消费大国，开展能源环境合作前景广阔。近年来，根据《中美能源环境十年合作框架》，两国稳步推进相关领域务实合作，同国际社会一起应对气候变化挑战，充实了中美关系内涵。本届论坛将为促进中美两国清洁能源合作和可持续发展发挥重要作用。

奥巴马在贺信中指出，美中关系是当今世界最重要的、影响最深远的双边关系之一。两国继续深化合作，携手应对挑战，将影响并改善 21 世纪的全球格局。气候变化和清洁能源领域的务实合作是必不可少的。唯有如此，两国才能加快转型步伐，打造低碳经济，实现能源安全。携手合作可以加快两国开发和利用清洁能源技术的步伐，使两国受益，并惠及全球。像本次会议这样的活动能够拉近各方距离，培养伙伴关系，实现共同目标，从而建立强有力的清洁能源合作机制。

论坛引起了中外媒体的广泛关注。2011 年 1 月 5 日，在北京举行了“第二届中美清洁能源务实合作战略论坛：未来十年中美关系”媒体吹风会，国家创新与发展战略研究会常务副会长吴建民向媒体介绍了论坛的宗旨、内容和筹备情况；论坛开幕前夕，美国布鲁金斯学会中国中心主任李侃如也向媒体透露了论坛将被关注的议题，这就引起了媒体对论坛的兴趣与期待。从 1 月 6 日起至论坛召开前，中国的各大媒体和网站都报道了论坛即将召开的消息。论坛召开期间，有 18 家中文媒体和 17 家英文媒体的记者驻会跟踪报道和采访。有关论坛的报道在中国从中央到地方所有媒体和各大网站几乎全覆盖。纽约时报、路透社、道琼斯、纳斯达克专业报道、中东半岛新闻社等都对论坛作了报道。胡主席和奥巴马的贺信，及郑必坚的扩大“利益会合点”构建“利益共同体”的观点，成为报道的重点。

三 增进战略互信和共识

胡锦涛主席此次访美，是在中美关系处于关键时刻进行的，对于避免中美之间的战略误解误判，确定今后十年中美关系的基调和走向，都是极为重要的转折点，标志着中美合作关系达到一个新阶段。

开幕式上，郑必坚在主旨演讲中指出，在21世纪第二个十年，中国的“和平崛起发展道路”与“构建和谐世界”总方针需要进一步具体化。而这方面的一个重要取向，就是“扩大和深化同各方利益的会合点”，全方位地与不同国家和地区建立和发展在不同领域和不同层次的“利益共同体”。扩大和深化“利益会合点”、构建“利益共同体”，已成为中国政府的明确方针。中国的国内发展需要这种取向，中美的共同发展需要这种取向，世界大势也允许、并需要这种取向。我们期望，对这样的取向，能在国际社会越来越大的范围内获得认同和共识。今明两天，我们除了就中美两国的战略关系进行对话以外，还将在有关清洁能源的几个重要领域，探讨中美如何具体发展利益会合点和利益共同体。中美清洁能源的务实合作完全有可能扩大和深化同多方利益的汇合点，也完全有可能成为构建“利益共同体”的一个重要组成部分。超越意识形态和社会制度差异，超越封闭式排他式狭隘眼界，而以大局观念、务实精神和政治智慧来共同致力于扩大和深化双边和多边的、不同层次和不同领域的“利益会合点”、构建“利益共同体”，不仅是必要的，也是可行的。利益会合点积累越多，共同利益基础就越深厚，构建利益共同体就越具备条件，其空间无比巨大，其成效不可限量。

扩大“利益会合点”并构建“利益共同体”，成为与会者的共识，并引起媒体的广泛报道和美国战略界的高度关注及许多人士的赞同。美国战略界高层认为，接受中国和平崛起和认同广泛“共同利益”正在成为美方不可回避的选择。以各领域广泛合作的具体项目支撑中美共同利益和伙伴关系，以确保中美关系不会走上20世纪上半期英德关系和20世纪下半期美苏关系的老路，即现存大国与崛起大国全面对抗的历史悲剧。

约翰·顿表示，听了郑必坚的演讲，我们不难得出这样的结论，那就

是美中关系可以是、应该是也一定是一种建设性的互利共赢的关系。赖斯说，郑必坚关于和平崛起的论述，讲了一个很重要的概念。历史上国际体系一直不能够很好地处理大国的崛起。我认为和平崛起的一个关键因素就是要保持良好的国际环境。赖斯认为，讲共同利益是很好的，而且听到领导人讲共同利益更好，需要有成果来兑现共同利益的承诺。美中两国在经济和其他领域都存在着切实和具体的合作机会。美中两国应该在清洁能源方面紧密合作，这对于环境保护和经济发展来讲都非常重要。佐利克讲，我了解并赞赏郑必坚先生致力于将“战略”和“务实”相结合。基辛格说，我赞同郑必坚先生的构建中美“利益共同体”的设想，我想提出“太平洋共同体”的设想。博什格拉夫（美国战略与国际问题研究中心高级顾问）指出，美国右翼决心把中国形容为另一个苏联，对此，以“共同利益”来维系中美关系是恰当的，可以避免中美关系走向冷战时期的美苏关系。哈德利（美国和平研究所国际事务资深顾问）指出，中美合作充满活力，关键今后两年要取得平衡，就是找到三个到五个利益共同点，可以在企业层面，也可以在政府层面。

在“未来十年中美战略合作前景”圆桌会上，为增进和加深中美战略共识和互信，美方人士提出加强战略对话机制的建议。认为现在中美双边对话机制不少，但时间短、不深入，形式多于内容，宣示多于讨论。建议扩大、提升、补充各类战略对话机制，以保持中美在各个层面、各个领域的信息渠道畅通。其一是增加中美战略与经济对话的战略内容和分量，战略合作领域可以从传统安全领域扩大到非传统安全领域，如水源、粮食、气候、人道救援、自然灾害等。其二是增加有关战略理念的讨论，如“核心利益”和“共同利益”“利益共同体”和“太平洋共同体”等重要战略概念，由此产生新的合作路线图。其三是专业性很强的特定专题对话，如汇率问题、投资问题、技术控制问题、能源问题等，以避免非专业因素干扰，使之更有效率。其四是两军交流机制的系统化，目前两军之间没有热线，缺乏危机预警、反应和应急机制；应开设关于海上安全和人道救援等专题对话，进而可以扩大到太空安全、核武器安全、网络安全以及其他非传统安全问题。其五是深化战略问题第二轨道对话，建议设立由双方资深专家组成的战略研究小组，定期进行战略前沿问题探索。与会者都十分关

切媒体和公众舆论对中美关系的影响，认为扩大和加深媒体和人民之间的交流和了解，客观、公正、理性地认识并接受中国的和平崛起十分重要。

四 务实合作前景广阔

论坛在战略层面的研讨，增进和加深了共识和互信，并具体落实在清洁能源领域寻求扩大“利益汇合点”，构建“利益共同体”。与会人士就如何在实践层面加强中美战略互信、拓展两国在清洁能源领域的务实合作展开了深入沟通和讨论。认为中美两国政府、企业、科研机构等各个层面之间加强交流，具有战略意义，在发展清洁能源方面开展务实合作，前景十分广阔。

董建华演讲的主题是建立中美战略互信的重要性。他认为中美关系取得成功合作的三个领域（经济领域、气候变化领域及朝鲜半岛问题上的合作）可以作为我们今后工作的范例，也可以使我们明白，合作对于两国以及整个世界的意义，中美两国都已经从促进全球经济发展的携手合作中获益。在 2009 年 11 月奥巴马总统访华期间，两位领导人共同号召在 21 世纪建立积极、合作、全面的中美关系。今天上午郑必坚先生倡导建立共同利益体。事实上，自两位领导人上次会面之后，两国已就此做出了大量努力，今后还有更多工作要做。

林毅夫的演讲认为这个论坛很重要，召开得非常及时，因为美国是世界上最大的能源消耗国，而中国是能源消耗增长最快的国家。因此，中美两国之间关于清洁能源的战略合作将不仅决定两国的能源未来，而且决定全世界的能源未来。两国都有合作的实力，同时也有着新能源和清洁能源领域合作的历史。中美两国在清洁能源领域的合作不仅对两国是有利的，而且对全世界都是有利的。这不仅对目前的全球经济复苏是一个双赢策略，而且对未来的发展也是一个制胜策略。当然，要实现这方面的合作，需要创新的科学发现和更新的政策法规，同时也需要两国对投资和贸易政策做出调整。今天的会议是朝着这个目标前进的重要一步。

万钢在演讲中指出，清洁能源合作一直是中美科技合作的重点之一。自 1979 年签订《中美科技合作协定》以来，两国在清洁能源科技领域开

展了深入合作，32 年来取得了丰硕成果。近两年，在两国政府和产学研各界的共同努力下，中美清洁能源领域的合作取得新突破。

张国宝在演讲中强调，中美清洁能源合作符合两国的共同利益，中美清洁能源领域合作潜力巨大，中美双方应加强务实合作，务求实效。能源领域是中美经贸合作的增长点，具有广阔的合作潜力。加强中美能源合作，有利于维护两国乃至全球的能源安全、共同应对全球气候变化。我们应增强互信，本着优势互补、互利共赢、共同发展的原则，在业已建立的良好合作基础上，积极推进两国能源领域全面务实合作。

五　合作研究的优先领域

在“中美可再生能源领域合作前景”分会场，美国能源部助理部长戴维·桑德罗，中国可再生能源学会理事长、国务院参事石定寰全面介绍了中美两国可再生能源政策，提出将可再生能源纳入中美清洁能源联合研究中心的优先领域，加强科技合作，引导产业发展。会议主要关注可再生能源政策与投资，可再生能源产业合作，包括太阳能利用、电动汽车和风力发电等问题。关于中国新能源企业在美国投资，主要关心政策的可持续性，希望能有系统的政策制定，减少中国新能源企业投资在美国的风险。会议讨论了 CDM 的变化对新能源企业的影响，以及碳交易在近期的可能性。会议对于可再生能源产业政策对产业发展的重要影响力和中美两国可再生能源产业合作的重要性与必要性达成了共识，认为政策是驱动科技创新、技术推广应用、市场培育和产业良性发展的首要因素，两国政府应制定相应的产业政策促进两国产业间的合作。讨论主要围绕中美可再生能源产业界对两国政府及产业政策的期望与建议展开，主要关注合作机制、成本干预、竞争还是合作三个方面，并提出了以下建议：两国政府在光伏领域全面实施上网电价法；中美双方建立具体的合作机制和平台，引导中国企业在美投资可再生能源项目；美方建立公平竞争的市场机制和提供合作平台，引导中国企业在美投资可再生能源项目，今后也能采购中国生产的风机；将可再生能源纳入中美清洁能源联合研究中心的优先领域，促进科技合作，引导产业发展；考虑新兴产业与传统产业的结合，降低传统产业

的成本，节约资源；促进建立公共—私营部门的合作关系；在行业标准、行业管理等领域建议引入美国企业的先进经验，加强合作；推广美国技术 + 中国市场 + 投资机构服务的模式；贸易壁垒造成巨大的资源浪费，两国政府应消除壁垒，创造利益共同体。有的企业还现身说法，介绍了中美在清洁能源领域合作的成功经验及成果，增强了合作的信心和决心。

六　中美合作的典范

在“中美核能领域合作前景”分会场，研究讨论了三代核电的建设、核电发展制约因素的应对策略、核燃料和核废物处理以及面向未来的核电技术等专题。作为中美两国能源领域最大的合作项目，AP1000 在中国的工程实践得到了大家的普遍关注。与美国不同，在过去的 20 年中，中国有持续的实际的工程建设经验。正如西屋公司高级副总裁 Deva 先生所言，中国的 AP1000 项目对美国伙伴同样有着重要意义，双方共享在建设过程中收获的实践经验、解决存在的问题，这将显著提高中美双方核电设计和工程建设的能力。这种互利互信的深度合作，必将成为中美能源合作的典范。而且这种成功的示范，将鼓励合作的参与者在更深入、更广泛的领域获得共赢。与会者在核安全监管问题上深入坦率地交流了意见。尽管各自有着不同的立足点，但从交流中能清晰地看到，无论中方还是美方，都给予了核安全应有的足够的关注。核安全对于核能业界发展的重要意义，是双方普遍的共识。在该领域，两国已经在各方面都开展了很多的合作，体现了互利。会议探讨了中美在核能专业人才培养方面合作的重要意义，认为这既关系到核电的发展速度，也与核电安全直接相关。特别是当前中美两国核能领域的人才呈现了一定的互补局面。美国有成熟且经验丰富的人才队伍，而中国每年都有相对年轻但已接受了专业训练的大量毕业生。在学术和行业层面进行教育和培训的广泛合作，得到了大家的广泛认可。通过论坛的讨论，也看到中美核能领域要实现持久的深度合作，仍有不少需要解决的问题。首先两国政府需要对中美核能高技术领域的合作给予更大的支持。中美企业在核能技术领域的合作完全遵守和平利用核能和市场化原则，并依照两国法律尊重和保护美国伙伴的知识产权。希望美国能源部

等部门，在810条款上针对中美核能高技术合作采取更加灵活、务实的措施，直至最终对中国取消810条款。同时，对中美两国企业联合开发先进技术、分享知识产权给予更加开放、积极的支持。在保障方面，希望能够减少出入境限制。要实现双方的互惠交流，必须减少对相关领域专家出入境的严格限制。这一问题的解决将会极大地推进双方潜在的各种合作。建议在中美两国核能主管部门与两国核能合作企业之间，建立一个四方定期协商机制，双方应该更多地交流，共同就两国核能合作中的有关法律、政策、技术、知识产权、市场、投资等问题进行沟通，协调解决有关问题。与会者认为，本次论坛就是核能业界一次很好的实践，建立了中美核能领域对话交流的平台，是一次极佳的尝试，希望建立四方定期协商机制的建议能够得到两国政府主管部门的认可和支持。中美双方在核能领域有共同的利益。尽管有分歧，但是基于共同利益的尊重与合作始终是双方认识的主流。希望中美双方能在未来继续加强务实合作，取得尽可能多的互利双赢的务实合作成果，把两国核能领域的交往与合作提升到新水平，为两国人民带来更多福祉。

七 优势互补合作共赢

在“中美清洁煤领域合作前景”分会场，会议联席主席凌文做了主旨演讲，对中美两国的能源和资源现状、煤炭综合利用、煤炭加工对环境影响和气候变化的影响等进行了分析，提出双方应在煤炭综合利用、洁净煤发电、清洁煤炭转化、二氧化碳处置等方面加强交流和合作。

谢克昌在演讲中从五个方面阐述了在洁净煤技术方面中美双方各自具有的优势，优势互补，合作潜力巨大，中美在清洁能源领域的合作完全可以成为双方共同利益的会合点和构建利用共同体的重要组成，一定能够对煤炭清洁高效利用，进而对全球的能源安全和温室气体减排做出引领性的、全球性的实质贡献。有12位中美双方的专家进行了专题发言，有近30位代表在讨论中发表了自己的观点，参会代表近50人。会议分三个专题顺序进行研讨。在“旗舰专题”讨论中，会议就煤炭加工利用、IGCC和超超临界等洁净发电、脱硫脱汞、煤化工、环境影响等方面的产业、技

术、两国各方面的差异、CCS、EOR 等方面的问题进行了研讨。在“融资现行机制及新方案”专题讨论中，涉及 CCS 的现实性和前瞻性，融资渠道、投资限制、碳的价格、激励政策、碳税补贴等，如何从源头上解决减排，CO_2 提高油田采收率 EOR 技术、影响因素等问题。在“知识产权、环境政策和法律框架”专题讨论中，与会代表就两国体制方面区别、总统政策延续性、私营公司参与合作、双方创建基金项目、合作项目起点、建立合作项目库、双方合作战略研究、形成伙伴关系方面的阻碍、环境监管问题、中美在知识产权方面的障碍、美国存在的壁垒、中国购买技术的代价、两国在洁净开采的政策参考、政府共同开发资金税收和共用基金、成果的共享、CCS 和其他的知识产权不同等方面进行了讨论。

在会议的总结发言中，与会代表还对资本与风险的分配、政府要创造一种环境、IP 要市场化管理、技术路线图的制度化、管理中的系统问题等作了进一步说明。中方主席凌文建议，双方应趁本次大会形成的成果，在洁净煤领域建立一种正常、有效和持续的交流机制，特别提请大会主办方考虑。

八　中美经济再平衡的新亮点

在“中国投资美国清洁能源基础设施建设的合作前景”圆桌会议上，中国投资有限责任公司董事长兼首席执行官楼继伟在主旨演讲中指出，CIC 作为财务投资人，一部分资产配置目标是长期稳定回报，有意愿与美国的、中国的、国际的运营投资人一起投资，共担风险，共享回报。实际上 CIC 已经同美国基金管理人共同投资 PPIP 项目，获得了两位数的回报。不过，投资的产品是金融资产，我们更有兴趣投资于实物资产。

与会人士认为中美经贸关系正在出现历史性的结构突破。其一是美国对华出口、中国对美投资的迅速增长，成为中美经济再平衡的重要亮点。2010 年中国对美直接投资金额首次超过美国对华直接投资，这是重大历史性突破，引起美国战略界的高度重视。中国在美基础设施领域高速铁路和智能电网的投资机遇较大。中方只要在一个大项目中竞标胜出，便可产生较大示范和连锁效应。今后几年美国财政紧缩不可避免，将更多依赖中方

资金来刺激经济复苏。建议组建中美合资的投资财团，以减少美国国内政治压力。同时，要防止重复20世纪80年代末日本对美投资泛滥的教训。其二是中美经贸关系的机制转变，要从改变冷战因素残余、技术更新周期、世界市场竞争等方面形成新的双边经贸管理机制。美方希望中方在汇率机制、政府采购、市场透明度和知识产权等方面加速改革。美方本身则应在近期内签订双边投资协定、放宽对中国技术出口控制、承认中国市场经济地位等一揽子经济合作机制。其三是在多边经济组织中的中美合作越来越重要，其中在G20、WTO、IMF、APEC等机构合作将创造双赢、多赢局面，当前尤其需要中美共同协商、设计多边经济组织的框架结构。其四是能源合作成为中美经贸关系的新增长点，目前已覆盖核能（核电站）、清洁煤、碳捕捉与封存、可再生能源、替代能源、新能源汽车、城市能源等领域，问题在于能源合作既受到美国政治环境的影响，也受到中国市场开放度和投资限制的影响。其五是中美同处于经济结构转型时期，宏观经济政策协调比以往更为紧迫。中美经济结构的交叉渗透和模式比较，已经成为双方宏观经济决策的战略要素，宏观的战略共同利益正在转化为微观的产业和企业纽带，这是中美经贸关系获得新发展的战略机遇。在经济领域，消除美国商品出口到中国、中国资本投资到美国的障碍十分迫切。

（原载《第二届中美清洁能源务实合作战略论坛总结报告》国家创新与发展战略研究会2011年2月，李惠国2010—2014年曾任国家创新与发展战略研究会副理事长）

文化是城市的灵魂

文化是某个人群（民族或地域）的特定的生活方式。文化由思想和行为的习惯模式所组成，包括价值、信仰、行为规范、社会组织、经济活动等。这种思想和行为习惯模式是通过学习代代相传的。这一人群中的每个人都自觉或不自觉地遵循着世代相传下来的被模式化了的思想和行为规则。城市文化指的是世世代代生活在这个地区的人民所创造的体现他们经济活动、生活方式、行为习俗、价值取向、审美情趣、民间信仰等特征的文化。城市文化在该地人群的嗣承中代代相传，对城市的经济、社会、政治乃至家庭和个人都有着深刻的、无法规避的影响。城市文化直接影响着该地区人们的基本素质、心理和性格特征的形成，民风就是城市文化的一种表现。

当今，我国城市化进程，在物质方面推进得很快，但人们的思想和行为的习惯模式远远跟不上城市化的发展，许许多多非城市文化因素制约着城市化的进一步发展。培育先进的现代城市文化，用文化建设带动城市进一步的经济社会发展，这应当是城市文化建设长远规划的基本出发点。

在规划城市发展时，我们要深刻认识和准确把握文化建设对城市经济社会发展所具有的战略意义，并切实把文化建设摆在城市发展的重要战略地位上。文化建设必须与城市经济和社会发展紧密结合，着眼于经济、社会和文化的互动和协调发展。

一 文化建设的战略意义

从国家来看，文化建设的战略意义在于：第一，文化是一个民族的灵魂，是全民族形成共同理想和精神支柱的强大精神力量，深深熔铸在民族

的生命力、创造力和凝聚力之中；第二，文化是综合国力的重要组成部分，在当今世界的综合国力竞争中的地位和作用越来越突出；第三，文化是保障经济和社会可持续发展的最具潜力的重要战略资源；第四，文化建设是全面建设小康社会的目标和内容的重要组成部分。

具体从城市发展来看，要着重从下述几个方面加深理解文化建设的战略意义。

（一）文化是城市的灵魂

一个城市文化的历史延续，发展状况和水平决定着城市的精神风貌和城市品格。城市文化内化则成为居民的素质和道德风尚，外化则表现为城市的文化品格，影响着城市各方面的发展。一个现代化开放的城市必须善于营造它的城市文化，这种城市文化应是它优秀的历史传统和现代文化创新的紧密结合。创建独具特色的高水平的城市文化，提升城市的整体文化品位，才能提高城市的知名度和美誉度，才能提高城市的辐射力和吸引力。

（二）文化是保障城市经济和社会可持续发展的重要战略资源

21 世纪是知识经济时代，知识已成为经济和社会发展的核心资源，它不仅包括科技知识，也包括一般文化知识。知识经济是高技术与高文化相结合的经济。当今时代具有竞争力的商品和服务，不仅具有高科技含量，也具有高文化含量。提高商品和服务的文化含量是创造高附加值的重要途径。

积极采用新的科学技术成果。发展新的文化产业形态已成为新的经济文化增长点，高科技成果对文化产业的渗透和改造越来越明显。文化产业数字化趋势正在对文化产业的存在形态和发展趋势带来革命性变化。

（三）文化需求是市场发展的强大动力

在全面建设小康社会的过程中，人们对文化和精神上的追求越来越多、品位越来越高，人们对文化的追求创造着巨大的经济需求，形成了对生产和经济发展的强大刺激因素。物质需求的精神化趋势，深度发掘人的

精神需求，从而扩大和开拓人的新的物质需求。在现代社会中，文化已成为扩大市场占有率，推动市场革新和开拓新市场的强大动力。“消费个性化”“感性消费”“舒适消费”等新的消费趋势无不与文化紧密相关。拓展有益于人们身心健康的文化消费市场，不仅是培育新的经济增长点的途径，也是加强精神文明建设的重要途径。

（四）文化产业是现代经济支柱产业

文化产业化和产业文化化，是当今经济和社会发展的重要趋势。文化产业是当代人类社会新的社会财富的创造形态。在世界范围内进行的经济结构的战略性调整中，文化产业的比重日益增大，文化产业已成为发达国家扩大对外贸易的主导型产业和国民经济与社会发展的支柱产业。积极采用新的科学技术成果，发展新的文化产业形态，已成为新的经济文化的增长点。信息产业和相关文化产业的结合，推动着全球的文化产业和其他产业的整合，不断形成新的产业亮点。发展文化产业已成为扩大就业的重要途径。有的人认为：“文化投资即就业投资，因为投资与就业之间的最佳捷径就是文化。”

如何在信息时代继续保持经济和社会的持续发展，如何看待文化产业对保持经济和社会持续发展的重要作用，已成为一些发达国家政府、商界和学术界普遍关注的问题。

（五）文化建设是全面建设小康社会的要求

十六大确立的全面建设小康社会的目标，是中国特色社会主义经济、政治、文化全面发展的目标。全民的思想道德素质、科学文化素质的提高，现代国民教育体系、科技文化创新体系、全民健身和医疗卫生体系的形成和完善，形成全民学习、终身学习的学习型社会，促进人的全面发展都是文化建设的重要方面，无不与文化的繁荣与发展紧密相关。

（六）文化是城市综合实力的重要组成部分

当今国际、国内市场风云变幻，竞争越来越表现为综合实力的竞争。综合实力不仅包括经济、科技、基础设施等方面的物质实力，即“硬”实

力。同时还包括精神文化、社会管理、应变决策等方面的精神实力，即“软”实力。只有“硬”实力和“软”实力相互匹配、紧密结合，才能形成强大的综合实力。一个城市社会整体的文化发展状况和水平、人文文化、管理文化的发展及普及，直接关系到城市和企业的竞争能力。

面对21世纪经济发展的新特点，为实现全面建设小康社会的奋斗目标，我们要深刻认识和大力宣传文化建设的战略意义，要使沈阳市的各级干部和广大群众树立新的文化发展观，全社会都关注文化建设，用文化建设推动沈阳市的发展，使沈阳市的经济和社会发展进入一个崭新的质的阶段。

二　加强城市文化建设是历史发展的要求

改革开放以来，经过20多年的努力，沈阳市经济社会发生了重大而深刻的变化，现在沈阳市的经济社会发展已开始进入一个崭新的阶段。大力加强文化建设，并且以文化建设促进经济社会发展，这是沈阳市经济社会发展历史进程的必然要求，同时，前一阶段的经济发展也提供了加快文化建设的一定的物质基础。新阶段的经济社会发展与文化的发展是紧密相连的，是互相促进的，具体来说，表现为下述几个方面。

（一）经济增长将由物质型消费和文化型消费双拉动

在目前情况下，就全国来说，努力扩大消费需求比增加投资需求更重要。从沈阳市的情况看，文化型消费将会进一步迅速增长。更加自觉地积极培育和扩大文化型消费需求，密切注视国内和国际文化型消费增长的新动向，拉动沈阳市的经济增长，这是政府、企业界和文化界共同面临的新课题。

（二）经济向高层次发展必须紧紧依靠科技与文化

沈阳市的经济发展面临产业结构和经济结构的调整，只有大力发展科技与文化，才能提高经济的整体素质，使沈阳市的经济向高层次的优质方向发展；创造高附加值产品，提高竞争力，必须是提高产品和服务的科技

含量与文化含量并重。

（三）积极培育本市的文化市场，努力扩大国内国际文化市场的占有率

随着本市居民文化消费不断迅速地增长，随着东北老工业基地的振兴和东北亚市场的发展，文化市场必然有一个大的发展。扩大国内外文化市场的占有率，应是沈阳经济发展的重要方面，这不仅需要大力加强文化建设，以带动文化市场的繁荣，而且它本身就是文化建设的重要内容。这就要求我们扩大文化视野、熟悉国外文化。

（四）文化产业迅猛发展

大力发展第三产业，积极推进传统三产的现代化，加快与经济和社会发展密切相关的金融、信息、咨询、会计、法律等现代服务业，都离不开文化的发展。大力发掘本市的人文资源，发展独具沈阳特色的文化产业，开发具有高文化含量的文化产品，是经济优质化的重要方面，也是文化建设的重要方面。

三 城市文化的今后走向

我们要充分认识沈阳城市文化的复杂性，既要认识并弘扬其优长的方面，也不能回避并要充分认识其缺陷和不足。我们更需要认识到，城市文化必须与时俱进。在新的历史时代，必须以新的社会实践的需要为标准，对沈阳城市文化作全新的全面审视，对沈阳城市文化的优长方面要根据时代的需要做出新的解释，赋予新的内容并加以弘扬；原来的某些优长也可能在新的时代发生转化而不利于进一步的社会发展，这就要加以扬弃。

以21世纪世界的最新发展和中国社会主义市场经济及现代化建设的实践需要为坐标参照系，以新的观念、新的思想、新的价值标准、新的伦理道德和新的行为规范培育人，提升与推进沈阳的城市文化建设。这个参照系的标准应该是：

（1）城市文化发展必须适应21世纪先进生产力的要求。当代先进生产力具有智能化的特点、国际化的性质、人性化的发展方向。这就要求人

们必须树立崭新的知识价值观、创新意识、科学的管理观和以人为本的经济发展观。

（2）城市文化的提升必须遵循先进文化前进的方向。要特别强调和着眼于科学教育与人文教育并重、科学文化与人文文化结合、科学精神与人文精神融会贯通。

（3）城市文化建设要保证社会主义市场经济的健康发展。现代市场经济是高度法治化的经济，公平竞争、互惠双赢和消费者至上是公认的经济准则。要培育广大市民的竞争意识、合作意识、效率意识、诚信意识、民主法制意识、忧患意识和全球意识。

（4）城市文化的拓展要以现代城市文明为目标。井然有序的社会秩序、文明礼让的社会风尚、绿色环保的社会环境、友爱互助的社区文明、优雅艺术的社会时尚等，要求人们树立新的伦理道德和行为准则。

四　城市文化建设的目标和任务

城市文化建设的总体目标是：遵循先进文化前进的方向，以符合先进生产力的发展要求和满足人民群众日益增长的精神文化需求为出发点，努力培育和形成有沈阳特色的现代城市文化，提高广大市民的科学、文化和道德素质，使先进文化融入经济社会发展的各个领域，把沈阳建成在全国大城市中具有很高美誉度的文化先进市。

城市文化建设的任务是：

（一）构建市民的思想文化教育体系

文化在培育有理想、有道德、有文化、有纪律的公民，凝聚和激励广大市民，形成朝气蓬勃、积极进取的精神风貌，提高广大市民科学、文化、道德素质等方面发挥着巨大作用。对市民的思想文化教育，要根据经济社会发展、城市化进程不同时期的实践需要和群众接受的程度，采取生动活泼、喜闻乐见的形式，寓教于乐。它的内容包括：

（1）中华民族的优良文化传统和爱祖国爱家乡的教育。

（2）普及科学知识加强科普宣传工作。弘扬科学精神，倡导科学方

法，培养良好的科学的工作、劳动和生活的习惯，破除封建迷信和克服不科学的生活陋习，提高市民的科学素养。

（3）加强人文精神的宣传普及工作。人文精神是以人为本的精神，是一切为了人的自由而全面发展和深切关怀人的精神，是提倡博爱、宽容和平等的精神。人文知识的普及和人文精神的弘扬，对于美好道德风尚的形成，对于崇高理想境界的培育，对于正确的人生观、价值观、伦理观、审美观的树立，对于良好的行为举止的形成，具有深刻的影响。培育市民的人文素养。加强社会公德、职业道德和家庭美德教育。

（4）加强普法宣传和城市管理意识教育。法治观念、社会秩序观念是现代市民素养的重要方面，市场经济就是法治经济。自觉地以法律规范和城市秩序规范约束自己的行为这是城市文明程度的重要标志。

（5）加强对流动人口的城市文明生活教育。流动人口是沈阳重要的人力资源，对沈阳市的经济社会发展做出了很大贡献，使他们的思想和行为迅速从非城市文化转变为现代城市文化，融入城市生活，并得到这个城市的关爱，这是现代城市文化建设的重要的不容忽视的方面。在外来民工培训中要有城市管理和市民道德行为规范等内容。积极引导民工参与城市文化建设。

（二）构建沈阳独具特色的城市文化体系

遵循先进文化的前进方向，创建独具特色的高水平的沈阳城市文化，提升城市的整体文化品位，塑造城市的文明形象。现代城市文化应是历史传承与文化创新的有机结合。

（1）深度发掘与弘扬历史文化。沈阳的历史文化在其经济社会发展中起着重要作用，对沈阳人的精神和风格的形成发生着重要影响。系统地发掘、整理和研究沈阳的历史文化，以展览、书籍、文学作品、戏剧、绘画、雕塑、影视等多种形式宣传和展示历史文化的优良传统，把它们作为历史文化之魂融入沈阳现代城市文化之中。沈阳一大批文化遗产的保护、修缮和研究也要形成系统。延伸这些历史文化板块，注重它周边文化景观的建设，构建历史文化旅游产业链。

（2）发展地方特色文化。满族的和民间的各种特色文化等都是宝贵的

文化资源，扶植其发展，扩大它们的影响。

（3）城市标志性文化设施建设。图书馆、博物馆、大剧院、书城、体育场馆、会展中心、文化广场、城市雕塑等城市标志性文化设施的建设要经过充分论证，合理规划，分期分批逐步完成，不一窝蜂式地仓促上马，不要留下太大的遗憾，不抄袭，传承历史，注重创新，注意相关系列建筑的整体协调美，它们是城市建筑风格和文化品位的象征。历史性建筑物是文化历史的物质载体，是城市的历史记忆，对它们的保护和维修如何，体现着这个城市的文化品位和对历史的态度。毁掉了历史性建筑，就使这个城市失去了记忆。

（4）大力开展群众性文化活动。整合完善市、街道、社区三级文化设施网络。办好群众性文化活动，办好各种门类、各种层次的文体比赛活动，推动群众性文化活动的广泛深入开展。

（5）办好作为沈阳标志的文化节。慕尼黑的啤酒节、潍坊的风筝节已享誉世界，德国兰兹呼特每四年一次的婚礼节，再现历史上巴伐利亚王子迎娶波兰公主的盛大场面，使这个小城市名扬四海。这些国内外的经验很值得借鉴。沈阳这几年也办了一些市艺术节，但均影响不大，没有特色。要总结经验，组织专家研究论证如何以弘扬沈阳文化特色为中心搞出独具特色的文化节，在国内外创出品牌。通过举办文化艺术节等活动，彰显城市特色文化，传播人间友情，达到以文会友之目的，以推动沈阳的经济社会和文化发展，特别是旅游业的发展。

（6）做好对城市文化的宣传工作。在塑造和培育特色城市文化的过程中，要加大对城市文化的宣传力度，打造品牌，必须在舆论上造势，利用报刊、电视、广播、互联网等传媒覆盖广、传播快、影响大的特点，全方位、多角度、高层次地宣传沈阳特色城市文化，提高其知名度、美誉度。

（三）构建完整的文化事业体系

文化事业是由政府直接组织管理、主要由政府财政拨款、生产文化产品和提供文化服务的独立的社会组织。其主要目的是为了满足公众文化生活需要，它是公益性的事业单位，不是营利性的，主要追求的是社会效益。不能把文化事业单位推向市场，不能按文化产业的要求让它们去完成

创利创税任务。

完备高效的文化事业体系是城市文化发展的基础，担负着传承和创新文化的任务，没有文化事业的发展，就不可能有文化市场和文化产业的发展。

（1）图书馆事业。加强市、街道（镇）、社区（村）三级图书馆服务网点建设，改善办馆条件，提高服务质量和办馆效益。确保各级公共图书馆的购书经费，购书经费增长幅度不低于地方财政收入的增幅。优化图书馆藏书结构，促进文献信息资源共建共享。加快图书馆网络化、数字化建设。

（2）文物博物馆事业。沈阳现有许多国家级的文物保护单位，对它们要加强维护。搞好市博物馆并扩大优化馆藏。编制全市文博藏品总目录，开展历史遗产和文物的数字化工程。扶植和鼓励民办文博事业发展。开展对社会流散文物和民间收藏的调查并加强管理，防止流失和损毁。建立满族历史文化博物馆和工业技术博物馆应是沈阳文化建设的一大特色。沈阳是老工业基地，把在工业转型期淘汰下来的机器设备建设一个博物馆，意义非常重大。

（3）文学艺术事业。加强市级专业文艺演出、文艺创作队伍建设，鼓励精品创作，力争在国内外创出品牌、获优异成绩。鼓励和扶植各种所有制的民间职业和业余文艺团体，促使社会力量兴办的文艺团体健康发展。

（4）加强地方志的编撰工作。要加强和充实地方志的研究编撰队伍，广泛深入地开展地方志资料的收集、整理、研究工作。根据现有条件和发展状况，分批分期开展镇、村、行业和企业史的编撰工作。开展口述史的收集，整理和研究工作，以抢救民间遗产。

（四）构建文化市场和文化产业体系

通常把文化分为三大类，即公益文化、亚市场文化和市场文化。公益文化的最大特征就是无偿性，其投入不能追求经济回报，追求的是最好的社会效益。亚市场文化最大的特征是市场经济法则只在一定范围内、一定程度上发挥着作用。如政府办的报纸、电台、电视台，其广告业务、报刊的印刷和发行业务，则在一定程度上受市场经济法则的制约。市场文化的

最大特征是主要通过市场调节文化活动，配置相关资源，其经营目的主要是为了盈利。这三种文化的界限也不是非常严格的，可以相互融合，也会相互转化。文化产业的发展主要在市场文化这个层面、在亚市场文化之中，文化在一定条件下也会以产业的形式出现，在公益文化之中，也会有文化产业的因素。

（1）促进文化市场的繁荣并加强监管。积极倡导娱乐业的大众化经营，大力扶持健康文明的娱乐项目和经营活动的发展，鼓励开发有利于青少年健康成长和符合老年人特点的文化娱乐活动。鼓励在外来民工集聚区创办有益于民工增进文化科学知识和身心健康的休闲文化活动。积极培育社会主义的文化市场主体，健全社会主义文化市场法制体系，优化文化市场经营环境，促进文化的繁荣、健康、活跃、有序发展。建立开拓海内外文化市场的信息咨询中心，为企业和商家提供信息和咨询服务。扩大和促进沈阳市企业界与海内外的广泛交流。

（2）加快文化产业的发展。面对 21 世纪世界文化产业化和产业文化化的发展趋势，积极探索文化产业发展的路子，是新时期文化发展和经济发展的一个新的重大课题。今后几年内，要初步建立起以市场为导向，以资本为纽带，政府调控市场，市场引导企业，多种所有制结构并存的文化产业发展机制。重点扶持、做大做强有特色、有优势的产业发展项目。争取文化产业增速不低于全市 GDP 的增长速度，努力使文化产业成为沈阳经济发展的新的增长点和扩大就业的新途径。逐步增大文化产业在三产业中的比重，若干年后，使文化产业成为沈阳市主导产业。由政府牵头，组织国内专家学者和企业界人士共同研讨并制订沈阳文化产业发展规划。政府要出台鼓励和扶植文化产业的政策。总结近年来沈阳组织全国性大型文化体育活动的经验，大力发展会展产业，承办全国性乃至国际性的大型会议展览和演出活动，扩大沈阳在海内外的知名度，加强促进本市与国内外的经济文化联系。鼓励与扶持为文化产业发展提供信息咨询和策划的行业的发展，开展各种形式的服务活动。

（五）构建繁荣文化的政策、法规和管理体制

现行的文化管理体制和运行机制已不能适应文化事业的发展要求。根

据文化建设的特点和规律，适应社会主义市场经济发展和城市化进程的要求，总结20年来文化市场发展的经验，借鉴国内和国际经验，积极推进文化体制改革。

（1）理顺政府和文化企事业单位的关系。文化行政主管部门要转变职能，以政策指导、法规调控、检查监督为主要手段，调整文化单位的经营行为，真正实行政事分开、企事分开、管办分离，充分发挥市场在资源配置中的基础性作用，促使各种文化资源和文化要素的合理流动，积极推进经营性文化事业单位的企业化改造。

（2）加大扶持力度。对文化事业投入的增长不低于同年财政增长幅度，建立多渠道支持文化事业发展的多元资金投入体制，制定相应政策鼓励国营企业和民间的集体私人资金投入文化建设，创办各种文化基金会，积极开辟各种渠道吸纳国际文化基金和财团的资金，投入慈溪的文化事业和文化产业。

（3）深化文化事业单位内部改革，完善激励机制。逐步建立有利于调动文化工作者积极性，推动文化创新、多出精品、多出人才的文化管理体制和运行机制。加强专业队伍的建设，培养和吸纳高水平的创新型人才。建立全市文化人才信息库和信息网络。

（在“自主创新振兴东北高层论坛暨第二届沈阳科学学术年会”上的演讲，原载孙铁珩、汝信主编《创新与发展》，沈阳出版社2005年版）

“从国家战略角度思考科学与人文 从科学与人文角度思考国家战略”

——中国科学与人文论坛百场演讲总结

自2003年4月15日中国科学与人文论坛在人民大会堂举行开幕式和首场学术演讲会，迄今已举行了96场学术演讲会。今年，论坛已进入第8个年头，迎来第一百场学术演讲会。

中国科学与人文论坛由著名科学家路甬祥和著名理论家郑必坚倡导并发起，由中国科学院研究生院和高等教育出版社主办。七年来，我们邀请了著名的自然科学家、人文社会科学家，其中有诺贝尔物理学奖、化学奖和经济学奖获得者，我国最高科学技术奖获得者，我国和外国国家政要、我军的高级将领、跨国公司的著名企业家等各方面的人士莅临“论坛”演讲。这些演讲都围绕着当今国内、国际共同关注的重大战略问题，也是自然科学界和人文社会科学界及社会各界所共同关心的问题展开的。

参加论坛活动的既有许多自然科学界的朋友，也有许多人文社会科学界的朋友；既有成就卓著的专家学者，又有朝气蓬勃的青年才俊。讲演人为“论坛”倾注了他们的热情和智慧，“论坛”听众热情参与，会场气氛活跃。“论坛”不仅传递着思想、知识和信息，而且涌动着情感的交流和互动，令人感悟，催人奋进。

“论坛”引起了国内外媒体的广泛关注，有报刊、电视台、广播电台、网站等四十余家著名媒体对“论坛”作了各种形式的报道，引起了广泛的社会反响。高等教育出版社每年都把“论坛”的演讲结集出版，目前已经出版了《世纪机遇》《和平崛起》《和平发展》《面向未来》《应对挑战》五集。围绕“论坛”的主题，我们还举办了学术研讨会和恳谈会。

七年来，中国科学与人文论坛一直遵循在论坛开幕式上，论坛的发起人郑必坚和路甬祥所阐述的“论坛”宗旨；认真执行郑必坚提出的中国科学与人文论坛的八字工作方式，即“广交朋友，双百方针”。“广交朋友”，当然包括外国的和港、澳、台的有关专家学者。“双百方针”，则是对科学上和艺术上的是非持慎重态度，提倡自由切实的讨论，而不企图轻率地作什么结论。

七年来，中国科学院研究生院和高等教育出版社的领导和参加论坛工作的全体同志团结合作，勤奋工作，大胆探索，勇于创新，获得论坛的演讲人、各种媒体和社会各界人士的广泛热情支持，这是论坛取得成功的重要因素。

七年来，不仅锻炼出了一支举办论坛的优秀队伍，而且凝聚了一大批热心的听众；一批又一批的博士和硕士受到了科学精神和现代人文理念的熏陶；人文学院以“论坛”的内容为素材闯出了一条政治理论课程教学的新路子。

七年来，我们论坛一直着力贯彻下述几个重要原则并获得了一些基本认识和体会。

第一，要恪守中国科学与人文论坛的宗旨和定位。

郑必坚同志为“中国科学与人文论坛”确立的宗旨是：为促进自然科学与人文社会科学的结合，为进入 21 世纪的中国科学家不断提高人文社会科学素养，提供一个研究和交流的平台。立足于“从国家战略角度思考科学与人文，从科学与人文角度思考国家战略”。

郑必坚认为，21 世纪的中国自然科学家，应当是忠诚于祖国和人民，忠诚于中国特色社会主义事业的，应当是具有正确的世界观、人生观、价值观和道德观，并且具有一定历史和文化素养的，而在自然科学方面则应当是敢于冲击世界前沿，力争走在世界前列，并为我国社会主义现代化建设做出应有贡献的专门家。如果这样来认识，那么我们的自然科学家就不仅需要有自然科学方面高度的造诣，而且不可或缺地需要人文社会科学方面的素养。因此，举办“中国科学家人文论坛”，宗旨很明确，就是一条，致力于提高进入 21 世纪中国科学家的人文社会科学素养。或者说，就是要为加强中国科学家这方面素养的建设，提供一个研究和交流的平台。同

时“论坛”提供这样一个平台，让自然科学家和人文社会科学家相互交换信息、交流思想，相互理解、相互学习；还可以进一步找到合作的方式，确立某些共同的研究课题。

要把自然科学与人文社会科学更好地结合起来，不仅要重视自然科学和各门工程技术科学、医药科学在社会发展中的作用，而且要重视人文社会科学和各门艺术在社会发展中的作用，并且力求把这两个方面统一以至融会于我们社会主义现代化建设和改革开放的伟大实践之中。也只有这样，才能使我们的理论创新、制度创新、科技创新、文化创新、教育创新，获得更加强大而又活跃的精神动力、智力支持和思想保证。

它要研究和回答的问题，涉及我们以往的知识储备和理论武装，涉及我们的人才状况和教育体制，还涉及我们对科学发展规律、文化发展规律的把握以及科学组织管理的体制。可以说，这里关系到的是整个科学队伍的建设问题，是科学技术创新与文化创新的结合问题，归根结底是关系到中华民族文化伟大复兴的重大课题。如何实现自然科学与人文社会科学的密切结合？这就是现实向我们提出的一个必须准备付出坚持不懈的长久努力才有可能逐步得到解决的问题、一个具有重大现实和长远意义的理论和战略问题。

人类探索、认识自然界和人类社会自身发展的奥秘，是走着一条漫长、曲折、艰辛的，而且是永无止境的道路。同样地，我们探索科技创新与文化创新相结合、自然科学与人文社会科学相结合的道路，肯定也将是走着一条漫长、曲折、艰辛的，而且也是永无止境的道路。自然科学家和人文社会科学家应携起手来，不畏艰难险阻，共同为自然科学与人文社会科学的更好结合，为发扬有现代科学意识的人文精神和有高度人文关怀的科学精神，为中华民族文化和整个中华民族的伟大复兴，贡献全部的热情、辛劳和智慧。

路甬祥同志指出，纵观人类文明发展的历史，科技创新、理论创新、制度创新都离不开文化的创新。在自然科学研究中，要做出原始性的科学创新，在工程与技术的发展中，要做出关键性的技术创新和集成，都离不开良好的创新文化环境和氛围。科学与人文，是人类文明进步的两个车轮，腾飞的两个翅膀。今天，我们面临着的一系列重大问题的解决，必须

要依靠自然科学和人文社会科学的结合，依靠科学精神和人文精神的贯通，依靠自然科学界与人文社会科学界的携手合作与并肩奋斗。人文精神与科学精神，同是人才培养不可或缺的重要部分。21 世纪的科技人才，不但应该具有自然科学前沿知识，而且也应该具有良好的人文社会科学素养。人文社会科学的素养，对于激发自然科学家的创造性思维，把握科学技术的社会需求，增强研究活动中的协作能力，提高自然科学家的社会责任感和使命感，有着不可替代的重要作用和影响。中国科学院一贯重视青年科技人才的培养，重视人文科学素养的教育，倡导科学精神和人文精神的贯通。希望通过举办高层次、高水平、持之以恒的“中国科学家人文论坛”，为自然科学家与人文社会科学家的相互交流与合作提供一个新的平台，能够激发年轻科学家的人文社会科学兴趣，帮助青年科学家提高自身的人文社会科学素养。

第二，“论坛”要有高远宽阔的视野和鲜明的时代感。

2020 年我们国家将实现全面建设小康社会的奋斗目标，并将迎来中国共产党建党 100 周年，到 21 世纪中叶，迎来新中国成立 100 周年的时候，我国将基本实现现代化，建成富强民主文明的社会主义国家。从现在到 21 世纪中叶，世界正处在从工业文明向生态文明转变的历史关节点上。伟大的社会实践，巨大的历史变革，必将为我国自然科学和人文社会科学提出多方面的需求，提供极为丰富的研究资料，开拓广阔的研究思维空间，并呼唤着自然科学和人文社会科学理论的突破和创新。我国自然科学和人文社会科学今后的发展，应在对时代重大问题和中国社会主义现代化进程的灵敏反映、准确把握和科学解答中形成新的理论和学科的生长点；它的内容、形式、结构和功能的变化，都要能充分反映和满足全面建设小康社会，实现现代化，建设富强民主文明的社会主义国家的科技、经济、社会、政治和文化的诸多特征和需求；它们的发展状况、地位和作用，从根本上来说，取决于它把握、认识和解决我国面临的重大课题的程度和水平；它们的研究成果，应为解决我国前进道路上遇到的各种科技、经济、社会、政治和文化的问题，提供知识、理论和方法论基础；它的研究成就水准，应当体现其时代可能达到的理性认识和道德发展的最高水平。论坛要紧紧围绕时代提出的重大问题开展活动。

第三，论坛中的人文社会科学，要把中国特色社会主义理论体系作为研究主题。

高举中国特色社会主义伟大旗帜，始终不渝地把坚持和发展中国特色社会主义理论体系作为科学研究的理论主题和实践主题，把坚持中国特色社会主义道路作为中国制度文明和发展模式的伟大创造进行深入的探讨。一切重大理论认识成果，都是由于产生这些认识的那个时代的需要而形成的，所有这些认识都是以本国过去的整个发展为基础的。中国特色社会主义理论体系，坚持和发展了马克思列宁主义，凝结了几代中国共产党人带领人民不懈探索实践的智慧和心血，在改革开放的历史进程中我国人民伟大创造和智慧的结晶，是马克思主义中国化的最新成果。因此，在当代中国，坚持中国特色社会主义理论体系，就是真正坚持马克思主义。这一理论体系，包括邓小平理论、“三个代表”重要思想以及科学发展观等重大战略思想在内的科学理论体系。它科学地回答了“什么是社会主义、怎样建设社会主义”，“建设什么样的党、怎样建设党”，“实现什么样的发展、怎样发展”等重大理论和实际问题。实践永无止境，创新永无止境。我们要不断总结改革开放和社会主义现代化建设的新的实践经验，为发展这一理论体系做出应有的贡献。坚定不移地把中国特色社会主义作为当代中国最为科学的理论体系来把握，作为中华民族伟大复兴的必由之路来坚持，作为全党全民族的共同理想来实践，对于进一步抓住21世纪上半叶前所未有的新机遇和应对前所未有的新挑战，排除各种“左”的和右的错误思潮、错误倾向的干扰，进一步引领中国特色社会主义伟大事业的航船乘风破浪、乘胜前进，对于人文社会科学的发展，具有极重大的意义。“论坛”中的人文社会科学，要充分体现出对中国特色社会主义的高度自觉。马克思主义只有与中国实际和时代特征相结合，才能成功，才能胜利；科学社会主义基本原则只有赋予中国特色和时代特征，才能成功，才能胜利；离开中国实际和时代特征来谈马克思主义，没有前途，没有意义；离开中国实际和我们已经取得伟大成功的道路和理论体系，而去另外寻求和依傍别的什么主义和模式，没有前途，没有意义。

第四，“论坛”要把贯彻落实科学发展观做为重要的社会责任。

以科学发展观作为认识、指导、衡量和检验我们一切科研工作的强大

思想武器。我们必须继续解放思想，就是要从传统发展观中跳出来，按照科学发展观的要求，形成新的发展思路，进行体制机制的创新。论坛倡导的科学与人文结合的科学研究，要以深入探讨和解决我国社会主义物质文明、精神文明、政治文明、社会文明和生态文明建设中的理论和实践问题为旨归，并着眼于五大文明建设的相互联系和相互作用。贯彻落实科学发展观，要求我们必须立足于我国的基本国情，这就是我国将长期处于社会主义初级阶段，同时我国又是世界上经济发展速度最快的最大的发展中国家。蓬勃发展的中国经济，使当代中国同世界的关系发生了历史性变化，世界的前途命运同中国的前途命运日益紧密地联系在一起。

走新型工业化道路，全面建设小康社会，构建和谐社会，向我们提出了一系列的新课题。多年来，我国在快速发展的同时，也积累了不少深层次的矛盾和问题：经济发展与生态环境、自然资源的矛盾加剧，经济和社会发展不协调，城乡、地区和居民收入差距持续扩大，就业和社会保障压力增加。这些问题都是高度复杂的综合性问题，需要综合集成利用自然科学技术和人文社会科学各学科的知识，组织社科界和科技界联合攻关。我们科学研究的方法和组织形式需要创新。当今，跨学科研究解决高度综合性问题的能力和水平，已经成为一个国家科学水平、集成创新能力的重要标志。树立和落实科学发展观，呼唤我们把自然科学和人文社会科学更加紧密地结合起来，为现代化建设和构建和谐社会提供理论支持和技术支撑，并在这一过程中推进科学的发展。先进的科学技术和高度繁荣的人文社会科学的紧密结合，是中国特色社会主义建设和中华民族伟大复兴的重要支柱。我们要从关乎民族复兴的战略高度，关注和推动科学技术和人文社会科学的发展、繁荣和相互结合。同时，也要从科学与人文相互结合的视角，关注和思考我国经济社会发展所面临的一系列战略问题。提高全民族的思想道德素质和科学素养，促进人的全面发展，是落实科学发展观、构建和谐社会的重要内容，同样是我们义不容辞的任务。随着经济发展和物质生活水平的提高，人们对精神文化生活的需求日益增长，参与公共管理的自主意识日益增强。科学与人文在满足人们的精神文化需求、提高人们的科学与人文素养和思想道德水平方面要发挥越来越大的作用。科学与人文的发展和紧密结合，正在不断揭示自然和人类社会发展的规律和前

景，促进人们形成科学的世界观、人生观、价值观，提高人们观察、认识、分析和处理各种问题能力，进而提高人们参与公共事务管理的能力，促进了人的全面发展。树立和落实科学发展观，是今后发展所面临的一项长期的战略任务。我们要以科学发展观统领自然科学和人文社会科学的研究，以优异的科研成果为构建和谐社会做出我们应有的贡献。

第五，论坛要以弘扬中华民族优秀的文化传统为己任。

确立高度的民族文化自觉，实现中华文明的伟大复兴，是科学科学与人文社会科学肩负的历史重任。任何民族在其现代化发展道路上，都必须唤起自己的民族文化自觉，在现代化的发展进程中，创造性地继承与发展自己民族的优秀文化。中华民族古代文明凝结了中华民族世世代代的智慧与理论成果和实践成果。中华民族在世世代代的历史发展中不断地从中汲取思想的智慧，应对世事变化。今天，中国现代化建设也要不断吸收历史智慧，深入发掘它的伟大价值，发掘它在当代的意义，继承与弘扬它。要使中华民族优秀的文化传统在塑造民族精神、增强中华民族的凝聚力、激发中华民族的创造活力、焕发国民的崭新精神风貌方面发挥作用。当今人类社会正经历一场迅速、广泛而深刻的变革。适时和应变，已经成为每个国家和民族乃至个人生存发展的关键。审时度势，及时做出方向、目标的选择，战略和策略的调整，以什么样的价值观作为行动的准则，关系到国家和民族的存在和世界的安危。中华传统文化所蕴含的“天行健，君子以自强不息”的伟大精神；“地势坤，君子以厚德载物”的崇高品格；“与时偕行”，“顺乎天而应乎人”，“革故鼎新”的变革思想；“君子以思患而预防之”的忧患意识；“讲信修睦、协和万邦”的和谐理念，等等，不正是当今我们所需要的价值准则和伟大智慧吗！要深入研究中国科技与人文发展的历史。历史是一种文化用以说明人类社会过去的适当的精神形式，它想使过去复原而同时又企图通过描述恢复了本来面貌的事件，唤醒人们的历史意识。从历史事件中，也即从历史的本质内容中，启迪人们找出能解决目前的和未来的问题的办法和途径。中国的社会主义现代化进程和中华民族文化的伟大复兴是一个统一的历史进程。要实现社会主义的现代化就必然要求我们同时实现中华文明的伟大复兴。没有中华文明的伟大复兴就无法真正实现社会主义现代化。继承和弘扬中华民族传统文化与中国的

社会主义现代化要紧密地联系起来。

第六，论坛要以更加开放的姿态面向世界。

我们既要研究和借鉴国外一切科学与文化的优良传统，和国外科技与人文的成就，同时又要注意总结和宣传中国科学技术发展状况及取得的成就，中华传统文化和中国特色社会主义的研究成果。中国科学与人文论坛，应是面向世界，让我们的科技工作者了解世界的重要窗口和桥梁。对中华优秀传统文化的高度民族自觉和对中国特色社会主义的高度自觉，本身就包含着研究和借鉴国外文化和国际经验的高度自觉。源远流长、博大精深的中华传统文化的形成和发展，是与它对世界上其他各民族和国家的文明具有一种比较开放的心态、广阔的胸怀和强大的吸纳力分不开的。中国特色社会主义理论体系的形成和发展，也是充分研究和借鉴了正反两方面的国际经验，才把马克思主义中国化推向了新境界的。独具特色的中华传统文化和中国特色社会主义理论体系，都是世界文化的最重要的组成部分。中国的自然科学技术和人文社会科学工作者，既要有高度的民族文化自觉，又要有吸收世界各国优秀文化的博大宽广的胸怀。多元文化的共存和并茂，各种文化的相互尊重、相互交流、相互学习，是创造一个美好和谐世界的前提和基础。在世界上，我们既要反对霸权主义，也要反对狭隘的民族主义。狭隘民族主义在一定的条件下可以是霸权主义的表现形式，在另外的条件下它可以是弱国心态的表现形式。健康良好的国民心态就是要有广阔的包容胸怀，自强而不自大，谦虚而不自卑，自爱而不欺外，坚持原则而不失灵活。有了这种健康良好的国民心态，就不会只喜欢夸大自己的成就和优点，不喜欢提及自己的缺点和不足；就不会只喜欢听人家的赞扬，不喜欢人家的批评和逆耳之言。我国要让世界了解独具特色的中华传统文化和中国特色社会主义理论体系的研究成果，绝不是像国际上某些人那样把自己的意识形态和制度模式强加于人，只是希望让世界上越来越多的人了解、同情和支持中国人民从事的事业。中国特色，本身强调的就是普遍中的特殊。我们历来主张每个国家和民族都要从自己的历史和实际情况出发，探索适合自己的独特的制度和发展模式。我们历来认为每个国家和民族都会对世界的发展和繁荣做出自己的贡献。

当今自然科学技术和人文社会科学研究的对象具有国际性，各种重大

的科技、经济、社会、文化、政治、军事等问题都具有全球性质。各国和各民族的社会发展进程紧密相连、相互影响。因此，要求我们在研究各自国家的现象和问题时，必须有全球的广阔研究视角。科学的国际合作研究日益增强，特别是全球性问题和区域性问题正吸引各国科学家开展广泛的国际合作研究。中国和广大发展中国家的自然科学和人文社会科学事业的发展正在结束着西方发达国家独霸世界学术界的局面，中国和发展中国家的科学研究正在成为世界科学研究的重要组成部分，丰富着人类知识的宝库。

第七，论坛要站在科学研究的前沿。

自20世纪末和21世纪初开始，由于科技革命和新的产业革命的迅猛发展，将形成一种崭新的经济形态，即资源和能源节约型的绿色的经济形态。新的科技革命是引领人类文明进步的主导力量，使人类社会正在从工业文明向生态文明过渡。农业文明、工业文明和生态文明是人类社会发展的三个文明形态。当前世界性的经济大衰退及其诱发的一系列问题，必将加速人类社会从工业文明向生态文明的过渡，我们正处在人类社会从工业文明向生态文明过渡的历史转变的关节点上。我们说，这场世界性的经济大衰退，既是挑战，又是机遇，其机遇就在于，从历史的长程发展看，我们正处在这个文明历史转变的关节点上，抓住机遇，把短期的应急对策和长期的战略决策很好地结合起来，满怀信心地行动起来，不但可以度过衰退期，而且可以迎来一个新的大发展。世界上没有看不到希望的苦难，也没有不令人担忧的繁荣。学者和政治家的智慧和使命就在于让人们在苦难中看到希望，在繁荣中看到令人忧虑的问题。遵循新的科技革命和产业革命发展方向，依据生态文明时代先进生产力发展的要求，实施可持续发展的新的增长方式，正在成为国际社会的共同选择，而新的科技革命将不断为实施可持续发展的增长方式提供新的技术手段和开辟新的途径。发达国家及一些发展中国家在提出短期的应急对策的同时，正在进一步考虑大力研发和应用低碳绿色技术，形成低碳产业集群，发展低碳经济，制定绿色经济复苏计划和“绿色新政”等长远的战略。大量的低碳投资、创新措施和注重生态效率的商业模式，将形成新的经济增长点，提供大量新的就业机会，刺激经济增长，不仅可以度过金融危机，还可有效地保护生态环

境，保持世界经济的长远可持续发展。“绿色创新”“低碳技术”“低碳产业”“低碳经济”“低碳发展”“低碳生产方式”“低碳生活方式”“低碳消费模式”“低碳城市”“低碳社会”“低碳世界”等一系列新概念、新政策应运而生。而能源与经济以至价值观实行大变革的结果，必将为逐步迈向生态文明走出一条新路，即摈弃20世纪的传统增长模式，直接应用新世纪的创新技术与创新机制，并对产业、能源、技术、贸易等政策进行重大调整，通过低碳经济模式与低碳生活方式，实现经济社会可持续发展。在金融危机导致的经济困难时期，向低碳经济转型已经成为世界经济发展的大趋势。实践将向世人证明，经济增长和低碳排放是可以同时实现的；向低碳前进，既是应对气候变化的方法，也是经济繁荣的机会；而且更为清洁且多元化的能源体系的构建，可以减少对石油能源的依赖，确保国家能源安全，并增强国家长期的战略性经济竞争力和综合实力。

这种形势，对中国来说，是压力，也是挑战。中国必须在科学发展观的指导下，尽快采取行动积极应对这种严峻的挑战。一方面，我们要充分利用各种多边及双边国际公约和宣言，把低碳技术的开发与合作作为基石，并充分利用自身的优势，促进低碳技术向中国的转让。同时，自主开发绿色技术，大力倡导绿色创新，发展低碳产业，加快产业结构调整，推进低碳经济的发展。另一方面，我们要使世界考虑到中国和发展中国家的特殊需要，发展低碳经济不能影响这些国家消除贫困、实现发展目标的需要，要捍卫中国和发展中国家的发展权益。此外，还要谨防某些发达国家以发展低碳经济为借口，树立新的贸易壁垒的可能，并预先研究对策。中国科学与人文论坛要增强使命感和责任感，要具有高远的战略视野，积极主动地开展这些重大的战略理论的探讨和研究，为增强我国的全球性战略的策划能力、重大挑战的应对能力，做出应有的贡献。

（李惠国在“中国科学与人文论坛”百场总结会议上的总结报告，2011年。2003年至2015年，李惠国曾任“中国科学与人文论坛”副理事长，协助理事长郑必坚工作）

追思故人

《自然辩证法》在中国的传播和研究

对恩格斯的著作《自然辩证法》的研究，在中国发展成为一个哲学学科即自然辩证法，自然辩证法就是中国的马克思主义的科学技术哲学，它是一个理论联系实际的开放的学科体系。

恩格斯的《自然辩证法》一书是马克思主义哲学的奠基性著作之一。它以当时自然科学的成果阐述和论证了他和马克思共同创立的唯物辩证法的基本原理和重要范畴，并奠定了马克思主义自然观和自然科学观的理论基础。正如恩格斯在《反杜林论·二版序言》中讲的："马克思和我，可以说是从德国唯心主义哲学中拯救了自觉的辩证法并且把它转为唯物主义的自然观和历史观的唯一的人。"①

一 中文的《自然辩证法》翻译出版情况

《自然辩证法》的写作从1858年开始酝酿。1873年2月至1876年5月，写了一些札记和《导言》的大量片段。1876年5月至1878年3月，从事《反杜林论》的写作。1878年5月至1883年3月，继续《自然辩证法》的写作。1883年3月，由于马克思的逝世，恩格斯需要整理马克思《资本论》的手稿，不得不中断《自然辩证法》的写作。恩格斯在病逝前，把他的这部未完成的著作手稿和相关资料分成四束。

这部手稿后由当时的德国社会民主党保存，其领导人伯恩斯坦将其中的《劳动在从猿到人转变过程中的作用》和《神灵世界中的自然科学》两篇论文分别在《新时代》杂志1896年第2期和1898年《世界新历画

① 恩格斯：《自然辩证法》，于光远等译编，人民出版社1984年版，第342页。

报》年鉴上发表。

1924 年，苏联共产党（布）中央对《自然辩证法》手稿全部拍照。1925 年《自然辩证法》作为《马克思恩格斯文库》第 2 卷，以德文和俄文对照形式在苏联出版。20 世纪 30 年代《自然辩证法》一书作为《马克思恩格斯全集》第一版第 14 卷出版。

在我国，最早翻译出版的是《劳动在从猿到人转变过程中的作用》单行本，由一远翻译，1928 年由春潮书店出版。《自然辩证法》一书的最早译本是杜畏之根据 1925 年出版的德俄对照版本翻译的，1932 年 8 月由上海神州国光社出版。

1940 年 2 月，陕甘宁边区自然科学研究会在延安成立。该学会组织了一个自然辩证法研究小组，由会长徐特立指导，驻会干事于光远主持。当时于光远还兼任延安中山图书馆主任，在中山图书馆举行了多次学习“自然辩证法”的座谈会。为学习需要，于光远从德文翻译过来了恩格斯《自然辩证法》一书的大部分文章，并将《总的计划草案》《劳动在从猿到人演变过程中的作用》等在延安报刊上发表。

1950 年，三联书店出版了郑易里翻译的《自然辩证法》。

于光远在抗日战争和解放战争时期无论走到哪里，都把恩格斯的《自然辩证法》原文和他的译稿放在身边。20 世纪 50 年代初，于光远的清华同学曹葆华同志组建了中宣部编译处（为马恩列斯著作编译局的前身），于光远把他的《自然辩证法》译稿交给了他。曹葆华与谢宁以此为基础完成了全书的翻译工作，1955 年 2 月，曹葆华、于光远和谢宁翻译的恩格斯《自然辩证法》新译本由人民出版社出版并大量发行。这一工作对推动我国自然辩证法的学习和研究起了很大作用。

于光远同志一直认为重新译编恩格斯的《自然辩证法》是一项重要的理论基础建设工作。1973—1974 年他从农村干校回京后，对《自然辩证法》的译文从头到尾重新校译了一遍。1977 年他又请人再对照德译本和英译本作了校译。然后根据恩格斯当时写的一个研究和写作计划对原译本的结构作了重新编排，补充了几则漏收的札记，并请中国社会科学院自然辩证法研究室重新写了注释。这一新编译的《自然辩证法》，1984 年由人民出版社出版。

二 对《自然辩证法》的学习和宣传

中国共产党高度重视对《自然辩证法》的学习和宣传。20 世纪 30 年代，党领导的“中国社会科学家联盟”在上海、北平等地开展马克思主义的学习宣传活动，就指出“马克思主义已经证明是贯通社会科学与自然科学思想的唯一正确的基础”。它的成员艾思奇、廖庶谦、高士其等发表了许多有关自然辩证法的文章。

1936 年在艾思奇、廖庶谦等人的发起下，在上海成立了自然科学研究会，于光远、孙克定、钱保功、陈圭如等为其成员，这是我国第一个自然辩证法研究团体。

1938 年，在延安成立了新哲学研究会，艾思奇为会长。《自然辩证法》和《反杜林论》也成为重要的学习著作。

1938 年，高士奇、陈康白、董纯才等自然科学家在边区国防科学社下成立了一个自然辩证法座谈会。

1939 年，延安自然科学研究院成立，运用唯物辩证法于自然科学成为其讨论会上的重要议题。

1940 年 2 月，陕甘宁边区自然科学研究会成立，研究会组织了一个自然辩证法研究小组，徐特立任组长，由驻会干事于光远主持学习座谈会，并系统地学习了《反杜林论》和《自然辩证法》。

1944 年，于光远在延安大学讲授自然发展史课程。

与此同时，在晋察冀边区也成立了类似的组织。

1938 年在重庆，由郭沫若发起成立了“学术研究会”，其中有一个自然科学小组。

1939 年，在哲学家潘梓年（时任《新华日报》社社长）推动下，成立了重庆自然科学座谈会，《新华日报》开辟了一个“自然科学”副刊（后改为专页），发表一些有关学习自然辩证法的文章。《读书月报》和《群众》杂志也刊登了许多这方面的文章。

1945 年 7 月，由自然科学座谈会成员发起，在重庆成立了“中国科学工作者协会”，出版了《科学新闻》月刊，编委多为自然科学座谈会

成员。

抗战胜利后，在上海出版了罗克汀的《自然科学讲话》、陈圭如的《自然辩证法》，还有沈志远等人的著作。

中华人民共和国成立后，在知识分子中先后开展了一系列的学习社会发展史和马克思主义哲学的活动。恩格斯的《劳动在从猿到人转变过程中的作用》成为学习社会发展史的重要读本。《自然辩证法》成为科技界学习马克思主义哲学的重要著作。

1950 年成立了中国科学技术协会，首任主席李四光在《自然科学》第一、第二卷上发表文章，倡导自然科学工作者学习《自然辩证法》。在中国科学院，成立了以李四光为首的学习委员会，指导和推动科技工作者学习马克思主义哲学，为适应学习需要，《新华月报》陆续连载于光远等翻译的《自然辩证法》中的一些文章。

1955 年，《自然辩证法》新译本出版后，艾思奇发表《以辩证唯物主义武装自然科学——介绍恩格斯的〈自然辩证法〉》。1955 年，北京大学哲学系开设了“自然和自然发展史”的课程，由于光远、周培源、王竹溪、徐光宪、沈同等讲授。

三　形成为独立学科的“自然辩证法”

自然辩证法在中国作为马克思主义哲学的一个独立学科，开始于 1956 年。1956 年，制订全国十二年（1956—1967）科学发展远景规划期间，于光远同志提出并主持制订自然辩证法（自然科学哲学问题）研究规划。这一规划确立了自然辩证法作为马克思主义哲学的一个重要门类的学科性质、研究内容、方法和意义，并提出了这一学科的事业发展措施。这一规划的制订对自然辩证法学科的发展具有总结历史、开辟未来的划时代意义。它标志着自然辩证法作为马克思主义的科学技术哲学，已经正式作为一门专门学科在中国形成并迅速发展。

特定的科学共同体的形成，专门研究机构的建立，在大学里开设并培养专门人才，专业刊物的创办，以及建立专业学会，这些都是一个专门学科建立和发展的基本标志。

1956年6月，在中国科学院哲学研究所（1977年后改为中国社会科学院哲学研究所）组建了自然辩证法研究组（“文革”前哲学所的各研究室均称为研究组），于光远任组长，龚育之为副组长。

同年10月，中国科学院哲学研究所创办了《自然辩证法研究通讯》杂志（为内部发行的刊物，以翻译和介绍国外的科学哲学方面的出版物为主）。

也就是这一年，北京大学哲学系招收自然辩证法专业研究生，于光远与冯定、汪子嵩一起任哲学导师，周培源、王竹溪、徐光宪、沈同为自然科学导师。

1958年，在中共中央党校举办了自然辩证法师资研究班。

1962年，于光远与龚育之为导师在北京大学和中科院哲学所招收自然辩证法专业研究生，并决定本科学哲学的研究生到自然科学各系接受系统培训，本科学自然科学的研究生去哲学系接受系统培训，在我国开了跨学科培养复合型人才之先河。1962—1964年先后招收了13名研究生。

1960年8月，在于光远和李昌同志倡导下，中国科学院哲学研究所在哈尔滨召开了全国自然辩证法座谈会，这是全国第一次大规模的自然辩证法学术会议，有130多人参加，于光远与李昌（时任哈尔滨工业大学校长）、潘梓年（时任哲学所所长、中国科学院哲学社会科学学部副主任）一起主持会议。会议的一个重要成果是开辟了关于生产实践和技术发展的辩证法研究的新领域，会议的论文在《光明日报》上发表后，引起毛泽东同志的关注并建议《红旗》杂志转载，从此开始，于光远同志积极推动开展技术辩证法的研究工作。

1961年12月，上海人民出版社出版了龚育之的《关于自然科学发展规律的几个问题》。

1964年8月24日，毛泽东同志邀周培源和于光远谈话，从日本物理学家坂田昌一的文章《关于新基本粒子观的对话》讲起（1963年《自然辩证法研究通讯》译载了这篇文章，毛泽东同志看了），谈了很长时间的自然辩证法问题。1965年5月，《红旗》杂志再次发表坂田的文章，并根据毛泽东谈话的精神写了编者按语。于光远同志利用科技界和哲学界座谈坂田文章和编者按语的机会，进一步推动了自然辩证法的学习和研究

工作。

1965 年下半年，于光远同志倡议并组织编写《自然界的辩证法发展》多卷本巨著，其中包括天体史、地球史、生物史、人类史、工业史、农业史、医药卫生史七卷。先后在大连、沈阳、上海、杭州等地召开编书研讨会，并开始组织编译国外的有关资料。这一基础性研究工作，由于“文化大革命”开始而不幸夭折。

在于光远同志的热心关怀和推动下，20 世纪 60 年代，上海、广东、黑龙江先后成立了自然辩证法研究会。北京大学、中国人民大学和复旦大学哲学系等都设立了自然辩证法教研室。

四　自然辩证法学科和事业的大发展

“文化大革命”中我国的科学技术和自然辩证法学科遭受严重破坏和歪曲。自然辩证法研究被迫中断。1975 年，邓小平同志主持国民经济的恢复和整顿，胡耀邦同志主持中国科学院工作，于光远同志就在考虑如何恢复自然辩证法的研究工作。他曾建议哲学所的自然辩证法组研究两个问题：一是科学是生产力；另一个题目是“必须用哲学指导自然科学的研究，但不是哲学代替自然科学”。他希望首先认真研究一下马克思主义经典作家有关的论述。他是想以此来抵制“文化大革命”中的极“左”思潮。

1977 年 3 月，于光远同志倡议，中国科学院理论组、中国科协理论组和哲学研究所自然辩证法研究室在京联合召开了自然辩证法座谈会，在理论上进行拨乱反正，并就如何恢复和开展自然辩证法研究工作交流意见。

1977 年 12 月至 1978 年 1 月，在全国科学技术规划会议期间，于光远同志倡议并主持召开了自然辩证法规划会议，作为全国科学技术规划会议的一个组成部分。会上制定了《1978—1985 年自然辩证法规划纲要（草案)》，并把自然辩证法和科学技术史研究列入全国科学技术规划的第 13 个部分。

会议讨论研究了下述一些问题，并取得了共识：

(1) 自然辩证法是马克思主义哲学科学的一个重要门类，对于捍卫和丰富马克思主义哲学具有重要的意义。自然辩证法是辩证唯物主义的自然

观和科学观，又是认识自然和改造自然的方法论。现代自然科学的发展，无论在对自然规律的理解方面，或在认识自然、改造自然方面，都提供了大量的新知识、新经验，有待于从哲学上认真加以概括和总结。

（2）自然辩证法的研究要紧密联系当代自然科学的实际，认真总结20世纪以来各个阶段上各个学科、各个重大发现、各个著名科学家在认识方法上的经验教训，并着重研究当前科学实践中迫切需要解决的方法论问题。

（3）必须深入批判“四人帮”的文化专制主义，认真执行“百家争鸣”的方针。科学上的不同观点，必须通过自由讨论和科学实践来解决，绝不能扣帽子、打棍子，压制不同意见。在评价某个学派和科学家的时候，要把他们的科学成就、世界观问题、政治态度三者严格加以区别，不能混为一谈。科学上出现不同学派、不同观点的争论，这是好现象，是科学兴旺的一个标志。自然辩证法就是要研究如何促进科学的正常发展，对于不同学派的观点和科学工作，都要用一分为二的观点进行分析，吸取精华，修正其不足。要提倡科学上不同的观点和学派互相学习，取长补短，共同提高，树立和发扬实事求是的良好学风。

（4）必须建立和加强哲学工作者和自然科学工作者的联盟。如果没有这个联盟，战斗唯物主义既没有战斗性，也不是唯物主义。大力提倡和组织自然辩证法专业工作者和科技工作者多种形式的合作，共同研究问题。

（5）讨论了自然科学的最新发展提出的需要从哲学上探讨的新问题，如数学、物理、化学、生物学、天文学和地学的哲学问题。其中特别提到，计算机科学和计算技术在现代发展中提出的哲学问题，包括它们对于人类生活的各个方面，特别是对于生产、科技、文化的影响，这些问题关系到一些方针政策问题，都应提高到哲学高度来研究。现代逻辑学在科学技术发展中的作用和意义，也要加以研究。

系统工程学和人工智能模拟。这两个领域里有一系列哲学问题十分值得认真研究。

（6）加强科学方法论的研究。总结自然科学研究中普遍遵循的方法，把这些方法系统化，加以归纳总结，并加以普及。大力提倡从具体的科学研究实践中总结出方法论问题，使方法论的研究和生动活泼的科学研究结

合起来，使方法论的研究不停留在一般化的概念论述。大力提倡分析科学研究前沿哲学斗争的动向和表现形式及其发展变化。

（7）在技术科学领域里也要大力开展自然辩证法研究。结合中国实现四个现代化的进程，研究技术领域的哲学问题。

就在规划会议期间，于光远同志提出创办《自然辩证法通信》小报的建议，以推动全国自然辩证法工作的开展并加强学术信息交流。于光远对如何办好小报提出具体意见，并主持第一期的出版工作，只经过10天的筹备，1978年元月初创刊号就出版了。

规划会议期间，于光远同志提议将“文革”前由中国科学院哲学研究所自然辩证法组主办的《自然辩证法研究通讯》这一内部刊物，改为《自然辩证法通讯》正式出版发行，并在中国科学院成立《自然辩证法通讯》杂志社，从上海调李宝恒同志来京主持杂志社工作。这一刊物于1979年元月创刊，光远同志担任主编。

规划会议期间，于光远与著名物理学家周培源、钱三强同志一起倡议成立中国自然辩证法研究会，并成立了筹委会。后从中华医学会调钟林同志具体负责筹委会的工作。

1978年夏，于光远同志倡议，由中国自然辩证法研究会筹委会主办，在北京召开了自然辩证法讲习会。23位专家做了自然辩证法和科学技术发展前沿的专题报告。来自全国各地的1500余人参加了会议。这一会议有力地推动了自然辩证法教学与研究工作在全国各地的展开，并使筹委会吸引和团结了一批哲学工作者和科学技术工作者。会议期间还召开了关于实践是检验真理的唯一标准问题的座谈会。

1981年10月，在于光远同志的热心推动下，中国自然辩证法研究会成立大会暨首届学术年会在北京召开。于光远当选为理事长，周培源、卢嘉锡、李昌、钱三强、钱学森、钟林为副理事长。

为加强自然辩证法学科的基础理论建设，1982年上半年，于光远提出组织编撰《自然辩证法百科全书》的倡议和具体设想。他担任编委会主任，组织了200多位自然辩证法专业工作者和自然科学家参加编撰工作。他提出编撰过程就是深入研究的过程，编撰必须以研究为基础，以编撰推动研究。在编撰过程中，召开了一系列的学术研讨会，促进了理论研究的

深入发展。1995 年，《自然辩证法百科全书》由中国大百科全书出版社出版。全书共有 800 多个条目，6000 余条内容索引，共 220 余万字。全书条目设置及条目分类目录的框架结构，是依据自然辩证法（科学技术哲学）的学科体系而定的。该书条目及框架结构的设计，充分反映了我国学术界有关本学科学科体系的研究成果。

弘扬科学精神，倡导科学方法，破除封建迷信，反对伪科学，这是于光远同志反复强调的自然辩证法界应该承担起的重要社会职责。他倡导大家重新认真学习恩格斯的《神灵世界中的自然科学》。1981 年 8 月 10 日，于光远在全国科普报刊广播电视学术会上发表讲话，指出耳朵认字、意念移物之类的所谓人体特异功能，不论是从生理学还是从物理学来看，完全是荒诞不经的。进行这些荒诞的宣传就意味着否认经过人类的历史长期实践检验的科学真理，意味着抛弃科学唯物主义的原理，为早已不敢再公开宣扬的封建迷信复活开路。他疾呼现在是停止这种反科学宣传的时候了。于光远认为从哲学上对所谓人体特异功能的宣传进行批评，说明唯物主义与唯心主义的对立、辩证唯物论与经验论的对立，说明学习辩证唯物主义的必要，是我国哲学战线上一件重要的事情，应该把这件事做下去，把这件事做好。从 1981 年起，中国自然辩证法研究会推动了一批科学家和自然辩证法工作者对伪科学宣传进行了长达 20 余年的斗争。这些年来，有那么多的人受到过张洪堡、李洪志、王林等所谓大师的蒙骗，完全证实了恩格斯的话，“蔑视辩证法是不能不受惩罚的”。

恩格斯在《自然辩证法》中曾预言科学知识将呈现指数增长，物理学和化学等学科交界领域将成为新学科的生长点，科学技术的发展完全证实了恩格斯的预言。于光远同志还积极倡导和支持与自然辩证法有紧密联系的新兴学科和跨学科研究工作。从 1979 年开始，科学学、未来学、信息论、系统科学等在我国的兴起，都有自然辩证法工作者的参与和热情宣传。

恩格斯揭露了资本主义工业发展造成的污染后果，并希望人们必须认识到人和自然界的一致。恩格斯在《英国工人阶级状况》《论住宅问题》和《乌培河谷来信》等著作中，在揭露资本主义发展造成的工人苦难生活状况时，也暴露了当时工业发展造成了“污染的空气和含有毒素的水”在

工厂附近和市郊蔓延的可怕状况，及这种污染如何损害了工人的健康，使工人生活状况日益恶化，并警示人们不能容忍这种损害和剥夺工人生存条件的发展，改变工人阶级的非人生活状况，“真正的解决办法在于消灭资本主义生产方式”。恩格斯进一步指出人们必须认识到人和自然界的一致，“我们不要过分陶醉于我们对自然界的胜利，对于每一次这样的胜利，自然界都报复了我们。每一次胜利，在第一步都确实取得了我们预期的结果。但是在第二步和第三步却有了完全不同的、出乎预料的影响，常常把第一个结果又取消了”。“我们一天天地学会更加正确地理解自然规律，学会认识我们对自然界的惯常的行程的干预所引起的比较近和比较远的影响……而且也认识到自身和自然界的一致。”①

中国的自然辩证法工作者遵循恩格斯的这些思想，较早地注意到中国发展中出现的环境问题，翻译介绍了国外生态研究的情况，开展了生态哲学研究新领域。

从20世纪80年代起，中国的自然辩证法学科加强了与国外的科学技术哲学的学术交流，中国的自然辩证法研究还密切联系着中国的科学技术、经济社会发展的实践活动，从这两方面不断拓展和丰富自己的研究领域和内容。现在它已形成一个包括自然观、科学论（科学观）、科学方法论、科学哲学、工程技术哲学、医学哲学、农业科学哲学、生态哲学和各门专门科学哲学问题，科学社会学“科学技术与社会”研究等分支学科和领域的学科体系。

我国的自然辩证法工作者，积极参加国家、地区和部门的科学技术、经济社会发展规划和政策的咨询研究工作，并取得了可喜的成果。

五　中国自然辩证法学派的特点

1986年，我的德国友人托马斯·海倍尔时任德中友协主席，邀请于光远和我一起赴联邦德国访问和讲学。在法兰克福大学我们与哈贝马斯座谈，于光远向哈贝马斯介绍中国自然辩证法的研究情况。他讲，自然辩证

① 恩格斯：《自然辩证法》，人民出版社1984年版，第304、305页。

法就是中国的马克思主义的科学技术哲学。它的研究对象和领域与西方的科学技术哲学和科学社会学基本相同。中国的自然辩证法研究有四大特点：

第一，它是马克思主义哲学的重要领域。我们是沿着恩格斯的著作《自然辩证法》开拓的方向进行研究的，因此我们把中国的科学技术哲学称之为自然辩证法。第二，它是开放的体系。我们的研究领域不断变化和扩展，开始是自然观、科学方法论和各门科学的哲学问题，后来我们又认为人工自然，即人类实践活动创造的技术、工业、农业也应成为自然辩证法研究的对象；我们还不断吸收西方科学哲学、技术哲学和科学社会学研究的成果，近年来，西方的科学哲学、德国的技术哲学也成为我们重要的研究领域。第三，我们强调哲学家要与自然科学家结成联盟，共同合作研究，中国自然辩证法研究会，就是他与物理学家周培源、钱三强联合发起成立起来的。一批很有成就的著名科学家都是研究会的成员。第四，我们强调理论与实践的紧密结合，我们研究自然辩证法的学者积极参与国家科学技术和经济社会发展重大问题的研究，他一贯主张自然辩证法要在社会实践中发挥作用。

哈贝马斯听了于光远的介绍，深有感触地说：我很赞赏你们中国自然辩证法学派的工作，你们学派的第三和第四个特点，我们是不可能做到的。

哈贝马斯使用中国自然辩证法学派一词，显然他是把科学技术哲学作为一个学科概念，又认识到中国的科学技术哲学研究又有自己独具的特点。

我想通常人们是这样理解学派一词的，科学学派，是具有相同的研究方向或相同的理论观点和方法的一群科学工作者，自发地聚集在开辟这一研究方向或建立这一理论和方法的权威科学家周围，共同从事科学研究活动而形成的有形的或无形的研究集体。

中国的自然辩证法研究作为世界科学技术哲学的一个重要组成部分，确有其鲜明的特色，中国的马克思主义的科学技术哲学——自然辩证法，它的形成和发展，与于光远同志多年的勤奋工作是分不开的。20 世纪 80 年代以来，一直有一些学者提出建议，把自然辩证法改为科学技术哲学，

于光远同志则一直坚持沿用历史形成的自然辩证法这一称谓，以保持它的马克思主义的方向和历史形成的特色。

1990 年 1 月，于光远著文《一个哲学学派正在中国兴起》。他写道：根据多年来形成的实际情况，我认为中国存在一个哲学学派。参加这个学派活动的哲学工作者是信奉马克思主义哲学的，并且他们愿意站在自然辩证法的旗帜下，活动的范围也是以研究自然界的问题为主。①

于光远在这里谈到这一学派与其他学派不同的两大特点：一是将自然界这个物质存在的整体，区分为天然的自然和社会的自然两个部分，这个学派从不轻视天然的自然的哲学研究，但它把对社会的自然的研究提高到了更重要的地位，而这种研究过去往往被哲学所忽视。二是强调这个学派的工作不应该限于一般的、抽象的思维，而且要去做特殊的具体的研究，向着实践的方向前进，在实践中显示出这种研究的重要意义。

于光远也谈到了这个学派的不足，那就是还没有系统表述这个学派基本思想的工作纲领，还缺少在全国乃至世界范围内有影响的著作，没有提出一些引人瞩目的观点同世界上某些哲学观点进行挑战。这也是今后自然辩证法研究工作的方向和努力的目标。也正因为如此，于光远著文的题目定为《一个哲学学派正在中国兴起》。

于光远在这里阐述的两个特色，正是把自然辩证法与西方科学技术哲学进行比较而得出来的；于光远所讲的不足，也是从国际学术交流的视角，对中国自然辩证法研究提出的更高的目标。

自恩格斯的《自然辩证法》发表以来，中国的自然辩证法研究，伴随着中国新民主主义革命、社会主义建设，特别是改革开放和现代化建设的步伐前进，在学科建设、队伍成长、事业发展以及跨学科研究和一些新兴学科的建立和发展方面获得长足发展；在参与国家科技、经济和社会发展的咨询研究方面取得了可喜的成绩；对我国哲学学科和事业的发展发挥了重要作用。抚今追昔，我们为共和国建立、社会主义建设和改革开放辉煌中凝结着几代自然辩证法科学工作者的心血、智慧感到欣慰和自豪；展望未来，我们深感肩负使命的光荣而艰巨。沿着恩格斯开拓的方向，总结 21

① 于光远：《一个哲学学派正在中国兴起》，江西科学技术出版社 1996 年版，第 3—5 页。

世纪科学技术的伟大成就，推动自然辩证法（马克思主义的科学技术哲学）的学科发展，丰富和发展马克思主义哲学，这是时代提出的伟大课题，也是纪念恩格斯《自然辩证法》一书发表90周年的最好形式。

参考文献

1. 恩格斯：《自然辩证法》，于光远等译编，人民出版社1984年版。
2. 《自然辩证法百科全书》自然辩证法条目，中国大百科全书出版社1995年版。
3. 于光远：《中国的科学技术哲学——自然辩证法》，科学出版社2013年版。
4. 于光远：《一个哲学学派正在中国兴起》，江西科学技术出版社1996年版。
5. 龚育之：《科学与人文的交融》（下），科学出版社2013年版。

（在“恩格斯自然辩证法思想及其当代意义——纪念《自然辩证法》发表90周年学术研讨会”上的主题报告，会议由中国自然辩证法研究会、中国马克思恩格斯研究会联合主办，《自然辩证法研究》杂志、《马克思主义与现实》杂志共同协办，2015年8月22日在北京召开。本文原载《自然辩证法研究》2015年第11期）

“追求科学，追求革命”

——深切悼念龚育之理事长

“人生要有追求。我追求科学，追求革命。科学是革命的力量，革命要根据于科学”，这是龚育之同志的名言，也正是他一生的事业和理想的真实写照。他一生追求科学和革命，并且把它们紧密结合在一起。2007年6月12日9时，这颗为科学事业和革命理想而搏动的赤子之心永远停止了跳动，这一刻，他在我国学术理论领域中的努力耕耘，已成为历史的永恒。

噩耗通过网络和电话迅速传开来，学术理论界无不为之哀伤和惋惜。6月21日，2000余人聚在北京八宝山革命公墓向龚育之同志最后告别。他们中，有党和国家领导人、德高望重的老一辈革命家、两院院士、哲学社科界专家学者和年轻学子。根据他生前的意愿，家属捐赠了他的角膜和遗体，龚育之把自己的一切都献给了他挚爱的党、祖国和人民，献给了他追求和为之奋斗的科学事业。人们深切怀念他，他光明磊落、奇伟平凡的一生，永远在人们心中，并鼓舞人们奋然前行，他留下的精神财富将在文明的历史发展中永生。

龚育之同志1929年12月26日生于湖南湘潭。父亲龚饮冰为1923年入党的中共早期地下秘密工作者，为百色起义的成功做出了贡献，从事了长达20余年的地下秘密工作。生母黄者寿，是辛亥革命时秦州起义领导人黄钺的女儿。龚育之自幼聪慧好学，推崇科学与真理，养成了独立思考的习惯，为他日后的成长和从事的事业打下一个好的基础。从童年、少年到青年，龚育之目击和身受外国侵略者的凶残、本国统治者的暴戾。是生活和历史的基本事实帮助他做出选择，引导他去接触马克思主义这一革命

的科学；去理解中国共产党以及它所主张的新民主主义与社会主义。他1948年入清华大学化学系学习并投身学生运动，先后参加了地下的新民主主义青年联盟和地下的中国共产党。1952年，被分配到中共中央宣传部科学卫生处（后为科学处），他在党的这个研究科学政策及理论基础的岗位上工作了14年。同时他还兼任中国科学院哲学研究所自然辩证法组副组长。“文革”中，他受到错误批判和冲击；“文革”后，历任中共中央文献研究室副主任、中共中央宣传部副部长、中共中央党校副校长、中央党史研究室常务副主任、全国政协常委及政协文史资料委员会副主任等职。还曾兼任中国科协常委及促进自然科学和社会科学联盟委员会主任、中国自然辩证法研究会理事长及名誉理事长、中国科学学与科技政策研究会理事长及名誉理事长、中国软科学学会副理事长、中国中共党史学会理事长、中央党校建设有中国特色社会主义理论研究中心主任，教授、科学社会主义专业博士生导师，北京大学科学与社会研究中心兼职教授、科学技术哲学专业博士生导师等职。

龚育之同志作为著名的马克思主义理论家，中共党史学家，他对新时期党的理论、路线、方针、政策的形成和发展所做的贡献，他对中国共产党的历史、理论特别是毛泽东思想、邓小平理论、“三个代表”重要思想和建设中国特色社会主义的历史经验的研究所做的重要贡献，他对马克思主义理论研究所做的重要贡献，都将长存，都将发生长远的积极影响。

龚育之同志是我国科学学及科技政策研究的奠基人之一，曾任中国科学学及科技政策研究会的理事长和名誉理事长，他在这一科学领域的研究工作和成就虽然只是他伟大而丰富的人生的一部分，但是，这部分不可或缺。他为这一研究事业做出了开拓性的贡献。

“文革”前，他在中宣部科学处工作的14年，在于光远同志领导下，他与处内、处外的人士一起从马克思主义理论出发来研究党的科学政策、研究科学发展的规律和战略，研究科学的哲学和历史，调查研究我国科技和教育工作的实际情况，形成了一个交叉科学研究的集体。他到科学处的第一项工作就是编译《列宁斯大林论科学技术工作》。那时，列宁斯大林的全集还没有出版，他从俄文版《全集》中，又编又译，编选出这本书，在全国广为发行。1953年他开始发表文章，写过著名的文章《医学没有

阶级性》，这在当时的年代非常不容易。1956 年协助于光远主持制定十二年科学发展规划中的《自然辩证法（数学和自然科学中的哲学问题）十二年研究规划草案》。他 1955 年确定“控制论”一词的汉译名称，1957 年合译控制论创始人维纳的代表作《控制论》。早在 20 世纪 50 年代中期至 60 年代初期，他曾两次组织对苏联科技政策方面的历史进行集中的研究，为了总结历史的经验教训，纠正苏联教条主义对科学的错误批判给中国带来的“左”的影响，以便贯彻执行百家争鸣方针。他们前后编译了 9 辑《关于苏联自然科学领域的思想斗争的若干历史资料》，共十几万字。在这个基础上编写了一个 1.5 万字的研究报告，在中宣部的内部刊物上发表。他深刻总结了苏联批判共振论和摩根遗传学说的教训。1985 年，他将那 9 辑材料加以增补，正式编译出版《历史的足迹——苏联自然科学领域哲学争论的历史资料》一书。1961 年他出版了论文集《关于自然科学发展规律的几个问题》。这是我国科学论和科学哲学方面的第一部著作。60 年代初起，他开始招收和指导科学哲学方面的研究生。他参与起草了作为我国科学技术工作政策调整重要文件的《科学工作十四条》和聂荣臻同志给党中央的请示报告，并参与起草我国一系列重要政策文件的工作。党的十一届三中全会以来，他作为著名的马克思主义理论家，承担了党的许多重要职务，在理论创新和政策制定方面做出了突出贡献。他在科学学、科技政策和科学哲学的学术研究方面也做出了重要贡献。80 年代，他主持了《中国大百科全书哲学卷》自然辩证法部分的编纂工作。他担任《自然辩证法百科全书》副主编，并任自然科学论分支主编。他陆续出版了《科学·哲学·社会》（1987 年）、《自然辩证法在中国》（1996 年）、《龚育之文存》（三卷，2000 年）、《科学的力量》（2001 年，合著）等学术著作。这些著作的一大特点就是将科学学、科技政策和科学哲学乃至科学史的研究紧密结合在一起，因此，它们在这些学科中产生了广泛而深远的影响。龚育之同志 45 年来培养出了很多硕士生、博士生，他们中的许多人已成为科学学、科技政策、科学哲学和科学史研究领域的中坚。

龚育之同志走的是一条革命和科学相结合、自然科学和社会科学相交叉的人生道路。他追求科学性与革命性的统一。不把科学性视为革命外在的东西，而认为科学性是革命性本身的内在要求。在学术研究中，他将科

学精神与现代人文理念融会贯通，他呼吁科学与人文的结合和交融。他认为“对自然科学的哲学研究，对科学技术和社会的研究，本来就是科学与人文结合和交融的研究领域”。他强调“我们提倡的人文精神应该是具有现代科学意识的人文精神，我们提倡的科学精神应该是充满高度人文关怀的科学精神”。他主张“科学思想是第一精神力量”。他提倡科学精神，捍卫科学尊严，反对愚昧迷信和伪科学。龚育之同志学术研究的这些特色和风格，对我国这些学科的发展产生了很大影响。

恩格斯曾经讲，一个民族、一个阶级和一个政党最好的学习就是从它自己历史中所犯的错误中学习，而龚育之老师也正是这样做的。他对自己是这样要求的，在他的党史研究和自然辩证法、科学学研究工作中也是这样做的。他认真地总结历史的经验教训，讲“现在回过头来看，应该承认，有很多批评是不公正的，不符合历史的，没有起积极作用”。他多次检讨自己在新中国成立初期介绍苏联对共振论的批判。

他特别强调，科学界的社会正义感和政治责任感是巨大的精神力量，正是社会主义精神文明建设中应当继承、尊重、保护和发扬的。他提出这样的历史责任和使命：“科技界、科技工作者、科技团体怎样在决策民主化、科学化中发挥它的作用，使得我们的社会主义民主政治建立在科学基础之上。”

龚育之同志的研究工作始终走在科学研究的前沿，走在社会改革的前沿。他的研究具有历史的底蕴、宽阔的视阈、高远的眼光、深邃的思考。他的文风，既博学宏词，又缜密严谨；既卓厉风发，又细腻准确。他的人品，光明磊落，奇伟温良，淡泊名利，廉洁谦让，严于律己，善扬人长。他的人格魅力，广为称颂，堪为楷模。

龚育之同志和我们永别了，他为我们留下了宝贵的思想和精神财富。他的大家风范、坦荡胸怀和严谨的治学态度，必将垂范后世。

云山苍苍，江水泱泱，德业流风，山高水长。

（本文是以中国科学学与科技政策研究会和《科学学研究》编辑部名义发表，原载《科学学研究》2007 年第 4 期）

于光远对自然辩证法学科的贡献

2013年9月26日凌晨，为追求革命的真理和科学的真理而学习、思考、探索、笔耕辛勤一世纪的于光远老师安详地长眠了。我们再也不能亲见他的音容笑貌了，但这位百科全书式的大学问家，为世人留下了卷帙浩繁的近百部著作，约两千余万字。这是一座内容丰富的学术思想宝库，广泛的学术兴趣和丰富的人生阅历使他的学术思想内容十分丰富。光远老师的智慧结晶就蕴藏在这里。人们可以从中不断地汲取智慧。光远老师的宽阔视野、深邃的洞察力、深切的现实关怀、学术志趣、创新能力和开拓精神将启发和引领我们深入关切中国改革开放中出现的重大理论难题和实践困境，并激励我们为解决这些难题和走出困境，努力探索并做出应有的学术贡献。

我与光远老师相识于1962年，师生之谊已有半个世纪。当年，我考取了光远和龚育之为导师的自然辩证法专业研究生，他要求研究自然辩证法，必须系统学习一门自然科学，按照我的志愿和分工，我就在北大物理系学习。四年的研究生学习期间，光远老师的平易近人的民主作风、热情奔放的性格、广博的学识、高远的预见力、追求真理的好奇心与探索精神、不知疲倦的工作态度，以及对我们的谆谆教导、言传身教，不仅一直影响着我的学术研究，引领我走上研究自然辩证法学科的道路，而且激励我在漫漫人生路上奋然前行。

哲人已去，文运绵长，衔哀至诚，恩德不忘。在此，我仅讲一些我所了解的和我亲身经历的事，回顾他对自然辩证法学科和事业的贡献。

光远老师一直把自然辩证法研究作为他魂牵梦绕、孜孜以求的事业，对我国自然辩证法学科的建立和发展做出了巨大贡献。他开创了这一学科，亲手培养了一批又一批人才，他的学术成就、严谨务实的学风、伟大

的人格魅力，影响了一代又一代学人，铸就了自然辩证法学科和事业的传统。

一

1936 年上半年，光远同志在清华大学物理系读最后一个学期的时候，他选了一门张申府教授开的“形而上学”课程。张申府教授为这门课程开列了一张有十几本参考书的单子，其中有恩格斯的《反杜林沦》和列宁的《唯物论与经验批判论》的英译本，这两本书当时是被政府列为禁书的。光远同志把这两本书认认真真地读了一遍，使他接受了马克思主义哲学，并一生致力于马克思主义的研究和宣传。光远同志的导师周培源教授为他选择的毕业论文题目是《坐标系在动力场中的运动》，他在写作这篇毕业论文时已经对“自然辩证法”发生了浓厚的兴趣，这种兴趣在这之后的六十五年中一直保持着，并成为他为之奋斗几十年的理想和事业的追求。

1938 年下半年，在延安成立了一个“新哲学会”，由艾思奇和何思敬主持会并。1940 年，光远同志由何思敬介绍参加了这个新哲学会，在这个新哲学会 1940 年召开的年会上，他从对事物的规定性的分析入手，谈了他对“过渡”这种现象原因的看法，光远的这一发言引起了与会者的兴趣，并引起了毛泽东同志的注意，毛泽东同志在与艾思奇和光远同志同桌就餐时，就此发言发表了研究哲学的人应该学点自然科学的主张。这是光远同志将哲学与自然科学结合起来研究的第一次尝试。

1940 年 2 月，陕甘宁边区自然科学研究会在延安成立。该学会组织了一个自然辩证法研究小组，由会长徐特立指导，驻会干事于光远主持。当时光远还兼任延安中山图书馆主任，在中山图书馆举行了多次学习“自然辩证法”的座谈会。为学习需要，光远从德文翻译过来了恩格斯《自然辩证法》一书的大部分文章，并将《总的计划草案》《劳动在从猿到人演变过程中的作用》等在延安报刊上发表。

1944 年，光远同志在延安大学讲授自然发展史课程。

由于革命事业的需要，光远同志在抗日战争时期、解放战争时期和新中国成立初期不得不把主要精力和时间放在更重要的革命工作上，但他对

自然辩证法的兴趣并未减退。仅举一例便可见一斑。光远同志在战争时期无论走到哪里，一直都把恩格斯的《自然辩证法》原文和他的译稿放在身边。

新中国成立后，光远的清华同学曹葆华同志组建了中宣部编译处（为马恩列斯著作编译局的前身），光远同志把他的《自然辩证法》译稿交给了他。曹葆华与谢宁以此为基础完成了全书的翻译工作，1955 年 2 月，于光远和曹葆华等翻译的恩格斯《自然辩证法》新译本由人民出版社出版并大量发行。这一工作对推动我国自然辩证法的学习和研究起了很大作用。

1955 年，光远同志与周培源、王竹溪、黄昆、徐光宪、沈同等著名科学家一起，在北京大学哲学系开设了《自然和自然发展史》课程。

1956 年，制订全国十二年（1956—1967）科学发展远景规划期间，于光远同志提出并主持制订自然辩证法研究规划。这一规划确立了自然辩证法作为马克思主义哲学的一个重要门类的学科性质、研究内容、方法和意义，并提出了这一学科的事业发展措施。这一规划的制订对自然辩证法学科的发展具有总结历史、开辟未来的划时代意义。它标志着自然科学作为马克思主义的科学技术哲学，已经正式作为一门专门学科在中国形成并迅速发展。

特定的科学共同体的形成，专门研究机构的建立，在大学里开设并培养专门人才，专业刊物的创办，以及建立专业学会，这些都是一个专门学科建立和发展的基本标志。光远同志在这些方面都做了大量的奠基性工作。

1956 年 6 月，光远同志在中国科学院哲学研究所（1977 年后改为中国社会科学院哲学研究所）组建了自然辩证法研究组（“文革”前哲学所的各研究室均称为研究组），并任组长。

同年 10 月，光远同志创办了《自然辩证法研究通讯》杂志，并担任主编。

也就是这一年，北京大学哲学系招收自然辩证法专业研究生，光远同志与冯定、汪于蒿一起任哲学导师，周培源、王竹溪、徐光宪、沈同为自然科学导师。

1962 年，光远与龚育之为导师在北京大学和中科院哲学所招收自然辩

证法专业研究生，并决定本科学哲学的研究生到自然科学各系接受系统培训，本科学自然科学的研究生去哲学系接受系统培训。光远同志在我国开了跨学科培养复合型人才之先河。

1960 年 8 月，在光远和李昌同志倡导下，中国科学院哲学所在哈尔滨召开了全国自然辩证法座谈会，这是全国第一次大规模的自然辩证法学术会议，有 130 多人参加，光远与李昌、潘梓年一起主持会议。会议的一个重要成果是开辟了关于生产实践和技术发展的辩证法研究的新领域，会议的论文在《光明日报》上发表后，引起毛泽东同志的关注并建议《红旗》杂志转载，从此开始，光远同志积极推动开展技术辩证法的研究工作。

1964 年 8 月 24 日，毛泽东同志邀周培源和于光远谈话，从日本物理学家坂田昌一的文章《关于新基本粒子观的对话》讲起，谈了很长时间的自然辩证法问题。1965 年 5 月，《红旗》，杂志再次发表坂田的文章，并根据毛泽东谈话的精神写了编者按语。光远同志利用科技界和哲学界座谈坂田文章和编者按语的机会，进一步推动了自然辩证法的学习和研究工作。

1965 年下半年，光远同志倡议并组织编写《自然界的辩证法发展》多卷本巨著，其中包括天体史、地球史、生物史、人类史、工业史、农业史、医药卫生史七卷。先后在大连、沈阳、上海、杭州等地召开编书研讨会，并开始组织编译国外的有关资料。这一基础性研究工作，由于“文化大革命”不幸夭折。

在光远同志的热心关怀和推动下，20 世纪 60 年代，上海、广东、黑龙江先后成立了自然辩证法研究会。

二

下面谈谈我亲身经历的一些事。

“文化大革命”使科学事业遭受严重破坏，自然辩证法研究被迫中断。1975 年，于光远同志就在考虑如何恢复自然辩证法的研究工作。他曾建议哲学所的自然辩证法组研究两个问题：一是科学是生产力；另一个题目是“必须用哲学指导自然科学的研究，但不是哲学代替自然科学”。他希望首先认真研究一下马克思主义经典作家有关的论述。他是想以此来抵制“文

化大革命”中的极“左”思潮。

1977年3月，光远同志倡议，中国科学院理论组、中国科协理论组和哲学研究所自然辩证法研究室在京联合召开了自然辩证法座谈会，在理论上进行拨乱反正，并就如何恢复和开展自然辩证法研究工作交流意见。

1977年12月至1978年1月，在全国科学技术规划会议期间，光远同志倡议并主持召开了自然辩证法规划会议，作为全国科学技术规划会议的一个组成部分。会上制定了《1978—1985年自然辩证法规划纲要（草案)》，并把自然辩证法和科学技术史研究列入全国科学技术规划的第13个部分。

规划纲要建议自然辩证法作为全国理工科研究生的必修课程。

就在规划会议期间，光远同志提出创办《自然辩证法通讯》小报的建议，以推动全国自然辩证法工作的开展并加强学术信息交流。光远对如何办好小报提出组建具体意见，并主持第一期的出版工作，只经过10天的筹备，1978年元月初创刊号就出版了。

规划会议期间，光远同志提议将“文革”前由中国科学院哲学研究所自然辩证法组主办的《自然辩证法研究通讯》这一内部刊物，改为《自然辩证法通讯》正式出版发行，并成立《自然辩证法通讯》杂志社，并从上海调李宝恒同志来京主持杂志社工作。这一刊物于1979年元月创刊，光远同志担任主编。

规划会议期间，光远与周培源、钱三强同志一起倡议成立中国自然辩证法研究会，并成立了筹委会。光远同志建议从中华医学会调钟林同志具体负责筹委会的工作。

1978年夏，光远同志倡议，由中国自然辩证法研究会筹委会主办，在北京召开了自然辩证法讲习会。23位专家做了自然辩证法和科学技术发展前沿的专题报告。来自全国各地的1500余人参加了会议。这一会议有力地推动了自然辩证法教学与研究工作在全国各地的展开，并使筹委会吸引和团结了一批批哲学工作者和科学技术工作者。会议期间还召开了关于实践是检验真理的唯一标准问题的座谈会。

1981年10月，在光远同志的热心推动下，中国自然辩证法研究会成立大会暨首届学术年会在北京召开。光远当选为理事长，周培源、卢嘉

锡、李昌、钱三强、钱学森、钟林为副理事长。

光远同志一直认为重新译编恩格斯的《自然辩证法》，是一项重要的理论基础建设工作。1973—1974 年他从农村干校回京后，对《自然辩证法》的译文从头到尾重新校译了一遍。1977 年他又请人再对照德译本和英译本作了校译。然后根据恩格斯当时写的一个研究和写作计划对原译本的结构作了重新编排，补充了几则漏收的札记，并请中国社会科学院自然辩证法研究室重新写了注释。这一新编译的《自然辩证法》，1984 年由人民出版社出版。

为加强自然辩证法学科的基础理论建设，1982 年上半年，光远提出组织编撰《自然辩证法百科全书》的倡议和具体设想。他担任编委会主任，组织了 200 多位自然辩证法专业工作者和自然科学家参加编撰工作。他提出编撰过程就是深入研究的过程，编撰必须以研究为基础，以编撰推动研究。在编撰过程中，召开了一系列的学术研讨会，促进了理论研究的深入发展。1994 年，《自然辩证法百科全书》由中国大百科全书出版社出版。

弘扬科学精神，倡导科学方法，破除封建迷信，反对伪科学，这是光远同志反复强调的自然辩证法界应该承担起的重要社会职责。1981 年 8 月 10 日光远在全国科普报刊广播电视学术会上发表讲话，指出耳朵认字、意念移物之类的所谓人体特异功能，不论是从生理学还是从物理学来看，完全是荒诞不经的。进行这些荒诞的宣传就意味着否认经过人类的历史长期实践检验的科学真理，意味着抛弃科学唯物主义的原理，为早已不敢再公开宣扬的封建迷信复活开路。他疾呼现在是停止这种反科学宣传的时候了。光远认为从哲学上对所谓人体特异功能的宣传进行批评，说明唯物主义与唯心主义的对立、辩证唯物论与经验论的对立，说明学习辩证唯物主义的必要，是我国哲学战线上一件重要的事情，应该把这件事做下去，把这件事做好。从 1981 年起，正是光远同志推动了一批科学家和自然辩证法工作者对伪科学宣传进行了长达二十余年的斗争。

光远同志还积极倡导和支持与自然辩证法有紧密联系的新兴学科和跨学科研究工作。从 1979 年开始，科学学、未来学、信息论、系统科学等在我国的兴起，都受到光远同志的热情支持。

1986 年，我的德国友人托马斯·海倍尔时任德中友协主席，邀请光远

和我一起赴联邦德国访问和讲学。在法兰克福大学我们与哈贝马斯座谈，光远向哈贝马斯介绍中国自然辩证法的研究情况。他讲道，自然辩证法就是中国的马克思主义的科学技术哲学。它的研究对象和领域与西方的科学技术哲学和科学社会学基本相同。中国的自然辩证法研究有四大特点：

第一，它是马克思主义哲学的重要领域。我们是沿着恩格斯的著作《自然辩证法》开拓的方向进行研究的。第二，它是开放的体系。西方科学哲学、技术哲学和科学社会学研究的成果，也成为我们的研究内容。第三，我们强调哲学家要与自然科学家结成联盟，共同合作研究。第四，我们强调理论与实践的紧密结合，我们研究自然辩证法的学者积极参与国家科学技术和经济社会发展重大问题的研究，我一贯主张自然辩证法要在社会实践中发挥作用。

哈贝马斯听了光远的介绍，深有感触地说，我很赞赏你们中国自然辩证法学派的工作，你们学派的第三和第四个特点，我们是不可能做到的。

三

中国的自然辩证法研究作为世界科学技术哲学的一个重要组成部分，确有其鲜明的特色，中国的马克思主义的科学技术哲学——自然辩证法，它的形成和发展，与光远同志多年的勤奋工作是分不开的。20 世纪 80 年代以来，一直有一些学者提出建议，把自然辩证法改为科学技术哲学，光远同志则一直坚持沿用历史形成的自然辩证法这一称谓，以保持它的马克思主义的方向和历史形成的特色。

1990 年 1 月，光远著文《一个哲学学派正在中国兴起》。他写道："根据多年来形成的实际情况，我认为中国存在一个哲学学派。参加这个学派活动的哲学工作者是信奉马克思主义哲学的，并且他们愿意站在自然辩证法的旗帜下，活动的范围也是以研究自然界的问题为主。"

光远在这里谈到这一学派与其他学派不同的两大特点：一是将自然界这个物质存在的整体，区分为天然的自然和社会的自然两个部分，这个学派从不轻视天然的自然的哲学研究，但它把对社会的自然的研究提高到了更重要的地位，而这种研究过去往往被哲学所忽视。二是强调自己的工作

不应该限于一般的、抽象的思维，而且要去做特殊的具体的研究，向着实践的方向前进，在实践中显示出这种研究的重要意义。

光远也谈到了这个学派的不足，那就是还没有系统表述这个学派基本思想的工作纲领，还缺少在全国乃至世界范围内有影响的著作，没有提出一些引人瞩目的观点同世界上某些哲学观点进行挑战。这也是今后自然辩证法研究工作的方向和努力的目标。也正因为如此，光远著文的题目定为《一个哲学学派正在中国兴起》。

光远在这里阐述的两个特色，正是把自然辩证法与西方科学技术哲学进行比较而得出来的；光远所讲的不足，也是从国际学术交流的视角，对中国自然辩证法研究提出的更高的目标。

光远同志是学界公认的中国自然辩证法的主要奠基人，他 70 余年的学术活动很好地体现着中国自然辩证法研究的这些特色。他的率先垂范，他的学术风格，也影响着后辈。光远不是书斋学者，他是在祖国危难之时投身革命并经历战火洗礼的革命家，他的学术研究是革命事业的组成部分，他把学者和革命家的品格融于一身。他把不断探求马克思主义这一真理，视为自己的生命。他常常自称他是死不改悔的马克思主义者，70 余年来，他始终坚持沿着恩格斯《自然辩证法》开辟的方向进行这一领域的学术研究工作。

他强调自然辩证法是一个开放的体系。他本身就是一个非常勤奋好学的人，知识之渊博是学界无不钦佩的。他经历过清华大学物理系严格的自然科学训练，后来的学术活动横跨哲学和经济学，他有极敏锐的学术触角，善于发现和捕捉新学科的生长点，他积极倡导和热心扶植新学科的发展和跨学科研究，他不断提出新的课题和开拓新的研究领域。他说自然辩证法是在哲学、数学、自然科学、社会科学的边缘活动的。边缘地区容易形成“不管”的局面。他强调有一些边缘领域，大家都要关心，与其做缩手派，不如做伸手派。如果一个领域大家都不去做，就空白起来，不如大家都去做，在那个领域中握手，携手前进要发挥更多的积极性。他强调我们的研究工作是发展的、变化的，研究的范围是会发生变化的，自然辩证法的性质决定了我们工作范围的开阔。

光远强调建立、加强哲学家和自然科学家的联盟。他本人就是这方面

的典范。他为人谦和、虚怀若谷，特别善于团结各界的专家学人，许多中国著名的数学家和自然科学家都是光远亲密的朋友。光远以其高尚的人品和人格魅力吸引了一大批杰出的科学家参加到自然辩证法研究工作中来。1956 年制订自然辩证法规划，1977 年的自然辩证规划会议，《自然辩证法百科全书》的编撰工作，都是光远亲自邀集了一大批最杰出的自然科学家与专业自然辩证法工作者共同完成的。

在理论研究与社会实践的紧密结合方面，光远也为我们做出了榜样。他强调我们自然辩证法工作者要运用我们的自然科学知识和哲学知识，来为建设社会主义的物质文明和精神文明服务。哲学、自然辩证法本身是学术，对于社会主义建设者来说，则可以看作工具、当作武器。这种工具就是通过它对自然科学和社会科学，通过基础科学、应用科学和应用技术的作用来对社会主义建设事业发挥作用。我们自然辩证法工作者要自觉地去发挥这种作用。他善于把工农业生产实践中的问题抽象上升为理论研究的课题，他善于从科学技术发展和经济社会发展的实践需求中发现学科发展的新的生长点，并进一步开拓新的研究领域乃至新学科。他始终保持深入实际、深入生活的高度热情。90 岁以前，他仍坚持坐着轮椅走天下。每年要有一半以上的时间到各地去。

2012 年中国科学院大学人文学院成立十周年，编辑出版了一套《国科大文丛》，由于光远老师在病中，就由我把光远的自然辩证法和哲学方面的文章，选编成两本书，名为《中国的科学技术哲学——自然辩证法》和《经济学问题的哲学探析》。未曾想到这竟成了光远老师在世时出版的最后两本书。在编辑此书的一年时间里，我翻阅了光远的大量著作，真为他博学宏词、卓历风发、证据古今、横论中外、旁征博引、磅礴逶迤、缜密严谨的文风和气势所震撼。文如其人，光远真是一个稀世的奇伟之人。

谨赋小诗，以述衷肠：吾爱于光远，才思天下闻；学贯两大界，谦躬不独尊；矢志不能移，玉壶藏冰心；精理通谈笑，思泉涌古今；学业醇儒富，德风堪称谨；高山安可仰，徒此揖清芬。

（本文是在 2013 年 10 月 20 日中国自然辩证法研究会召开的《于光远同志追思会》上的发言，由于时间所限，发言时第一部分省略）

“自觉地树立高度的历史使命感和社会责任感”

——纪念胡绳同志逝世一周年

今天，我们怀着挚爱和仰慕之情，纪念胡绳同志逝世一周年，以寄托对他的深切怀念和哀思。胡绳同志是一位德高望重的马克思主义理论家，是当代中国享有盛誉的哲学家、历史学家。他把自己的一生奉献给了我们党的理论研究与宣传事业。他孜孜不倦地学习、研究和宣传马克思主义，一贯倡导用马克思主义指导学术研究，并以他自己卓有成效的学术研究实践，证明了马克思主义是研究社会和历史的最科学的思想武器。他的著作既有高度的科学性和学术性，又有鲜明的革命性和思想性，不仅具有很高的学术价值，而且产生了广泛的社会影响。他学识渊博，慈祥谦逊，作风严谨，实事求是。述事论人，平静从容，道理有深度，语言无高声。他提携后学，诲人不倦。他的学识风范，令人心仪。他担任中国社会科学院院长 12 年，为我国社会科学事业的发展和中国社会科学院的建设，竭诚奉献了他的智慧、才能和心血。他在政治上和学术上都受到大家的爱戴和景仰，无论年长或年轻的同志都亲切地尊称他为胡老。胡绳同志的逝世，不仅是理论界和学术界的一大损失，也使我们失去了一位可爱可敬的师长。作为后学和晚辈，他的著作、学风、人品和治学、治院的指导思想，对我们的教益匪浅，并使我们十分感佩。《胡绳全书》（人民出版社 1998 年版）是他留给我们的宝贵思想财富。

一

胡绳同志早年曾就读于北京大学哲学系。从 1936 年起，就开始在上

海参加爱国救亡运动，并矢志于马克思主义的研究与宣传工作。他结合中国的实际，针对当时的形势和群众的思想状况，用读者喜闻乐见的形式和生动活泼的语言，系统地向群众宣传马克思主义哲学。先后出版了《新哲学的人生观》（1937 年）、《哲学漫谈》（1937 年）、《辩证法唯物论入门》（1938 年）、《思想方法》（1940 年）、《理性与自由》（1946 年）、《怎样搞通思想方法》（1948 年）等脍炙人口的著作。这些著作与艾思奇的《大众哲学》一样，成为当时最受群众欢迎、影响最为广泛的宣传马克思主义哲学的优秀读物。他是我党早期成功地把马克思主义哲学通俗化、大众化、中国化的先驱之一。

他运用唯物史观研究中国近代史，取得了显著的成就。解放战争时期出版的《帝国主义和中国政治》（1948 年），不仅具有极高的学术价值，而且在国内外产生了广泛的政治影响，先后在苏联、原民主德国、乌拉圭、日本翻译出版。《从鸦片战争到五四运动》（1982 年）一书不仅是一部用唯物史观研究中国近代史的科学力作，而且成为我党对广大人民群众进行爱国主义教育的重要教材。

他是我国著名的中共党史研究的专家。他长期和胡乔木同志一起，为创建中共党史学做了大量开拓性的工作。曾任中共中央党史研究室主任和全国中共党史学会会长。由他主编的《中国共产党的七十年》，是一部具有很高权威性的中共党史简明读本，是我党对干部和群众进行社会主义、爱国主义教育的重要教材。

他在晚年，几乎倾注自己的全部心血，投身于学习、研究和宣传邓小平的建设有中国特色的社会主义理论和党的基本路线，写出一批很有深度、很有新意的文章。其中《什么是社会主义，如何建设社会主义》一文，紧紧抓住了对马克思主义的创造性发展这个主题，把现实、历史和理论有机地结合为一体，阐述了建设有中国特色的社会主义理论和党的基本路线的深厚的历史内涵和坚实的理论依据。这篇文章在国内外产生了很好的影响。

胡绳同志在社会学、政治学、文艺学、逻辑学、语言文学等方面，也有很深的造诣。他不愧是我国社会科学界的一代宗师。

二

我没有能力对他的学术成就进行全面的评论，只想就他的治学精神和治学方法谈一些看法。我以为，胡绳同志之所以能在学术理论研究方面取得如此卓越的成就、做出如此巨大的贡献，是与他毕生所坚持、倡导的治学精神和治学方法密切相关的。

坚持马克思主义理论指导，是胡绳六十余年学术生涯始终不渝遵循的一条基本原则，也可以说是他治学精神的灵魂。胡绳同志从自己长期的学术理论研究实践中深切地体验到，只有马克思主义，而不是别的什么主义或学说，能为他的学术理论研究工作提供正确的立场、观点和方法。

始终坚持与现实需要相结合，进行学术理论研究和写作，这是胡绳一生治学的一个鲜明的特色。胡绳一向主张学术理论研究一定要联系实际、一定要与现实需要相结合，敢于探索现实生活中有争议的尖锐问题，尤其是人民群众在现实生活中提出的疑难问题。学术理论工作者要有理论勇气，要知难而进，努力运用马克思主义的立场、观点和方法，对现实生活中群众提出的疑难问题进行具体的分析研究，做出科学的说明和令人信服的解释。

胡绳一生的学术理论研究活动，就是努力实践自己的主张。可以说，胡绳是我国哲学社会科学界始终坚持理论联系实际原则进行研究和写作的杰出代表之一。在他 77 岁生日的时候，他在回顾自己六十余年学术生涯时，曾坦率而自信地说：“我一生所写的文章，虽然有一些可以说有或多或少的学术性，但是总的来说，无一篇不是和当时的政治相关的（当然这里说的政治是在比较宽泛的意义上说的）。可以说是‘纯学术性’的文章几乎没有。对此，我并不后悔。”

胡绳同志这种努力与时代需要相结合的治学精神，使他的研究和著作能够随着时代的前进步伐而不断地开拓创新，从而在党的思想文化战线上、在哲学社会科学领域，发挥着重要的影响。

当然，在这里还有必要指出，胡绳自己坚持结合现实需要进行研究和写作，这并不是说，他鄙视那些与现实政治关系不是很直接的纯学术研

究。他曾明确表示："我并不轻视、否定纯学术的研究工作，甚至我还羡慕、钦佩这种工作"，因为"在纯学术领域取得成就是要花很大精力的，是很可贵的"。他认为，哲学社会科学的领域十分宽广，的确需要"百花齐放，百家争鸣"；如果人人都热衷于政治和理论的焦点、热点，或者人人都远远避开政治和理论而从事纯学术研究，那都不是正常的现象。

始终坚持求实的科学态度与创新的理论勇气相结合，这是贯穿胡绳一生的又一治学特点。

创新是学术的生命，任何学科都是在不断创新中得到发展的。社会科学要繁荣发展，必须提倡敢于创新的精神。但是，创新精神只有建立在求实的科学态度的基础上，创新精神才会变成推动社会科学发展的动力。创新如果离开了求实的科学态度，那么，创新的豪言壮志，必然会流变为浮躁的急功近利情绪。所以，在社会科学研究中，我们要发扬胡绳的治学精神，很好地把求实的科学态度和创新的理论勇气有机地结合起来。

胡绳之所以能在自己的学术理论研究中不断地提出新观点、新理论，是同他具有强烈的创新精神分不开的。他在一次全国党史研究室主任会议上，曾明确提出："我们要提倡敢于创新的精神，培养根据事实进行分析，提出新见解的能力。"同时，他又恳切地告诫青年朋友，"我们应注意把继承和创新联系起来"。他指出，如果我们不注意继承人类历史上一切优秀的文化思想遗产，不注意继承马克思主义已有的一切成就，"我们就谈不上创造"。"学术界、理论界应该有创新的作品，但是，不把前人许多正确的东西好好总结，就随便发表一个自以为有突破的东西，这不能叫做创新。"我们研究一个问题，必须注意到在这个问题上前人说过什么、有些什么正确的观点。如果过去的研究，在某些问题上有错误的认识，做出了错误的结论，我们就应该用新的认识、新的结论来代替它。这才是我们所需要的创新。当然，对于前人通过刻苦的研究取得的正确的观点，如果我们能联系今天的实际，做出一点新的、超过前人的发挥，这也应该说是一种创造性。胡绳认为，不注意研究前人的研究成果，随便做翻案文章，并不见得就能创造出新的东西。

总之，学术理论上的创新是需要付出长期的艰辛的劳动的，是没有任何捷径可走的。胡绳就是因为长期学习和研究马克思主义理论，有着深厚

的马克思主义理论修养，能够熟练地运用马克思主义立场、观点和方法来研究学问，观察现实；又因为他长期注重学习和研究中外古今各国历史，有着渊博的历史知识，熟悉各国历史上兴衰治乱的历史经验，因而，他有很强的理论洞察力和很高的历史预见性。可以说，他的学术理论上的创新就是建立在这种扎实的学术功底上的。也正是因为这样，他那些具有创新意义的观点，总是透着强烈的理论思辨性和凝重的历史感，特别具有说服力、感染力。

三

从1985年7月至1998年2月，胡绳同志担任中国社会科学院院长。他坚定不移地执行党的十一届三中全会以来的基本路线，认真贯彻党关于社会科学工作的各项方针政策和党中央领导同志关于办好社科院的重要指示。通过他和全院人员的共同努力，中国社会科学院各项工作伴随着祖国改革开放现代化建设的前进步伐不断发展进步。他对社会科学事业和社会科学院的发展，有着长远的战略性的思考；并就有关社会科学研究及我院体制改革的方方面面的重要问题，进行了周全、细密而深入的探讨和阐释，其中体现着他深厚的马克思主义理论修养和对社会科学工作特点、规律的深刻了解。这一期间，中国社会科学院形成了明确的办院指导思想和发展目标，为21世纪的进一步发展奠定了良好的基础。

胡绳同志针对社会上对社会科学不够重视，和社会科学工作者对此存在的消极埋怨情绪，着重阐述了社会科学在社会主义建设时期的重大作用，并要求我们处理好“有为”与“有位”的关系。他以我国的实际历史经验说明，能否运用社会科学研究成果制定科学的决策，是导致我国社会主义建设成功还是失误的一条重要原因。他指出，新中国成立以来我国在社会主义建设问题上的许多重大失误，“固然与自然科学、技术科学落后有关，但更重要的是没有重视社会科学研究。许多重大决策是凭主观愿望和一些抽象、笼统的概念作出来的，已经过时的老经验和外国的某些公式也在起作用。实际上，这些决策没有科学依据，也不要求科学的依据”。

他认为，党的十一届三中全会以来，“是我国建国以来社会科学发展

最快，思想最活跃，成果最多，获得社会效益最大的时期”。这种繁荣局面的出现，有力地证明了社会科学能够对我国社会主义建设发挥重要作用，说明党和国家充分重视社会科学的发展。

面对社会科学工作者，胡绳同志语重心长地指出，我们必须清醒地看到，我国社会科学的现状还远远不足以适应现实的需要，同社会科学战线所面临的严峻形势和艰巨任务很不适应。克服社会上不重视社会科学的现象，重要的不是去宣传社会科学如何重要，而是社会科学工作者自己要做出成绩来，做出能受人重视的成绩，显示出社会科学对实践的指导意义，显示出它对精神文明建设的作用。他说，我国所处的伟大变革的新形势，是对于社会科学的挑战，也是社会科学发挥作用的最好时机。他殷切地期望社会科学工作者，“自觉地树立高度的历史使命感和社会责任感”。从哲学社会科学各种学科的多种角度深入系统地研究社会主义现代化建设和改革事业中的现实问题，研究现实国情，研究当今世界，发挥理论的超前作用和反馈作用，以利于提高我们建设与改革实践的自觉性和预见性。

胡绳同志认为，社会科学不但要注重研究现实问题，大力加强应用研究，同时要重视基础研究，要我们处理好基础研究与应用研究的关系。他强调，“社会科学研究的首要任务，就是从我国社会主义物质文明建设和精神文明建设的实践出发，抓住实践中最紧迫的和最具有战略意义的问题，调查研究，总结经验，深化认识，探索规律，努力从理论上作出有科学根据的回答，并努力为党和国家的有关重大决策提供切合实际的思路和建议”。同时，他也指出，必须重视基础性研究、理论研究、历史研究，以及各种学术专业领域的研究。绝不应该因为这类研究不直接为当前问题提供对策而予以轻视。他强调不进行高水平的系统的基础研究、理论研究和历史研究，就无法保证和不断提高各种具体问题研究和对策性研究的质量。他充分评价了哲学和各门人文学科的重要性，认为它们的研究成果有助于提高整个中华民族的思想道德素质和科学文化素质，有助于提高民族自尊心和自信心，有助于在广大人民群众尤其是广大青年中树立科学的人生观、价值观，能够对社会主义精神文明建设发挥直接的或长远的效益，也有利于社会主义物质文明建设。

胡绳同志反复强调，以马克思主义指导，是中国社会科学研究工作的

最根本的方针，是我国社会科学事业健康发展的最根本的保证。在这一条上不能有任何动摇，一切认为马克思主义已经不灵的想法都是错误的。他同时又强调指出：“我们要坚持马克思主义，就必须发展马克思主义。”因为马克思主义是发展的理论，而不是停滞不前的封闭的理论系统。“马克思主义的这种特性，决定了它可能而且必然要求理论随着实际生活的发展而不断地发展。”历史在不断进步，世界在不断变化，马克思主义也必须与时俱进、不断发展，这样，它才能“适应国内外的新形势，适应当代世界的形势、当代世界资本主义的形势、当代世界科技发展的形势，适应我们在开放政策下参与世界的政治、经济、文化生活的形势，适应我们国家改革的形势和社会主义建设事业发展的形势”。如果无视历史的发展变化，只是一味地教条主义式的“坚持”马克思主义，那绝不是真正的坚持，而只会损害马克思主义的威信。因此，不能仅仅以马克思主义创始者说过什么或没有说过什么，来判断什么是、什么不是马克思主义。因此，他主张：“要彻底废止那种教条式的研究和宣传马克思主义的做法，决不能使我们的马克思主义的理论工作只限于注释经典著作，重复马克思主义已有的定论，而一定要联系实际，一定要研究现实问题，尤其是群众中提出的疑难问题。”他认为，如果我们能在现实生活中，运用马克思主义的立场、观点、方法，科学回答群众中提出的一两个疑难问题，真正说出一点儿新的道理来，那么，我们就对发展马克思主义做出了自己的贡献。他希望每一个真诚的马克思主义者，都应当自觉地担负起发展马克思主义的历史重任，尽快改变目前理论研究严重落后于现实生活要求的尴尬局面。

胡绳同志还强调要处理好坚持马克思主义指导与贯彻“双百”方针的关系，充分认识以马克思主义指导与保障学术自由的一致性。他指出，马克思主义是主张学术自由的。我们提倡用马克思主义指导学术研究，只是为了使人们能够凭借一种科学的理论和方法，更正确、更有效地进行研究，而绝不意味着强迫人们放弃独立思考，死啃书本上的一些现成结论，更不是要人们在研究中只去搬弄马克思主义的词句和条文。学者们的研究过程应当是独立的、自由的，他们的研究成果应当是充满创新精神和独到见解的。提倡马克思主义对学术研究的指导作用，不是要强迫人们去相信马克思主义，绝不是主张靠权势、靠政治帽子压人，而是提倡在学术问题

上进行平等的讨论和竞争，对于任何学术见解，允许批评，也允许反批评，以求弄清学术上的是非，促进学术的发展。胡绳同志还特别指出，一些没有自觉地接受马克思主义的学者，也会做出有益于人民、有益于社会主义的有价值的成果，对于这样的学者应当团结，对于他们的科研成果应当尊重。

胡绳同志非常重视树立优良的学风和文风问题，并把它提高到能否坚持和发展马克思主义的高度来认识。他认为，我们必须进一步克服教条主义、主观主义的习气。虽然一般说来，我们的理论界已经对教条主义表示厌弃，但是如果不是真正学会运用马克思主义的立场、观点、方法，来深刻地研究、分析历史和现状，我们就还是破除不了，也抵制不了对马克思主义的教条式了解和其他形式的主观主义。他还强调文风问题绝不是不重要的，它是学风的一种表现。他说，我们现在对文风问题似乎注意不够，缺乏生动活泼、新鲜有力的文风，实际上也是教条主义、主观主义还在作祟的一种表现，也是理论的宣传教育工作薄弱的一个原因。

在庆祝中国社会科学院建院 20 周年的大会上，胡绳院长以《开创马克思主义的新境界》为题，发表了激奋人心的讲话。他那充满深情的亲切声音永远留驻我们的心田。他说，“发展马克思主义，是一个大题目，需要各方面许许多多人共同努力。这更是社会科学工作者的神圣职责”。他强调，“发展马克思主义必须树立良好的学风。我们需要的是知识渊博、严谨务实、视野开阔、思想活跃。严谨而不保守，坚持原则而不故步自封，活跃而不轻浮，锐意创新而不哗众取宠，才是极需提倡的科学态度”。

纪念胡绳同志的最好方式就是要努力实践他生前的这一愿望和期盼，我们尤其要学好中共中央十五届六中全会决定。六中全会决定特别强调大力弘扬党一贯坚持的马克思主义学风，要求我们要树立强烈的创新意识，总结新鲜经验，积极进行理论概括，勇于探索，敢于创新，正确回答实践中迫切需要解决的问题，不断推进马克思主义的中国化，丰富和发展马克思主义，增强马克思主义的说服力和战斗力。胡绳同志恰好在这些方面为我们做出了好的榜样。我们要按照“三个代表”的要求，努力工作，真正肩负起时代赋予我们的历史使命，为发展与繁荣我国的社会科学事业，为开创马克思主义的新境界，做出我们应有的贡献。

我们再也见不到胡老亲切和蔼的面容了，但他留下的文字永远闪烁着思想和智慧之光。

（本文是应中国社会科学院科研局之邀撰写的，2001 年 10 月呈交科研局，在此公开发表）